AU TEMPS DES CATAPLASMES

Un temps que tu as connu, notre enfance dans les années 1945 à 68. Un livre sur l'amitié aussi.

Avril 2004

Bernard Demory

AU TEMPS DES CATAPLASMES

Document

1944-1968
La France d'avant la télé

GINKGO éditeur

Pour Colette et Bruno.
Pour Anne-Laure, ce témoignage d'un autre temps.
Pour Jean-Bruno Duméril, Danielle Guillot, Raymond Fuzellier,
Jacques Gauthier et Claude Monget-Sarrail, mes aide-mémoire.

Avec toute ma gratitude à mon frère dont les critiques, les corrections
et les suggestions m'ont grandement aidé lors de la rédaction de ce livre.

Mes chaleureux remerciements à Anne Mellion
qui a eu le redoutable privilège de corriger les épreuves.

© Ginkgo Éditeur, septembre 2003
47, Villa des Princes – 92100 Boulogne
ginkgoediteur@noos.fr

Préface

Au temps des cataplasmes n'est pas une autobiographie et pourtant, j'y parle beaucoup de moi. Ce n'est pas non plus une étude ethnologique et pourtant, je m'attache à y décrire aussi minutieusement que possible les mœurs et coutumes d'un groupe social (une tribu dirait-on aujourd'hui) : la bourgeoisie catholique du quartier parisien de Saint-Thomas-d'Aquin.

Recherche sociologique alors ? Pas d'avantage et, cependant, je m'efforce d'analyser de façon rigoureuse le fonctionnement d'une certaine société au cours de la période 1944–1968.

De quoi s'agit-il alors ! d'un itinéraire !

Raconter avec le maximum de précision le cheminement de l'enfant et du jeune homme que je fus, en tentant de montrer comment les influences techniques, sociales, religieuses, etc. qu'il subit en déterminèrent le cours.

Mais, il ne s'agit pas uniquement de ma petite personne. Un peu naïvement peut-être, je considère que mon itinéraire personnel a une certaine « valeur d'exemple ». Beaucoup de garçons de mon milieu et de mon âge ont éprouvé des sentiments et vécu des situations identiques et possèdent des souvenirs communs. Les conversations que nous avons eues, les témoignages qui m'ont été adressé, m'ont conforté dans cette voie : il était salutaire de faire revivre cette période dont l'évocation engendre chez tous ceux qui l'ont vécue une nostalgie certaine.

Nostalgie d'une jeunesse enfuie, sans doute, mais également parce que ces années-là, ainsi que j'ai tenté de le faire ressentir, avaient une coloration particulière fort différente de celles d'aujourd'hui, que l'on pourrait résumer d'un mot : l'insouciance.

Si cet ouvrage s'adresse aux gens de ma génération en quête de leur jeunesse, il est tout autant destiné aux générations suivantes pour qui ce « Temps des cataplasmes » apparaît comme un lointain Moyen Âge.

Quand je raconte à ma fille, à ses amis ou à mes étudiants qu'il fallait attendre des années une ligne téléphonique, que l'on communiquait par pneumatiques, que nous ne possédions pas de télévision (ou au mieux un téléviseur en noir et blanc recevant une chaîne d'État) mais un vieux poste de radio crachotant, que prendre l'avion était réservé à une petite élite et qu'il fallait presque une journée pour se rendre à Marseille, ils me regardent comme une espèce de dinosaure issu d'un autre âge.

Avec leur portables, leurs Palm, leurs DVD, leurs ordinateurs, eux, qui à vingt ans ont déjà parcouru la moitié du monde, me demandent très sérieusement comment nous avons pu survivre dans un tel monde sous-developpé.

C'est aussi pour eux, ces enfants du XXIe siècle que j'ai rédigé ce livre. Il leur permettra de comprendre, je l'espère, quels bouleversements techniques et sociaux nous avons vécus depuis la fins des années sombres.

1

LA FAMILLE

Dans la plupart des récits de souvenirs, il est d'usage de consacrer le premier chapitre à l'histoire de la famille de l'auteur. Ces biographies, qui remontent souvent fort loin en arrière, à de rares exceptions près, ont le don de m'ennuyer. La plupart du temps je les ignore pour entrer dans le vif du sujet.

Aussi, vais-je m'efforcer d'épargner au lecteur la tentation de passer outre en ne lui fournissant que les repères essentiels. De toute façon, la construction même de cet ouvrage lui permettra de retrouver ma famille au cours des différents chapitres racontant l'existence que nous menions alors.

C'est ainsi que j'ai préféré parler de ma famille maternelle dans le chapitre consacré à *La campagne*, là où j'ai tenté de la faire revivre dans son cadre d'origine.

Du côté paternel, l'histoire est plus intéressante. Si je sais que la famille Demory prend ses racines au village de Mory, dans l'Aisne, en revanche le mystère demeure en ce qui concerne mon grand-père, Eustache Clément Demory, mort en 1929.

Lorsque nous interrogions mon père sur notre aïeul, il restait évasif et détournait la conversation. Parfois, il était comptable, parfois juriste. Lors de l'enterrement de ma grand-mère, Marthe Marie Désirée Delevacque, enterrée à Suzanne, quand les convives, échauffés par les vins, commencèrent à parler du grand-père, mon père les fit taire promptement.

S'était-il suicidé, comme je l'ai longtemps cru ? Avait-il rendu l'âme dans les bras d'une maîtresse ? Nous ne connûmes la vérité qu'après la mort de mon père en fouillant les archives familiales.

La réalité était beaucoup plus simple : mon père avait honte d'avouer que ses parents étaient concierges au 198 boulevard Saint-Germain et fit tout, durant sa vie, pour masquer des origines modestes qui n'avaient pourtant rien de déshonorant.

Mes grands-parents eurent trois enfants : Marie, morte prématurément, Marthe, née en 1892 et Roger, né en 1897.

Roger épousa Germaine Combettes, en 1932. Malgré deux fausses couches, ma mère réussit à mettre au monde trois enfants : Bruno, né en 1934, Bernard en 1939 et Colette en 1942.

Ces quelques repères biographiques précisés, j'en arrive au personnage insolite de cette famille somme toute très banale : ma grand-mère paternelle que nous appelions « bonne-maman » (alors que mes grands-parents maternels étaient « pépère » et « mémère ». On saisit la nuance.).

Cette femme que j'ai toujours détestée vivait avec ma tante Marthe au 40 rue du Dragon dans un appartement qui, malgré la hauteur des plafonds, était perpétuellement plongé dans une demi-obscurité.

Cet immeuble vétuste, qui avait dû connaître son heure de prospérité ainsi qu'en atteste une superbe rampe en fer forgé, était imprégné d'une odeur de poisson pourri provenant de l'atelier de fabrication de nuoc-mâm *Hong Lien* situé au rez-de-chaussée de la cour. Dans des cuves en bois se décomposaient des crevettes et des poissons dont on extrayait le jus pour fabriquer ce condiment indispensable à la cuisine asiatique.

À l'odeur de poisson se mêlait la senteur puissante des cabinets à la turque où les locataires allaient vider leurs seaux hygiéniques (les quelques appartements du côté cour ne comportaient, en guise de sanitaires, qu'un unique poste d'eau).

L'appartement en lui-même était constitué de deux pièces, d'une petite cuisine et d'une alcôve faisant office de chambre.

C'est dans cet antre à l'odeur indéfinissable de poussière (les lourds rideaux qui masquaient en partie les fenêtres n'avaient jamais dû connaître le teinturier), de poisson, de vieux, que vivaient ma grand-mère et ma tante.

On entre ici dans un roman de Mauriac. Depuis son plus jeune âge, ma bonne-maman avait inculqué à Marthe ce principe hautement chrétien que le destin d'une fille est de se consacrer à sa mère. Abandonnant toute velléité d'indépendance (on évoquait bien un vague fiancé, mort à la guerre) ma tante était devenue la servante – pour ne pas dire l'esclave – de sa mère.

Admirable abnégation ! diront certains. Chantage pervers et cruel puis-je affirmer ayant vu ma pauvre tante mener cette vie de cloporte. Remarquablement intelligente elle aurait pu prétendre à une brillante carrière intellectuelle. Au lieu de quoi, grâce à son habileté manuelle, elle dut se contenter d'une des pires professions : couturière en chambre.

Tout au long de la journée elle pédalait sur sa machine à coudre pour confectionner manteaux, jupes et corsages que lui payait pour un salaire de misère un grossiste-soutier du Sentier.

Comme les travailleurs immigrés qui peinent quinze heures par jour dans des caves ou des greniers, elle ne possédait évidemment aucune existence légale, donc pas d'heures supplémentaires (elle était payée à la pièce), pas de congés payés ni de sécurité sociale.

Ses déplacements étaient réglementés par ma grand-mère qui avait fixé des barèmes pour le temps nécessaire aux courses et à la livraison de son travail. Tout retard lui valait une scène. Peut-être la battait-elle ?

Quand mon père se maria (il avait trente-cinq ans et ma

tante quarante !), ma grand-mère interdit à la tante Marthe de se rendre à cette noce qu'elle désapprouvait ouvertement. Jusqu'au dernier moment, elle avait espéré que son fils suivrait l'exemple de sa sœur et se consacrerait corps et âme à sa « pauvre mère ».

Ma mère, qui était la bonté même, éprouva, je crois, une seule haine dans sa vie : ma tante et ma grand-mère à qui elle ne pardonna jamais cette humiliante défection.

Après Mauriac, nous passons à Beckett. Un jour, ma « bonne-maman » décida qu'elle était sur le point de mourir. Elle se mit au lit dans le galetas éclairé par une sinistre lampe de 25 watts qui lui servait de chambre et attendit la fin. Cette attente dura une bonne dizaine d'années.

C'est le souvenir que je garde d'elle : une vieille femme à l'odeur rance adossée à des oreillers douteux, qu'il fallait embrasser en cachant sa répugnance.

Mais la moribonde n'avait pas perdu son caractère dictatorial. Lorsque ma tante tardait à rentrer de ses livraisons de vêtements, elle retrouvait sa vitalité, s'extirpait de son lit et, oubliant toute pudeur, allait s'installer sur un pliant à la sortie du métro Croix Rouge (cette station a disparu). Quand ma tante apparaissait en haut des escaliers, elle subissait, comme une petite fille, une sévère semonce.

Ce manège grotesque prit fin le jour où un passant, croyant avoir affaire à une pauvresse, glissa une pièce de monnaie à ma grand-mère. Terriblement humiliée, elle renonça à ses attentes au sortir du métro.

Quand elle mourut ma tante cessa de vivre, au sens propre du mot. Elle renonça à s'alimenter et parvint à un tel point de décrépitude que mon père, malgré ses protestations, fit venir un médecin. Effrayé par son état de maigreur – elle pesait trente-sept kilos et ressemblait à une rescapée de Dachau – il la fit immédiatement entrer aux urgences de l'hôpital Saint Joseph.

Bien soignée, partie un an en maison de repos (c'est durant cette période que j'investis son appartement pour en faire mon « atelier » – cf. : Les jeunes filles et les dames), elle vécut jusqu'à quatre-vingt-treize ans. Tristes années où elle eut tout loisir de méditer sur sa vie gâchée. Devenue aveugle, elle passait ses journées à écouter France Culture et France Musique. J'allais souvent prendre le thé avec elle dans son petit studio du 7 rue du Dragon où elle m'avait succédé.

Ma mère était ce qu'il convient d'appeler « une femme au foyer ». L'essentiel de son activité consistait à s'occuper de son mari et de ses enfants.

Levée avant tout le monde, elle préparait les petits-déjeuners, surveillait notre habillement, vérifiait le contenu de nos cartables, etc.

Avant de partir à son bureau, mon père lui remettait l'argent de la journée (ma mère n'a jamais possédé de compte en banque). Parfois, sur le pas de la porte, elle lui rappelait doucement qu'il avait oublié quelque chose. Comme à regret, mon père sortait son portefeuille et déposait quelques billets sur le buffet de la salle à manger. Quand je fus en âge d'apprécier les choses, cette dépendance économique totale me parut particulièrement humiliante.

Une fois la famille partie, elle faisait les lits, rangeait, balayait, lavait la vaisselle du petit-déjeuner, etc.

Puis elle descendait « faire les courses ». J'ai noté (cf. : La vie au quotidien) que les foyers qui possédaient un réfrigérateur constituaient l'exception. Il était donc nécessaire de renouveler chaque jour, surtout par temps chaud, les denrées périssables comme les produits laitiers (sitôt rentrée, elle faisait bouillir le lait avec *l'anti-sauve lait* de peur qu'il ne « tourne »), la viande ou le poisson.

Les courses chez les multiples commerçants où l'on devait faire la queue occupaient une bonne partie de la matinée. Mais ces moments d'attente dans les boutiques, qui paraîtraient aujourd'hui insupportables, étaient l'occasion pour ma mère de rencontrer les autres dames du quartier et d'échanger avec elles les petites nouvelles de la vie quotidienne. En fait, ces pauses qui nous semblent aujourd'hui des moments perdus, devaient lui rappeler sa campagne natale (dans les villages et les petites villes, malgré l'apparition des super marchés, le moment des courses est resté l'occasion de bavarder et de connaître les nouvelles fraîches). Elles permettaient également de faire côtoyer la bonne, la femme d'ouvrier et la grande bourgeoise qui, autrement, ne se seraient jamais rencontrées.

Lestée de ses paniers et de ses sacs, après l'inévitable halte chez le concierge, elle remontait nos quatre étages et se mettait à préparer notre déjeuner.

On aurait du mal à imaginer, de nos jours, le travail qu'exigeait la confection d'un repas pour cinq personnes (mon père rentrait déjeuner à la maison et mon frère qui avait, paraît-il, le foie fragile avait droit à un menu spécial à base de haricots verts, d'épinards et de salade cuite).

Les appareils électriques, les auto-cuiseurs et autres ustensiles qui ont considérablement facilité la tâche des cuisinières n'existaient pas. Les légumes pré-épluchés et les surgelés ne feraient leur apparition que beaucoup plus tard.

Il fallait donc éplucher, écosser, piler, hacher, battre à la main. Confectionner une purée, par exemple (les produits lyophilisés étaient, bien sûr, inconnus) exigeait d'éplucher les pommes de terre, de les faire cuire et de les écraser à la fourchette avec du lait et du beurre. Essayez et vous verrez le temps et l'effort que cela demande.

Comme ma mère mettait son point d'honneur à varier les menus et à les faire copieux pour satisfaire nos robustes appétits, on peut estimer que le tiers de son temps passait en cuisine.

Rentrés de l'école, nous attendions avec impatience d'entendre le pas de mon père dans l'escalier accompagné d'une toux caractéristique qui ne le quitta jamais (sans doute due au fait d'avoir été gazé à la guerre de 14 et aux cigarettes et pipes qu'il ne quittait jamais). Dès qu'il avait pianoté l'appel scout (cf. : Le scoutisme) sur la porte d'entrée, nous nous précipitions à table.

À la fin du repas, sans perdre un instant, à tour de rôle, nous essuyions la vaisselle que ma mère lavait dans une bassine d'eau chaude tandis que mon père sirotait son café et s'accordait dix minutes de sieste.

Après le départ de la famille, ma mère disposait enfin de quelques instants de répit. Elle les mettait à profit pour lire un peu (elle était passionnée d'histoire) mais surtout pour entretenir le linge, repasser, tricoter ou broder (sur chaque drap, chaque taie d'oreiller, chaque serviette de table, figure le monogramme de la famille *DC*.).

Je possède une pleine malle de napperons, sets de table et serviettes ornés ainsi de savantes broderies. Le tricot (après la guerre, on détricotait les chandails devenus trop petits pour en récupérer la laine) occupait également une grande partie de ses « loisirs ».

En fait, je ne l'ai jamais vue inactive. Elle mettait en pratique le principe qu'on lui avait inculqué dans sa jeunesse : « une femme comme il faut ne doit jamais avoir les mains inoccupées ».

Quand nous rentrions du lycée et du Cours Désir, c'était la sacro-sainte *heure du thé*. Cette pause, cette halte dans une journée harassante, pour rien au monde elle ne l'aurait omise. En dégustant son savoureux cake aux fruits confits (chacun de nous évoque avec émotion le plat que sa mère confectionnait comme nulle autre et dont il n'a jamais retrouvé la saveur), nous lui racontions notre journée, nos déceptions ou nos succès.

Tandis que nous faisions nos devoirs et apprenions nos leçons, elle retournait aux fourneaux préparer le dîner. Nous l'interrompions fréquemment pour qu'elle nous explique une règle de grammaire ou nous fasse répéter une récitation (elle n'avait pas poussé le dévouement jusqu'à apprendre le grec pour nous aider dans cette redoutable épreuve qu'était la composition de récitation).

Le dîner commençait invariablement par une soupe. Chaque jour elle devait faire preuve d'imagination pour en proposer une nouvelle qui réponde aux goûts de l'ensemble de la famille (je n'ai jamais pu absorber les soupes au tapioca, ces horreurs !).

De même lui fallait-il du talent pour trouver une utilisation aux restes. Traditionnellement, nous dînions, le dimanche soir, avec un pot-au-feu qui permettait de servir en entrée le bouillon gras. Si le lundi, chez les Lequesnoy de *La vie est un long fleuve tranquille* « c'est jour de raviolis », chez nous il était jour de hachis parmentier (ici non plus, je n'ai jamais retrouvé la saveur des hachis qu'elle confectionnait).

Les restes de pain (« gaspiller le pain est un péché ! ») servaient également à confectionner des plats comme la panade, substance aussi repoussante que le tapioca. Pilés et séchés, ils fournissaient la chapelure pour les escalopes et les gratins.

Après le dîner, tandis que mon père buvait des thés plus noirs que du café, nous prenions notre tour à l'essuyage de la vaisselle.

Enfin, après le traditionnel baiser, nous allions nous coucher, laissant à nos parents quelques moments d'intimité ponctués par le clic-clac des aiguilles à tricoter de ma mère.

Malgré cet emploi du temps surchargé (et je n'ai pas parlé des promenades au « petit square » de la rue de la Planche ou aux Tuileries – cf. : La vie quotidienne et Les loisirs), j'ai toujours vu ma mère d'une humeur égale, sans emportements, toujours disponible pour panser nos plaies physiques ou nos peines de cœur. Sans doute n'a-t-elle pu retenir quelques gifles lorsque je devenais trop insupportable. Mais j'avais conscience de vraiment les mériter.

Lorsque je devenais franchement odieux, elle proférait la suprême menace : « tu vas voir ce que ton père va dire quand il rentrera ! ». Mais, au retour de celui-ci, elle avait oublié le prétexte de la menace, le calme était revenu et nous pouvions nous mettre sereinement à table.

La douceur, la tendresse, la modestie, ces trois adjectifs disent tout sur la chance que nous avons eue de profiter abusivement d'une mère comme celle-ci.

« Votre mère était une sainte ! » affirmait mon père après la mort de celle-ci en 1975. Ce à quoi ma sœur, exaspérée, lui rétorqua un jour que la vraie raison de sa sainteté fut d'avoir supporté toute sa vie un mari comme lui.

Bien qu'un peu exagérée, cette réflexion ne manque pas de justesse.

Le moins qu'on puisse dire est que mon père avait un caractère *affirmé*.

Le couple formé par mes parents était une sorte de « modèle » au sens où il se conformait à une tradition chrétienne solidement établie dans le milieu où nous vivions. La mère assurait la bonne marche du ménage, gérait le quotidien, s'occupait de l'entretien et de l'éducation des enfants, etc. Le père, quant à lui, assumait son rôle de *chef de famille*.

Jamais cette expression n'a aussi bien convenu qu'à mon père.

Un psychologue trouverait sans doute dans les origines modestes qu'il s'efforça toujours de nous cacher les raisons profondes de son appétence à jouer, dans quelque situation qu'il se trouvât, ce rôle de *chef*.

Je ne suis pas psychologue, mais les faits sont là. À l'Amicale Saint-Thomas d'Aquin, il fut capitaine de l'équipe de football, animateur de la troupe de théâtre (cf. : Le théâtre) puis Président. Aux scouts (cf. : Le scoutisme) il s'accrocha jusqu'à l'âge de cinquante-deux ans à son poste de chef de groupe. Il fallut une véritable révolution de palais, dont il mit longtemps à se remettre, pour lui faire abandonner sa fonction. Au lycée Henri IV, il devint rapidement Président de l'Association des parents d'Elèves. Et je ne parle pas des nombreuses associations de lutte contre le bruit, de défense de l'environnement et de l'obstruction à la Centrale EDF de Saint-Laurent-des-Eaux qu'il monta et, bien sûr, présida.

C'est incontestable : il possédait une énergie et un charisme propres aux natifs du Taureau, qui l'amenaient naturellement à prendre la tête des mouvements auxquels il adhérait.

Mais, pour des raisons que nous ne sommes jamais parvenus à élucider (Rigueur morale ? Sens profond de l'honnêteté ? Refus des compromissions ? Naïveté, selon certains ? Peur de l'échec ?) il ne prenait le pouvoir que si celui-ci avait un but totalement désintéressé.

Avec son talent, il aurait pu se lancer dans une carrière politique (au temps de la splendeur du MRP il consentit à figurer sur une liste électorale mais à un rang qui ne lui laissait aucune chance d'être élu).

Il aurait pu devenir chef d'entreprise, diriger une troupe de théâtre ou réussir dans la promotion immobilière. Non, il consacra toute son énergie à des actions destinées au service des autres. C'est peut-être cela vivre en accord avec sa foi chrétienne.

Comment fonctionnait le couple que formaient mes parents ? Aujourd'hui, on dirait que ma mère était une femme soumise. Jamais elle ne se rebellait contre les décisions de son mari. Avec tact et gentillesse, elle s'efforçait de réparer les impairs et les esclandres que le caractère impétueux de celui-ci avait provoqués.

Leur relation était empreinte de pudeur. Ils se vouvoyaient alors que nous les tutoyions (chez certains de mes amis, les enfants vouvoyaient leurs parents). Jamais ils ne se permettaient ces gestes de tendresse spontanée qui nous paraissent aujourd'hui si naturels. Un baiser sur le front, un « mon chéri » représentaient pour eux le maximum des privautés autorisées. Inutile de dire que je n'ai jamais vu mes parents nus.

S'agissait-il de froideur ? Je pense qu'il faut plutôt parler de retenue et du poids d'une éducation dans laquelle toute effusion était considérée comme un manquement aux règles. J'ai moi-même mis un certain temps à me débarrasser de cette pudeur.

En revanche, leur correspondance laissait apparaître une affection profonde, affection teintée d'un mysticisme qui pourrait prêter à sourire s'il ne témoignait pas d'une élévation de sentiments qui force le respect.

Dès qu'ils étaient séparés – pendant la période où nous réfugiâmes en Indre et Loire (cf. : La campagne) ou durant les vacances – ils s'écrivaient chaque jour. Non pas des petits mots hâtifs et impersonnels mais des épîtres de plusieurs pages dans lesquelles chacun décrivait minutieusement ses activités, ses sentiments et ses inquiétudes (j'étais souvent le principal sujet d'inquiétude de ma mère).

Ces lettres ne cherchaient pas l'effet littéraire – Madame de Sévigné est bien loin – mais, grâce à leur simplicité et à leur chaleur, atteignaient parfois une qualité affective qui me fait songer à ces *Lettres de Poilus* récemment éditées où le sublime côtoie le banal et, par ce contraste même, engendre une irrésistible émotion.

Pour suivre la vie de la famille, nous avons disposé d'un précieux document : le livre de comptes tenu journellement par ma mère jusqu'aux dernières années de sa vie.

En filigrane, les dépenses familiales permettent de découvrir les difficultés financières auxquelles mes parents se sont affrontés, les affres du quotidien, les embellies qui permettaient quelques « folies ». Ces cahiers de dépenses racontent souvent mieux qu'avec les mots la vie quotidienne d'une famille comme la nôtre. C'est pourquoi nous les avons légués au Musée des Arts et Traditions Populaires en souhaitant qu'un chercheur puisse un jour en faire son miel.

Mon père exerçait deux activités professionnelles. Durant la journée, il se rendait à son bureau, rue Saint-Lazare, où il occupa, dans plusieurs sociétés successives, des postes de comptabilité et de gestion financière.

Tout cela reste assez flou car, à la maison, les problèmes économiques et financiers étaient pratiquement évacués. J'ai toujours ignoré ce qu'il gagnait, quelles étaient ses fonctions exactes, quels problèmes il rencontrait dans son travail.

Pourtant il dut en avoir de sérieux quand la société qui l'occupait depuis des dizaines d'années mit la clef sous la porte. Mes parents en parlaient à mots couverts, comme d'une affaire honteuse. Puis on apprit qu'une autre société, la CHM, qui gérait des hôtels de luxe, le chemin de fer à crémaillère de Superbagnères et la route du Pic du Midi l'avait repris à son service.

Je suppose que sa situation s'améliora. Il partait fréquemment faire des « audits » dans ces lieux dont les noms me faisaient rêver : Cabourg, Font Romeu, Port-Vendres, le

Carlton de Vichy, le Grand Hôtel de Superbagnères.

Parfois mon frère ou ma sœur l'accompagnaient dans ces endroits magiques d'où je fus toujours exclu.

Le soir, après le dîner et un court sommeil, il attaquait son second métier.

Grâce à ses relations dans le milieu ecclésiastique, il était devenu conseiller juridico-financier de l'ordre des Maristes et des « demoiselles » du Cours Désir (cf. : Les études).

Ces congrégations religieuses possédaient un important patrimoine immobilier, dû à la générosité de pieuses personnes mortes sans héritier. Comme les vocations se faisaient de plus en plus rares, elles liquidaient progressivement leurs collèges et leurs châteaux que cette raréfaction du personnel religieux rendait impossible à maintenir en activité.

Devenu leur homme de confiance, mon père démêlait des comptes souvent embrouillés, analysait les plaidoiries des avocats et, surtout, les protégeait contre les requins qui, sous leurs airs patelins et leur respectabilité de bon aloi, ne cherchaient qu'à se goinfrer du gâteau que représentaient ces terrains et ces bâtiments.

Le soir, donc, il se plongeait dans ses dossiers. Souvent, réveillé au milieu de la nuit, je l'ai trouvé, perdu dans un épais nuage de fumée, compulsant les papiers étalés sur la table de la salle à manger.

Eut-il été moins honnête qu'il aurait pu largement profiter de la naïveté de ces braves religieux qui le payaient beaucoup plus avec de bonnes paroles qu'avec des honoraires que son travail de romain méritait largement.

Mais mon père était irrémédiablement honnête. La négociation de la vente du collège de la rue de Norvins, magnifiquement situé sur la butte Montmartre, ou de l'aménagement de la Cour du Dragon, au coin de la rue de Rennes et du boulevard Saint-Germain, auraient pu lui rapporter une fortune. Il n'en retira qu'un pourboire.

Pour compenser la maigreur des honoraires qu'il demandait à ses clients, il multipliait les activités. Le « bureau », où je couchais avec mon frère, croulait sous les dossiers. Il y en avait partout : sur les fauteuils, sur le divan, en haut des armoires. Retrouver un document, toujours urgent, relevait de l'exploit. Mon père entrait en fureur et, inévitablement accusait ma mère qui, depuis longtemps, avait renoncé à mettre de l'ordre dans ce fatras de papiers.

Je crois n'avoir jamais vu quelqu'un travailler autant que mon père. Il n'était pas rare qu'il se contente de quatre heures de sommeil. Mais, s'il déployait une énergie redoutable dans ses entreprises, c'était une énergie désordonnée qui lui demandait dix fois plus de temps et de force qu'une activité bien organisée.

Il se targuait d'être bricoleur. C'est vrai qu'il était assez habile de ses mains. Mais, comme dans beaucoup d'autres domaines, il avait des idées fermement arrêtées sur la manière de procéder. Par exemple, quand il entreprenait de repeindre une pièce, il fabriquait sa peinture sous prétexte que les produits du commerce étaient, comme il disait, « de la cochonnerie ». Il achetait donc des bidons de blanc de zinc qu'il mélangeait avec des colorants. Sans doute les professionnels agissent-ils ainsi. Mais ils ont le chic pour composer les dosages exacts permettant de reproduire la teinte précise. Ce qui faisait défaut à mon père. Une fois le bidon fini (en langage professionnel on dit « un camion »), il était incapable de retrouver la teinte primitive. Et, plus il s'énervait, moins celle-ci n'apparaissait.

Quand mes parents achetèrent la propriété du Loir et Cher, il trouva un chantier à sa dimension. À peine débarqué de la 2CV (cf. : Les voitures) il enfilait une salopette et se lançait dans des travaux surhumains. La seule vue de cette activité débordante, qui passait du jardinage (dans la jungle qu'étaient alors les jardins, il avait décidé de créer un parc à la française) à la menuiserie et à la maçonnerie, décourageait toute velléité de lui porter assistance.

Lorsqu'il entreprit de refaire les plafonds en plâtre – travail qui exige des spécialistes – après des journées où il s'obstina à recevoir sur la tête des paquets de plâtre qui le faisaient ressembler à un bonhomme de neige, il dut reconnaître son incompétence et faire appel à un professionnel (auquel il ne pouvait s'empêcher de donner des conseils).

Mon père étant pris dans une activité démentielle, mes parents ne sortaient pratiquement jamais. Je crois qu'ils ne se rendirent qu'une seule fois au théâtre.

De même recevaient-ils fort peu. Parfois, le dimanche, quelques-uns de leurs vieux amis venaient déjeuner et passer l'après-midi à évoquer des souvenirs. Mais, la plupart du temps, après la messe du matin, mon père et ma mère consacraient leur dimanche (sauf en temps de carême où ils écoutaient les sermons de Notre-Dame du Père Riquet – cf. : La religion) à remplir des bilans et des comptes d'exploitation avec les chiffres que ma mère avait additionnés durant la semaine sans l'aide de la moindre machine à calculer.

En fin d'après-midi, j'accompagnais mon père à la grande poste de la rue du Louvre pour expédier d'urgence les résultats de ces travaux de bénédictin.

Ces promenades, à la nuit tombante où nous traversions la Seine par le pont des Arts, me laissent un souvenir ému. Enfin débarrassé de ses préoccupations immédiates, mon père se laissait aller, se détendait, devenait rieur et évoquait ses souvenirs. Petits moments de grâce...

Quand, le matin, j'ouvre la porte de la maison pour me rendre dans mon atelier, je m'arrête un instant pour écouter le chant des oiseaux, contempler les arbres qui se couvrent de fruits, respirer les odeurs entêtantes des lis et des chèvrefeuilles. Et je ne puis m'empêcher d'évoquer toutes ces nuits blanches, ces après-midi à totaliser des chiffres incompréhensibles, ces nuits glaciales où mon père se rendait en mobylette dans de lointaines banlieues. Je pense aux fatigues de mes parents, à leurs angoisses, à tous ces renoncements de distractions et de plaisirs, à ce travail acharné qui leur ont permis de réaliser leur rêve en acquerrant, à l'automne de leur vie, cette propriété dont je profite aujourd'hui.

Moi, l'enfant gâté, je devrais en éprouver quelque culpabilité. Mais, bien au contraire, je m'en réjouis et leur rends une action de grâce. Eux qui croyaient si profondément à une vie dans l'au-delà, s'ils me voient, doivent éprouver un bonheur intense : celui d'une existence réussie.

Si mes parents m'ont beaucoup donné, à force d'affection et de renoncements, mon frère Bruno, sans même s'en rendre compte, a largement contribué à former, ce que je pourrais appeler avec quelque grandiloquence, mon *armature intellectuelle*.

Pourtant, nos débuts furent tumultueux. Enfant unique pendant cinq ans, né de parents relativement âgés (ma mère avait trente-quatre ans à sa naissance, mon père trente-sept ans, ce qui, à l'époque, était une bizarrerie), cajolé, dorloté, admiré, il était le centre de l'univers.

Ma mère, qui avait reporté sur lui ses ambitions religieuses, avait décidé d'en faire un prêtre. Les vieilles filles de la rue de Verneuil (cf. : La maison), entrant dans son jeu, avaient confectionné pour mon frère une panoplie de curé. Revêtu de ses ornements sacerdotaux, il célébrait la messe en baragouinant un charabia censé être du latin. Religieusement (c'est le cas de le dire) ces demoiselles lui présentaient les soi-disant objets du culte. Il était temps que je naisse pour le sortir de ce piège ridicule !

Adulé comme il était, la venue au monde d'un rival ne pouvait que lui causer un choc. Sur les photos et les films pris par mon père à cette époque, on voit son visage se fermer et se durcir. Il paraîtrait même qu'il tenta un jour de m'étouffer dans mon berceau.

Et puis les choses s'arrangèrent. Il devint le grand frère qui protège et qui instruit. Nos caractères différaient profondément. Autant j'étais turbulent et toujours disposé à faire quelque bêtise, autant Bruno se montrait sage et sérieux.

Je l'ai toujours vu plongé dans des livres où il emmagasinait des connaissances plutôt surprenantes pour un garçon de son âge.

Une de ses lectures préférées était un gros ouvrage en deux volumes reliés de carton rouge qui décrivaient, photos à l'appui, la faune du monde. À dix ans, mon frère n'ignorait rien des mœurs du kangourou ni de la nidification de la huppe cendrée.

Avec le ton légèrement professoral qui ne l'a jamais quitté, il remettait à leur place les chers frères de Saint-Thomas d'Aquin (cf. : La religion) qui supportaient mal qu'un gamin mît en évidence leur ignorance.

Sa période animalière le conduisait fréquemment au Jardin des Plantes où il avait entrepris d'apprendre par cœur les noms des animaux cloîtrés dans leurs cages. Ayant relevé une erreur, il n'hésita pas à écrire au conservateur pour la lui signaler (lequel lui répondit aimablement pour le féliciter d'une telle perspicacité).

Pendant que les enfants de son âge dépensaient leur énergie à taper dans des ballons, mon frère consacrait ses loisirs, en dehors de la lecture, à dessiner avec un acharnement et une minutie un peu maniaque, le monde qui nous environnait. Inlassablement, il reproduisait les voitures, les chemins de fer et les autobus (il se mit aussi en tête d'en connaître par cœur les itinéraires et les stations).

C'est cette passion du dessin qu'il parvint à me communiquer (cf. : La peinture) et qui décida, longtemps après, ma carrière de peintre.

Comme on le voit, mon frère était un original (j'ai connu un autre garçon de ce genre qui, à l'âge de douze ans, s'étais mit en tête d'apprendre la série des papes ; il a fini bénédictin). Son originalité se doublait d'une imagination fertile. Il inventait des histoires qui ravissaient notre petite sœur Colette.

Pour elle, il avait créé un pays imaginaire, *La Nouvelle Flandre*, dont il décrivait minutieusement, dans un gros cahier, les coutumes, les institutions, les modes de vie etc. Ce récit, qui aurait mérité d'être publié, était accompagné de dessins et de cartes si précis qu'on en arrivait à croire en son existence.

Passionné d'orgue, il écoutait religieusement, chaque jeudi après-midi, l'émission de Norbert Dufourcq consacrée à cet instrument. Comme un imbécile, je m'efforçais de brouiller la radio en introduisant des morceaux de fil de fer dans les prises électriques. (cf. : La musique)

À une dame qui lui demandait des conseils pour bien

élever son enfant, Freud lui répondit : « Faites ce que bon vous semble. De toute façon, cela sera mauvais ». Si je considère le résultat d'une éducation identique, pareillement chargée de tendresse et de sens moral que nos parents appliquèrent à leurs trois enfants, on ne peut qu'être frappé de la diversité des résultats obtenus.

Mon frère vivait dans ses livres et dans ses songes alors que, pour moi, seuls comptaient le présent et l'action. Mais cette profonde différence, qui aurait pu engendrer de perpétuels déchirements (il y en eut quelques-uns, bien sûr), débouchait sur une précieuse complémentarité. Si mon frère enviait ma vitalité et mon assurance, j'admirais son imagination et sa capacité de réflexion. J'étais léger et rapidement satisfait de mes productions. Lui était posé, toujours insatisfait des résultats de ses cogitations qu'il creusait inlassablement (quand il rédigeait une dissertation, il lui fallait plusieurs corbeilles à papier pour contenir les feuilles de brouillon rageusement froissées).

Comme je le fais aujourd'hui avec les chapitres de ce livre, je lui soumettais, avant de les mettre au propre, mes dissertations et mes versions latines ou grecques. Il prenait mes feuilles, s'enfermait dans son bureau et, au bout d'un moment, ouvrait la porte, mes papiers à la main. Une fois sur deux, avec une ostentation qui me mettait en fureur, il les déchirait en menus morceaux. De rage en rage, j'appris ainsi la rigueur. (cf. : Les Études)

À l'adolescence, il devint un peu bizarre : il se mit en tête de s'identifier à celui qu'il estimait être le grand homme suprême, Napoléon. Pour cela, il se composa une sorte de rictus qui, paraît-il, caractérisait l'empereur (cela lui valut deux heures de colle d'un professeur excédé qui pensait que Bruno se payait sa tête). Ayant lu que Napoléon essuyait ses bottes crottées sur sa culotte, il l'imitait en grattant ses souliers sur son pantalon de golf devenu une guenille informe.

Ses lectures prirent une tournure différente. Il se plongeait dans Nietzsche et lisait, relisait, soulignait et annotait *Sois un chef* de Jean des Vignes Rouges qui devint sa bible.

Le chef étant, par principe, un solitaire, mon frère s'enferma de plus en plus dans sa solitude. Durant les vacances (cf. : Les vacances), tandis que nous formions de joyeuses bandes pour organiser des pique-niques ou monter des spectacles, il partait des journées entières arpenter les landes bretonnes ou se perdre dans la forêt vosgienne.

Ses années d'hypokhâgne et de khâgne, la découverte de la philosophie la plus absconse (Hegel, Husserl, Heidegger) ne facilitèrent pas son ouverture à la réalité. Progressivement, il s'enfermait dans un monde d'abstraction où il était bien difficile de le suivre. Ne parlons pas des femmes.

Ayant obtenu son CAPES, il partit enseigner en Tunisie. Ce départ à Sfax (on trouvera une cruelle description de cette ville dans *Les Choses* de Georges Perec) ressemblait plutôt à une fuite. Elle lui permit néanmoins de se réveiller des songes dans lesquels il était en train de se perdre en prenant un contact brutal avec la vie réelle (cf. : Les loisirs et les voyages). Quant à moi, ayant constaté les ravages que pouvaient opérer les années de préparations à Normale Supérieure, voie dans laquelle le Proviseur conseillait à mes parents de m'engager, je réussis à échapper à cet enfer où j'aurais probablement perdu une partie de mon âme.

Dans ma famille, Bruno était le modèle auquel j'étais sans cesse prié de me référer. Avec lui, jamais d'histoires, jamais d'initiatives calamiteuses, jamais de propos déplacés. Quand vint l'adolescence, lui ne traficotait pas avec les filles (je reprends une expression de mon père). Bref, le prototype de l'enfant sage !

Entouré de petits soins par ma mère, il jouissait d'un régime alimentaire privilégié. Comme la seule vue de la purée lui donnait la nausée, il ne se nourrissait que de haricots verts, de petits pois ou de salades cuites. Ma mère lui mijotait ces fades nourritures dans de petits plats d'aluminium destinés à son seul usage. Je les ai conservés comme des reliques. (cf. : La Vie au quotidien)

À la moindre contrariété, il souffrait de « crises de foie ». Aux premiers symptômes, ma mère se précipitait pour lui administrer du *CALOMEL*, lui préparer une bouillotte et disposer près de son lit une cuvette émaillée, réservée à cette seule fonction, au cas où il serait pris de nausées.

Dans une famille, l'aîné a la lourde tâche « d'essuyer les plâtres » : habituer les parents aux sorties nocturnes, les faire à l'idée qu'il est normal de sortir avec des jeunes filles, les préparer à l'arrivée de bulletins trimestriels catastrophiques, etc. (ce que j'écris au masculin est tout aussi valable au féminin).

Mon frère ne me fut d'aucune utilité dans cette fonction et je dus assumer seul l'initiation de mes parents aux incartades d'un adolescent. Compte tenu du caractère entier de mon père, les choses ne furent pas faciles et les scènes où je menaçais de quitter la maison assez fréquentes (cf. : Les jeunes filles et les dames).

Ma sœur Colette naquit aux moments les plus sombres de l'Occupation : Septembre 1942. Comme je le raconte ailleurs (cf. : La religion) nous demandions chaque soir dans notre prière que nous naisse une petite sœur « aux cheveux blonds et aux yeux bleus ». Le ciel nous entendit et le bébé fut en tous points conforme à notre souhait.

J'avoue ne pas garder de souvenirs marquants de mon enfance avec ma sœur. Comme tous les garçons, je pense, je passais mon temps à l'énerver avec des farces stupides, à lui tirer les nattes, etc. Pendant que mon frère lui confectionnait d'adorables maisons de poupée et des classes miniatures construites dans des cartons à chaussures, pendant qu'il lui inventait des histoires merveilleuses, moi je cherchais tous les moyens de la faire enrager. Pour donner un exemple dont je ne suis pas fier, je psalmodiais inlassablement : « Colette est une chipie, Colette est une chipie… ». Excédée, elle allait me dénoncer à notre mère qui m'ordonnait d'arrêter aussitôt sous peine d'un terrible châtiment « quand ton père rentrera… ». Malgré la menace, je continuais la litanie en gardant l'air sans les paroles. D'où nouvelle crise de larmes, nouvelle menace, etc.

Comme on le voit notre vie de famille se déroulait dans un climat serein et ne présentait pas d'originalité particulière.

De petites brouilles suivies aussitôt de réconciliations, beaucoup de tendresse et un appétit constant de communication.

Si je partageais un grand nombre de goûts et d'intérêts avec mon frère, je vivais plutôt en parallèle avec ma sœur. Elle avait ses jeux, ses poupées, ses amies (même adolescent, aucune ne parvint à m'intéresser). Bref, c'était une fille et je ne voyais pas trop ce qui aurait pu nous réunir.

Ce qui n'excluait pas l'affection. J'ai de jolis souvenirs quand nous partions en excursion au Bon Marché nous ébahir devant cette profusion d'objets et de produits que nous ne posséderions jamais (cf. : La vie au quotidien) ou lorsque je « filmais » avec ma chambre noires des pièces interprétées par ses poupées *Bleuette* et *Bambino* (cf. : Le cinéma et la photo).

En fait, je ne la découvris que beaucoup plus tard, presque à l'âge adulte. En simplifiant, je puis dire qu'elle a hérité du caractère de mon père. Mais alors que celui-ci faisait passer ses idées en force, ma sœur pratique en douceur. C'est la même opiniâtreté mais avec le sourire et un charme auquel on ne peut que succomber.

Elle aussi ne résiste pas à l'appel des présidences : clubs et associations, séduits par son énergie et son sens pratique ne tardent pas à lui en confier la direction.

En 1975, année de la mort de ma mère et de la naissance de ma fille, nous étions tous réunis, durant l'été, dans la propriété familiale.

À l'époque, avec ma caméra *BEAULIEU* (cf. : Le cinéma), je filmais beaucoup. En visionnant les scènes que j'avais tournées, il me vint l'idée d'en tirer un pastiche d'émission religieuse telle qu'on en voyait à la télévision le dimanche matin. Le montage achevé, j'enregistrai le commentaire censé être celui d'un prêtre au fort accent auvergnat, le père Larzac. J'intitulai ma production *Une belle famille chrétienne*.

Les premières projections ne furent guère appréciées par la famille qui ne vit dans le film que l'aspect de dérision. Après plus de vingt-cinq ans, nous le regardons d'un tout autre œil. Ces images, au fond très banales, d'une famille se livrant à ses occupations quotidiennes prennent une densité qui efface toute l'ironie que j'avais voulu y mettre. Maintenant, seule demeure l'émotion de revivre un instant de bonheur à jamais disparu.

Déjà, à l'époque du tournage, nous suivions des voies différentes et parfois fort contradictoires. Mais, depuis, nous ne nous sommes jamais perdus de vue – ni de cœur.

C'est toujours avec un plaisir extrême que nous nous retrouvons pour évoquer nos souvenirs et poursuivre un dialogue qui n'a cessé de se nouer.

Quand je regarde autour de moi ces familles qui se détestent (on en trouvera un succulent exemple dans le film de Louis Malle, *Milou en Mai*), s'indiffèrent ou, lors des réunions familiales de façade, n'ont plus rien à se dire, je considère comme un petit miracle l'affection profonde qui nous soude toujours.

La phrase de Sigmund Freud que j'ai citée plus haut était sans doute une boutade. Bien sûr nos parents, en croyant bien faire, ont commis de nombreuses erreurs. Mais s'agissait-il vraiment d'erreurs puisqu'ils ont réussi, avec trois enfants, aussi dissemblables, à réaliser ce lien qui est sans doute la chose à laquelle je tiens le plus au monde.

Pour écrire ce livre, j'ai remué beaucoup de souvenirs, dépouillé de nombreuses archives, recueilli force témoignages.

Plus j'avançais dans mon travail, plus je prenais conscience de la chance que j'ai eue de naître dans une famille telle que celle que j'ai tenté de faire revivre.

En donnant, par dérision, ce titre à mon film, je ne me rendais pas compte que j'énonçais une vérité profonde. La foi de mes parents et leur mise en œuvre des vertus chrétiennes – même si j'ai abandonné assez tôt toute pratique religieuse et toute croyance – m'ont suffisamment marqué pour que j'évite la plupart des actions dont j'aurais aujourd'hui à rougir.

Beaucoup, je le crains, jugeront que je parle d'un temps révolu et d'un mode d'éducation totalement démodé. Tant pis pour eux !

Je ne propose pas ici un exemple. Loin de moi cette prétention ! J'ai simplement tenté de montrer comment une certaine forme de rigueur morale et de chaleur dans les relations (qui n'est pas exceptionnelle : beaucoup de mes contemporains ont eu la chance de recevoir une formation identique) nous a permis d'éviter de tomber dans les pièges de la frivolité : course à l'argent, aux honneurs, à la réussite sociale (C'est Alfred Capus, je crois, qui disait d'un personnage connu : « il est arrivé, mais dans quel état. »).

C'est grâce à l'exemple de mes parents que j'ai réussi à ne pas céder à la tentation de devenir un de ces « jeunes loups » aux dents longues, prêts à écraser tous ceux qui leur barrent le chemin pour m'efforcer de devenir, comme le dit la belle chanson d'Enzo-Enzo : « Juste quelqu'un de bien… ».

2

LA MAISON

Louer un appartement peut paraître un acte anodin. Lorsqu'en 1933, mes parents emménagèrent au 60 de la rue de Verneuil, soupçonnaient-ils qu'ils s'ancraient là pour leur vie entière ?

Pour mon père, qui avait vécu depuis sa naissance à l'ombre protectrice de l'église Saint-Thomas d'Aquin, et pour ma mère, récemment débarquée de sa Touraine pour assumer la fonction de préceptrice auprès des enfants d'une grande famille du quartier, je suppose qu'il était impensable d'aller habiter ailleurs que dans cette partie du septième arrondissement.

Comment réussirent-ils à trouver un appartement en cette période où sévissait la crise du logement et que beaucoup étaient contraints de s'exiler à la périphérie (la zone disait mon père avec mépris) dans les fameux HBM en brique qui bordent les Boulevards des Maréchaux ? Ce sont les relations de mon père dans le milieu scout (cf. : Le scoutisme) qui lui permirent de profiter d'une rare aubaine.

En fait, ce n'était pas seulement un logement qu'ils occupaient mais, tout autant, un certain mode de vie qu'ils choisissaient. Hormis les conditions matérielles – montant du loyer raisonnable, bonne tenue de l'immeuble – ils devaient sentir, plus ou moins consciemment, que celui-ci les situait *à leur rang*, faisait partie de « leur monde ». Ils ne s'y trouveraient pas *déplacés*.

Ni trop cossu, ni trop « populaire », l'immeuble de la rue de Verneuil correspondait pour eux à une certaine conception de l'existence.

La situation, outre le fait qu'elle ne les dépaysait pas, avait également son importance : le quartier Saint-Thomas d'Aquin, tel que je l'ai connu durant mon enfance et une partie de mon adolescence (jusqu'à la fin des années 50) avait un côté feutré et rassurant, quasiment provincial.

C'est, je pense, cet aspect « province » qui séduisit mes parents. Ce petit univers, où chacun devenait rapidement familier, rappelait à ma mère le village de son enfance et le Tours de sa jeunesse.

La rue de Verneuil que j'ai connue constituait une sorte de village où se succédaient artisans et commerçants au contraire des deux parallèles, rue de Lille et rue de l'Université, qui respiraient la sérénité un peu morose de la vie bourgeoise.

Encore faut-il nuancer : de la rue de Poitiers à la rue de Beaune (en incluant la portion de la rue du Bac située entre Lille et Université) la rue de Verneuil menait sa vie remuante et colorée. Au-delà, jusqu'à la rue des Saints-Pères, elle devenait digne et réservée : un autre monde.

Pour être exact, la portion finale de la rue, à peu près en face de notre immeuble constituait un îlot à part où s'élevaient de superbes hôtels particuliers (l'un d'eux est devenu la Maison des Ecrivains). Sans transition, on passait de l'hôtel Pozzo di Borgo au bougnat puis aux maisons bourgeoises qui s'ouvraient sur de vastes cours où l'on garait jadis les voitures et leurs chevaux.

Au temps des cataplasmes

Le 60 rue de Verneuil

L'immeuble, en lui-même, ne présentait aucune originalité. Une façade banale et plate avec quelques balcons en fer forgé dans les hauteurs, c'était le type même de « maison de rapport » dont parle Balzac, destinée à de petits-bourgeois.

Dans la porte cochère à doubles battants était intégrée une porte plus petite qui s'ouvrait à l'aide d'une sonnette électrique. Je note ce détail car, à l'époque, chez certains de mes amis, persistait le système dit « du cordon ». Passées les vingt-deux heures il fallait réveiller la concierge qui exigeait que l'on donnât son nom pour actionner l'ouverture. En quelque sorte, l'ancêtre des digicodes et interphones actuels.

À gauche de la porte cochère s'ouvrait la boutique d'un encadreur et à droite l'antre poussiéreux et obscur de deux tapissiers taciturnes.

Une fois la porte franchie, on pénétrait sous une voûte bordée au sol de deux rangées de pierre blanche que la concierge mettait un point d'honneur à tenir méticuleusement propres en les lavant à grande eau chaque samedi.

Au bout de la voûte, à ma main gauche, une porte vitrée donnait sur l'escalier desservant l'immeuble côté rue. Jouxtant celle-ci, la loge de la concierge, Madame Deluard.

On débouchait alors sur la cour, en partie occupée par l'atelier d'un ébéniste et par celui de l'encadreur.

On trouvait également dans la cour l'habitacle aux poubelles. Ce vaste coffre en bois contenait une batterie de poubelles métalliques dans lesquelles chacun venait déverser sa boîte à ordures. Dès les premières chaleurs, montait de ce cloaque un délicieux fumet que l'on pouvait humer jusqu'à notre quatrième. À ces relents, se mêlaient, en une subtile harmonie olfactive, les riches odeurs provenant des cabinets à la turque situés à côté de la loge. Les mouches y trouvaient leurs délices… Ce mélange d'odeurs puissantes ne nous dépaysait pas : elle nous rappelait le village maternel avec ses relents de fumier et le passage du vidangeur (cf. : La campagne).

Au fond de la cour, une porte vitrée menait aux étages de l'autre partie de l'immeuble.

À gauche de celle-ci, s'ouvrait l'entrée des caves où l'on remisait le bois et le charbon. Pendant l'Occupation et les années de pénurie qui suivirent, on y conservait les denrées précieuses. Dans notre cave, par exemple, une énorme jarre contenait les œufs envoyés par ma grand-mère. Ceux-ci baignaient dans une mixture jaunâtre saturée de calcaire qui en permettait la conservation (c'est le principe des œufs de cane centenaires des chinois).

La cour et la voûte avaient leur vie propre. L'ébéniste y faisait résonner ses burins et ses maillets. L'encadreur crisser sa scie. Parfois, les tapissiers sortaient de leur tanière pour exécuter un travail délicat : à l'aide de gros pinceaux en poil de martre, ils détachaient délicatement les impalpables feuilles d'or réunies dans des sortes de carnets pour les appliquer sur les bras d'un fauteuil ou d'un canapé.

Tôt le matin, le mari de la concierge, M. Deluard, sortait les poubelles de leur réduit. Il les traînait jusqu'à la rue sans se soucier du sommeil des locataires. Comme la cour faisait caisse de résonance, nous étions réveillés en sursaut par ce concerto de ferrailles.

Sous la voûte, il avait installé une machine à griller le café (denrée rare jusqu'au début des années 50) dont l'arôme se répandait jusqu'aux derniers étages.

Grâce à je ne sais quel privilège octroyé par la concierge, un personnage énigmatique et furtif était autorisé à y garer son vélo. Sur le porte-bagages, il avait construit une boîte en contreplaqué qui nous intriguait. Quels mystérieux produits véhiculait-il chaque soir ? On ne sut la vérité que plus tard : maquilleur à la Comédie-Française, il enfermait à clef sa maîtresse dans leur chambre du sixième étage afin qu'elle ne puisse s'échapper durant son absence.

Mais le cœur de l'immeuble, son centre névralgique, son lieu tellurique, était, incontestablement, la loge de la concierge.

Celle-ci semblait y demeurer en permanence, comme la gardienne du temple chargée de veiller à la bonne ordonnance de son fief et à la tenue respectable de ses ouailles.

Le mot n'est pas trop fort. Madame Deluard était la

grande prêtresse d'un rituel aux règles immuables qu'il eut été périlleux de transgresser.

La halte dans la loge, lorsqu'on rentrait de faire ses courses, était une obligation implicite. Sous des prétextes divers – voir si du courrier était arrivé, s'informer de la santé de tel ou tel, chercher un paquet, déposer un sac – chacun venait s'entretenir avec la concierge.

Dans ce réduit obscur, en partie envahi par un lit aux dimensions imposantes et quelques meubles lourds, Madame Deluard colportait les nouvelles, prodiguait des conseils, émettait des hypothèses sur l'activité des « mystérieux », vitupérait les uns et décernait ses louanges aux autres.

Bref, la concierge était à la fois notre radio locale, notre juge de paix (j'ai eu maintes fois à subir ses foudres pour avoir sali les sacro-saintes dalles de la voûte ou sauté une volée de marches au-dessus de la loge) et notre oracle.

S'aliéner ses faveurs, c'était le bannissement dans le clan des « mauvais locataires ».

Ceux-ci habitaient plutôt dans la partie de l'immeuble située en fond de cour. Une forme de ségrégation sociale s'était établie entre le « bâtiment rue » où nous habitions et le « bâtiment cour » peuplé, selon mon père, de gens « pas fréquentables ». La raison en était-celle cette femme qui faisait hurler sa radio, toutes fenêtres ouvertes et qu'il menaça de procès ? En tout cas, je crois bien ne jamais avoir mis les pieds dans cette partie de l'immeuble, craignant sans doute d'y faire des rencontres inquiétantes.

La partie sur rue comportait six étages, chaque étage comptant quatre appartements et un « studio ». Le sixième était occupé par les « chambres de bonnes ». Comme personne ne possédait de domestiques, ces chambres étaient habitées ou servaient de débarras.

On accédait aux étages par un escalier assez étroit et d'une escalade difficile. Chez la plupart de mes amis, l'escalier était recouvert par un tapis, retenu à chaque marche par une barre de cuivre (un de nos jeux « intelligents » consistait à retirer ces barres).

Que ce tapis fût souvent élimé n'enlevait rien, à mes yeux, au luxe qu'il pouvait représenter. J'avais honte de notre escalier nu et de ses murs peints en faux marbre dont la peinture s'écaillait.

Il était pourtant bien entretenu. Régulièrement, le neveu de la concierge, ahanant et transpirant, le grattait à la paille de fer puis l'encaustiquait à l'aide d'un gros pain de cire fixé dans une sorte de mâchoire reliée à un manche à balai.

Les appartements

Chaque appartement comportait une petite entrée sur laquelle s'ouvraient une minuscule cuisine (on dirait, aujourd'hui, une « kitchenette »), les toilettes, la salle à manger, une chambre à coucher et un réduit, sans doute destiné à servir de penderie. La salle à manger communiquait avec une troisième pièce, pompeusement appelée « bureau » où mon père entassait ses dossiers et dans laquelle, le soir, mon frère et moi déplions un divan-lit et un lit-cage, dissimulé derrière un paravent.

Les « studios » se réduisaient à une pièce avec une étroite cuisine dotée d'un simple évier.

Les appartements, s'ils avaient le privilège de posséder des toilettes (les demoiselles des studios devaient se contenter d'un « seau hygiénique » qu'elles allaient vider, avec la plus grande discrétion, dans les cabinets à la turque du sixième), ne disposaient, en matière de sanitaire, que du seul évier de la cuisine avec un robinet d'eau froide.

Dans un ouvrage sur les soldats américains de la libération, l'auteur raconte l'effroi des GI'S lorsque, priant leurs hôtes français de leur indiquer la salle de bains, ils se retrouvaient dans un réduit de ce genre et qu'ils découvraient que les toilettes, dans beaucoup d'immeubles, étaient encore des cabinets collectifs et puants situés dans l'escalier, à mi-étage.

La première initiative de mon père, épris d'hygiène, fut de transformer le cagibi en un « cabinet de toilette » (le terme de « salle de bains » eut été sans doute trop prétentieux pour qualifier cet espace où l'on avait peine à remuer.).

Avec beaucoup d'ingéniosité, il réussit à caser dans ce réduit une baignoire-sabot, un lavabo et un chauffe-eau électrique, juste capable de fournir assez d'eau pour prendre un bain de siège.

Le plombier qui réalisa cette installation, soit par ignorance, soit par incompétence, décréta que la pente était insuffisante pour permettre aux eaux usées de s'écouler jusqu'à la cuisine.

Il confectionna donc un système complexe de tuyauteries qui permettait, par dépression, de pomper les eaux usées du lavabo (sous lequel était placé un grand seau dissimulé par un rideau) et de la baignoire. En ouvrant le robinet de l'évier, la pompe aspirait lentement le contenu du seau dont il fallait surveiller fréquemment le niveau de remplissage pour éviter qu'il déborde (ce qui arrivait assez souvent).

Avec cette installation hydraulique, prendre un bain était une opération longue et fastidieuse. D'autant plus que mon père, pour gagner de la place, avait confectionné un couvercle de baignoire sur lequel s'entassaient différents produits de nettoyage et accessoires de toilette.

Lorsque nous désirions nous baigner, il fallait donc opérer un véritable déménagement, espérer qu'il restât assez d'eau chaude pour remplir une moitié de baignoire, pomper l'eau, nettoyer la baignoire à l'aide d'une pâte rose abrasive contenue dans une grande boîte ronde, le *CURÉMAIL*, rincer, repomper, remettre le couvercle et réintégrer le fourbi qui s'y trouvait stocké.

La salle de bains des années 50 mériterait à elle seule une analyse sociologique. Dans mon environnement, rares étaient les salles de bains telles qu'on les connaît aujourd'hui, celles dont je rêvais.

Soit la famille se lavait dans un simple lavabo ou, pire, sur l'évier. Pour effectuer les grands nettoyages, les voisins de mes parents qui n'avaient pu, avec quatre enfants, aménager une salle d'eau, se douchaient dans un tub, vaste cuvette identique à celle que nous utilisions à la campagne (cf. : La campagne). D'autres se rendaient aux bains-douches municipaux, où, pour une somme modique on vous fournissait une serviette et un savon (il en existe encore quelques-uns à Paris).

Soit, ce qu'on nommait « salle de bains » consistait en une baignoire posée dans un réduit où s'accumulaient balais, aspirateurs, produits d'entretien, etc. En général, celle-ci était alimentée par un chauffe-eau à gaz dont la mise à feu s'accompagnait d'explosions et de claquements inquiétants. Les tuyauteries gargouillaient tandis qu'un filet d'eau chaude s'écoulait lentement. Un autre système, encore plus rustique, consistait à chauffer l'eau du bain à l'aide d'une rampe à gaz placée sous la baignoire.

Il faut bien le reconnaître, jusqu'à la fin des années 50, l'hygiène corporelle, même dans des milieux évolués, n'était pas la préoccupation majeure. Pour ceux qui possédaient l'appareillage nécessaire, le bain était une pratique hebdomadaire et la douche quotidienne était considérée comme une lubie pour maniaques de la propreté. Ajoutez à cela que les déodorants n'avaient pas encore fait leur apparition et vous vous ferez une idée des odeurs que dégageait une foule dense, dans le métro, par exemple.

Dans notre appartement, chaque pièce, chaque meuble, avaient leur nom : « la chambre », « le bureau », « le cabinet de toilette ». On parlait de « la table de la salle à manger », de « la petite armoire de la chambre », de la « bonnetière » (petite armoire à une porte où les bonnetiers entreposaient leur production), du « petit buffet », de « la vitrine », du « grand buffet », etc.

Vivre à cinq dans un espace aussi confiné, d'autant plus que mes parents aimaient les meubles imposants « de style », était un excellent entraînement pour une future carrière de sous-marinier.

À l'inverse, les appartements de mes amis, rue de Lille ou rue des Saints-Pères, m'apparaissaient comme des lieux immenses où l'on pouvait s'ébattre à loisir, se cacher, organiser des parties de jeux à grand spectacle.

Toujours situés dans les étages élevés (quatrième ou cinquième), on y accédait par des escaliers imposants, recouverts d'un tapis rouge, dont on pouvait descendre les rampes à califourchon. Les pièces de réception de ces appartements, dotées de balcons, donnaient sur la rue alors que les chambres ouvraient sur de grandes cours pavées où l'on garait, jadis, les chevaux et les voitures.

Celui de Jean-Bruno Duméril, chez qui j'étais constamment fourré, s'ouvrait sur une entrée où l'on aurait pu faire tenir notre appartement. D'un côté, la salle à manger, de l'autre un vaste salon avec l'inévitable piano à queue. Donnant à l'arrière de la salle à manger, les appartements de sa grand-mère.

Un long couloir, sur quoi donnaient la chambre des parents, précédée d'une salle de bains – une vraie, celle-là, éclatante de blancheur – et les chambres de mon ami et de sa sœur, menait à la cuisine.

Une telle disposition des lieux exigeait que l'on utilisât une bonne sportive qui, pour apporter les plats et desservir la table, devait parcourir plusieurs fois par repas cet interminable couloir.

Mais, la plupart de ces appartements, qui valent aujourd'hui une fortune (beaucoup ont été scindés en plusieurs logements) hébergeaient des locataires peu fortunés qui profitaient de la loi de 1948.

Cette loi, conçue dans un généreux esprit de protection des locataires, bloquait les loyers et, surtout, interdisait toute expulsion des occupants leur vie durant. De plus, cette loi, par un privilège exorbitant, analogue à celui des bouilleurs de crus, permettait de transmettre cet avantage à ses descendants pour peu qu'ils vivent dans le même appartement.

Si les locataires, en cette période de crise du logement qui suivit la fin de la guerre, était prémunis contre l'avidité des propriétaires, ceux-ci, en revanche, ne trouvant plus leur compte avec des loyers que l'inflation réduisait de plus en plus, se refusaient à tous travaux et laissaient leurs immeubles se dégrader.

Grâce à cette loi honnie des propriétaires, des familles

aux ressources limitées pouvaient continuer de loger dans de vastes appartements dont les prix nous font rêver aujourd'hui.

J'ai pris un jour conscience de cet écart entre la splendeur des lieux et la modicité des ressources de leurs habitants quand, rendant visite à un de mes amis, j'aperçus Mme de F. tapisser la chambre conjugale avec des journaux qu'elle badigeonnait ensuite.

À une certaine époque (50-55) il y eut la mode des échanges. Par petites annonces, on proposait à d'autres locataires d'échanger son appartement contre le leur. Malheureusement, chacun cherchait un logement plus spacieux. Avec ma mère, je visitai ainsi quelques appartements aussi étriqués que le nôtre. Puis on abandonna ce projet qui m'avait fait rêver un court instant. Mes parents avaient-ils vraiment le désir de quitter cette rue de Verneuil où ils s'étaient si profondément incrustés ?

Les habitants

Malgré sa modicité, notre immeuble avait hébergé deux personnages connus : Charles Maurras et Georges Bidault.

L'appartement de Maurras était situé en face du nôtre, quatrième gauche, porte droite. Quand, après la Libération, cet appartement fut réquisitionné et que son neveu vint le vider, on découvrit un incroyable capharnaüm de livres et de revues dont les piles montaient jusqu'au plafond. Des venelles permettaient d'accéder au lit et aux toilettes.

À propos de ces toilettes, aucun historien, à ma connaissance, ne s'est penché sur cet aspect de la vie de Maurras. Le grand maître de *L'Action Française*, on ne l'ignore pas, était sourd comme un pot.

Mais ce que l'histoire n'a pas retenu, c'est qu'il souffrait également d'hémorroïdes. Quand il se rendait aux toilettes, tout l'immeuble était tenu au courant de ses problèmes de miction par les hurlements qu'il poussait et n'entendait pas. On dit qu'il n'y a pas de grand homme pour son valet de chambre. J'imagine, grâce aux récits qu'en faisait mon père, le vieux barbichu royaliste, assis sur le trône, en train de bramer ses douleurs intestinales, pour la plus grande joie des adversaires de *L'Action Française* qui logeaient alentour.

Au quatrième, droite-porte droite, habitait une vieille fille (mais, pour un enfant, tous les adultes, passé un certain âge, paraissent vieux) qui professait le piano. Cette mademoiselle Vicherat, que nous trouvions à la fois ridicule et terrifiante, avait été une égérie (une maîtresse ?) de Charles Maurras.

Dès qu'elle entendait le pas du Maître montant l'escalier au retour du bouclage de son journal, elle se précipitait sur le palier, revêtue d'un saut de lit vaporeux.

« Pas ce soir, pas ce soir, bougonnait Maurras. Je suis fourbu ! ».

Sa porte claquait et la pauvre Camille (c'était son prénom) retournait tristement à sa solitude (On aura compris que notre immeuble était particulièrement sonore et que rien n'échappait à mon père qui veillait une partie de la nuit).

Ce que les historiens ignorent également, c'est que Georges Bidault, recherché par la Gestapo durant l'Occupation, s'était réfugié dans un studio de l'immeuble.

Lui et Maurras se sont-il un jour croisés dans l'escalier ? Beau sujet d'allégorie pour concours du Prix de Rome : *L'Action Française* moribonde croisant *L'Aube* prête à prendre une éclatante revanche !

Hormis ces deux figures historiques, les habitants de l'immeuble constituaient un échantillon représentatif du « Français moyen ».

Mais, en l'examinant de près, cet échantillon présentait de notables différences où un œil exercé aurait pu distinguer ce qu'il conviendrait d'appeler des castes.

Au sommet, les propriétaires qui occupaient les quatrième droite-porte gauche, sur notre palier. On les rencontrait rarement et on les saluait avec respect.

En bas de l'échelle, se situaient les locataires dont nous ignorions tout. Lorsqu'on les croisait dans l'escalier, on se contentait d'un simple salut à ces anonymes. Certains, qui exerçaient une « profession en chambre » (l'artisanat à domicile était alors fort répandu. Ainsi, ma mère faisait confectionner ses robes par une ancienne de Magguy Rouff à la retraite), étaient désignés en fonction de leur activité. Par exemple « le fourreur du second ».

C'est à ce petit homme furtif que je dois mon premier souvenir marquant. En le croisant dans l'escalier – ce devait être en 1942 ou 1943 – je remarquai qu'il portait une étoile jaune. Interrogés, mes parents restèrent évasifs.

Et puis, un jour, le fourreur et sa famille disparurent…

On peut ranger dans cette catégorie « les mystérieux ». De ceux-là, on parlait avec des sous-entendus lourds de signification. J'ai déjà parlé du maquilleur et de son vélo bricolé. Au premier, logeait le « maître d'armes », personnage discret aux horaires fantaisistes. On murmurait qu'il « travaillait pour le cinéma ». Quand une belle jeune femme noire vint habiter avec lui, les rumeurs les plus fantaisistes se multiplièrent (en fait, le maître d'armes réglait les cascades des innombrables films de cape et d'épée de l'époque et sa compagne était une cantatrice renommée).

La seconde catégorie comprenait les locataires avec qui, pour une raison ou pour une autre, mes parents avaient affaire. Par exemple, madame Odette, la modiste du troisième chez qui ma mère, lors des grandes occasions, se faisait confectionner des chapeaux qui n'auraient pas dépareillé la collection de ceux de la reine d'Angleterre.

La troisième catégorie regroupait les gens « fréquentables », les seuls chez qui nous pénétrions et qui avaient le privilège d'être reçus chez nous.

Les liens avec ceux-ci avaient deux origines : le scoutisme (anciens scouts ou parents de scouts) et la politique (le MRP). Mademoiselle Camille Vicherat est un cas particulier : c'est le téléphone qui instaura des relations avec elle. On y reviendra.

La majeure partie de la population était composée de femmes seules : veuves et, surtout, célibataires d'un certain âge que nous appelions « les vieilles filles ».

On pouvait classer celles-ci en trois catégories : les « gentilles » chez qui nous aimions aller boire un verre de sirop et grignoter des biscuits, les « extravagantes » et « les emmerdeuses ».

La minorité était constituée de couples sans enfants : retraités, petits fonctionnaires ou employés de banque.

L'arrivée de mes parents et la naissance de leurs trois enfants, jeta une certaine perturbation dans cet univers feutré. Nous faisions du bruit, nous courions dans les escaliers, j'inventais des jeux qui m'attiraient les foudres de la concierge et de l'ébéniste de la cour (ayant fabriqué un fusil en *MECCANO*, je bombardais de marrons d'Inde la voisine de l'autre côté de la cour).

Sans doute mon père avait-il eu des réflexions désobligeantes de la part des voisins car il vivait dans la hantise de troubler le calme de l'immeuble. Sans cesse, il fallait maintenir tiré l'épais rideau derrière la porte d'entrée, fermer les fenêtres dès que nous écoutions de la musique et laisser en permanence les voilages des fenêtres sans lesquels, je suppose, les voisins auraient pu pénétrer dans notre intimité.

Par chance, les voisins du dessous avaient un fils et beaucoup d'indulgence. Stoïquement, ils supportaient le choc des billes et des soldats de plomb sur le parquet, nos cavalcades et nos hurlements.

L'appartement en face du nôtre (l'ancien appartement de Maurras) avait été attribué, grâce aux relations de mon père au sein du MRP, à un jeune ménage qui, rapidement, engendra quatre enfants. De ce côté-là, nous n'avions pas de soucis…

Avec la locataire du cinquième (gauche-porte gauche) qui vivait avec son fils (un ancien scout de mon père) nous formions une sorte d'îlot dans ce petit monde de célibataires et de couples sans enfants.

Les changements de locataires étaient rares. Ils semblaient fixés à leur logis comme la moule à son rocher. Seule la mort de l'un d'entre eux pouvait amener de nouvelles têtes. Durant mon enfance et une partie de mon adolescence, je n'ai pas le souvenir d'avoir vu des déménageurs gravir notre escalier.

Parmi les vieilles filles, la plus gentille était incontestablement Mademoiselle Marianne qui habitait le studio sur notre palier. Souriante, effacée, elle respirait la douceur et l'affabilité. Très soignée, répandant un léger parfum de fruit, elle donnait envie de l'embrasser et de se blottir contre elle.

Chez elle, il y avait toujours des biscuits, du sirop, des livres d'images. Pendant longtemps j'ai cru qu'il s'agissait d'une bonne fée ayant pris l'apparence humaine pour apporter du bonheur aux petits enfants.

C'est elle qui confectionna pour mon frère – il devait avoir quatre ou cinq ans – une panoplie de prêtre (ma mère avait espéré qu'il entrerait dans les ordres).

Ainsi déguisé, celui-ci célébrait la messe en imitant les gestes liturgiques et en bafouillant un latin imaginaire (*Inchipio*, *Ranchipio*), dévotement servi par les demoiselles réunies pour l'occasion (cf. : La religion).

Ma marraine, Simone, habitait également l'immeuble (second gauche-porte gauche). Ce qui me frappait chez elle, c'étaient son visage toujours recouvert d'une épaisse couche de poudre de riz (sans doute pensait-elle ainsi en masquer les imperfections) et son fort accent aveyronnais. Elle disait, par exemple : « Nous n'avons pas les moyens des *Roteuchilde* ».

Elle vivait, avec son père, dans le souvenir de son frère Georges, mort sur le front en 1940, et travaillait chez un obscur éditeur – les Editions Ozanne – qui tenait boutique rue de Verneuil et avait son bureau dans le studio du second.

Malgré un physique un peu ingrat et ma répugnance à l'embrasser (la poudre de riz…), c'était une excellente femme. À Noël, quand elle s'informait de mes désirs de cadeaux, je lui demandais, par exemple, un masque sous-marin. Invariablement, celui-ci se transformait en livre (elle bénéficiait de la réduction consentie aux professionnels) et, cachant ma déception, je devais simuler une joie débordante en recevant *Les compagnons du Kon Tiki* ou *Premier de cordée*.

Son père, Monsieur Baucknecht, était une sorte de personnage de Beckett. Je l'ai toujours vu, assis dans son fauteuil, un éternel béret vissé sur le crâne, en train de lire *Le Figaro*.

En fait, la lecture de ce journal occupait sa journée entière. Il commençait le matin par le haut de la première page pour terminer, le soir, par le bas de la dernière.

Il n'en sautait pas une ligne, examinait avec soin le carnet du jour, épluchait les petites annonces, remplissait la grille de mots croisés, répondait aux concours, etc. (À l'époque, le *Figaro Magazine* n'existait pas. Comment occupait-il ses dimanches ?).

Son moment de gloire était le repas de Noël auquel mes parents l'invitaient rituellement avec Simone et Mademoiselle Marianne.

Il coinçait sa serviette dans le col de sa chemise, vérifiait le fil du couteau à découper et, dans un silence recueilli, dépeçait la volaille avec une dextérité qui nous remplissait d'émerveillement.

Une fois son œuvre accomplie, il disposait, dans les règles de l'art, les morceaux du volatile sur le plat de service et, triomphant, se léchait voluptueusement les doigts luisants de graisse.

Dans le clan des excentriques, je privilégierai la locataire du cinquième droite-porte droite : Mademoiselle Tiédé (ses amis, disait-elle, l'appelaient « Minette ». Nous avons toujours ignoré son véritable prénom).

Alors que les autres demoiselles affectionnaient les couleurs éteintes – gris souris, beige triste, vert sombre – Minette composait pour ses tenues une palette de mauves, de lilas et de roses. Enveloppée de voilettes et d'écharpes vaporeuses, elle répandait dans l'escalier un parfum puissant dont les effluves flottaient longtemps après son passage.

Chaque fois que je la croisais, elle s'écriait : « Mais voici mon diable ! ».

Se piquant de musique, elle interprétait sur son harmonium des morceaux romantiques et sentimentaux. Sa préférence allait à *La Prière d'une vierge*. Immanquablement, elle déraillait dans le même passage.

Mademoiselle Vicherat, sa voisine du dessous, s'emparait d'un balai et tapait au plafond en criant « Si bémol ! ».

Et puis, un jour, mademoiselle Tiédé a rencontré le grand amour. Nous avons croisé dans l'escalier un personnage énigmatique, aux cheveux gominés, chaussé d'escarpins vernis, coiffé d'un chapeau noir à larges bords, une longue écharpe de soie blanche négligemment jetée par dessus son épaule.

De confidences en confidences, nous avons appris qu'il se prénommait Sacha et qu'il était violoniste virtuose dans des orchestres internationaux.

Grâce à son musicien ténébreux, Minette trouva une nouvelle jeunesse. « Maintenant, confia-t-elle à ma mère, je ne porte plus rien. Une gaine, un slip, et c'est tout ! ».

Pendant de longues périodes, elle disparut de la rue de Verneuil. Sans doute accompagnait-elle Sacha au Concertgebow d'Amsterdam ou au Carnegie Hall.

La réalité, que nous découvrîmes lors de vacances à Vichy, était moins glorieuse. Sacha faisait partie d'un orchestre qui jouait aux terrasses des cafés. Mais qu'importe ! Minette, plus vaporeuse, plus parfumée, plus colorée que jamais, dévorait des yeux son grand homme en buvant un thé-citron.

Je ne sais si leurs amours résistèrent à l'usure du temps ni ce que devint cette demoiselle un peu folle dont nous nous étions si souvent moqués. Grâce à son pseudo-tzigane, au moins a-t-elle connu sur le tard, comme dans les romans à l'eau de rose dont elle devait se repaître, ce rare présent du sort : une grande passion.

Dans notre immeuble, les possesseurs de téléphone étaient rares. Il est difficile d'imaginer, aujourd'hui, quelles difficultés on devait surmonter pour obtenir une ligne. Jusqu'au milieu des années 70, il fallait compter un délai d'au moins trois ans pour espérer être branché. Si vous faisiez partie des privilégiés, vous pouviez tenter de faire intervenir un parlementaire ou un haut fonctionnaire. Sinon, vous attendiez...

Mademoiselle Camille Vicherat ne possédait pas le téléphone. Pour son activité de professeur de piano à domicile, cette absence présentait un sérieux inconvénient. Dans sa grande bonté, ma mère lui avait proposé d'utiliser le nôtre en cas de nécessité. En agissant ainsi, elle ne se doutait pas du piège qui se refermait sur nous...

Quand je l'ai connue, l'ancienne égérie de Maurras évoquait plus une sorcière qu'une grande amoureuse. Pour nous, les enfants, elle inspirait à la fois la terreur et l'hilarité.

J'ai trouvé d'elle une description très ressemblante dans *La tache de vin* de Serge Dalens. La cousine Hortense, dessinée par Pierre Joubert, est un fidèle portrait de notre envahissante voisine. « *Une invraisemblable bonne femme, genre archipunaise, tout en caraco, snow-boots et chapeau à plumes. Une vraie caricature. Avec ça, l'air mauvais, fallait voir...* ».

D'abord discrète dans ses communications, mademoiselle Vicherat s'était progressivement enhardie. Nous étions devenus son standard personnel. Des Madame de..., des dames aux noms doubles qui fleuraient la vieille France (pour la plupart des rescapées de *l'Action Française* qui la faisaient travailler par charité) appelaient à n'importe quelle heure en nous priant « d'aller quérir Mademoiselle Vicherat ».

Certaines étaient d'une grande politesse et se répandaient en excuses de devoir ainsi nous déranger.

D'autres, au contraire, nous sommaient, d'un ton arrogant, d'aller chercher la professeur de piano. Un jour mon père, excédé, répondit à une de ces Madame de Grandair qu'il n'était pas le domestique mais un voisin complaisant qui rendait ce service. Et de raccrocher sèchement.

Mais le téléphone n'était pas le pire. À n'importe quel moment de la journée, Mademoiselle Vicherat venait sonner à la porte sous les prétextes les plus divers. J'ai encore dans l'oreille sa voix nasillarde qui hachait les syllabes, demander « Ma/ dame De/ mo / ry quelle/ heure / est-il ? ».

Dominant son envie de la jeter dehors, ma mère écoutait patiemment ses histoires sans intérêt. Ni nos ricanements ni nos imitations ne rebutaient notre voisine qui s'incrustait durant des heures.

L'appartement de Camille Vicherat était à son image :

de lourdes tentures poussiéreuses, des rideaux à pompons, des fauteuils aux couleurs fanées, des moulures marronnasses sous des papiers peints défraîchis. Une odeur de naphtaline, de tisane, de vieilleries, à laquelle il ne manquait que des relents de pipi de chat, conférait à ce lieu un climat de nécropole qui se mariait bien avec les nombreuses photos et portraits de Maurras et de Pétain qui parsemaient les murs, les étagères et le dessus des meubles.

J'ai récupéré quelques-uns de ces vestiges. Ainsi, grâce à Camille Vicherat, je peux méditer cette forte pensée du Maréchal Pétain :

« *J'ai été avec vous dans les jours glorieux*
Je reste avec vous dans les jours sombres
Soyez à mes côtés »

Évidemment, tous les protagonistes de ce petit monde se retrouvaient, le dimanche, à Saint-Thomas d'Aquin pour la messe de neuf heures. Certains retournaient à l'église pour les vêpres de dix-sept heures (cf. : La religion).

Lorsque nous évoquons, avec ma sœur et mon frère, ces années de jeunesse, les souvenirs qui nous reviennent sont toujours teintés de tendresse ou d'amusement.

Sans doute avons-nous envié les vastes appartements et les immeubles cossus de nos amis. Mais nous n'en avons pas ressenti de véritable frustration. Au fond, l'immeuble du 60 rue de Verneuil était en soi une sorte de village, avec ses petites comédies, ses personnages chaleureux ou exotiques, ses trous d'ombre et ses plages de lumière.

Si vous passez par là, vous ne reconnaîtrez pas le paysage que je décris. Les antiquaires et les restaurants ont chassé les petits commerces et les artisans. La mise aux normes des immeubles a permis aux propriétaires de sortir de la loi de 1948 et d'augmenter les loyers de façon considérable (en 1985, mon père, que son âge protégeait, payait 1 500 F – 228 euros – par trimestre. Et il trouvait ce prix exagéré !). Les locataires aux revenus modestes s'en sont allés vivre ailleurs. Beaucoup d'appartements ont été vendus. Le snobisme a atteint cette rue qui est devenue une des plus chères de Paris.

Nous aurions dû souffrir d'être confinés dans un logement destiné à un couple sans enfants. Au contraire, cette promiscuité, loin de constituer une source de heurts ou d'aigreurs, donnait à notre vie familiale une densité et une qualité de communication que je retrouve rarement dans les confidences que me font beaucoup de jeunes gens.

Au lieu de créer des tensions, le manque d'espace resserrait les liens et développait les échanges. L'attention que nous portaient nos parents et la qualité d'écoute qu'ils nous prêtaient (et Dieu sait s'il leur fallait de la patience avec moi !) nous permettaient d'oublier les inconvénients de cette vie « les uns sur les autres ».

Progressivement, nous pûmes étendre notre territoire. Mon frère s'installa dans la « chambre du sixième » où mon père entassait des dossiers obsolètes depuis belle lurette puis partit vivre dans un studio au 7 de la rue du Dragon où je lui succédai vers ma vingtième année (cf. : Les jeunes filles et les dames).

Lorsque Mademoiselle Marianne prit sa retraite, ma sœur occupa son studio.

Nous quittions notre sous-marin, sans doute soulagés de pouvoir vivre notre indépendance. Mais avec le secret regret de ces années où nous formions cet organisme exceptionnel : une famille heureuse.

3

LE QUARTIER

Pour imaginer ce que pouvait être la vie de mon quartier jusqu'aux années 60, il vous suffira de regarder les films de Jacques Becker ou d'aller voir *Le fabuleux destin d'Amélie Poulain*.

Mon « quartier » proprement dit se limitait au quadrilatère formé par la rue de Poitiers, la rue de Lille, la rue des Saints-Pères et la rue de l'Université. Disons qu'il s'agissait plutôt d'un « sous-quartier » inclus dans le quartier Saint-Thomas d'Aquin.

Au-delà s'étendait une seconde zone bornée par la rue de Buci, les Tuileries, le Bon Marché, le Luxembourg et l'Esplanade des Invalides. Ces limites franchies, on s'aventurait dans un monde inconnu, une *terra incognita* qui nous apparaissait comme appartenant à une ville étrangère.

Parfois nous poussions l'audace jusqu'à nous risquer sur la Rive Droite pour faire quelques escapades dans les Grands magasins (Printemps, Trois Quartiers, Galeries Lafayette). Au-delà de la Porte d'Orléans, nous expliquait mon père, s'étendaient « les fortifs » où vivaient des personnages peu recommandables : *les apaches*. C'était ce que l'on appelait « la zone ».

Une ou deux fois l'an, nous allions déjeuner chez mon oncle et ma tante, Cours de Vincennes. J'avais l'impression de partir pour une lointaine expédition dont nous n'étions pas sûrs de revenir sains et saufs.

L'entrée au Lycée Henri IV élargit mon horizon : je dépassai les limites du quadrilatère pour découvrir les sixième et cinquième arrondissements. Le boulevard Saint-Michel et le Panthéon marquèrent mes nouvelles frontières.

La rue de Verneuil elle-même était divisée en trois zones. De la rue de Poitiers jusqu'au 60 (cf. : La maison) c'était la partie « chic ». D'imposants hôtels particuliers se dissimulaient derrière de hautes portes cochères : hôtel d'Harcourt (aujourd'hui Maison des Ecrivains), hôtel de l'ambassadeur de Suisse, M. Soldati.

Les soirs de réception de somptueuses voitures de maître, avec leurs chauffeurs en livrée, envahissaient la rue.

Les immeubles de cette partie de la rue, avec leurs fenêtres imposantes et leurs larges escaliers en volutes laissaient deviner des appartements aux vastes pièces faites pour les réceptions et les bals.

Parfois, venant de la rue de Poitiers, on apercevait Montherlant qui avançait de son pas lourd, les mains derrière le dos, plus empereur romain que jamais.

Pour mon père, qui vouait une solide admiration à l'auteur de *Mors et Vita*, de *Service inutile* et des *Olympiques*, le grand homme se rendait à son cabinet de travail, situé à quelque pas de chez nous, pour y élaborer un nouveau chef-d'œuvre.

Pouvait-il se douter, le pauvre, que cet illustre écrivain, ainsi que l'a révélé Roger Peyrefitte dans ses *Propos secrets* allait dans sa sordide garçonnière, aux volets éternellement clos, rejoindre un de ces jeunes garçons dont il était friand ?

La partie active de la rue commençait à notre porte flanquée d'un côté par la boutique de l'encadreur, de l'autre par celle où le couple de tapissiers œuvrait en silence (cf. : La maison).

À partir de cette frontière se succédaient artisans, commerces de bouche, marchands divers qui reconstituaient assez fidèlement le centre commercial d'un village.

À ces commerces établis, il faut ajouter les commerces « ambulants » : la marchande des quatre saisons qui installait chaque jour sa charrette de fruits et légumes au coin de la rue du Bac et Jojo, le marchand de fleurs, qui s'établissait le dimanche matin à proximité du café *Au courrier de Lyon* où il allait fréquemment renouveler des pastis qui lui permettaient, selon la saison, de lutter contre le froid ou de surmonter la canicule.

Pour comprendre l'ambiance qui régnait dans ce petit monde, il est nécessaire de procéder à une brève analyse historique et sociale.

Durant l'Occupation et les années qui suivirent (en gros, jusqu'en 1950), les commerçants occupèrent dans l'existence des habitants une place d'une importance démesurée.

Ces demi-dieux tenaient notre existence entre leurs mains. Déplaire à la crémière ou au boucher, c'était se condamner à des attentes interminables qui se soldaient souvent par un sec : « Il n'y a plus de beurre ! Pour le lait, c'est terminé… », c'était être voué aux bas morceaux et aux rogatons.

Conscients de leur état de sujétion, les clients se faisaient soumis, prévenants, flagorneurs. On écoutait les péroraisons du charcutier ou de la boulangère avec des mines extasiées. On riait obséquieusement aux grasses plaisanteries du marchand de fromages.

Bref, il s'était établi une relation de dominants à dominés qui perdura bien après la fin des restrictions (de nos jours, encore, certaines vieilles personnes « donnent la pièce » au boucher pour être « bien servis »).

Socialement, le quartier présentait un échantillon presque complet de la population parisienne.

On y rencontrait, chaque matin, un domestique du Marquis de Cuevas (célèbre directeur de ballets), pantalon noir et gilet rayé, qui promenait un couple de pékinois, élégamment sanglés dans leurs petits manteaux.

Dans les queues, les domestiques des hôtels particuliers côtoyaient les dames de l'aristocratie qui n'éprouvaient nulle honte à trimballer le panier ou le cabas.

Un observateur aurait eu le plus grand mal à discerner parmi ces dames celles qui possédaient de gros moyens (une Madame de… qui faisait ses courses en même temps que ma mère, dota chacun de ses sept enfants d'un château, lors de leur mariage) et celles qui, malgré leurs appartements grandioses, étaient forcées de mettre des semelles en carton dans les chaussures trouées de leur progéniture. Toutes cachaient soigneusement leur richesse ou leur dénuement sous des tenues plus ou moins râpées aux identiques couleurs ternes.

Puis ce fut l'apparition des « nouveaux riches » qui firent ricaner les commerçants. Une de leurs cibles préférées étant cette dame, dont la fille avait réussi à s'inscrire au Cours Désir, qui faisait les courses vêtue d'un manteau de fourrure.

La classe moyenne – employés, fonctionnaires, retraités – avec les commerçants et les artisans – représentait une bonne part de la population (en ce sens, l'immeuble du 60 rue de Verneuil était très significatif).

Les ouvriers (les « petites gens », comme disait mon père) étaient sous-représentés. Mais non pas inexistants. Je les découvris lorsque je participai aux bonnes œuvres de la paroisse (cf. : La religion).

« Faire les courses », moment où s'effectuait le brassage social, était donc bien davantage que se livrer aux achats nécessaires à la subsistance de la famille. Cette activité représentait un moment privilégié pour échanger des informations et des points de vue, faire des rencontres et s'intégrer physiquement à la vie du quartier.

Aujourd'hui, attendre dans la queue d'une grande surface n'est qu'un moment perdu duquel on a hâte de s'évader avec son chariot pour regagner sa voiture et rejoindre son domicile.

Lorsque ma mère sortait faire les courses avec son cabas (vaste sac à provisions en moleskine noire – toile de coton revêtue d'un enduit) elle partait, certes, acheter les victuailles nécessaires, mais tout autant se mettre à l'écoute des nouvelles du quartier. Expédition qui durait une partie de la matinée. Chez le boucher, le boulanger, l'épicier, le marchand de légumes, il fallait « faire la queue ».

Mais les files d'attente dans les magasins ne ressemblaient en rien à celles que nous subissons aujourd'hui où chacun n'a qu'une envie : éjecter la personne qui vous précède et vous fait « perdre votre temps ». Nulle agressivité dans ces queues-là qu'on pourrait qualifier de « conviviales ».

Chacun prenait son temps, papotait avec ses voisins. Parfois la conversation devenait générale, orchestrée par la boulangère ou le crémier. On s'informait des progrès scolaires des enfants, de la santé des grands-parents, on échangeait des recettes et des tours de main (comment réussir les crêpes, utiliser au mieux les restes, etc.).

On se doute que « faire les courses », avec la halte obligatoire chez la concierge (cf. : La maison) occupait une bonne partie de la matinée des mères de famille.

À table, si les discussions enflammées lui en laissaient l'occasion (cf. : La vie au quotidien) ma mère nous rapportait les informations qu'elle avait glanées au cours de ses stations chez les commerçants : « J'ai rencontré Mme de Benoist chez Bouleri. Régis ne marche pas très fort en neuvième » (on notera qu'on appelait les commerçants par leurs noms. On ne disait pas « je vais à l'épicerie » mais « chez Babin ». Pour les commerces à succursales multiples, on finissait par confondre l'enseigne et la tenancière. Par exemple, la crémière était devenue « Mme MAGGI »).

Les acteurs

En examinant la carte de notre petit monde, on ne peut qu'être frappé par la concentration et la diversité des activités réunies en si peu d'espace.

Grâce à la mémoire de ma sœur, de mon frère et de quelques anciens du quartier, j'ai pu reconstituer la topographie des lieux.

Les commerces de bouche étaient majoritaires. Nous disposions de trois boulangeries, de deux pâtisseries, de trois marchands « Beurre, Oeufs, Fromage » (les fameux B.O.F de l'Occupation d'écrits par Jean Dutourd dans *Au bon beurre*), d'une poissonnerie (dont la forte odeur allait s'accentuant au cours de la semaine. Il était préférable de ne la fréquenter que le vendredi, traditionnel jour du maigre et du renouvellement de l'étalage), d'un tripier (qui vendait des produits aujourd'hui disparus, comme la tétine de vache), de deux bouchers et de trois boutiques de fruits et légumes auxquelles venait s'ajouter la marchande des quatre saisons déjà citée.

Pour des raisons plus ou moins obscures, mes parents avaient opéré une sélection parmi ces commerçants. Par exemple, le boulanger le plus proche, au coin de la rue du Bac, était sur la liste des bannis. Il fallait donc, malgré mes ronchonnements, aller chercher le pain rue de Beaune.

Les sentiments jouaient un rôle important dans cette sélection. Si l'on allait acheter le vin et l'épicerie au coin de la rue de Beaune et de la rue de l'Université plutôt qu'à *la Bordelaise* (dont pourtant la marchande m'offrait un bonbon lorsque j'arborais la croix d'honneur) située presqu'en face de chez nous, si ma mère donnait sa préférence à la marchande des quatre saisons, c'est qu'il s'agissait d'anciens scouts ou de parents de scouts.

Chaque boutique avait son style. Parmi celles qui ont laissé un souvenir à tous ceux qui les ont fréquentées, je retiendrai celle des fruits et légumes tenue par un couple : les Babin.

Ici, on opérait dans le solennel. M. Babin, sa forte corpulence revêtue d'une éternelle blouse grise, un béret vissé sur la tête et un crayon collé derrière l'oreille pesait gravement les pommes de terre et les haricots secs. D'une voix forte, il annonçait « Mme Babin, deux kilos de pommes de terre, une livre de carottes, deux cents grammes de pois cassés ». Clouée derrière sa caisse, l'épicière rétorquait : « Monsieur Babin, Mme Demory voudrait également une boîte de MAÏZENA » (on notera que les commerçants d'alors connaissaient tous les clients par leurs noms).

La marchande des quatre saisons, elle, était du genre

geignard. Quand elle avait fini de se répandre sur ses maux et malheurs divers, elle accablait ma mère des plaintes à mon sujet : « Ma pauvre petite Mme Demory, comme je vous plains d'avoir un garçon comme ça ! » (me voir en jeans, grande nouveauté pour l'époque, et vêtu d'une chemise à carreaux de style américain, lui apparaissait comme l'étape ultime avant de sombrer dans la filouterie et le banditisme).

Une autre image me reste : la bouchère, l'hiver, assise derrière sa caisse, rendant la monnaie, les mains enfilées dans des mitaines (gants auxquels il manquait le bout des doigts afin de pouvoir manipuler la monnaie plus à l'aise).

Rétrospectivement, on frémit en pensant aux conditions d'hygiène qui sévissaient alors. Lorsque nous allions chercher le lait chez MAGGI, la crémière remplissait notre laitière métallique à l'aide d'une louche qu'elle trempait dans une cuve grande ouverte où devaient s'accumuler les poussières de la rue, les bactéries et les microbes.

Un certain nombre de commerçants possédaient des armoires frigorifiques. D'autres en restaient encore à la glacière traditionnelle.

Chaque matin, résonnaient dans la rue les sabots du cheval qui traînait le fourgon de livraison des pains de glace. Le cocher, muni d'un long crochet, agrippait un pain et le déposait devant les boutiques.

Autres images typiques : Nicolas pédalant sur son triporteur pour effectuer les livraisons chez ses clients, Sébrier, le bougnat, remplissant sa charrette à bras de sacs de coke et d'anthracite, un sac de jute lui servant de capuchon et de protection des épaules.

À *La Bordelaise* nous apportions nos bouteilles vides dans un panier métallique à six compartiments pour les faire remplir « à la tireuse » (le vin était stocké dans de grandes cuves munies d'un robinet. Il était possible de choisir entre plusieurs qualités « ordinaire », « supérieur », « cuvée du patron » et « pelure d'oignon »).

Un souvenir (dont je suis un peu honteux) : en rentrant de classe, hirsute et dépenaillé (alors qu'au départ ma mère s'assurait de ma parfaite tenue) je m'étais arrêté devant la pâtisserie de la rue du Bac, fasciné par l'étalage d'éclairs, de religieuses et de babas au rhum.

Une dame fort bien mise s'approche de moi. « Mon pauvre petit, tu ne dois pas souvent manger de gâteaux chez toi. ». Moi, jouant le jeu : « Oh ! non, Madame, mes parents sont trop pauvres ! ».

Émue, la dame me pousse dans la boutique et m'invite à choisir ce que je désire. Sous son regard attendri, je me goinfre de gâteaux. Je la remercie avec effusion, bien conscient qu'elle est persuadée d'avoir illuminé d'un rayon de soleil la triste existence de ce petit loqueteux.

Quand je racontai mon exploit à ma mère, elle en fut profondément humiliée et je crains d'avoir reçu une bonne paire de gifles.

En dehors des commerces alimentaires, notre microquartier offrait tout ce qui est nécessaire à la vie quotidienne.

Pour le chauffage, nous nous adressions au bougnat, moitié bistro moitié commerce de bois et charbon. Sa charrette à bras stationnait en permanence devant la boutique aux vitres obscurcies par la fumée. Ses affaires devaient être bonnes puisqu'il acquit une deuxième boutique de l'autre côté de la rue pour y établir un commerce de fruits et légumes.

Les produits d'entretien étaient fournis par le marchand de couleurs. J'aimais bien cette boutique où se mêlaient des odeurs impossibles à identifier. La multitude de flacons, de boîtes, de bonbonnes de verre, d'objets à la destination imprécise me donnaient l'impression de pénétrer dans l'antre d'un alchimiste.

Le patron effectuait également les travaux de peinture et changeait les carreaux cassés.

J'ai retrouvé l'atmosphère qui régnait chez la lingère-repasseuse en voyant *Entrée des artistes* avec le célèbre numéro de Louis Jouvet dans une boutique de ce type.

En cas de problèmes de couture, nous avions le choix entre deux merceries : l'une possédait une impressionnante collection de boutons, l'autre vendait également les journaux.

Un deuxième marchand de journaux était établi rue du Bac dans une minuscule canfouine. Cet homme à l'allure inquiétante, aussi gris de visage que sa blouse, les mains noircies par l'encre d'imprimerie, me faisait peur.

À l'époque la petite monnaie était encore composée de sous percés en leur centre. Le bonhomme les enfilait sur des ficelles qu'il suspendait au plafond de son antre comme on pend les grappes d'oignons.

Mon père nous interdisait de nous fournir chez lui sous prétexte qu'il dissimulait derrière ses piles de journaux des « revues interdites » (sans doute de ces journaux vaguement licencieux comme *Paris Flirt* qui nous feraient sourire aujourd'hui).

Outre les journaux, on pouvait se procurer des livres dans une petite librairie tenue par une charmante personne, Mlle Jeandet, qui écrivait également des livres pour enfants (plus tard, ce magasin devint *La librairie de l'Herne*, animée par Dominique de Roux).

Si l'on désirait faire relier ses achats en librairie, il suffisait de traverser la rue pour se rendre chez un relieur renommé qui exposait ses chefs-d'œuvre en vitrine.

La vie culturelle de la rue de Verneuil était complétée par un petit éditeur régionaliste, les Editions Ozanne. C'est là que travaillait ma marraine (cf. : La maison).

À la *Papeterie Beauvais*, rue du Bac, vous trouviez tout ce qui est nécessaire pour l'écriture. On y venait de loin commander faire-part, papier à lettres somptueux et cartes de visite gravées à son monogramme. Les boîtes qui les contenaient étaient de petits bijoux que ma mère conservait précieusement. À cette époque, on écrivait encore, et beaucoup à la main !

Pour les soins esthétiques et de santé, nous disposions d'un coiffeur (surnommé Staline par mon père à cause de sa ressemblance avec le Petit Père des Peuples), d'une parfumeuse et de deux pharmacies.

L'habillement était assuré par une boutique pour

femmes et par un tailleur-chemisier. Nous faisions de longues haltes devant ce Delyo pour nous esbaudir des acrobaties du perroquet qui paradait dans sa vitrine.

Le commerce de luxe était également présent : le fourreur de la rue de Verneuil qui mettait en montre ses astrakans et ses chinchillas et la ganterie Lesage qui écoulait les gants et les tricots de cachemire confectionnés par les dames de la Caisse des Dépôts durant leurs heures de travail (!).

Pour l'entretien courant, nous avions un serrurier-vitrier. Je restais de longs moments à observer les ouvriers, un masque sur la figure, qui soudaient à l'arc au milieu des gerbes d'étincelles. Quand on nous parlait de Vulcain à l'école, je pensais « Serrurerie Bénassy ».

À l'époque les femmes portaient des bas de soie. Ces parures, coûteuses et fragiles, filaient fréquemment. Heureusement, une femme aux doigts de fée, la remmailleuse de bas, dans sa minuscule boutique de la rue du Bac, réparait le désastre.

Au bout de la rue de Verneuil, côté rue des Saints-Pères, on trouvait son contraire : une forte femme, à la tignasse blondasse et aux bras de catcheuse, qui confectionnait des caisses d'emballage dans un assourdissant boucan de coups de marteaux ponctués de jurons sonores.

Ajoutez à cela une galerie de tableaux, rue de l'Université, qui exposait les croûtes torturées de son propriétaire (du sous-sous-Vlaminck), une autre maison d'éditions (Debresse - cf. : Le journalisme et l'édition), *LAVAUPOID*, une laverie automatique qui fit disparaître les laveuses à domicile (cf. : La vie au quotidien) et un antiquaire, spécialiste renommé des étains, vous aurez un panorama à peu près complet du petit monde où se déroulèrent mes jeunes années.

J'allais oublier les quelques cafés comme *Le Courrier de Lyon* ou le célèbre *Barbac* duquel on voyait sortir Antoine Blondin titubant et éructant. Je n'ai jamais pénétré dans ces lieux de stupre.

Mais là où j'éprouvai mes grandes émotions, ma caverne d'Ali Baba, c'était *Le petit Bazar*.

Comme le nom l'indique, on trouvait de tout dans cette boutique enchantée : droguerie, quincaillerie, articles ménagers, petits meubles, etc. Mais surtout, une partie du magasin était consacrée aux jouets, aux soldats de plomb et au *MECCANO*.

Dès que j'avais réussi à économiser quelques francs, je m'y précipitais pour acheter un soldat, un char (au début, compte tenu de l'interdiction d'utiliser des matières « stratégiques », ils étaient en plâtre peint. (cf. : Les jeux et les jouets) puis, une fois la situation rétablie, des pièces de Meccano.

Ébloui, tremblant d'envie, je m'absorbais devant le présentoir où étaient exposées les pièces détachées. J'hésitais longtemps à faire mon choix. Quand je m'étais décidé, le patron ouvrait un des nombreux tiroirs où étaient stockées les pièces. Quel moment d'émotion quand je réussis à me procurer la roue d'engrenage à dents ! Serrant mon trésor, je courus à la maison pour réaliser enfin la grue ou le camion dont je rêvais depuis des mois.

Les personnalités

Dans le quartier, nous croisions des personnages pittoresques et, souvent sans le savoir, des gens célèbres.

La plus pittoresque de ces « vedettes » était sans conteste Jojo, le marchand de fleurs ambulant.

Chaque dimanche matin, il était fidèle à son poste, sa petite voiture croulant de fleurs.

En partant pour la messe de neuf heures à Saint-Thomas, Jean-Bruno Duméril et moi, nous nous arrêtions pour le saluer. À respirer son haleine, on devinait qu'il avait déjà fait honneur aux pastis. Rituellement, il nous donnait quelques francs pour les déposer dans le tronc de la Petite Sœur Thérèse à laquelle, j'ignore pourquoi, il portait une indéfectible dévotion. Il nous récitait la prière (je l'ai malheureusement oubliée) que nous devions redire en déposant notre obole. En jeunes gens honnêtes, nous avons toujours rempli notre mission.

Au retour, nous allions lui rendre compte. Les nombreux pastis qu'il avait absorbés le poussaient à la confidence. Par bribes, nous apprîmes ses frasques, ses années de prison, ses bourlingues à travers le monde. Inventait-il ? Nous disait-il la vérité ? Peu importe. Ce personnage à la Cendrars, durant des années, nous a donné une petite part de rêve.

Un autre personnage pittoresque hantait le quartier : le dernier bonapartiste. Vêtu à la mode du Premier Empire – bottes étincelantes, jabot de dentelles, canne à pommeau d'argent – il marchait d'un pas altier, le regard perdu dans quelque rêve de grandeur perdue.

Il croisait parfois le frère d'Isadora Duncan, vêtu d'une longue robe blanche, les pieds nus de grosses sandales, apparemment en contact avec un autre monde.

Par la fenêtre de la cuisine, ma mère apercevait, dans la maison voisine, Maître Menuet, rendu célèbre par sa défense des membres de l'OAS, marcher de long en large dans son couloir en répétant ses futures plaidoiries.

Nous croisions aussi Philippe Lemaire, vedette de *Nous irons à Paris* puis de nombreux films de cape et d'épée. Vivant avec Juliette Greco dans un hôtel particulier de la rue de Verneuil, il y fut ensuite remplacé par Michel Piccoli.

Ce sont les commerçants qui nous signalaient la visite de Françoise Sagan ou le passage d'Odile Versois.

Antoine Blondin se faisait plus remarquer lorsqu'il titubait au milieu de la rue du Bac en forçant les voitures à s'arrêter. Serge Gainsbourg lui succéda dans ces numéros d'éthylisme.

Je pourrais encore citer Alice Sapritch que les dramatiques télévisées rendirent célèbre et bien d'autres, comme Jean Grémillon, que j'étais trop jeune pour reconnaître.

En revanche, je garde un souvenir ému des saltimbanques de la rue. Un chanteur, que nous suivions à la trace, pénétrait dans les cours et entonnait d'une voix puissante :

« *Étoile des neiges*
Mon cœur amoureux

S'est pris au piège
De tes beaux yeux »

Par les fenêtres, les habitants de l'immeuble lui jetaient des pièces qui rebondissaient sur les pavés. Les plus charitables enveloppaient leur obole dans un morceau de journal.

Il y avait également le montreur d'ours. Sa bête galeuse se dandinait gauchement au son du tambourin. Les acrobates, perchés sur des échasses, esquissaient quelques jongleries accompagnées par un accordéoniste.

Le rémouleur, poussant une petite voiture munie d'une grosse meule animée par une pédale, passait en lançant son appel « *Couteaux, ciseaux* » relayé par le ramasseur de papiers et de chiffons « *Habits, papiers, chiffons* ». Le **vitrier**, ses plaques de verre sur le dos, psalmodiait *Vi…tri…er*.

Peu à peu, ces petits métiers ont disparu comme ont disparu les camelots du boulevard Saint-Michel qui ont fait notre joie au retour du lycée (cf. : Les études)

L'ouverture des grandes surfaces (le premier « Super Marché », *HAMON*, s'est ouvert vers 1960 rue de Buci. À l'occasion, ma mère a acheté un panier à roulettes) a progressivement décimé les petits commerçants et les artisans. Les antiquaires, les galeries d'art et les restaurants ont remplacé les pittoresques boutiques. Le *Restaurant des Ministères* où chaque habitué avait son rond de serviette a fait place à un établissement chic.

Les banques, qui n'existaient pas dans notre quartier (le CIC de mon père, où je m'empressai de m'inscrire dès que l'âge me le permit, était situé place de Rennes) commencèrent à foisonner.

Désormais, quand j'y mets les pieds, mon quartier n'est plus peuplé que de fantômes et de souvenirs.

La périphérie

Je ne me suis guère aventuré au-delà ces limites durant les dix premières années de ma vie. Au moment de Noël, nous franchissions la Seine pour aller nous émerveiller devant les vitrines animées du Magasin du Louvre (cf. : Les jeux et les jouets).

Pour les grandes occasions nécessitant des plats exceptionnels, ma mère nous entraînait chez *Coute*, grand magasin d'alimentation de plusieurs étages, situé au coin du boulevard Raspail et de la rue de Grenelle. Pendant qu'elle effectuait ses emplettes nous restions plantés devant un aquarium qui nous semblait géant où s'ébattaient les truites, les homards et les langoustes. La grande épicerie du *Bon marché* était un autre lieu féerique (elle l'est restée).

Les circonstances exceptionnelles (anniversaires, croix d'excellence), nous amenaient dans deux magasins de rêve : *L'Oiseau de Paradis*, au carrefour Bac et *Au plat d'Etain*, rue du Vieux Colombier. C'était le rayon de jouets du *Petit Bazar* multiplié par cent. Des armées entières de soldats de plomb de toutes les époques s'offraient à notre convoitise. Quel dilemme pour choisir le bon !

Quand j'eus dépassé l'âge des soldats de plomb et me passionnai pour les collections d'insectes et de fossiles (cf. : Les études) une autre boutique devint mon lieu de pèlerinage : *Deyrolle*, rue du Bac.

Une des vitrines reconstituait la jungle avec ses singes, ses serpents et son lion empaillés alors que l'autre présentait de magnifiques spécimens de papillons exotiques, d'ammonites fossiles et de minerais rares.

Lorsque j'y pénétrais pour acheter le matériel nécessaire à ma nouvelle lubie, j'éprouvais le même sentiment respectueux que l'on ressent en foulant le sol d'un sanctuaire.

Pourquoi aurions-nous éprouvé le désir d'aller voir plus loin ? Ce microcosme nous offrait toutes les ressources nécessaires à une vie sans histoire. Pendant des années, rien n'a bougé, comme si le temps s'était figé (je pense que chacun, ayant connu cette époque, a vécu une expérience comparable). Et puis, sans que nous en rendions compte, les choses se sont mises en marche. Nous entrions dans les « Trente Glorieuses ».

4

LA VIE AU QUOTIDIEN

Les repas

Durant toute ma jeunesse, les journées furent ponctuées par le rituel des repas : petit-déjeuner, déjeuner (mon père, qui avait son bureau près de la Gare Saint-Lazare, rentrait à midi), goûter et dîner. Ce qui signifie que ma mère passait une partie de ses journées à la cuisine.

Je n'ai que de vagues souvenirs des repas durant la guerre. D'après le témoignage de mon frère, nous ne souffrîmes jamais de la faim grâce à ma grand-mère qui, trois fois par semaine, nous envoyait un colis de denrées récoltées à grand peine dans les fermes tourangelles (miraculeusement, aucun ne s'égara). Il en fut autrement de parisiens moins chanceux. La mère d'amis nous racontait qu'une voisine, n'ayant plus de combustible, lui avait demandé de faire cuire son repas sur sa cuisinière à gaz. Voulant voir si le plat était cuit, elle souleva le couvercle de la marmite et y découvrit un rat.

Pendant toute mon enfance, nous avons vécu sur un mythe : celui du *pain blanc*. Le pain d'après-guerre, lui, était grisâtre, composé d'ingrédients où la vraie farine ne tenait qu'une modeste part. Nos parents nous parlaient avec des mines gourmandes de ce mirifique pain d'avant-guerre que j'imaginais d'une blancheur aussi éclatante que celle des hosties. Je fus un peu déçu quand la situation redevint normale.

Les Américains, dans le cadre du Plan Marshall, envoyèrent en France des bateaux de maïs. Avec la farine qu'on en tira, les boulangers confectionnèrent des baguettes jaunes, dures et sans saveur qui avivaient encore ce rêve de pain blanc.

Le matin, avant de partir en classe, nous ingurgitions des bouillies réalisées à partir de farines à la composition incertaine et nous buvions du *PHOSCAO*. Notre docteur ayant décrété que le chocolat était nocif pour le foie, la bouillie au chocolat était réservée au dimanche. Sur les conseils de mon frère, ma mère introduisit le *porridge*. Ces flocons d'avoine, cuits dans du lait et arrosés de miel, donnaient une pâte visqueuse qui, selon notre mère, avait le mérite de « tenir au corps ».

Pour les repas principaux, elle devait faire des prodiges d'ingéniosité afin de varier les menus. Si le topinambours et les rutabagas ne me laissent que peu de souvenirs, j'ai encore le goût de plats qui nous feraient aujourd'hui tordre le nez : la tétine de vache, sorte de viande caoutchouteuse qu'il fallait longuement mâcher avant de pouvoir l'avaler, les panades, mixture de pain trempé et chauffé tout à fait écœurante, le miau au lait (je ne garantis pas l'orthographe) composé de pain rassis (rien ne se perdait) trempé dans du lait sucré, lointain ancêtre des « corn flakes ».

Le potiron, que l'on devait trouver facilement, se consommait en soupes douceâtres ou cuit à l'eau en larges tranches fadasses.

Les pâtes étaient accommodées de toutes les façons imaginables : en sauce, sautées, en salade froide et, comble d'ingéniosité !, en gâteaux de nouilles au chocolat.

Le déjeuner et le dîner procédaient d'un rituel immuable : chaque enfant, à tour de rôle, devait « mettre la table ». À cet effet, on disposait sur la table de la salle à manger une toile cirée enroulée sur un manche à balai.

Les jours ordinaires, on utilisait des verres dits « incassables », en *DURALEX*. Pour les grandes occasions, on sortait les verres en cristal. En revanche, les couverts provenaient d'une imposante « ménagère » de chez *Christofle* offerte par les scouts au mariage de mes parents (je la possède toujours).

Le menu du déjeuner, quelles que fussent les difficultés d'approvisionnement, comportait un hors-d'œuvre, un plat de résistance, du fromage et un dessert.

Mon frère qui souffrait, paraît-il, d'un foie délicat, avait droit à un menu spécial composé essentiellement de haricots verts, de salade cuite (ma haine !), d'épinards et de bouillies de tapioca à lever le cœur. La seule vue des pommes de terre et des purées que nous mangions lui donnait des nausées, prétendait-il.

À table, nos parents buvaient du vin ordinaire provenant de *La Bordelaise* ou de chez *Nicolas* (cf. : Le quartier). Nous, les enfants, nous nous régalions avec le *jus rosé*, composé de jus de raisin et de beaucoup d'eau mais enrichi des vitamines qui nous avaient cruellement manqué durant l'Occupation (c'est pourquoi l'on distribuait dans les écoles des bonbons et des biscuits vitaminés. On verra dans le chapitre Les Etudes l'usage dérivé qu'en faisait le très cher frère Ferraton).

Le dimanche ou lorsqu'il y avait des invités, on servait l'apéritif. Outre le porto, mes parents dégustaient du *BYRRH* ou du *CINZANO*. Le pastis (« une boisson de nervis ») et le whisky (« un goût de punaise écrasée ») ne firent jamais d'apparition à notre table. Pendant un temps on but du *PICON* : j'avais gagné un jeu radiophonique patronné par la marque (« Pourquoi Picon ? Parce que c'est bon ») et animé par Pierre Desgraupes sur Radio Luxembourg.

Les digestifs qui terminaient obligatoirement tout repas de qualité étaient la *MARIE BRIZARD* et la *GRANDE CHARTREUSE*.

Mon père, toujours avide de nouveautés, avait introduit à table les *LITHINÉS DU DOCTEUR GUSTIN*. Dans une bouteille de limonade remplie d'eau, on versait un sachet de cette poudre. On secouait le mélange et l'on obtenait une eau gazeuse qui, selon la notice, possédait des propriétés énergétiques et rafraîchissantes exceptionnelles.

Le dîner commençait invariablement par une soupe : soupe de légumes, bouillon gras, velouté, etc.

La préparation de ces soupes nécessitait de mouliner, de hacher, de battre. Toutes ces opérations s'effectuaient à la main ou à l'aide d'appareils manuels comme le moulin à légumes (inventé par Jean Mantelet, créateur de *MOULINEX*) et le hachoir à viande.

Une des grandes inventions du siècle apportée par les Américains, le *NESCAFÉ*, mit très longtemps à pénétrer chez nous. Avant le repas, nous tournions, à tour de rôle, le moulin à café.

Confectionner une purée de pommes de terre pour la famille demandait non seulement du temps mais exigeait un effort musculaire important. Quand apparurent les premiers « robots ménagers » nous en offrîmes pour la Fête des Mères. Eux aussi regagnèrent le placard aux objets inutilisés.

Après le potage et le plat de résistance (par exemple : un gratin de macaronis) ma mère nous proposait des desserts, domaine dans lequel elle excellait. Nous salivons encore quand nous évoquons l'île flottante nappée de caramel, les clafoutis aux pommes ou aux cerises anglaises, les compotes meringuées, la mousse et la mayonnaise au chocolat (suprême régal !), les pommes au four et les quatre-quarts aux fruits confits et au rhum.

Durant mes vingt premières années, le réfrigérateur resta inconnu à la maison. Il est vrai qu'on n'aurait su où le caser dans le boyau servant de cuisine. Grâce à l'apparition de petits appareils destinés aux bateaux et aux caravanes, mes parents purent en installer un vers le milieu des années 60.

Les denrées périssables étaient donc stockées dans le garde-manger. Il s'agissait d'une protubérance de la cuisine donnant sur une courette obscure. Des ouvertures permettaient à l'air d'y circuler mais également de recevoir toutes les poussières des tapis que secouaient les voisins du dessus.

Pendant les chaleurs, le lait tournait souvent. Il fallait le faire bouillir dans un bouille-lait, récipient censé éviter les débordements. Le beurre était conservé dans un beurrier, sorte de cloche de grès à double paroi entre lesquelles on versait de l'eau fraîche.

Évidemment, les « dates limites de consommation » sur lesquelles nous sommes si intransigeants aujourd'hui étaient inconnues. On consommait au jour le jour la viande, le poisson ou les yaourts qui devaient grouiller de bactéries. Nous ne nous en portions pas plus mal.

Le dimanche, nous avions droit, alternativement, à un poulet rôti ou à un rosbif. Exceptionnellement à un gigot.

Le repas du soir comportait ordinairement un pot-au-feu qui permettait de servir, en entrée le bouillon gras. Avec les restes de viande et de légumes, ma mère confectionnait le lundi un hachis parmentier. Nous avons tous le souvenir d'un plat maternel dont nous ne retrouverons jamais la saveur. Pour certains, c'est la carpe farcie, pour moi c'est le hachis du lundi.

Dans les grandes occasions ou lorsque nous avions des invités de marque, mon père confectionnait une glace à l'aide d'une sorbetière. Cette préparation, qui occupait une partie de la matinée, mobilisait toute la famille.

La sorbetière était constituée d'un seau en bois dans lequel tournait, à l'aide d'une manivelle, une boule contenant la crème à glacer. La première partie de l'opération consistait à aller chercher un pain de glace chez l'épicier, à le casser en petits morceaux à l'aide d'un pic à glace, à mélanger ceux-ci à du gros sel à et à bourrer le seau avec ce mélange.

Ensuite, il fallait tourner jusqu'à ce que le mélange prenne. Pour y parvenir, nous nous relayions à la manivelle. Dans le meilleur des cas, on obtenait une glace. Lorsque la crème s'obstinait à ne pas prendre, on avait droit à la fureur de mon père.

Une autre spécialité de ma mère, le soufflé, était une cause de drame. J'ignore pourquoi elle s'obstinait à préparer un soufflé chaque fois qu'un ami de mon père, l'abbé Petit, venait dîner. On sait que le soufflé exige un minutage précis.

Une fois monté, il doit être immédiatement servi sinon il se dégonfle et devient une chose molle à l'aspect peu ragoûtant. Invariablement, ma mère calculait sa cuisson pour servir le soufflé à huit heures. Et, aussi invariablement, notre hôte avait du retard. Quand, désespérée, ma mère entendait son coup de sonnette, il était trop tard. Honteuse, elle apportait sur la table la pauvre chose ratatinée. Vatel s'est tué pour moins que cela.

À la fin de chaque repas, mon père prenait du café (à midi) et du thé (le soir). Chaque soir la même comédie se reproduisait : par souci de la santé de son mari, ma mère faisait un thé léger. « Germaine, criait mon père, quatre cuillères ! ». En soupirant ma mère lui apportait un thé aussi noir que du café.

Durant plusieurs années après la guerre, le sucre fut une denrée rare. On le remplaçait par la saccharine. Ces petites pilules blanches au goût acidulé préludaient à l'apparition de l'aspartame.

La saccharine faisait partie des ersatz, produits plus ou moins réussis qui étaient censés remplacer le café (glands grillés, chicorée), le sucre ou les bonbons. Le premier bonbon que je connus s'appelait le chocolat enrobé. C'était une sorte de *CARAMBAR* composé d'une pâte de fécule sucrée enveloppée d'une mince couche de chocolat. Je dus attendre l'été 1949, où nous passâmes les vacances à Sierk les Bains, pour découvrir les véritables bonbons. Nous passions tous les jours la frontière luxembourgeoise pour nous ravitailler dans cet eldorado sur quoi les Américains avaient déversé à profusion tabac, bonbons, café, linge, etc. Au passage de la frontière, ma mère cachait sous ses aisselles le tabac destiné à mon père.

Les gâteaux d'avant-guerre nous faisaient rêver. On nous racontait, comme un conte de fées, les éclairs au chocolat et au café, les religieuses, ,les babas au rhum. J'en découvris la réalité à l'occasion d'une fête de groupe (cf. : Le scoutisme). Un ancien scout, devenu pâtissier, avait offert une pleine malle d'éclairs et de religieuses. Cette malle d'osier, entreposée chez nous la veille de la fête, nous apparut comme le plus extraordinaire coffre au trésor. Je vois encore le moment où, sous nos yeux extasiés, mon père l'ouvrit pour prélever cinq éclairs. Avec quelle volupté, nous savourâmes, à petites bouchées, ces merveilles fondantes qui marquaient (mais en avions-nous conscience ?) la fin des années sombres !

Après chaque repas, venait la corvée de la vaisselle. Nous avions chacun notre tour, éternel sujet de polémiques et de marchandages (une vaisselle contre une descente de « la boîte à ordures »).

Avant l'arrivée des détergents (je crois que le *SOLIVAISSELLE* – « Avec *SOLIVAISSELLE* la vaisselle étincelle » – dans sa petite bouteille verte qui contenait une bille permettant de verser la dose exacte fut le premier sur le marché), il fallait faire chauffer une bassine d'eau et y diluer des cristaux de soude. Nettoyée avec une « lavette », la vaisselle était essuyée par nos soins avec des torchons de lin lisérés de rouge, rêches et inusables (j'en possède une collection). Le porte-torchons en émail indiquait les usages de chacun : pour les mains, les verres, les couteaux et les assiettes.

Malgré nos ronchonnements, l'essuyage était un moment privilégié, une halte d'intimité et de calme avec notre mère après les discussions véhémentes des repas. L'intrusion du lave-vaisselle a relégué ce mode de communication aux oubliettes.

J'ai peine à imaginer ces familles dans lesquelles les repas se déroulent en silence (ou dans cette autre forme de silence qu'est la télévision). Ces repas où, comme dans *La vie est un long fleuve tranquille*, seuls les parents sont habilités à parler et les enfants condamnés à ne répondre que lorsqu'on les interroge. Quelle tristesse !

Chez nous, midi et soir, les repas étaient autant de tribunes enflammées. Tout y passait : la littérature, la peinture, la musique, la philosophie. Curieusement, la politique ne nous passionnait guère, nous les enfants. L'époque était pourtant riche en thèmes de débats : la guerre d'Indochine, l'expédition de Suez, la guerre d'Algérie. Nous laissions à mon père le soin d'en discuter avec deux voisins, M. Gauthier et M. Boueil, qui avaient appartenus au MRP et vouaient la même haine au Général de Gaulle. Ils s'excitaient entre eux en proférant des sentences définitives : « Il faut foutre sur la gueule à Nasser », « Tant que le Grand Con sera au pouvoir, la France ne s'en sortira pas », etc.

Mon père, quel que fût le sujet abordé – même s'il en ignorait tout – adorait discuter et chercher à imposer ses idées. Nous le suivions gaillardement sur n'importe quel terrain. Parfois, le ton montait si fort que nous oubliions de manger. Ma pauvre mère, qui avait passé des heures à mijoter le plat, nous suppliait « Mangez donc pendant que c'est chaud ! ».

N'ayant jamais lu une ligne de Gide ou de Cocteau, les idoles de mes quinze ans, mon père n'hésitait pas à porter des jugements péremptoires sur les œuvres de ces « dégénérés » (la sexualité restait un sujet tabou). De même pour le jazz que je découvrais et qui, pour lui, ,se résumait à une « musique de nègres ».

Parfois, mon exaspération devenait si insupportable que je quittais la table avant la fin du repas sous le regard désolé de ma mère.

Lorsque mon frère entra en hypokhâgne, les sujets de discussion devinrent plus philosophiques. Mon père se trouva une autre bête noire : Jean-Paul Sartre. Il fulminait contre *L'Etre et le néant* et les existentialistes. Toujours docte, mon frère tentait de démontrer la grandeur de la pensée sartrienne en se référant à Husserl, à Heidegger, en développant la notion de *dasein*. Pied à pied, mon père le contredisait. Moi, je comptais les points, cantonné dans mon rôle de supporter.

Comme je les aimais nos repas avec leurs vociférations, leurs coups de gueule, leurs arguments spécieux et leurs affirmations péremptoires. Nous ne nous contentions pas de nous alimenter. Nous nous livrions quotidiennement à une gymnastique intellectuelle qui m'a appris, bien mieux que durant mes études, à argumenter, développer des idées (qui souvent me dépassaient), à répondre aux objections.

Les fêtes

Dans ma famille, tout au long de l'année, les occasions de fêtes étaient nombreuses.

Dès le premier Décembre, mes parents affichaient sur le mur de la salle à manger un tableau. Trois routes, divisées en vingt-quatre parties convergeaient vers la crèche.

Chaque soir nous nous réunissions pour décider qui avait le droit de faire avancer son petit drapeau d'un échelon. Si la progression de mon frère et de ma sœur était régulière, la mienne était plus chaotique. À plusieurs reprises, je dus subir le châtiment de rétrograder d'une ou deux cases pour cause de mauvaise conduite (grosse colère, insolence envers ma mère, taquineries à l'égard de ma sœur). Évidemment, le jour de Noël, tous les drapeaux étaient arrivés à bon port.

Noël se déroulait en trois temps. Malgré notre coucher tardif après les messes de minuit et le réveillon (cf. : La religion), nous étions réveillés dès potron-minet.

Nous nous glissions dans la chambre de nos parents pour tenter de discerner si le Petit Jésus (il n'était pas question de Père Noël, cette invention païenne) nous avait bien apporté les cadeaux dont nous rêvions en déposant nos chaussures dans la cheminée. Mais une couverture recouvrait l'amoncellement de paquets. Bouillants d'impatience, nous finissions par réveiller nos parents pour nous précipiter avec des hurlements de joie sur les présents apportés par le ciel (cf. : Les jeux et les jouets).

La deuxième partie était consacrée au repas (cf. : La maison). Jusqu'à l'heure du thé, il nous était interdit d'entrer dans le bureau. À cinq heures, les portes s'ouvraient et, les yeux émerveillés, nous découvrions le sapin illuminé. C'était un vrai sapin dont la cime atteignait le plafond. Au pied étaient déposés d'autres cadeaux, des livres en général, que nous déballions dans une deuxième vague d'enthousiasme. C'est sous le sapin, illuminé de vraies bougies, que j'ai trouvé mon premier livre *Les contes des cent un matins* (cf. : La lecture).

Pour le Premier de l'An, nous nous contentions d'un petit réveillon. Tout de suite après venait la fête des rois avec sa galette et ses couronnes. Un jour je ne trouvai pas la fève dans ma part de gâteau. Fou de rage, je balayai la nappe et me réfugiai sous la table en hurlant. L'année d'après ma mère cacha trois fèves dans la galette pour qu'il n'y ait pas de frustrés.

Nous célébrions également les fêtes (petits cadeaux) et les anniversaires (cadeaux plus importants) soit dix occasions par an.

La fête des Mères revêtait une grande importance. Dans le secret, nous confectionnions des cadeaux. Avec la panoplie de menuisier reçue à Noël, je fabriquai ainsi un petit banc pour que ma mère puisse poser ses pieds quand elle cousait ou tricotait. Malgré le nombre impressionnant de clous que j'y avais planté, le banc s'écroulait dès qu'on s'appuyait dessus. Charitablement, lorsque j'étais là, ma mère faisait semblant d'utiliser cet objet brinquebalant auquel je continuais inlassablement d'ajouter des clous.

C'est également pour cette fête, je pense, que j'inventai de construire en *MECCANO* un appareil à éplucher automatiquement les haricots verts. Disposés sur un tapis roulant, les haricots passaient sous un double couperet muni de lames de rasoir qui en sectionnait les bouts. Le tout était mu par un moteur électrique. L'idée était ingénieuse, mais exigeait des haricots parfaitement calibrés. Comme à l'ordinaire ma mère s'extasia devant l'ingéniosité de son fils « Où va-t-il chercher tout ça ? ») et l'on dut reprendre la corvée d'épluchage des haricots (activité que nous détestions à l'égal de l'écossage des petits pois).

Mon père, lui, ne se donnait pas trop de mal. Il offrait à ma mère des « bons » (pour un manteau de fourrure, par exemple) qui n'étaient jamais honorés.

Pâques, enfin, donnait l'occasion de cacher dans l'appartement – ou dans le jardin quand nous étions à la campagne – des petits cadeaux représentant les œufs de Pâques rapportés par les cloches à leur retour de Rome. À chaque fois, des œufs dont nous ne nous rappelions pas la cachette, manquaient à l'appel. Quand nous avions réussi à les récupérer, nous pouvions déguster le traditionnel gigot.

J'allais omettre la cérémonie du thé. C'était la halte de l'après-midi, la transition entre le retour du lycée et la rédaction des devoirs. En dégustant une ou deux tasses de *LIPTON* (mon père l'achetait par caisses à la boutique de la rue Saint-Lazare) préparées suivant les règles de l'art – une théière anglaise ébouillantée, un nuage de lait – et en savourant des tranches de cake aux fruits confits, nous racontions à notre mère le déroulement de la journée, lui faisions part de nos lectures en cours et, parfois, lui confiions nos soucis.

Après avoir quitté le nid familial pour aller vivre rue du Dragon (cf. : Les jeunes filles et les dames) je n'ai pas manqué une occasion de me rendre à cinq heures rue de Verneuil.

Au milieu de ma vie agitée et quelque peu dispersée, l'heure du thé, moment de calme et de tendresse, représentait une sorte de point fixe. Je venais y reprendre mon souffle et retrouver, un instant, les souvenirs bénis de mon enfance.

La toilette et les produits d'entretien

On a vu (cf. : La maison) que les conditions d'hygiène étaient réduites au strict minimum dans la plupart des appartements. On se lavait surtout « le haut ».

Jusqu'au début des années 50, les produits d'entretien ménager et corporel étaient réduits au strict minimum : savon de Marseille en gros cubes servant alternativement à se laver le corps et les cheveux, *EAU DE COLOGNE MONT-SAINT-MICHEL* (le « sent bon ») pour se parfumer.

La vaisselle, comme on l'a vu, était lavée avec des cristaux de soude et la lessive avec du savon en poudre *LE CHAT*.

C'est en 1952 qu'apparut la première lessive de synthèse accompagnée de son célèbre slogan : « *OMO est là, la saleté s'en va* ».

Les Français, incités par la presse, commencent à prendre soin de leur hygiène et de leur aspect extérieur. Chez nous apparaissent les savons parfumés *MONSAVON* et *CADUM* et son fameux *BÉBÉ CADUM*. Mon père troque son blaireau et sa coupelle de savon à barbe pour de la crème à raser en tube. Il abandonne son « coupe-chou » pour un rasoir mécanique *GILLETTE* dans lequel on insère des lames enveloppées de papier sulfurisé.

Il utilise abondamment une lotion capillaire, *LA SILVIKRINE* (dont il fut, je crois, le dernier client).

Les shampooings font leur apparition. Le *BERLINGOT DOP*, accompagné de son cri de victoire « *Dop, Dop, Dop : tout le monde adopte Dop* », entre dans notre cabinet de toilette. Il est bientôt supplanté par le shampooing *XOUR* aux œufs et au rhum qu'il faut vigoureusement secouer avant de le verser sur la tête. Pour traiter les poux ramassés à l'école, on emploie la lotion *MARIE-ROSE*.

Les acteurs et les chanteurs s'enduisent la tête de gomina qui donne à leur chevelure l'aspect d'un casque luisant. Pour les imiter et discipliner mes épis j'ai la malencontreuse idée, un soir, de m'enduire la tête de glycérine. Le lendemain, je découvre le désastre : un oreiller et sa taie bons à mettre aux ordures.

Adolescent, j'adopte *LA BRILLANTINE GEL CADORICIN*. Contenue dans un tube, elle est d'un usage plus facile que la brillantine liquide. On en prélève, dit la notice, « la grosseur d'une noisette » dont on imprègne les cheveux qui « restent souples et faciles à coiffer ».

Ma mère, dont la coquetterie était le moindre souci, utilise peu de produits de beauté. La *crème NIVEA* et la poudre de riz constituent l'essentiel de son attirail de soins. Les tubes de rouge à lèvres offerts par mon père demeurent intacts. Elle se contente de *Pommade ROSA*.

Pourtant, je me rends régulièrement avec elle à la petite boutique de parfumerie de la rue de l'Université. Qu'achète-t-elle là ?

Cette boutique me laisse un souvenir honteux. Profitant d'un moment d'inattention de la vendeuse et poussé par je ne sais quelle lubie, je dérobai une boîte de poudre de riz. Rentré à la maison, je me cachai derrière un rideau et commençai de me barbouiller de poudre avec la houppette contenue dans la boîte. Alertée par l'odeur ma mère ne tarda pas à me découvrir. Aujourd'hui, elle m'entraînerait chez un « psy » pour déceler si cet acte ne signifiait pas quelque déviance méritant d'être sondée.

Alors, elle se contenta de m'attraper par le bras et de me traîner chez la parfumeuse à qui, mort de confusion, je dus rendre le produit de mon larcin.

Parmi les produits qui marquèrent les années 50, il faut encore citer *l'AIR WICK*. Contenu dans une bouteille verte, ce liquide désodorisant et assainissant s'évaporait par une large mèche qu'on tirait du goulot. Selon l'intensité des mauvaises odeurs on en réglait la longueur.

Les déodorants corporels arrivèrent plus tardivement. D'abord réservés aux femmes, ils ne furent utilisés par les hommes qu'après de nombreuses réticences : le propre du mâle n'était-il pas de répandre une virile odeur de transpiration ?

J'attribuerai une mention particulière à un produit que j'utilisai quelque temps à l'imitation de l'inséparable amie de mes vingt ans (cf. : Les jeunes filles et les dames) : le *TAN.O.TAN*. Ce liquide incolore avait, soi-disant, la propriété de vous assurer un hâle résistant aux lavages. Effectivement, au début de l'application, vous preniez une mine bronzée du plus bel effet. Mais, après quelque temps, le bronzage se transformait en une couleur orangée d'intensité inégale comme si l'on avait attrapé des coups de soleil derrière un volet à claire-voie.

L'entretien courant était assuré par ma mère, à l'exception de la « grosse lessive ». Celle-ci était effectuée le lundi par une « femme de peine ». Durant une partie de la journée, perdue dans la buée des lessiveuses qui créait un climat tropical, elle frottait le linge, le tordait, le rinçait et le suspendait au séchoir qu'on hissait au plafond en tirant sur des cordes ainsi que les marins lèvent les voiles. Pendant un jour ou deux, selon la température, on devait subir une douche froide permanente.

L'installation d'une laverie collective, le *LAVAUPOID*, rue de l'Université, fit cesser le supplice de la douche hebdomadaire mais nous imposa une nouvelle corvée : porter le sac de linge et aller le récupérer, humide et beaucoup plus pesant.

Essuyer la vaisselle, mettre le couvert, aller porter le linge rythmaient notre semaine. À ces corvées s'ajoutait la descente des ordures dans les poubelles communes. L'appentis qui les contenait, dans un recoin de la cour, était fermé par un lourd couvercle. Lorsqu'on le soulevait, un puissant remugle vous prenait à la gorge, agrémenté, durant l'été, d'un envol de mouches verdâtres (pendant la guerre, se souvient mon frère, les concierges avaient transformé cet appentis en clapier. Une odeur mêlée d'ordures et de crottes de lapins montait jusqu'aux étages.

Enfin, dernière corvée quotidienne durant les temps froids, la remontée du bois et du charbon entreposés à la cave.

Pour chauffer l'appartement, nous disposions d'un poêle à feu continu dans lequel on brûlait de l'anthracite, charbon de qualité supérieure qui brûlait sans fumée. Beaucoup d'autres locataires utilisaient des salamandres, consommant des boulets, sortes de gros œufs noirs composés de poussière de charbon amalgamée avec un liant bitumineux.

Le poêle à charbon chauffait la salle à manger et le bureau. Dans la chambre de mes parents, le chauffage était assuré par un poêle à bois : le *MIRUS*.

Muni de petites vitres en mica qui permettaient de voir les flammes, ce poêle ronronnait joyeusement. Ma mère lui vouait une infinie reconnaissance car, lorsque j'étais bébé, il m'avait sauvé la vie. En ôtant le couvercle de fonte qui le surmontait, on disposait sur la plaque de tôle du dessus une bouilloire pour l'eau chaude de la toilette.

Ce soir-là, la bouilloire s'était mise à chanter. Avertie par le bruit que l'eau allait bouillir, ma mère m'avait découvert en train de m'étouffer sous les couvertures et m'avait sauvé *in extremis*. « Tu vois, me disait-elle, ton ange gardien veillait sur toi ».

J'aimais bien notre poêle à charbon. Derrière sa grille, les braises rougeoyantes vivaient d'une vie mystérieuse et redoutable (petit garçon, faisant fi des recommandations, je m'en étais trop approché et m'étais retrouvé avec les croisillons imprimés sur les mollets).

Appuyé dessus, les fesses au chaud, après les repas, je discutaillais. Le soir, mon père le remplissait avec le seau à charbon, grattait les braises à l'aide d'un crochet spécial et remettait un sable très fin, contenu dans une poche en tissu, qui assurait l'étanchéité du couvercle.

La descente à la cave ressemblait à une descente aux enfers. Pour s'éclairer (bien sûr, la cave ne possédait pas l'électricité), nous utilisions une lampe à acétylène. Cet appareil « à réflecteur nickelé, en acier embouti étamé, fermeture par étrier à vis, crochet de suspension et arrivée d'eau réglable, poids 1kg 300, durée d'éclairage 11 heures » fonctionnait à l'aide d'espèces de cailloux (« le carbure ») qui, au contact de l'eau, produisaient un gaz puant donnant une flamme bleuâtre.

Si ma mère s'occupait de l'entretien courant – passer l'aspirateur, le plumeau, *L'O'CEDAR* et le chiffon, réparer le linge et le repasser, etc. – mon père, le dimanche, prenait en charge le gros entretien qui consistait, principalement, à encaustiquer les meubles et à cirer le parquet.

L'entretien des meubles ne présentait pas de difficultés particulières. Comme aujourd'hui, on étalait sur le bois, à l'aide d'un chiffon, une pâte contenue dans une grande boîte ronde en métal, on laissait sécher et on lustrait à l'aide d'un chiffon pelucheux.

En revanche, cirer le parquet, exigeait des efforts importants. Il fallait d'abord passer la paille de fer. Celle-ci se présentait sous forme d'un épais paquet rectangulaire que l'on calait sous le pied. Comme un patineur, on frottait et refrottait le parquet jusqu'à ce qu'il fût débarrassé des poussières incrustées dans la cire ancienne. Puis on passait l'aspirateur (à l'époque, les sacs en papier n'existaient pas. La poussière s'accumulait dans une poche en tissu qu'on allait secouer dans la boîte à ordures). Ensuite, on passait la cire : un bloc coincé dans un étau fixé au bout d'un manche à balai. Enfin, on chaussait une brosse à reluire maintenue au pied par une courroie. Et, de nouveau, on frottait, on frottait jusqu'à ce qu'on puisse contempler avec fierté le parquet luisant un comme miroir.

À intervalles réguliers, mon père entreprenait de repeindre une pièce. Etant donné la petitesse des lieux et la quantité de meubles, ce n'était pas une mince affaire. Méfiant envers les peintures industrielles, il composait son propre mélange à partir de blanc de zinc contenu dans des pots de dix kilos (« les camions ») et de colorant jaunâsse. Il obtenait ainsi une couleur incertaine qu'il baptisait « blanc cassé ».

Pour dissimuler les fentes du plafond, il collait dessus des bandes de gaze qu'il recouvrait ensuite, à l'aide d'un « couteau » d'une enduit épais. Quand celui-ci était sec, il fallait soigneusement le poncer avec du papier de verre.

La pose du papier peint (toujours à fleurs) faisait monter la tension : la colle était trop fluide et le lé posé dégringolait, elle était trop épaisse et des cloques se formaient sous le papier que mes parents essayaient de résorber à l'aide d'une large brosse. Quand le papier se déchirait, c'était le drame et, bien sûr, la faute de ma mère. Nous nous réfugions dans une autre pièce jusqu'à ce que mon père, épuisé et couvert de peinture nous invite à venir admirer le résultat de son intervention. « Surtout, ne mettez pas vos mains sur les portes et les plinthes. La peinture n'est pas encore sèche ! ».

Joyeusement, dans une puissante odeur de térébenthine qui mettrait plusieurs jours à se dissiper, nous débarrassions les meubles de leurs journaux protecteurs et nous mettions à table.

La santé

Enfants grandis durant la guerre, nous avons manqué de vitamines. Logiquement, nous aurions dû attraper toutes les maladies qui passaient. Et pourtant, en dehors des inévitables rougeoles, scarlatines et autres varicelles, nous n'avons pas été plus malades que les enfants d'aujourd'hui à qui l'on fait ingurgiter, à la moindre toux et à la moindre fièvre, antibiotiques et médicaments sophistiqués.

Les privations nous avaient-elles aguerris pour que nous nous contentions, dans la plupart des cas, de remèdes élémentaires qui nous guérissaient aussi bien que la pharmacopée actuelle ?

Pour les bronchites, on utilisait des cataplasmes. Ma mère faisait chauffer dans une casserole un mélange de farines de moutarde et de lin. Elle introduisait cette mixture dans une poche de tissu qu'elle nous appliquait sur la poitrine. Pour nous faire oublier la brûlure, elle nous lisait les contes du merveilleux *Comment raconter des histoires à nos enfants* (NATHAN, éditeur). Grâce aux aventures de *Billy et son taureau* ou du *Chat et du perroquet*, les séances de tortures se transformaient presque en moments de plaisir.

La bronchite se traitait également avec LA OUATE THERMOGÈNE (toujours en vente). Les plaques de coton rougeâtre tirées d'une boîte en carton sur laquelle était représenté un personnage crachant le feu, opéraient avec la transpiration une réaction violente qui laissait la peau rouge vif.

Une des rares fois où mon père dut s'aliter, ma mère eut la malencontreuse idée d'imbiber la ouate d'eau de Cologne. On entendit un hurlement épouvantable : bondissant de son lit, mon père, arrachant le pansement, se précipita sous un robinet pour tenter de calmer la brûlure qui commençait à lui arracher la peau.

Les *SINAPISMES RIGOLOT* remplissaient une fonction identique.

Que trouvait-on dans notre armoire à pharmacie ?

Pour traiter les petits maux de cœur et les diverses indispositions, on utilisait *L'EAU DE MÉLISSE DES CARMES BOYER* (le produit existe toujours) dont on imbibait un morceau de sucre. Les problèmes de foie se soignaient au *CALOMEL*, petits comprimés roses contenus dans une boîte métallique ronde. On luttait contre la constipation à l'aide de granulés de charbon qui noircissaient la bouche. Mon frère faisait une grande consommation d'*HEPATOUM*.

Les délicieuses *Pastilles PULMOL* aidaient à traiter les toux légères. Lorsque ce traitement demeurait inefficace, nous absorbions un succulent sirop composé par le pharmacien sur les indications de notre médecin de famille, le docteur Gavois.

Les médecins de quartier comme ce valeureux docteur ont quasiment disparu. Au moindre appel de ma mère inquiète, il gravissait nos quatre étages. Toujours élégant, coiffé d'un chapeau mou, la petite moustache bien taillée, il sortait son stéthoscope, nous faisait tousser, nous palpait un peu et la rassurait sur notre état.

Nous le voyions toujours arriver avec joie car sa venue signifiait quelques jours à rester au lit pour faire du *MECCANO*, se gaver de lectures et se laisser dorloter avec béatitude.

Le docteur Gavois avait eu une idée de génie : chacune de ses ordonnances, outre le fameux sirop, prescrivait en final « petits desserts ».

Ainsi le malade, sous les regards envieux du reste de la famille, dégustait-il les crèmes renversées, les iles flottantes et les « laits de poule » que lui confectionnait amoureusement ma mère.

Je rends ici hommage à ce bon docteur qui arpenta toute sa vie le quartier (sur le tard, il acquit un *SOLEX*) et gravit un nombre incalculable d'étages. Grâces soient rendues à son sirop miracle et à ses petits desserts qui nous permirent d'atteindre sans encombre les rivages de l'âge adulte !

Les maux de gorge un peu sérieux méritaient des badigeons. À l'aide d'un long coton-tige enduit d'un liquide jaune et piquant (« ouvre bien la bouche, mon chéri »), ma mère nous badigeonnait le fond de la gorge en nous provoquant des haut-le-cœur.

Pour les gros rhumes, on faisait appel aux inhalations. La tête recouverte nous respirions les vapeurs d'eucalyptus d'un bol de liquide bouillant. On nous instillait dans les narines de *L'HUILE GOMENOLÉE*.

Nous détestions les suppositoires qui possédaient, paraît-il, une grande efficacité curative.

En cas de constipation tenace (c'était le cas de mon frère), il fallait procéder à un lavement. On vous enfonçait dans le derrière une canule reliée par un tuyau de caoutchouc à un « bock à lavement » émaillé rempli d'eau. Soudain, l'afflux de liquide libérait l'intestin. On se précipitait aux toilettes pour l'évacuation salvatrice.

La pharmacopée des petites plaies se réduisait au *MERCUROCHROME*, à l'arnica et à la teinture d'iode. En cas de brûlure, on badigeonnait la plaie avec de la *POMMADE DE RECLUS*. Le *TRICOSTERIL* complétait la gamme des remèdes.

À mon grand regret, je n'ai pas été opéré des amygdales. J'enviais mon ami Jean-Bruno qui, lui, avait eu cette chance. J'allais l'assister sa convalescence, en partie par amitié mais surtout pour déguster les délicieux sorbets que confectionnait sa mère afin d'accélérer sa cicatrisation.

L'huile de foie de morue, malgré ses vertus toniques exceptionnelles, n'eut aucun succès chez nous. Après une première cuillerée de cet infâme breuvage, ma mère abandonna l'idée de nous faire absorber ce reconstituant.

Les adultes avaient plus de chance : grâce à la *QUINTONINE* (« qui vous donne bonne mine »), ils pouvaient s'alcooliser en toute bonne conscience puisque ce tonique devait être mélangé à une bouteille de bon vin.

Les maux de tête étaient traités par l'*ASPIRINE*, ou mieux, par la *METASPIRINE*.

En cas de nervosité excessive ou en prévention d'insomnies, nous buvions une tisane de *PASSIFLORINE*.

Lorsqu'apparurent les premières poussées d'acné, j'utilisait – sans grand succès d'ailleurs – *L'EAU PRÉCIEUSE DÉPENSIER*.

La chute des dents de lait donnait lieu à une tradition qui est toujours d'actualité : si nous cachions la dent tombée sous notre oreiller, la petite souris viendrait la changer, au cours de la nuit, contre une pièce de monnaie. Et de fait, en nous réveillant, nous trouvions une pièce de cinq francs à la place de la dent (j'ai découvert beaucoup plus tard que ma mère gardait soigneusement les dents de ses enfants).

Les séances chez le dentiste étaient beaucoup moins drôles. Les roulettes de l'époque étaient des engins barbares dont l'entraînement était réalisé par un système de courroies. Avec un bruit assourdissant, la fraise vibrait affreusement dans la dent cariée.

L'anesthésie était mon cauchemar. Aujourd'hui, on ne sent même plus la seringue pénétrer dans la gencive. Durant toute ma jeunesse – et Dieu sait si les carences en vitamines avaient rendu les dents fragiles – j'ai subi des anesthésies qui ne prenaient pas, qu'il fallait recommencer et qui vous laissaient, pendant des heures, l'impression d'avoir une bouche transformée en carton.

Dans les armoires à pharmacie ne figurait pas le *TAMPAX* qui a changé la vie des jeunes filles et des femmes. Au moment de leurs règles, celles-ci se harnachaient d'une sorte de ceinture de chasteté en tissu absorbant. Pendant longtemps, je me suis demandé pourquoi chaque mois, sur les cordes à linge, séchaient ces « choses » dont je ne parvenais pas à discerner l'usage. Lorsque j'interrogeais un adulte sur leur fonction, il me répondait d'un air gêné que je comprendrai « plus tard, quand tu seras grand ».

Les occupations

En dehors des divertissements (cf. : Les jeux et les jouets), des devoirs et des leçons (cf. : Les études) et des vacances (cf. : Les vacances) comment occupions-nous notre temps ?

Dans les années 50, la télévision était une rareté. Une seule personne de l'immeuble possédait un poste avec un écran de si petite taille qu'elle avait fixé devant une lentille faisant office de loupe. Elle avait évité d'acheter un produit délirant dont on trouvait la publicité dans les magazines. « Transformez votre téléviseur en téléviseur couleurs ». Il s'agissait d'une plaque tricolore à fixer sur l'écran : la partie du haut était bleue, celle du milieu ocre et celle du bas verte. Pour un western, on obtenait, grosso modo, un ciel, une bande de terrer et une prairie. Les gros plans transformaient le personnage en une sorte de clown bigarré du plus comique effet. (cf. : *Les Bijoux de la Castafiore* et les expériences du Professeur Tournesol).

Nous nous contentions donc d'un poste de radio vétuste en bakélite noire posé sur la bonnetière. Il fut remplacé, dans la fin des années 50, par un modèle plus perfectionné comportant un « œil magique » – petite lampe verte qui permettait, en faisant coïncider deux segments d'accorder précisément une station – et un tourne-disques incorporé (cf. : La musique). Mes parents écoutaient les informations, l'émission musicale du dimanche matin, le concert du dimanche après-midi, les sermons de carême, et exceptionnellement, des récitals de chanteurs (mon père vouait un culte à Charles Trenet). Le jeudi après-midi, mon frère monopolisait l'appareil pour écouter l'émission de Norbert Dufourcq consacrée à l'orgue. Quant à moi, malgré les protestations de mon père, je m'accrochais au poste pour l'émission de jazz, *La voix de l'Amérique*, de Sim Coppans.

Pendant un certain temps, il y eut, à ma grande joie, une émission totalement loufoque, *Grégoire et Amédée*, qui préfigurait les extravagances de Pierre Desproges. Malheureusement, les pétitions des auditeurs mécontents en interrompirent le cours.

Nous suivions également les jeux radiophoniques qui fleurissaient sur les ondes : *L'homme du vingtième siècle* où triompha le père de mes amis Dommergues (cf. : La lecture), *Monsieur Cinéma*, animé par Pierre Tchernia ou *Seul contre tous*, patronné par *PICON* et animée par Pierre Desgraupes où je fus candidat heureux.

Je consacre un chapitre particulier à la lecture qui joua un rôle si important dans notre formation ainsi qu'au cinéma.

Ma mère faisait les courses (cf. : Le quartier), cuisinait, s'occupait du ménage et, dans ses rares moments de répit, tricotait, cousait, brodait des kilomètres de napperons et de serviettes, reprisait le linge et les chaussettes.

En fin d'après-midi, elle nous faisait réciter nos leçons (en français, en anglais et en latin. Elle ne poussa pas l'abnégation jusqu'à apprendre à lire le grec) et surveillait nos devoirs. Quand ceux-ci dépassèrent ses compétences, mon frère prit le relais.

Mon père ne manquait pas d'idées ingénieuses. Par souci d'économie, il avait décidé de nous couper les cheveux. Ayant acquis à la *Manufacture Française d'Armes et de Cycles de Saint-Etienn*e (un de ses lieux de prédilection) le matériel « professionnel » – tondeuse, ciseaux coiffeurs, rasoir à manche, époussette dite « de coiffeur » – il me prit comme cobaye.

Assis sur le tabouret de cuisine posé sur des journaux, revêtu d'un peignoir de bain, une serviette autour du cou, j'avais l'impression d'être condamnée à un sacrifice expiatoire.

Manier une tondeuse, lorsqu'on voit pratiquer un coiffeur, semble l'enfance de l'art. Dans les mains de mon père, cet objet devint un instrument de torture. De plus en plus énervé par les hurlements, il m'arrachait des touffes de cheveux qui se coinçaient dans les peignes. À mes cris se joignaient les supplications de ma mère pour qu'on arrête le massacre. L'expérience s'acheva là.

C'est toujours par souci d'économie que mon père se mit en tête de ressemeler nos chaussures. Pour ce faire, il acheta un nouveau matériel « professionnel » (à la *Manufacture de Saint-Etienne*) : une enclume universelle, un marteau de cordonnier, une alêne, un tranchet, une lime à chaussures, un poinçon, une roulette marque-points anglais, de la colle, des patins de cuir et des pointes.

Après quelques essais malheureux sur de vieilles godasses et sous notre regard ironique, il dut se rendre à l'évidence : il n'était pas apte au métier de cordonnier. Toute sa panoplie rejoignit celle de coiffeur au fond d'un placard.

Il adorait les « gadgets » (le mot n'existait pas encore) que vendaient les camelots qui foisonnaient alors sur les boulevards. Il rapportait à ma mère des épluche-légumes perfectionnés, des coupe-frites miracles, des lampes de poche inusables, etc., dont elle ne servait jamais.

Tout excité, il revint un jour avec un objet qui allait nous changer la vie. Il s'agissait d'un minuscule chauffe-eau qu'il suffisait de fixer sur le robinet de la cuisine et de brancher une prise pour obtenir à volonté (disait la notice) une eau bouillante.

À l'usage, cette mirifique invention se révéla des plus décevantes : le chauffe-eau ne produisait qu'un mince filet d'eau tiède. Lui aussi finit dans le placard aux objets inutiles.

Les moyens de transport

Dans mes premiers souvenirs, les rares automobiles fonctionnent au gazogène. Elles sont munies d'une espèce de chaudière, fixée sur le côté, qu'on remplit de bois ou de charbon de bois. En brûlant incomplètement, le combustible produit un gaz qui remplace, tant bien que mal, l'essence devenue introuvable. On imagine le travail préparatoire qu'exigeait le démarrage d'une voiture et les angoisses qu'éprouvait le conducteur avec cet engin capricieux et constamment menacé d'explosion.

Pendant de longues années, prendre le train relevait de l'exploit (cf. : La campagne et les Vacances).

La bicyclette méritait son surnom de « petite reine » car elle demeurait pratiquement le seul moyen de se déplacer. Pour véhiculer la famille, mon père avait fait construire par le maréchal ferrant (cf. : La campagne), une robuste remorque qu'il accrochait à son vélo (un *PEUGEOT* à trois vitesses, d'une solidité à toute épreuve mais d'un poids redoutable). Nous nous tassions tous les quatre dans la remorque et mon père, qui avait des jarrets d'acier, nous tirait en ahanant.

Se procurer des pneus et des chambres à air neufs, à moins de trafiquer avec le marché noir, était pratiquement impossible. Aussi devait-on ravauder les chambres à air avec des *RUSTINES* (du nom de leur inventeur, M. Rustin). Opération délicate qui nécessitait d'abord de repérer la fuite en plongeant la chambre à air dans une bassine. Une fois le trou situé grâce aux bulles d'air qui s'en échappait, on grattait le caoutchouc avec une râpe spéciale, on y déposait de la colle et on appliquait la rustine en pressant fortement jusqu'au séchage complet. De crevaison en crevaison les pneus finissaient par ne plus comporter que ces pansements.

Mais c'est au mauvais état des chambres à air que nous devons sans doute d'avoir eu la vie sauve. Ce dimanche-là (ce devait être au début de 1944) mon père nous avait proposé une promenade à la cascade du Bois de Boulogne. Au moment de partir, un pneu crève. Le temps de réparer, la promenade était à l'eau, mais le ciel était avec nous. À l'heure où nous aurions dû nous trouver à la cascade, une bombe perdue y tomba, causant la mort d'un grand nombre de promeneurs. Qui oserait dire que les anges gardiens n'existent pas ?

Pour nous déplacer dans Paris, une fois la situation rétablie, nous utilisions l'autobus, le métro et... la marche à pied. Prendre un taxi (les célèbres G7 noirs et rouges avec un compteur extérieur muni d'un petit drapeau que le conducteur abaissait lorsqu'il chargeait un client) était réservé aux situations exceptionnelles.

L'autobus

Bon nombre d'autobus comportaient une plate-forme à l'air libre dont l'accès était fermé par une chaîne. À l'intérieur, un couloir permettait au receveur de circuler entre les banquettes recouvertes de moleskine.

Le receveur, uniforme et casquette aux armes de la RATP, portait sur le ventre une machine munie d'une manivelle qui lui servait à oblitérer les tickets. Ceux-ci étaient réunis en une bande. Selon le nombre de sections à parcourir on détachait le nombre voulu. Le receveur les introduisait dans sa machine, tournait la manivelle et vous rendait vos tickets oblitérés.

Les petits malins (je n'ai malheureusement découvert cette ruse que bien après l'abandon du système) enduisaient les tickets de savon ou de bougie. Il suffisait de gratter la pellicule pour retrouver un ticket vierge de toute impression.

À chaque arrêt, le receveur ôtait la chaîne et faisait monter les passagers en fonction de leur ordre d'arrivée. Il fallait lui tendre le ticket numéroté que l'on avait retiré au distributeur dont était munie la station. Quand il estimait que le plein était fait, le receveur raccrochait la chaîne et tirait violemment l'autre chaîne qui pendait au plafond faisant retentir une sonnette indiquant au conducteur de démarrer. Il rabattait une plaque marquée « complet » en criant « C'est complet ».

Le chic était d'attendre que l'autobus démarre pour monter « à la volée » et s'incruster dans le paquet de voyageurs de la plate-forme (heureux temps où l'on pouvait voyager en fumant sa pipe et parcourir Paris le nez au vent !).

Une de mes grandes fiertés, quand je prenais le 63, était de jouer au receveur en replaçant la chaîne et en tirant la sonnette à son commandement.

Le métro

Pour pénétrer sur le quai, il fallait tendre son billet au poinçonneur assis à l'entrée dans une guérite (une chanson de Serge Gainsbourg a rendu ce personnage immortel). À l'aide d'une machine qui ressemblait aux agrafeuses actuelles, il y perçait un trou. Les confettis s'accumulaient autour de lui.

Aux correspondances, un portillon, imposante porte métallique, se fermait à l'arrivée d'une rame empêchant ainsi de se former les grappes de voyageurs qui s'agglutinent aujourd'hui sur les quais.

Le métro comportait deux classes : la seconde (voitures vertes) réservée au tout venant et la première (voitures rouges). Durant la période où les communistes furent au gouvernement, la première fut supprimée par souci égalitaire. Puis elle fut rétablie pour le bonheur des « gens bien » qui ne désiraient pas se mêler à la « populace ».

Le confort du métro était plutôt rudimentaire : sièges durs en bois (sauf en première), vacarme infernal. Les gens qui habitaient le long du métro aérien devaient vivre fenêtres fermées et objets fragiles solidement arrimés car chaque passage d'une rame faisait trembler les immeubles. L'arrivée du métro à pneus transforma la vie de ces malheureux parisiens.

Les promenades

Pour nous fortifier, il nous fallait « prendre l'air ».

Petits, ma mère nous emmenait en poussette au « petit square » de la rue de la Planche à côté du Bon marché. Pendant qu'assise sur un banc, elle tricotait en papotant avec d'autres mères, muni d'un seau et d'une pelle, je m'ébattais dans le tas de sable.

Avec d'autres enfants nous forions des tunnels, construisions des châteaux, creusions des canaux. Pour y faire naviguer nos bateaux, nous allions remplir nos seaux à la fontaine qu'on actionnait à l'aide d'un poussoir en acier chromé. Cet usage était formellement interdit. Le gardien du square (uniforme bleu et képi), s'il nous apercevait, surgissait de son kiosque en poussant des coups de sifflet stridents. Ce personnage redoutable ne badinait pas avec la discipline, soutenu par les mères qui voyaient leurs rejetons si bien entretenus revenir trempés et les chaussettes blanches (c'était la mode) souillées de sable humide. Les séances au square s'achevaient souvent par des paires de gifles et des fessées bien méritées.

Quand nous fûmes sortis de la petite enfance, ma mère nous emmena aux Tuileries. Dans les années qui suivirent la guerre, ce jardin était un merveilleux terrain d'aventures. Les pelouses, les buissons, le théâtre de verdure étaient à l'abandon. Au cœur de ces savanes et de ces maquis nous pouvions, en toute liberté, nous livrer aux jeux les plus fous. Mais cette période bénie ne dura guère. Les pelouses furent bordées d'arceaux et devinrent des lieux interdits sur lesquels veillaient les inévitables gardiens.

Aux Tuileries, les allées goudronnées permettaient de s'exercer au patin à roulettes (cf. : Les jeux et les jouets). C'est là que je fis mes premiers essais chancelants avec l'aide de ma mère. Une piste spéciale était réservée aux ténors de ce sport. Avec envie j'admirais leurs sauts, leurs retournements sur place et leurs accélérations fulgurantes.

Du côté de la rue de Rivoli, se tenait l'aire des attractions. Quand nous avions été sages ou avions obtenu de bonnes notes à l'école, nous pouvions faire quelques tours sur le manège des chevaux de bois. Une baguette à la main, nous tentions d'enfiler l'anneau accroché à une potence. Les chevaux hygiéniques, chevaux de bois montés sur ressorts qu'on faisait aller d'avant en arrière en penchant le corps n'avaient pas mes faveurs (malgré plusieurs tentatives, je ne réussis pas à les animer). Les balançoires, en revanche, procuraient des sensations fortes que nous ponctuions de hurlements effarouchés.

Mais c'est le guignol qui constituait la suprême récompense (croix d'honneur, remarquable sagesse durant une semaine).

Le guignol des Tuileries n'était en rien comparable au guignol à grand spectacle du Luxembourg (Cie *DESARTIS*) qui présentait de véritables pièces comportant une multitude de personnages évoluant dans de somptueux décors.

Il s'agissait plutôt d'un « guignol de chambre » qui respectait la pure tradition lyonnaise : Guignol, Gnafron, le Gendarme. Les enfants accueillaient avec des hurlements de joie les coups de bâton que le Gendarme assénait au Voleur (on peut voir une fidèle reconstitution de ce type de guignol dans *La grande vadrouille* de Gérard Oury).

J'ai encore dans l'oreille le tintement de la clochette qui annonçait le début du spectacle, les hurlements des enfants qui avertissaient Guignol qu'un méchant se cachait derrière lui, je sens encore l'odeur de poussière de la petite salle où nous attendions, le cœur battant, que s'ouvre le rideau sur un pauvre décor de carton-pâte qui nous paraissait féerique.

Les Tuileries possédaient encore une attraction : la promenade à dos d'âne. Juchés sur ces placides bourricots, nous pouvions nous imaginer en train de chevaucher à travers les immensités du far West.

Le Luxembourg, où l'on nous emmenait parfois, m'effrayait un peu. Les histoires d'enfants qui s'y étaient perdus m'incitaient à rester prudemment près de mes parents.

Ces deux jardins possédaient un lieu magique : le bassin. On pouvait y faire naviguer son bateau (à mon désespoir, je n'ai jamais possédé ni pu louer un voilier dans une échoppe montée sur des roues de bicyclette que tenait une femme.

Lieu de rêve sillonné par les voiles multicolores. Parfois un bateau s'égarait sous le jet d'eau central et sombrait piteusement. Impossible à atteindre avec la gaule fournie par la loueuse, il fallait qu'un adulte se dévouât en retroussant ses pantalons pour aller rechercher le navire en détresse.

Mais, bien davantage que les bateaux à voiles, me fascinaient les canots à moteur que possédaient quelques privilégiés. Sous nos regards envieux, ces enfants fortunés remontaient le mécanisme avec une clé et mettaient à l'eau leur machine. Le canot bondissait et traversait le bassin en bousculant sur son passage les voiliers qui se traînaient (le modèle haut de gamme, le *HORNBY RACER III* était capable de parcourir près de neuf cents mètres à haute vitesse avec une seule remontée de ressort).

Adolescents, nous allions admirer sur le bassin des Tuileries, les prouesses des maquettistes faisant évoluer, dans une odeur d'éther et d'huile chaude, leurs bateaux télécommandés.

La loi, dans ces jardins, était représentée par deux personnages redoutés mais obéis : les gardes et les chaisières.

Les gardes faisaient régner l'ordre à grands coups de sifflet. Adolescent, j'ai eu maille à partir avec eux quand, avec des amis, nous eûmes inventé le jeu (idiot) de dévaler les escaliers sur des chaises repliées, en guise de luges.

Les chaisières, petites femmes effacées vêtues de noir, venaient réclamer leur obole aux gens qui étaient assis. Le prix des fauteuils métalliques était plus élevé que celui des chaises en bois. En échange, elles vous remettaient un ticket prouvant que vous aviez acquitté votre droit au siège.

Les dimanches de beau temps, nous nous aventurions parfois plus loin. Par le train de la ligne de Sceaux (aujourd'hui RER A) nous partions pour les bois de Verrières ou de Saint-Rémy-les-Chevreuse. Par la gare Saint-lazare, nous nous rendions à Vaucresson et par la gare du Nord, à Chantilly. Mon père nous organisait des jeux de piste pendant que ma mère, assise au pied d'un arbre, tricotait inlassablement. Le soir, nous rentrions, fourbus, chargés de branches de lilas ou de bottes de genêts.

Les dimanches de mauvais temps, nous allions visiter les musées. Au Louvre et à ses enfilades de salles aux murs couverts de tableaux qui me paraissaient parfaitement ennuyeux, je préférais les musées plus intimes : le Musée Carnavalet ou la Maison de Victor Hugo, place des Vosges. J'avoue, à ma honte, lors d'une visite au musée de Chantilly, avoir négligé les Botticelli pour rêver devant les sols en marbre qui auraient constitué d'excellentes pistes pour patins à roulettes.

Nous allions également au Conservatoire des Arts et Métiers et au Palais de la Découverte dont les machines et les expériences m'intéressaient infiniment plus que la Vénus de Milo ou Le radeau de la Méduse.

J'adorais le musée des *Chasses du Duc d'Orléans* situé à côté du Jardin des Plantes. Dans des décors poussiéreux censés représenter la jungle ou la banquise, des animaux empaillés en assez piteux état permettaient, avec un peu d'imagination, de se lancer dans d'aventureuses explorations.

Nous fréquentions assidûment le Jardin des Plantes où les rares animaux qui avaient échappé aux rigueurs de l'Occupation tournaient dans de minuscules cages. Mon frère, qui avait de la suite dans les idées, avait entrepris d'apprendre les noms latins de tous les animaux présentés. Doctoralement, il parlait de « *l'ursus arcto* » au lieu de l'ours brun.

Certes, je me suis ennuyé dans les musées. Mais je ne le regrette pas. À force de nous traîner devant les œuvres d'art, nos parents nous ont ouvert les yeux, malgré nous, à la peinture et à la sculpture. Peu à peu la contrainte s'est transformée en appétit puis en passion (cf. : La peinture).

Mon vrai musée, autour de ma dixième année, ce fut Le Bon Marché. J'y entraînais ma sœur pour musarder durant des heures, les yeux écarquillés, entre les rayons. Dans les années 50 Le Bon Marché ne ressemblait en rien à l'élégant magasin qu'il est devenu. C'était une sorte de caravansérail aux couloirs labyrinthiques où l'on trouvait tout ce qu'on pouvait imaginer (au premier, dans une partie discrète, existait même un rayon pour ecclésiastiques). Émerveillés par une telle profusion d'objets, de vêtements, de meubles, de tissus, de jouets, nous avions le sentiment de pénétrer dans la caverne d'Ali Baba.

Les mots et les expressions

Chaque génération a ses codes. Des termes, à l'origine mystérieuse, apparaissent soudain et font florès. Certains prennent racine et beaucoup disparaissent du langage. Par exemple, « vachement » et « chouette » ont toujours la vie dure. En revanche, « bath » (« c'est drôlement bath ») a succombé devant « sensass », « génial », « super » ou « top ». De même « c'est barjo » a complètement disparu.

Ces termes, lorsqu'on les utilise encore, prennent un parfum suranné qui fait ressurgir une époque.

Mon père utilisait tout un arsenal de mots et d'expressions dont certains ne manquaient de pittoresque.

Un individu à l'origine ethnique douteuse (un « levantin ») était traité de « métèque » (terme largement utilisé par *L'Action Française*) ou de « niaquois » (origine indochinoise).

Les individus qui s'étaient enrichis durant la guerre et le

montraient en roulant dans de grosses voitures (la *FORD VEDETTE*, par exemple) recevaient le qualificatif méprisant de « louchébem » ou de « B.O.F. » (**B**eurre, **O**eufs, **F**romage, terme qui est probablement à l'origine des « Beaufs » actuels).

Les gens sans éducation rentraient dans la catégorie des « Congés payés » ou des « banlieusards ». Les « sauvageons » stigmatisés par Jean-Pierre Chevènement formaient « la racaille ».

Un prétentieux avait droit à cette définition dédaigneuse « Si on lui mettait une plume dans le derrière, il aurait l'air d'un oiseau rare ». Du reste, il finira bien par « se casser la margoulette » (se casser la figure).

Au détriment de la charité chrétienne, il parlait sans ménagement des vieilles filles qui nous entouraient : « vieilles toupies », « vieilles rombières », « punaises de sacristie », « grenouilles de bénitier ».

Pour parler d'une femme qui cherchait à paraître moins que son âge, il utilisait cette phrase sibylline « Elle joue à la petite fille à l'âge où elle pourrait être sa grand-mère ».

Quand les femmes commencèrent à se dénuder sur les plages (l'époque du fameux Bikini) il aimait déclarer « La nudité m'inspire un sentiment très pur : l'horreur du péché ».

Un lieu très éloigné se situait « à Pétaouchnock ». Faire sa toilette était « se débarbouiller ».

Pour parler d'un « truc » ou d'un « machin », il usait d'une expression qui nous resta longtemps impénétrable « Colombanette en vrille hélicoïdale ». Un jour, très fier de lui, mon frère me donna la clé : « papa ne se doute que de ce qu'il dit. En fait la véritable expression est : colombin natté, en vrille hélicoïdale. De même quand il parle « peau de zébi ». Il s'agit de « peau de zob ».

D'autres expressions me reviennent : « Si ma tante en avait deux, ce serait mon oncle » d'un niveau nettement moins élevé que « Si Paris était petit, on pourrait le mettre dans une bouteille ». Un individu peu recommandable faisait partie des « peigne-culs ». Celui qui vivait hors mariage avec une femme était inévitablement un « gigolo » ou un « miché ».

Ma mère, qui réprouvait ce langage peu châtié, avait en réserve une expression adaptée à chaque circonstance.

Si nous hésitions à partir en promenade à cause d'une ondée, elle décrétait « Pluie du matin n'arrête pas le pèlerin ». Une femme coquette lui inspirait cette sentence « Ciel pommelé, femme fardée, sont de courte durée ».

Elle préconisait « qu'il vaut mieux s'adresser à Dieu qu'à ses saints », faisant là preuve d'une certaine inconséquence car, lorsqu'elle avait égaré quelque chose elle adressait une prière à Saint-Antoine de Padoue et elle porta, lors de mon premier mariage, une douzaine d'œufs aux sœurs clarisses, gage de succès conjugal (la douzaine ne devait pas suffire puisque ce fut un fiasco).

Lorsqu'elle nous entendait dire « quoi » au lieu de « comment » elle reprenait une expression de sa grand-mère « Tiens, j'entends les corbeaux dans la cour ! ».

Si elle nous surprenait un train de chuchoter en cachette, nous avions droit au « Pas de messe basse sans curé ».

Quand nous nous plaignions de ne pas disposer des moyens adéquats pour réaliser quelque chose, elle nous infligeait « Un mauvais ouvrier se plaint toujours de ne pas avoir de bons outils ». Pour une tâche mal exécutée qu'il fallait recommencer « Comme on fait son lit, on se couche ».

Pour faire passer un hoquet persistant, elle avait une formule infaillible : réciter, sans reprendre son souffle « J'ai le hoquet, Dieu me l'a donné, Omnibus, je ne l'ai plus ».

« On dirait une poule qui a trouvé un couteau » se moquait-elle gentiment quand elle nous trouvait en train de tenter maladroitement de réaliser une maquette ou une machine en *MECCANO* (cf. : Les jeux et les jouets).

On le voit, grâce à ces adages « marqué au coin du bon sens » (autre expression de mon père) nous avons acquis une solide armature morale. Nous avons appris à ne pas rechigner devant un plat de salade cuite en pensant « aux petits Chinois qui n'ont qu'un bol de riz par jour ». Ce à quoi je répondais que ces petits Chinois avaient bien de la chance de ne pas être obligés de manger cette salade fadasse que je détestais. « Avant de dire des bêtises, rétorquait ma mère, tu devrais tourner sept fois la langue dans ta bouche ». Malheureusement, durant toute ma vie, je n'ai jamais eu cette patience. Pardonne-moi, maman !

L'Habillement

Les années d'après-guerre furent difficiles pour les mères de famille. Elles devaient réaliser des prodiges pour vêtir correctement leurs enfants. L'étoffe et la laine manquaient cruellement. Alors on retaillait les vêtements de l'aîné pour habiller le cadet, on détricotait les chandails usés pour en confectionner de nouveaux dont la laine « boulochait ».

Les textiles synthétiques dont on disposait, comme la fibranne, fabriquée à partir de fibres courtes, étaient cassants et désagréables au toucher. On reprisait beaucoup les draps, les torchons, les chemises et les chaussettes qui finissaient par tomber d'usure.

Le cuir était également une rareté. Pour le remplacer on avait mis au point des succédanés. Mon premier cartable fut en carton bouilli qu'il fallait soigneusement protéger de la pluie au risque de se retrouver avec une serviette molle. Le bois était largement utilisé pour les semelles des galoches, brodequins lourds et bruyants.

Sur les photos de 1944, je porte un sarrau, sorte de blouse légère à manches longues sans doute confectionné par ma mère dans un coupon de tissu en Vichy (outre ses talents de brodeuse et de tricoteuse, c'était une virtuose de la machine à coudre *SINGER*, qu'on actionnait au pied à l'aide d'une pédale oscillante).

Pour aller à l'école, je m'emmitouflais dans une pèlerine, vaste cape de tissu de laine noir sans manches et munie d'un capuchon. Celle-ci permettait de protéger le cartable qu'on portait sur le dos. Durant les grands froids, on s'entourait le cou avec un cache-nez (ou cache-col) tricoté à partir des laines de récupération.

Nous, les garçons, portions des culottes courtes qui, durant l'hiver, permettaient au froid de nous cingler les mollets. Il était de bon ton de rouler ses socquettes blanches (en tout cas au début de la journée) sur les chaussures basses qui firent leur apparition lorsque le cuir redevint disponible.

Pendant plusieurs années, j'eus honte de mes chaussures. Alors que mes camarades de quatrième portaient des chaussures basses, je devais supporter, pour des raisons de voûte plantaire affaissée, des chaussures montantes confectionnées par un bottier de la rue Saint Florentin (à côté du célèbre magasin de jouets, *Le Nain bleu* – cf. : Les jeux et les jouets). Il s'agissait, en fait, d'élégantes bottines en cuir souple qui devaient coûter une petite fortune. Quand je pus les abandonner et ressembler à tout le monde j'eus le sentiment d'entrer véritablement dans l'âge adulte.

En ce qui concerne les chaussures, mon père avait un principe strict (« un impératif catégorique » kantien aurait dit mon frère) : il est nécessaire de posséder sept paires de chaussures afin de pouvoir en changer chaque jour. Ainsi peuvent-elles durer de longues années.

Évidemment les chaussures doivent avoir des semelles en cuir. Je dus user sa patience pour qu'on m'achète des chaussures avec des semelles de crêpe. Ce nouveau matériau élastique faisait fureur. Il nous changeait heureusement de la raideur des semelles en bois. Les chaussures « chic » étaient montées sur une semelle en double épaisseur (« des chaussures de B.O.F. » ironisait mon père).

Nous portions également des sandales, avec des chaussettes blanches roulées serrées.

Vers ma quinzième année, je m'achetais des spartiates. Constituées d'une semelle de cuir et de longs lacets qu'on enroulait autour de la jambe, les spartiates se portaient pieds nus. Ayant eu la malencontreuse idée de me rendre au lycée en jeans, petit tricot de marin et spartiates, je tombai sur le censeur qui, n'appréciant pas cet accoutrement, me renvoya me changer avec cette phrase définitive « Demory, ici, on n'est pas aux bains de mer ! ». Tristement, je repris ma cravate, mon pantalon gris et ma veste grise, ayant compris, comme plus tard dans l'entreprise, qu'il ne fait pas bon montrer sa différence.

La mode des pantalons de golf dura un certain temps. Remontés sur des chaussettes à grosses mailles et portés avec des chaussures à semelles épaisses, ils conféraient à ceux qui les portaient une élégance britannique.

Mon frère, pour d'obscures raisons, refusait de les porter de cette manière. Il les laissait pendre jusqu'aux pieds et interdisait à ma mère de leur donner un pli, transformant ainsi les « golfs » en d'informes guenilles.

J'ai sous les yeux un document capital pour définir l'habillement des garçons d'une quinzaine d'années : la photo de classe de la Seconde A et A' (cf. : Les études) prise au Lycée Henri IV en 1955.

Les élèves du premier rang portent encore des culottes courtes accompagnées de chaussures basses avec les fameuses socquettes blanches. Celui qui est en pantalon est chaussé de sandales.

À quelques exceptions près, nous avons des vestes et des cravates. La fantaisie et la couleur ne sont pas encore entrées dans les mœurs : les vêtements sont gris, marrons, beiges, verdâtres.

Au dernier rang, un élève porte un duffle-coat, manteau des marins anglais durant la guerre qui revient aujourd'hui à la mode (il faudrait ne rien jeter !).

J'ai dû lutter longtemps pour que mes parents consentent à m'en acheter un. À la fin, excédé par mes demandes incessantes, je réussis à entraîner mon père au Printemps pour acquérir le manteau de mes rêves. Pressé, énervé, il parcourait les rayons en demandant aux vendeuses interloquées où l'on pouvait trouver un « Duff Copper » (il était familier de telles confusions de noms).

Ce doit être à cette époque que je réussis à me faire offrir une paire de *jeans* (on disait alors des bloudjines). La mode exigeait de les prendre les plus longs possible pour en retourner le bas afin d'obtenir des revers d'une vingtaine de centimètres.

Sur cette photo, on peut voir qu'une partie des garçons est coiffée « en brosse ». je suis le seul à arborer une frange. Cette coupe a sa petite histoire. Influencé sans doute par Claude Luter, je me rendis un jour chez le coiffeur de la rue de Verneuil pour qu'il transforme ma raie d'enfant sage en frange. Inquiet, il me demanda si mon père était d'accord pour cette transformation. Je lui affirmai qu'il en serait ravi.

Mon retour à la maison fut catastrophique. Je dus affronter une terrible colère paternelle. Avec cette coiffure, j'entrais dans la horde des « voyous de Saint-Germain-des-Prés ». L'orage passé, on ne parla plus de ma nouvelle coiffure qui, si j'en juge par la photo, me donnait l'air plutôt godiche.

Une des révolutions dans l'habillement fut l'apparition du *NYLON* (1950). Cette « fibre miracle » n'exigeait plus, comme le coton, de fastidieuses lessives. Il suffisait, le soir, de laver chemises, slip et chaussettes avec lessive spéciale (*CORAL*), de les rincer et de les suspendre à un cintre. Le lendemain, le linge était sec et la chemise ne nécessitait aucun repassage.

En fait, ce textile était beaucoup moins miraculeux que ne le prétendait la publicité : de contact assez désagréable, bloquant la transpiration, les chemises en nylon, après un certain nombre de lavages, prenaient une teinte jaunâsse.

Le *TERGAL*, autre produit miracle, était réputé infroissable. Plus de repassage des pantalons, des jupes et des chemisiers. C'était le début de la libération de la femme.

Comme sous-vêtements, nous portions des slips (le fameux *SLIP KANGOUROU*) et des tricots de corps (ou tricots de peau). C'est ce qu'on appelle aujourd'hui des « Marcels ». Destinés à « pomper la sueur », on les gardait la nuit sous sa veste de pyjama.

Ma mère s'emboudinait dans un corset fabriqué sur mesure par une corsetière. Cet objet orthopédique rose, baleiné, bardé de fermetures à crochets, m'a toujours inspiré une insurmontable répulsion. Par dessus, elle enfilait une combinaison puis une robe (inutile de préciser qu'une grande pudeur était de mise dans les familles comme la nôtre. Je n'aurais jamais imaginé voir mes parents nus. Les rares vacances que nous passâmes au bord de la mer (cf. : Les vacances) ne décidèrent pas ma mère à se dévêtir ; elle demeurait en robe sur la plage tandis que mon père barbotait dans l'eau avec un caleçon en laine tricoté par elle).

La garde-robe de mon père comportait plusieurs costumes trois-pièces qu'il faisait faire sur mesure par un tailleur qui travaillait en appartement. Ma mère faisait appel à une couturière du quartier pour ses robes et ses manteaux.

Pour mon premier costume, ma mère m'emmena à *La Belle Jardinière* qui avait lancé une nouvelle technique : la mesure industrielle grâce au *BODYGRAPHE*. Avec des appareils énigmatiques, un employé prenait vos mesures qui étaient automatiquement reportées sur un patron. Théoriquement, lorsqu'on venait chercher son costume il tombait parfaitement sans nécessiter aucune retouche (c'est le même principe, beaucoup plus perfectionné, qu'utilisent les tailleurs de Hong Kong, capables de vous exécuter un costume parfait en une douzaine d'heures).

Pour nous vêtir, la pénurie n'étant plus qu'un mauvais souvenir, ma mère nous emmenait au Bon Marché. Pour une occasion exceptionnelle, ma sœur eut droit à un superbe manteau de chez *Old England* qui excita ma jalousie.

Jusqu'au début des années 60, les femmes et les jeunes filles portaient des bas progressivement remplacés par des collants.

Pour réparer les bas qui filaient, on faisait appel à une remmailleuse de bas qui tenait sa minuscule boutique rue du Bac (cf. : Le quartier).

À côté, au coin de la rue de Lille et de la rue du Bac, nous allions nous fournir en gants. La provenance des gants en laine était assez surprenante. Les fenêtres de l'appartement de Jean-Bruno Duméril donnaient sur les bureaux de la Caisse des Dépôts et Consignations. Je regrette de ne pas avoir filmé l'activité des employées qui consistait principalement à tricoter des gants et des écharpes que l'on retrouvait sur les rayons de la boutique *Lesage*.

Le tricot n'était pas la seule activité de cette noble institution. Dans un bureau, un fonctionnaire avait installé un guignol pour répéter les spectacles qu'il produisait, probablement, durant le week-end.

Ces activités parallèles ne me surprirent donc pas lorsque je les retrouvai au Centre de Documentation de l'ORTF où je fus assistant de recherche (cf. : Le journalisme et l'édition) et au Secrétariat Général de la Défense Nationale.

En regardant attentivement les photos de classe (1955-57) on peut déceler, grâce aux différences de qualité de l'habillement, à quelle classe sociale appartiennent mes camarades. Cela va de la très grande bourgeoisie (Jacques de Gunzbourg avec son chandail en cachemire et sa veste en tweed) au fils d'artisan.

Mais jamais, au grand jamais (tous les témoignages de mes anciens condisciples ont été formels sur ce point) je n'entendis la moindre réflexion à propos de vestes élimées ou de chaussures avachies.

En fait, nous nous moquions complètement de notre tenue et du statut social qu'elle reflétait. Ce n'est que beaucoup plus tard que j'appris que l'un était fils de grands banquiers, d'autres d'un ambassadeur ou d'un illustre chercheur. Nous vivions comme dans une bulle, à l'écart des bruits de l'extérieur, insensibles aux signes de la richesse et de la modicité. J'y reviendrai dans Les études.

Le tabac

Je ne puis clore cette évocation de la vie quotidienne sans parler du tabac.

Je suis né et j'ai vécu dans un perpétuel nuage de fumée. Du matin au soir et, souvent, au cours de la nuit, mon père alternait pipes, cigarettes et cigares sans se soucier ni de ses violentes quintes de toux (il avait été gazé durant la Grande Guerre) ni de la santé de sa petite famille.

Comment se procurait-il du tabac durant la guerre ? Je me souviens avoir vu dans la buanderie de mes grands-parents (cf. : La campagne) sécher des feuilles de tabac accrochées aux poutres. Fumé brut, sans fermentation, ce produit devait être infect. En était-il arrivé, comme beaucoup d'autres, à fumer de la barbe de maïs ou des feuilles de cerisier séchées ?

Le choix des tabacs était réduit. Au bas de l'échelle, on trouvait le « gros cul » qui contenait une bonne proportion de bûchettes qu'il fallait retirer avant de bourrer sa pipe ou d'alimenter la machine à cigarettes. Le *CAPORAL ORDINAIRE*, le fameux « gris », contenu dans des paquets cubiques, était le plus répandu. Un cran au-dessus, dans un paquet parallélépipédique bleu, le *CAPORAL SUPÉRIEUR* et dans un paquet vert, le *CAPORAL DOUX DÉNICOTINISÉ*.

Quand je me mis à fumer la pipe, les jours d'opulence j'achetais du *VIRGINIE*, contenu dans un paquet doré. À l'ouverture, il dégageait une puissante odeur de goudron et les brins de tabac collaient aux doigts.

Pour les cigarettes toutes faites (on disait « t'as pas une sèche, une cibiche, une cousue ? ») on avait le choix entre les « brunes » – *GAULOISES, GITANES, CELTIQUES, BOYARD* – et les « blondes » que les Américains avaient rendues populaires avec les *CAMEL* et les *LUCKY STRIKE*. La *SEITA* en avait produit une pâle imitation avec les *BALTO*.

Pour faire chic, dans les surprises-parties, on se payait des *WEEK-END* de « goût anglais » ou, comble de raffinement, des *CRAVEN A*, véritables anglaises à bout de liège qui vous entouraient d'un nuage de fumée véritablement « smart » (autre mot à la mode).

Les moins fortunés se contentaient de cigarettes en paquet de dix, les *HIGH LIFE* (que beaucoup de gens appelaient « *HIGLIF* ») ou en paquets de quatre : les *PARISIENNES* (les « *4 P* »).

Le dimanche ou lorsqu'il y avait des invités, mon père

fumait des cigares *DIPLOMATES* et *VOLTIGEURS*.

Dans une grande boîte en carton, il entreposait sa réserve de cigarettes où il puisait sa ration de la journée. Par précaution, il la cachait en haut d'une armoire.

Avec mon frère, nous improvisions des pièces inspirées de *L'île au trésor*. Le rhum était remplacé par le Jus Rosé (cf. : L'alimentation). En toussant et en crachant je grillais les cigarettes chipées dans la boîte sur l'armoire.

Après les inévitables étouffements et écœurements des débutants, je pris goût à la chose. Comme un imbécile, j'allais fumer aux cabinets. C'est bien le pire endroit pour dissimuler l'odeur de fumée.

Un matin, alors que je partais à l'école, enveloppé dans ma pèlerine, le béret sur la tête et le cartable à la main, mon père me rattrapa sur le palier et me donna la plus belle fessée de ma vie.

Celle-ci interrompit quelques années mes velléités de fumer. Mais la tentation était trop forte : dès quinze ans je devins (et suis toujours) un fanatique de la pipe.

5

LES JEUX ET LES JOUETS

Les jouets

Durant les années d'après-guerre, le métal était devenu une matière précieuse destinée aux industries de reconstruction. Les jouets devaient se contenter de produits de substitution : bois, plâtre, carton bouilli, papier mâché, etc.

C'est pourquoi mes premiers « soldats de plomb » furent, en fait, des soldats de plâtre peint. Quelques tabors marocains avec leur bélier mascotte, un petit char *RENAULT,* modèle 1939, ont réussi à échapper à la destruction. Le char Sherman, également en plâtre, qui faisait la gloire de mon armée miniature, n'a pas résisté aux batailles que j'organisais avec mes camarades.

Le jour de Noël, je suppose que mes parents devaient faire des prodiges pour nous offrir des jouets qui ne parussent point trop miteux. Un des présents qui me causa le plus grand plaisir, fut un établi de menuisier auquel je dois sans doute mon goût pour le bricolage. Il comportait un valet d'établi, une scie à araser de 30m/m, un rabot, un maillet, un marteau, une tenaille, une vrille et un mètre.

Comme l'indique le catalogue de *Manufrance* : « cet établi n'est pas un jouet, mais un modèle d'apprentissage permettant d'exécuter des travaux sérieux ». Je devais manquer de sérieux car le petit banc que je fabriquai pour ma père, malgré le nombre de clous dont je le truffais, ne réussit jamais à tenir d'aplomb.

Face à cette carence, on recourait aux moyens du bord. Un de nos voisins (celui qui passait ses journées à lire *Le Figaro* – cf. : La maison) nous construisit une superbe ferme en contreplaqué que mes parents meublèrent avec des animaux en plâtre peint. Nous devons également à son talent de bricoleur un *Jeu des petits chevaux* que nous utilisons toujours en évoquant les parties acharnées qu'autrefois nous disputions avec ma mère qui détestait perdre.

Incontestablement l'absence de jouets stimulait notre imagination. J'ai raconté ailleurs comment, avec mon frère, nous avions reconstitué en papier découpé le petit train du village maternel et comment j'avais fabriqué une considérable armée de soldats de la même façon. La lanterne magique élaborée à partir d'une boîte de thé *LIPTON*, d'une loupe et d'une lampe, pompeusement baptisée « projecteur de cinéma », *la chambre noire de dessinateur* élevée au rang de caméra (cf. : Le cinéma) me procurèrent des joies beaucoup plus fortes et durables que des jouets prêts à l'emploi.

Avec un indéniable talent, mon frère avait fabriqué pour ma sœur, dans une boîte à chaussures, une ravissante classe miniature munie de tous ses pupitres, de son estrade et de son tableau noir.

De mon côté, saisi par une frénésie de récupération, je ramassais dans les ruisseaux ressorts, écrous, vis, clous rouillés que j'entassais, au grand désespoir de ma mère, dans une boutique de ferrailleur construite en plaques de carton.

En fouillant les greniers, on exhumait les jouets d'avant-guerre qu'on retapait et qu'on rajeunissait d'un coup de peinture.

Les autos à pédales et leur variante, le *cyclo rameur* (tricycle dirigé avec les pieds et mû par la force des bras) me paraissaient des engins merveilleux. Dans le village de ma mère, le fils du docteur possédait une « auto Super sport », type luxe, avec volant nickelé, roues de 25 c/m, éclairage électrique, deux phares nickelés à grosses lentilles, frein et cornet avertisseur (notice du catalogue *Manufrance* de 1930). Il considérait avec commisération notre pauvre auto cabossée, privée de toutes ces options prestigieuses.

Les *cerceaux*, qu'on pouvait louer aux jardins des Tuileries ou du Luxembourg étaient réservés aux filles et aux garçons accompagnés de leurs nurses. Ils revinrent plus tard avec un autre usage : on ne les poussait plus devant soi à l'aide d'un bâton mais on les faisait tourner autour de ses hanches : ce fut la mode du *hula hoop*.

À la maison, chacun possédait son animal en peluche. Mon frère avait un pékinois baptisé Bob (pour je en sais quelle raison, il changea de sexe et devint Bobette).Son pelage, usé par trop d'effusions, avait été remplacé par du velours brun qui l'avait transformé en un être hybride, moitié chien moitié lion. Ma sœur possédait deux ours, Mirka et son frère Mitchi. Quant à moi, je reportais mon affection sur une oursonne appelée *Boule de neige* qui tournait la tête lorsqu'on lui pressait le ventre.

Si la pénurie de métal privait les garçons de jeux de construction et de jouets guerriers, les filles avaient plus de chance avec les poupées. Ma sœur eut le bonheur de recevoir à Noël une *Bleuette* puis, quelques années plus tard son petit frère, *Bambino*.

Bleuette, à qui plusieurs ouvrages savants ont été consacrés, est un véritable mythe. Créée en 1906 par Gauthier-Languereau, éditeur de *La Semaine de Suzette*, elle fut lancée avec ce slogan « la seule poupée capable de se mettre à genoux pour réciter sa prière ».

Entièrement articulée, avec une tête en porcelaine dont les yeux se fermaient lorsqu'on la couchait, dotée d'une splendide chevelure qui permettait de varier les coiffures, *Bleuette* disposait d'une impressionnante garde-robe qui la rendait présentable en toutes circonstances.

Dans *La Semaine de Suzette* les petites filles trouvaient des patrons permettant de réaliser (ou plutôt de faire réaliser par leurs mères ou les couturières de celles-ci) des ensembles inspirés par ceux des grands couturiers.

À la période des fêtes, se rendre rue Jacob pour acheter des vêtements à *Bleuette* offrait un spectacle assez surréaliste. Des messieurs très dignes demandaient à la vendeuse « Etes-vous sûre que ce manteau à col de fourrure est suffisamment chaud ? ».

Imperturbable, la vendeuse leur assurait sans rire qu'avec ce somptueux manteau, entièrement doublé, *Bleuette* pourrait affronter sans crainte les hivers les plus rudes.

Bambino, gros poupon à la tête de porcelaine, possédait également une garde-robe allant de la robe de baptême au costume marin qui lui donnait le loisir de grandir en toute sérénité.

Aux goûters d'enfants, ma sœur, comme les autres invitées, emmenait sa poupée revêtue de ses plus beaux atours. Sous le regard attendri des mères, les jeunes demoiselles comparaient les tenues de leurs « enfants ».

La corde à sauter était un autre accessoire indispensable des filles. Les temps n'ont guère changé et, dans les cours d'écoles on les voit toujours se livrer à des figures plus ou moins compliquées de même que l'on constate le retour périodique de la marelle.

Chez les garçons, les billes furent longtemps notre jeu privilégié (curieusement, elles reviennent à la mode par cycles). Il y avait plusieurs sortes de billes : les billes en terre et les calots eux-mêmes divisés en calots de verre uniforme et les calots à torsades colorées ou *agates*.

Par un accord mystérieux, une cote avait été établie entre les différents types de billes : un calot simple valait cinq billes en terre et une agate trois calots.

Lorsque j'étais en sixième (1950) les jeux de billes battaient leur plein. Sitôt mon déjeuner avalé, je courais au lycée pour tenter ma chance. À côté du jeu de billes simple très proche de la pétanque (il s'agissait, avec sa bille de frapper une bille témoin pour obtenir le gros lot) des garçons astucieux avaient imaginé une autre forme de jeu inspiré de celui de la *grenouille*.

Dans un carton plié en forme de toit à double pente, trois trous étaient percés. Si l'on réussissait à faire pénétrer sa bille dans le plus grand on doublait sa mise, dans le moyen on la triplait et dans le plus petit on la multipliait par cinq[1].

Parallèlement aux jeux de billes est apparue une variante : les *plastos*, autrement dit les soldats en plastique qu'on utilisait comme dans le lancer de billes classique. Ici les enchères avaient monté : un plasto devait valoir dix calots. Plus tard, les soldats furent remplacés par les petites voitures *SOLIDO* ou *DINKY TOYS* (ce qui explique le nombre de petites voitures réduites à l'état d'épaves).

Parmi les jouets « pauvres » je citerai encore les cubes en bois qu'il fallait assembler pour composer des paysages ou former des mots (cubes « pédagogiques »). Détournés de leur fonction première, ils nous servaient essentiellement à construire des forts pour protéger nos soldats lors des grandes batailles que nous livrions le jeudi après-midi.

Certains de mes amis possédaient, hérités de leurs parents, des trains électriques *HORNBY* et des restes de *MECCANO*.

Si je n'ai jamais possédé de train électrique ou mécanique, en revanche le *MECCANO* dont les premières boîtes firent leur apparition vers 1948-49, suscita chez moi une véritable passion.

Ce jeu de construction métallique, breveté en 1901 par Frank Hornby, est certainement, dans son domaine, une invention géniale du siècle.

Composé d'un nombre restreint de pièces, il permettait, grâce à des boîtes progressives allant de 1 à 7 (puis, plus tard, de 1 à 10) et à des « boîtes complémentaires – 1 à 21, etc. – de réaliser des modèles de plus en plus complexes. Pendant longtemps, les mordus de *MECCANO* ont rêvé de la boîte n°10 qui comportait toutes les pièces du système dans un coffret de bois à tiroirs et coûtait une fortune

---

[1] On peut retrouver ce jeu, dit du *Viaduc* dans certaines boutiques qui remettent à la mode billes, cerceaux, guignols, etc.

(à titre indicatif, en 1933, la boîte n°1 valait 68 francs et la boîte n°7 valait 2 515 francs).

Je me souviendrai toujours de mon émerveillement lorsque je découvris au pied de la cheminée ma première boîte de *MECCANO*. (ce devait être le n°3). Ces barres dorées, ces plaques bleues striées de filets dorées, ces roues blanches et vertes, ces petites boîtes de vis et d'écrous en cuivre étaient la promesse de réalisations extraordinaires variables à l'infini.

Suivre les instructions du manuel pour réaliser une grue ou une voiture n'était pas une mince affaire. À l'évidence, les textes étaient rédigés par des spécialistes s'adressant à de futurs ingénieurs.

Voici un exemple de ce langage ésotérique : « Un pignon de 19m/m placé sur la tige de l'enduit du moteur engrène avec une roue de 50 dents fixée à une tringle de 6 m/m traverse les parois du Moteur et qui est munie à son extrémité opposée d'un pignon de 12m/m ». Etc.

Pas rebuté par ces termes barbares, je m'initiai aux cornières, clavettes, roues à rochet, cliquets, accouplements, cardans, vis sans fin, roues de champ et autres plaques à rebords.

Avec le *MECCANO*, un monde magique de création s'ouvrait au jeune constructeur. Après s'être familiarisé avec les pièces et les astuces de montage, son imagination créatrice pouvait se donner libre cours.

Une de mes premières inventions manqua reléguer mon *MECCANO* aux oubliettes. J'avais construit un téléphérique qui traversait la chambre de mes parents. Ayant fixé au mur fraîchement tapissé de papier peint le porte poulie du câble, j'eus la fâcheuse idée de huiler copieusement les tringles. Quand ma mère découvrit les traînées huileuses qui maculaient le mur, elle ne parvint pas à retenir une paire de gifles bien méritées. Mais dans le même temps, elle ne put s'empêcher d'admirer l'ingéniosité de son fils et je fus autorisé à poursuivre mes activités créatrices.

En dehors des boîtes, il était possible de se procurer des pièces détachées chez certains marchands de jouets.

Présentées dans des meubles en bois qui font aujourd'hui le bonheur des collectionneurs, elles excitaient mon envie. Dès que je possédais quelque argent, je me précipitais au *PETIT BAZAR* de la rue du Bac (cf. : Le quartier) pour me procurer la roue dentée à 50 dents n° 28 ou la chaîne Galle N° 94 qui me permettraient de réaliser un des « Super Modèles » décrits dans *MECCANO MAGAZINE*.

Outre le catastrophique téléphérique, j'inventai une machine à éplucher les haricots verts et un fusil à lancer les marrons d'Inde. Cette dernière invention riche en promesses fit, si j'ose dire, long feu. Pour en expérimenter la portée je bombardai la fenêtre de la voisine de l'autre côté de la cour. Les inventeurs sont souvent incompris : la concierge et l'ébéniste se liguèrent pour me passer un savon sévère. (cf. : La maison). Mes expériences balistiques en restèrent donc là.

En voyant le film qu'Agnès Varda a consacré à Jacques Demy, *Jacquot de Nantes*, j'ai constaté avec émotion que le cinéaste avait suivi une démarche identique à la mienne en construisant, grâce à son Meccano, un guignol et un système de travelling afin de réaliser ses premiers films (cf. : Le cinéma).

Pour animer les modèles que je construisais, on m'offrit des moteurs : moteurs à ressort, moteurs électriques et surtout une machine à vapeur. Ce petit bijou « de type industriel, chaudière en cuivre patiné, sifflet, niveau d'eau, manomètre régulateur, échappement à tiroir », chauffé par une lampe à alcool permettait d'animer une usine en miniature comportant une meule, une perceuse, un grand tour à poulie, une pompe, une scie circulaire et une poinçonneuse.

Un concurrent de *MECCANO*, le *TRIX*, jeu de construction métallique d'origine française, connut son heure de gloire mais ne put résister à la perfection de son concurrent[2].

---

2 Aujourd'hui encore fonctionne un Club des Amis du Meccano dont je fais partie.
On y retrouve des passionnés qui exposent régulièrement leurs constructions. Certaines, ayant exigé plusieurs milliers d'heures de travail, laissent pantois et quelque peu perplexe (on ne peut s'empêcher de penser au personnage Jacques Villeret dans *Dîner de cons*).

Le retour du métal permit de se procurer de véritables soldats de plomb. Quand nous l'avions mérité, ma mère nous emmenait dans des boutiques qui nous apparaissaient comme des cavernes d'Ali Baba. *L'oiseau de Paradis*, boulevard Saint-Germain, *Le Plat d'Etain*, rue du Vieux Colombier et, circonstance exceptionnelle, *Au Nain Bleu*, rue Saint-Honoré, véritable saint des saints du jouet où l'on pouvait trouver des voitures électriques, des trains aux prix vertigineux, des peluches géantes, etc. (ce lieu magique existe toujours).

Durant notre enfance, au moment de Noël, ma mère nous emmenait contempler les *vitrines animées du Louvre*. Chaque année ce magasin faisait appel à des spécialistes renommés pour concevoir des vitrines où les jouets prenaient vie. Une longue file d'attente, contenue par des barrières métalliques, s'étirait sur la place du Palais Royal. Pendant les quelques instants qui nous étaient attribués, nous contemplions, les yeux écarquillés et le cœur battant, ce petit univers magique qui s'agitait devant nous. Nous repartions en traversant les Tuileries avec le sentiment d'avoir vécu un rêve merveilleux.

Pour compenser le manque de métal, on offrait des *panoplies*. Je ne garde aucun souvenir de celles qui m'échurent à Noël. En revanche mon frère m'assure que je reçus une panoplie de maréchal (ce devait être en 1942 ou 43. Pétain était encore le grand homme de la nation.) et une panoplie de Saint-Cyrien qu'il m'envia farouchement à cause du casoar à plumet. Je dois ajouter que ni ces panoplies, ni les soldats de plomb ou en papier découpé ne suscitèrent chez moi la moindre vocation militaire.

Si les *patinettes*, simples ou à pédales passaient de mode (elles ont retrouvé une étonnante jeunesse) en revanche, les *patins à roulettes* connurent un fulgurant essor. Sur les allées cimentées des Tuileries, trouées de nids de poules, nous tentions de rouler avec grâce. Les roues métalliques et les courroies qui attachaient nos patins aux pieds et se desserraient toujours, ne facilitaient pas les exploits. Avec envie, nous admirions sur la piste réservée aux champions, les entrechats des « pros » qui possédaient des patins solidaires des chaussures, à la façon des patins à glace.

Les *jeux de pliage* (baptisés aujourd'hui « origami ») rencontraient un succès certains. Grâce à eux nous pouvions exercer nos facultés manuelles en réalisant des avions qui volaient, des bateaux qui flottaient et des cocottes en papier qui picoraient.

Les meilleures choses ont leurs revers : grâce aux pliages nous réalisions des *bombes à eau* géantes (plus d'un litre) que nous balancions depuis les toits de la rue des Saint-Pères sur les passants indignés (cf. : Les loisirs).

Pour favoriser ma culture et ma curiosité, on m'offrit une *imprimerie miniature LA MONDIALE*. « Toutes les lettres, chiffres ou signes sont gravés sur une tige caoutchouc qui permet de les loger dans des composteurs. Ainsi on peut composer des textes de forme et de grandeur diverses que l'on imprime ensuite, comme on fait avec un timbre en caoutchouc. C'est économique et facile » (on admirera, au passage, la qualité des textes du catalogue *MANUFRANCE* qui inspira, de façon indubitable, les écrivains du « nouveau roman »).

Le *microscope* que je trouvai dans mes souliers était destiné à éveiller chez moi l'intérêt pour les sciences naturelles. Celui-ci fut assez bref (cl : Les loisirs).

À côté de ces jouets pacifiques et éducatifs, nous éprouvions une vive attirance pour les jouets belliqueux. Il y eut la période *des pistolets à amorces* : l'amorce, contenue dans des petites boîtes métalliques rondes, avait la forme de confettis qui contenaient un peu de poudre en leur centre. En actionnant le percuteur, on obtenait une détonation qui pouvait, avec de l'imagination, nous faire croire que nous étions les acteurs d'un film policier ou d'un western.

Plus perfectionnés, les *pistolets à barillet* (du style Colt) et les pistolets automatiques (j'en ai possédé un magnifique avec crosse d'ivoire) qui fonctionnaient à l'aide de bandes d'amorces, permettaient des tirs nourris.

En quatrième (1952-53) la mode fut aux *pistolets à plombs*. Ces engins, beaucoup moins innocents, tiraient des petits plombs grâce à un système pneumatique. Pour les rendre plus efficaces on augmentait le nombre de « membranes », sortes de rondelles en caoutchouc qui accroissaient la pression. Dans les couloirs et les escaliers menant à la classe, les tireurs se livraient à des combats sans merci. Par chance personne n'eut l'œil crevé mais les pistolets furent interdits.

Pour mémoire, je citerai encore les *pistolets à eau* qui permettaient d'amusantes farces durant les cours et les arcs que nous fabriquions en prenant modèle sur livres scouts.

Se souvient-on des *bombes algériennes* ? Ces super-amorces, contenue dans des boules de papier, éclataient bruyamment lorsqu'on les projetait sur le sol.

Cachés sur le balcon, nous nous tordions de rire en voyant les passants bondir devant ces soudaines rafales.

Parmi les jouets « détonants » je dois encore citer un petit avion en métal dont la tête se dévissait pour y introduire une amorce. En le laissant tomber sur le sol, l'explosion le projetait en l'air. Il eut une vie de courte durée. Expérimenté dans la rue de Verneuil, il jaillit avec une telle force qu'il franchit le mur de l'hôtel d'Harcourt. Un peu piteux, je dus aller sonner le concierge pour récupérer mon engin. Sagement, mes parents confisquèrent cet engin dangereux.

Le club d'aéromodélisme du lycée Montaigne (cf. : Les études) m'avait donné le goût de la création aéronautique. Après le planeur, je construisis plusieurs *avions à moteur à élastique* qui devaient présenter certaines imperfections puisqu'ils finirent par s'écraser ou se ficher à la cime inaccessible des arbres. Les *cerfs volants* que je construisis n'eurent guère plus de chance.

Les *petites voitures* refirent leur apparition en même temps que les soldats de plomb et le *MECCANO*. Deux marques sont restées célèbres : *DINKY TOYS*, créées par Frank Hornby et *SOLIDO*. Quelques-uns de mes camarades ont précieusement conservé leurs modèles dans les boîtes d'origine. Ces collections valent aujourd'hui une fortune.

Les jeux

Certains jeux que nous pratiquions aux Tuileries ont franchi la barrière du temps : le *football* et la *Balle au prisonnier* (le "ballon priso »). Le ballon que nous utilisions avait en enveloppe en cuir qui contenait une sorte de chambre à air qu'il fallait gonfler avec une pompe spéciale.

Une innovation remporta durant des années un succès considérable : *LE JOKARI*. Il s'agissait d'un simulacre de pelote basque dans lequel la balle en mousse était reliée à un socle par un long élastique (la mode en était toujours vivace en 1970).

On frappait dans la balle avec des raquettes en bois. L'élastique, quand il ne cassait pas, renvoyait celle-ci avec force.

Je passerai rapidement sur des jeux qui n'eurent qu'une courte durée de vie le *diabolo* (qui revient périodiquement à la mode, le *bilboquet* et le *jeu de quilles*.

De sa jeunesse tourangelle (cf. : La famille) ma mère avait gardé une prédilection pour le *croquet*. Ce jeu, typiquement anglais, consistait à faire passer des boules en bois, à l'aide de maillets à long manche, sous des arceaux métalliques. Quand nous voulions lui faire plaisir, nous nous livrions à d'interminables parties qui nous semblaient appartenir à un autre âge.

Les après-midi de pluie, nous faisions des parties acharnées de l'increvable *MONOPOLY*. J'avoue avoir souvent triché honteusement en cachant dans mes chaussettes des billets empruntés à un autre jeu.

Pendant longtemps nous avons également joué au *LONG COURS*. Ce jeu, assez complexe, faisait circuler des bateaux autour du monde pour acheter et vendre des cargaisons. Un « bateau pirate » les attaquait et les bravait au poker. La partie pouvait durer des journées entières.

Parmi les autres distractions, je citerai encore les *petits chevaux*, *le jeu de l'oie*, *le nain jaune* et *le jeu des sept familles*.

J'ai retrouvé un jeu, « jeu pédagogique » qui n'obtint pas un franc succès : *LE JEU DES DÉPARTEMENTS* dans lequel il fallait reconstituer, sous forme de puzzle, les départements français.

Les *puzzles* (dont on égarait toujours quelques pièces)

étaient plutôt réservés aux séjours au lit durant la convalescence d'une grippe ou d'une rougeole.

Comme tous les enfants, nous aimions nous cacher et jouer à *Minuit sonnant, toutes les poules sont couchées* ou partir à la recherche d'un trésor « tu brûles, tu es tiède, tu gèles », etc.

Le guignol, construit par mon frère à l'imitation de celui des Tuileries, avec ses marionnettes traditionnelles – Guignols, Gnafron, le Gendarme, la Sorcière, etc. développait notre imagination en nous faisant créer des pièces que nous interprétions dans les goûters d'enfants donnés par les parents des petits frères et sœurs de nos camarades.

Pendant les grandes vacances (cf. : La campagne) une de mes occupations favorites était la construction de *cabanes*. Cabanes d'abord rudimentaires puis de plus en plus élaborées. Fervent lecteur de *Robinsons Suisses* j'ai longtemps rêvé d'une maison dans les arbres. Je finis par en réaliser une dans un cèdre multi-centenaire. J'allais m'y réfugier avec un livre et des provisions, m'imaginant perdu sur une île déserte, loin du monde et de ses tourments.

Sans doute les enfants actuels considéreraient-ils nos jeux et nos jouets avec une certaine commisération et nous jugeraient-ils terriblement puérils. Mais nous ne nous ennuyions jamais. À partir de presque rien, nous nous lancions sur les pistes de l'imaginaire. Le ruisseau devenait fleuve, le bout de bois grossièrement taillé cuirassé ou paquebot, le bosquet forêt vierge peuplée d'indiens et de bêtes sauvages.

Pour reprendre la belle image de Jean-Louis Foncine, nous avions réussi la conquête du « pays perdu ».

6

LES LOISIRS ET LES VOYAGES

Essayez d'imaginer une vie sans télévision, sans jeux vidéo, sans Maisons des Jeunes et de la Culture, sans animateurs culturels, avec de très rares terrains de jeux et de sport : vous vous retrouverez à l'époque de mon enfance et de mon adolescence.

Mais alors, que faire des enfants le jeudi, le samedi et le dimanche ?

Certes, il existait quelques organisations chargées d'occuper les jeunes : le *patronage* (le « patro ») destiné aux enfants des milieux « populaires », animé par des prêtres dont l'essentiel de la pédagogie se limitait à organiser des matches de football et de « balle au prisonnier », les *Vaillants*, d'obédience communiste, les *Cœurs Vaillants* et les Scouts, d'origine catholique, etc.

Mais ces organisations ne fonctionnaient qu'une partie du temps (jeudi après-midi, dimanche et deux semaines de vacances). De plus, beaucoup d'entre nous, comme moi, étaient résolument allergiques à ces loisirs forcés. Il fallait donc s'inventer des activités avec les faibles moyens dont nous disposions.

N'ayant pas été habitués, dès le plus jeune âge, à contempler passivement la télévision, nous faisions preuve d'une incontestable créativité.

Pour les enfants du quartier, *Les Tuileries* offraient une aire de détente privilégiée. Comme l'accès aux pelouses était interdit et surveillé par des gardes intraitables, nous devions nous contenter des zones poussiéreuses pour nous livrer à nos jeux et des allées cimentées pour y circuler en patins à roulettes.

À quoi jouions-nous ? Au ballon, au *JOKARI* (cf. : Les jeux et les jouets), à un simulacre de tennis sur des terrains défoncés où une rangée de chaises remplaçait le filet, à la grande fureur des chaisières. Trompant la vigilance des gardes, nous réussissions parfois à nous glisser dans le théâtre de verdure désaffecté où nous organisions de fascinantes parties de cache-cache. Nous avions aussi des jeux moins innocents : transformant les chaises repliées en luges, nous dévalions à grand fracas les escaliers menant aux terrasses du bord de Seine. Alertés par les chaisières, les gardes accouraient. Prévenus par leurs coups de sifflet, nous prenions la fuite.

Nous organisions également des concours idiots : sauter debout, face au vide, depuis les terrasses, ce qui représente une hauteur d'au moins quatre mètres. Le ciel a voulu que personne ne se fracasse à ce jeu-là. Nous avions aussi lancé le pari de nous baigner dans la Seine. Sortis de l'eau, *manu militari*, par des agents, nous n'avons jamais renouvelé l'expérience.

Plus rarement nous allions au Luxembourg qui offrait un terrain de tennis en terre battue parsemée de nids de poule.

Lorsque le temps ne se prêtait pas à ces activités de plein air, nous nous réunissions chez l'un ou l'autre de nos camarades pour y disputer d'interminables parties de *MONOPOLY* ou de *LONG COURS* (cf. : Les jeux et les jouets)

J'étais sans cesse fourré chez mon ami Olivier d'Azémar de Fabrègues, quatrième d'une famille de cinq garçons, qui habitait un vaste appartement au début de la rue des Saint-Pères (un de ces appartements « loi de 48 » – cf. : Le quartier).

Le grand nombre de pièces, de recoins, de couloirs permettait d'organiser de passionnantes parties de cache-cache (*Minuit sonnant, toutes les poules sont couchées*), d'installer un réseau de trains électriques HORNBY datant d'avant la guerre ou de se livrer à de sanglantes batailles de soldats de plomb.

Les collections de timbres, avec les échanges qui suscitaient des négociations serrées (le catalogue *Thiaude* était notre livre de référence) avaient les faveurs de nos parents : pendant ce temps-là nous restions calmes et, pensaient-ils, nous nous initiions de manière intelligente à la géographie et à l'histoire.

Parmi les autres distractions nous avions les jeux de cartes : la bataille, le couillon, le Nain jaune, le rami ou le Vieux Garçon.

Rue des Saints-Pères, nous pratiquions également des jeux moins innocents. Sous l'impulsion du troisième frère, François, lorsque nous nous trouvions sans surveillance, nous montions, en passant par les greniers, sur les toits de l'immeuble. Nous fabriquions avec des journaux des bombes à eau géantes que nous balancions sans vergogne sur les passants.

Nous avions aussi des loisirs « culturels ». J'ai parlé dans un autre chapitre (cf. : La musique) des concerts du dimanche matin. Rituellement, après le concert, nous grimpions en haut des tours de Notre-Dame pour contempler Paris, contrepoint visuel à la musique qui nous emplissait encore les oreilles.

En cinquième (1951), le professeur de sciences naturelles (il était tellement chahuté qu'il ne put se retenir, en pleine classe, d'éclater en sanglots) avait fait naître chez moi une passion pour les insectes. Chez *Deyrolle*, célèbre magasin de la rue du Bac, je m'équipai du matériel indispensable : boîtes vitrées, épingles spéciales, bocaux munis d'un tampon qu'on imbibait d'éther pour asphyxier les pauvres bestioles, etc.

Cette passion dura suffisamment longtemps pour que je constitue une collection digne d'être léguée au pensionnat breton où nous passions les vacances (cf. : Les vacances).

Comme les insectes attrapés dans la nature ne me suffisaient pas, j'organisai des élevages de mantes religieuses (que je nourrissais avec des sauterelles vivantes), d'araignées et autres bestioles qui terrorisaient ma mère.

J'avais également un aquarium où j'élevais ce que je croyais être des tritons. Je les nourrissais avec des morceaux de viande qu'ils happaient goulûment en sautant à la surface de l'eau. Mais les tritons étaient en fait des salamandres qui, un soir, passèrent à l'état terrestre, sortirent de l'aquarium et allèrent se réfugier dans le lit de ma mère. Quand elle se coucha et sentit un grouillement sous les draps, elle poussa un cri de terreur en découvrant ces petites bêtes noires que je dus jeter, la mort dans l'âme, dans la cuvette des toilettes. Ce fut la fin de ma prometteuse carrière d'éleveur.

En quatrième, un autre professeur me donna le goût des pierres. Armé d'un burin et d'un marteau de géologue, je me mis à traquer les fossiles dans le tuffeau et le quartz dans les granits. J'ai également légué ma collection au pensionnat de Gouarec.

Pour nous occuper « intelligemment », le dimanche après-midi, nos parents nous emmenaient visiter des musées ou des monuments.

La plupart des musées, dans les années cinquante, étaient des lieux sinistres où s'empilaient les tableaux et s'entassaient les statues.

Le Louvre, en particulier, avec ses salles interminables, suait un profond ennui. Lorsque je croisais des enfants, traînés comme moi par leurs parents, nous échangions des regards catastrophés. Qu'il aurait été plus intéressant d'organiser des parties de glissades ou de patins à roulettes sur les parquets cirés que de contempler ces toiles dont la beauté m'échappait totalement !

Au Louvre, au Musée Carnavalet, au Musée de la Marine et au Musée de l'Homme, à la Maison de Victor Hugo (je crois avoir visité tout ce qui était visitable dans Paris), aux Châteaux de Versailles et de Chantilly, je préférais de loin le Musée des Arts et Métiers dont les machines étaient une source d'inspiration pour mon *MECCANO* (cf. : Les jeux et les jouets) et le Palais de la Découverte où là, au moins, on pouvait se livrer à des expériences amusantes.

Ce n'est que plus tard, à l'adolescence, que je découvris un lieu selon mon cœur : le Musée d'art Moderne de l'avenue du Président Wilson (cf. : La peinture).

Toujours dans un but éducatif, nos parents nous emmenaient à l'Aquarium du Trocadéro voir évoluer les poissons et autres animaux aquatiques, au Zoo de Vincennes et, plus fréquemment, au Jardin des Plantes. Avec le plus grand sérieux, mon frère relevait les noms français et latins des pauvres bêtes enfermées dans des cages où elles pouvaient à peine se remuer.

Au retour des beaux jours, nous nous lancions dans des expéditions plus lointaines. Il s'agissait de *nous faire prendre l'air*. Nous allions au Bois de Boulogne, dans la forêt de Meudon ou dans les bois de Verrières. Nous emportions un pique-nique et mon père, nostalgique des scouts, organisait des jeux de piste et des chasses au trésor.

Et le sport ? J'ai parlé (cf. : Les études) des redoutables séances de plein air qui m'ont définitivement dégoûté du football. La natation, en revanche, avait un côté ludique qui me séduisait. En bande, nous nous rendions à la piscine Pontoise ou à celle de Lutétia où nous pouvions nous ébattre tout notre soûl.

Durant un certain temps, avec mon ami Jean-Bruno, j'ai même fait partie d'un club, *Les Hippocampes*, où nous nous rendions le jeudi soir pour « travailler notre crawl » en « faisant des longueurs », poussant une planche et battant inlassablement des pieds.

Ces deux piscines étaient des monuments historiques (*Lutétia* a malheureusement été détruite). Dès l'entrée, une puissante odeur d'eau de Javel vous prenait à la gorge et une chaleur moite vous donnait l'impression d'entrer dans une serre.

On se déshabillait dans les cabines à l'odeur de moisi qui surplombaient le bassin sur plusieurs étages de galeries.

Lorsqu'on plongeait au fond de la piscine lors des exercices de sauvetage, on découvrait, flottant entre deux eaux, de gros paquets de crasse grise.

Si j'en crois les illustrations des *Deux nigauds* dans la Bibliothèque rose, *Lutétia* n'avait guère changé depuis l'époque de la Comtesse de Ségur.

L'été nous allions nous baigner à la *Piscine Deligny*, amarrée sur la Seine au pied du pont de la Concorde (elle a malencontreusement coulé). Beaucoup plus chic que Le *Bain Royal*, sur l'autre rive du fleuve, elle nous séduisait surtout par son solarium où l'on pouvait contempler – fait rarissime pour l'époque – des femmes se bronzant, les seins nus.

Nous pratiquions un peu le tennis sur les terrains défoncés du Luxembourg puis, plus sérieusement, sur un véritable court situé dans le jardin d'un hôtel particulier de la rue de Varenne qui appartenait au cercle des Ecrivains Catholiques.

Durant ma jeunesse, les sports d'hiver n'étaient pas encore entrés dans les mœurs. Considéré comme « un sport de riches » (à l'instar du tennis ») le ski était réservé à quelques privilégiés qui avaient les moyens de se rendre dans les stations des Alpes ou des Pyrénées.

Je dus attendre ma vingtième année pour m'initier aux joies des sports de neige grâce à un organisme d'étudiants et à l'UNCM (Union Nationale des Chalets de Montagne).

Je ne garde pas un souvenir exaltant de mes débuts sur les pistes. Il faut dire que le moniteur qui nous initiait au chasse-neige et au stem était un individu un peu rustique qui passait sa journée à hurler « C'est parti mon kiki, c'est parti comme en Quatorze, c'est parti comme en Dix-sept, les deux pieds dans la musette ! ».

Le deuxième jour, voulant rejoindre le télé-benne par un raccourci, il réussit à nous perdre dans la montagne où nous errâmes une partie de la nuit jusqu'à ce que les gendarmes retrouvent notre groupe au bord de l'épuisement.

À l'UNCM, les moniteurs étaient plus compétents mais le régime était draconien : démarrage sur les pistes au lever du soleil et retour au chalet à son coucher. Les défections sous prétexte de maladie étaient sanctionnées par un renvoi immédiat. Si je fis de notables progrès et entendis de moins en moins crier « Demory, rentre ton cul » je fus quelque peu dégoûté de ce sport pour lequel je montrais de piètres dons.

Le cyclisme, en revanche, fut la source de grandes joies. On m'offrit mon premier vélo à onze ans. C'était un *La Perle* mixte (compromis entre le vélo d'homme et le vélo de femme). Avec mon frère qui montait l'antique bicyclette de mon père, un lourd *PEUGEOT* qui avait fait la guerre (il possédait quand même trois vitesses) nous avons parcouru des centaines de kilomètres en Touraine et dans les environs de Vichy.

Bien sûr, le cinéma, la lecture, le théâtre, la musique, la peinture occupaient une place importante dans nos loisirs. C'est pourquoi je leur ai consacré des chapitres particuliers. Je me suis également attardé sur le *MECCANO* (cf. : Les jeux et les jouets) qui, des années durant me passionna de longues heures et me permit de m'initier à la mécanique qui était superbement ignorée dans l'enseignement classique.

J'ai également parlé ailleurs de la radio. Avant l'apparition des transistors qui jouèrent un rôle important en Mai 68, nous devions nous contenter de postes aux dimensions imposantes, donc difficiles à transporter d'une pièce à l'autre. Quand nous voulions écouter une émission qui nous plaisait, la famille entière était obligée d'en profiter. Et, généralement, les parents n'appréciaient guère *La voix de l'Amérique* (émission de jazz), *Grégoire et Amédée*, sketches absurdes et désopilants dans la ligne de Pierre Desproges ou le célèbre *Signé Furax* de Pierre Dac et Francis Blanche.

À la fin des années 50, nos loisirs changèrent de nature. Ce fut le début des surprises-parties. J'ai parlé (cf. : Le mariage) de ces cérémonies sociales qui se déroulaient sous l'œil attentif des parents.

Beaucoup plus excitantes étaient celles que nous organisions entre nous dans l'appartement de parents partis en voyage ou en week-end dans leur résidence secondaire (c'était le début de cet engouement). Là, en toute tranquillité nous pouvions flirter. Flirts qui ne dépassaient pas les baisers interminables et les caresses point trop osées (cf. : Les jeunes filles et les dames).

Ce fut à cette époque que je découvris les clubs de jazz. J'avais une prédilection particulière pour le *Club de la Huchette* (dans la rue éponyme) où officiait l'orchestre de Maxime Saury. J'y emmenais Danièle, ma grande passion du moment. Dans une atmosphère enfumée et surchauffée, l'orchestre alternait les slows et les bops endiablés. On se serrait alors pour dégager une piste où les couples entraînés pouvaient nous épater avec leurs danses acrobatiques.

Pour les grandes occasions nous allions au *Club du Vieux Colombier* où jouait Claude Luter. Compte tenu des tarifs élevés, le problème consistait à faire durer le plus longtemps possible son verre de whisky.

Les Chandelles, dans le VIIIe arrondissement était réservé aux jeunes gens du XVIe et du Trocadéro possédant des moyens financiers nettement supérieurs aux miens. Les rares fois où j'y mis les pieds, c'était en tant qu'invité par une jeune fille qui me voulait du bien.

En rentrant du lycée, durant l'année de première (1956) nous avions pris l'habitude, Jean-Bruno et moi, de faire halte à *La Rhumerie Martiniquaise*, boulevard Saint-Germain (l'établissement a changé d'aspect mais demeure un des hauts lieux de Saint-Germain-des-Prés).

On rencontrait là les écrivains que j'admirais : Déon, Fraigneau, Blondin.

Je m'imaginais que l'absorption de plusieurs punchs m'élèverait à leur niveau et prenais l'ivresse qui montait pour les signes indubitables d'une inspiration littéraire.

Je rentrais chez moi dans état second et m'effondrais sur un lit en expliquant à ma mère alarmée, que cette intense fatigue était due au surmenage scolaire.

Avec Jean-Bruno nous avions mis au point un rituel qui perdura plusieurs années. J'expédiais rapidement mes devoirs (lui les bâclait). Vers six heures il arrivait dans la cour et sifflait l'appel scout. Je dévalais l'escalier et nous partions, nez au vent, à la découverte de Paris.

De quoi parlions-nous ? Je n'en ai guère de souvenirs. De tout et de rien, sans doute. Nous flânions parfois jusqu'à l'heure du dîner en observant le mouvement de la ville. Tout était intéressant et méritait attention : les passants bizarres, les boutiques étonnantes, les multiples petites comédies de la rue.

Je garde de ces errances entre chien et loup le merveilleux souvenir d'une perpétuelle découverte et la nostalgie d'une amitié telle qu'on n'en rencontre guère.

Les voyages

Comme la grande majorité des gens de leur génération, mes parents ne sortaient quasiment jamais de France. Je crois même qu'ils ne franchirent une frontière qu'une seule fois dans leur vie, au cours d'une brève excursion en Suisse. Combien de fois ai-je entendu mon père nous raconter leur odyssée ! Un des voyageurs du car avait eu l'idée ingénieuse d'enfiler des caleçons longs ficelés par le bas qu'il avait remplis de cigarettes. Au passage de la douane une des ficelles céda et, piteusement, il dut contempler devant les douaniers hilares, les cigarettes s'écoulant de son pantalon.

On voit que leurs expériences aventureuses de voyage étaient plutôt minces.

Les jeunes de ma génération prirent peu à peu goût aux voyages. Grâce aux séjours linguistiques qui commençaient à se répandre, ils découvraient que le monde civilisé ne se limitait pas à l'hexagone. Les moyens de transport s'amélioraient, des associations et des clubs, ancêtres de *Nouvelles Frontières*, proposaient des tarifs qui rendaient possibles les déplacements à l'étranger. Et surtout, grandissait l'appétit d'aller voir ce qui se passait ailleurs.

Ma première incursion en pays étranger fut modeste : un périple en bicyclette organisé par l'aumônier du lycée, nous mena de Dijon, jusqu'à Milan. Mon plus fort souvenir est le passage en Suisse où nous nous précipitâmes dans le premier bureau de tabac pour acheter le mythique *Amsterdamer* alors introuvable en France. Je précise que les vélos dont nous disposions possédaient au maximum trois vitesses et, lestés par les sacoches bourrées accrochées au porte-bagages, semblaient peser une tonne. Tous les cols, nous avons dû les escalader en poussant nos bicyclettes à la main.

Deux années plus tard, j'entrepris un « grand voyage ». Mon frère, nommé professeur en Tunisie, m'invitait à le rejoindre durant les vacances. Pour me mettre dans l'ambiance, il m'avait envoyé un narguilé et une chéchia que je m'empressai de coiffer dès que je mis le pied sur le navire.

Évidemment, je voyageais sur le pont. Tout l'art consistait à se précipiter avec les premiers embarquants pour conquérir, au milieu de la foule, des amas de ballots et de valises, une bonne place où étaler son sac de couchage. Et de prévoir les provisions de bouche : la « salle à manger » de l'entrepont était un cloaque où, sur des tables d'une saleté repoussante, on vous servait un infâme brouet aux composants indiscernables. Ne parlons pas des « toilettes » devant lesquelles s'alignaient de longues files d'attente de passagers en proie au mal de mer.

Ma chéchia me valut la sympathie amusée des autochtones qui venaient gentiment parler avec moi et me raconter la vie dans leur pays.

À Tunis, on ne pouvait oublier que nous étions en pleine guerre d'Algérie. La ville était envahie par les drapeaux du FLN qui tenait là son congrès.

Dans un break Peugeot ferraillant aménagé en « taxi collectif » nous partîmes pour Sfax où résidait mon frère. Au passage nous nous arrêtâmes à l'amphithéâtre d'El Djem où, en bon touriste, je dérobai un morceau de mosaïque, poursuivi par les vociférations du gardien des ruines.

Mon frère habitait un de ces vastes appartements au sol carrelé que l'absence de meubles rendait encore plus vide et plus froid (cf. : la description dans *Les Choses* de Georges Perec).

Ce qu'il avait oublié de me dire, c'est que, voulant jouer les grands seigneurs et régaler ses amis avec sa maigre solde d'enseignant, il avait accumulé les dettes. Quand la sonnette tintait, nous devions retenir notre souffle : c'étaient le boulanger, le boucher, le cafetier, qui venaient exiger le règlement des ardoises qu'il avait laissées chez eux.

Au temps des cataplasmes

Balzac, lui, avait la chance de posséder une maison à double issue pour échapper à ses créanciers. Chez mon frère, nous devions faire le mort jusqu'à ce qu'on entende les importuns dévaler l'escalier.

Mon premier acte, hautement symbolique, fut de me procurer une tenue vernaculaire : djellaba, naïls (sortes de tongs), chéchia et pantalon bouffant (il s'agissait en fait d'un vêtement des ex-troupes coloniales). Ainsi vêtu, je pensais m'assimiler complètement aux autochtones. En fait, ma tenue hétéroclite, faisait leur joie. Mais cette tentative d'assimilation m'attira aussitôt la sympathie des élèves de mon frère qui, privilège rare, nous invitaient à partager le couscous familial.

La Tunisie de l'époque était vide de touristes. Les rares Européens qui n'étaient pas rentrés en métropole attendaient une occasion favorable pour le faire. Les familles qui avaient une fille à marier courtisaient particulièrement les fonctionnaires français qui, une fois leur contrat achevé, pourraient ramener femme et beaux-parents en France (beaucoup de soldats se laissèrent prendre à ce piège en Algérie).

Mon frère était une proie rêvée. Quand il m'annonça, avec sa solennité habituelle, qu'il était sur le point de se fiancer mais qu'il désirait auparavant mon avis, je craignis le pire. Et le pire était encore pire que ce que je craignais. Sa promise, au surnom ridicule de Molly, avait au moins cinq ans de plus que lui, était franchement laide et faisait bien sentir qu'elle était la première femme agrégée de Tunisie. Dès le premier contact, elle me prit en grippe.

Sa mère, en revanche, voyant que je pouvais lui être utile pour mener à bien son plan, me chouchoutait en me régalant de toutes les variétés de couscous, de tagines, de pastillas et de poissons.

Cette belle veuve, au type juif prononcé, avait vécu dans l'opulence et se trouvait actuellement sans ressources. Le mariage de sa fille avec un jeune fonctionnaire à la carrière prometteuse était pour elle le meilleur moyen de s'assurer des vieux jours confortables.

Un soir, sur un ton mystérieux, mon frère me demanda de retenir la mère de Molly à la maison. Habitué à ses fantaisies, je ne pris guère sa prière au sérieux et me laissai entraîner par des amis à une soirée.

À mon retour, mon frère, l'air sinistre, me prit à part et m'accable de reproches. Je l'avais trahi.

Que s'était-il passé ? Ce soir-là, mon frère avait décidé d'entraîner sa « fiancée » sur le port et de l'embrasser (c'était une grande première).

Pendant qu'ils se livraient à cette étreinte, la mère, accompagnée des cousins, surgit en s'écriant « Monsieur, vous avez compromis ma fille ! » (je rappelle que la pure jeune fille avait dépassé la trentaine). Mon frère, très Saint-Cyrien en gants blancs attaquant sabre au clair des mitrailleuses allemandes, répondit « Madame, j'ai l'honneur de vous demander la main de votre fille ».

Cette version inédite du *coup du canapé* avait parfaitement réussi. La mère voyait son avenir assuré, suivant en France le couple qui subviendrait à ses besoins (malheureusement pour elle, le mariage ne dura que quelques mois).

Mon frère officiellement fiancé, nous quittâmes Sfax dans un vieux DC 3 abandonné par les Américains dans lequel se mélangeaient les passagers, les poules et les moutons.

Aujourd'hui, les 747 et les Airbus se succèdent sur l'aéroport de Djerba. L'île est infestée par les hôtels qu'envahissent les hordes de touristes. En 1959, Djerba était vide et ne comportait qu'un hôtel à moitié en ruine. Nous y louâmes une chambre où venaient se réfugier, en passant par la fenêtre, le frère de Molly et un de ses amis.

Depuis Sfax, ils avaient amené le bateau que mon frère, qui était incapable de distinguer bâbord et tribord, un foc d'un spy, avait acheté sur leurs conseils éclairés.

Sur ce rafiot, nous sommes partis faire le tour de l'île. J'en garde un souvenir presque irréel. Dès le départ, le moteur avait rendu l'âme et le pétrole du fanal avait coulé sur les tomates et le pain, rendant nos maigres provisions immangeables.

Heureusement, la mer d'une limpidité féerique, regorgeait de poissons. Nous faisions des pêches miraculeuses dont nous échangions une partie contre des galettes et des fruits avec les bédouins qui se tenaient sur les plages accompagnés de leurs chameaux.

Nous étions vraiment dans un autre univers. Pour la première fois j'avais le sentiment de vivre l'aventure. À chaque changement de vent, mon frère prenait la bôme sur la tête et moi, inconscient au point de n'avoir emporté aucune crème solaire, je cuisais et me couvrais de cloques. Au retour, où nous avons dû louvoyer une journée entière pour rentrer au port, je gisais au fond du bateau avec une fièvre de cheval. Avions-nous conscience que nous vivions les derniers moments d'un paradis menacé ?

De cette Tunisie intacte, pas encore polluée par le tourisme, je garde des souvenirs magiques : ce petit restaurant de Gabès déserté par les troupes françaises, tenu par un vieux couple de juifs qui attendaient l'apparition de la première étoile pour nous servir, une fantasia et un spectacle de danse du ventre où nous étions les seuls Européens, ce marchand de tapis qui, voyant que je n'avais plus un sou, me fit confiance et me confia une superbe couverture contre la seule promesse de la lui régler lorsque je serais revenu en France (ce dont je m'acquittais scrupuleusement), le retour de Sfax à Tunis dans un train bondé (« Prenez les premières, m'avait-on conseillé, avec les arabes vous ne savez pas ce qui peut vous arriver ! »). Jamais je n'ai rencontré une telle gentillesse. Dès mon arrivée un passager se leva pour me donner sa place près de la fenêtre afin que je voie le paysage. Aux haltes, on m'apportait des panbannias et des limonades (*gazous*) et l'on me faisait raconter la France.

C'est au cours de ce voyage que j'ai découvert à quel point certaines gens pouvaient se montrer médiocres et bornés. Dans la petite colonie européenne qui demeurait à Sfax, aucun contact ne s'était établi avec les tunisiens. Dans la rue principale, deux cafés se faisaient face : *La Régence*, exclusivement réservé aux Européens et celui uniquement fréquenté par les Arabes.

C'est dans ce dernier que nous allions goûter au narguilé (narguilé collectif que les consommateurs fumaient tour à tour.) et siroter notre verre en terrasse, au grand scandale des gens d'en face.

Petites vies étriquées, sans culture, fondées sur le mépris des Arabes, les ragots et les mornes coucheries (« Je m'ennuie autant avec ma maîtresse qu'avec ma femme » avouait un médecin).

Quand le mandat envoyé par mon père arriva enfin, je regagnai Tunis, chargé comme une mule de tous les objets « typiques » que j'avais acheté dans les souks. Le mandat couvrait juste le prix du billet d'avion et j'avais vingt kilos d'excédents de bagages que je ne pouvais régler. Alors, malgré la chaleur étouffante, j'enfilai tout ce qu'il était possible de porter : gandoura de laine, écharpes, etc.

Lorsque je sortis, complètement hébété, du *BRÉGUET DEUX-PONTS* (je voyageais dans le pont inférieur, sans climatisation et dans le fracas assourdissant des moteurs) mon père eut un mouvement de recul en voyant débarquer ce Bibendum ruisselant, et chancelant qui puait la sueur et le suint.

L'année suivante, je partis parcourir la Sardaigne à pied avec un ami routier (cf. : Le Scoutisme), Michel Dommergues. Cette fois-ci, nous partions vraiment à l'aventure, sans mentor, sac au dos, dans un pays réputé pour sa rudesse et sa sauvagerie (la vision qu'en donnait le film de Vittorio de Seta, *Bandits à Orgosolo* n'était pas fait pour rassurer le touriste).

Partis de la Maddalena, à l'époque seul lieu civilisé grâce à l'initiative de l'Aga Khan, nous nous étions fixés comme but Caligari, à l'extrême pointe sud de l'île. Pour y parvenir nous avions établi un itinéraire qui nous faisait traverser les paysages les plus désertiques.

Preuve que les jeunes Français ne voyageaient guère en ce temps-là, les indigènes que nous rencontrions dans les petits villages ou ceux qui avaient la bonté de nous prendre en auto-stop, pensaient systématiquement qu'avec nos sacs au dos, nous arrivions d'Allemagne. Dans les coins les plus reculés où l'on ne parlait que le sarde, ils prenaient notre italien balbutiant pour du milanais ou du romain.

À pied, sous un soleil écrasant, nous avons traversé des paysages lunaires. Quand nous étions au bord de l'épuisement, nous nous résignions à faire du stop. Nous avons expérimenté les formes les plus diverses de ce moyen de transport : sur des plate-formes de camions transportant des chèvres ou de melons, dans des *FIAT 500* déjà bourrées où le conducteur parvenait à nous enfourner avec nos sacs volumineux, dans l'habitacle d'un tripoteur Vespa où nous avons cru mourir quand le conducteur, lâchant le volant, s'est mis à pourchasser une guêpe (c'était sur une route de montagne à peine tracée), dans des véhicules antédiluviens dont le chauffeur coupait le contact dans les descentes pour économiser la « benzina ».

Nous avons dormi à la belle étoile sur des sols caillouteux où la seule végétation se limitait au chardon, dans des cabanes de chantier, sur la terrasse du coiffeur-restaurateur d'Orgosolo.

Je garde un souvenir impressionnant de l'arrivée dans cette bourgade. Des hommes aux airs farouches, vêtus de longs manteaux noirs en poil de chèvre, nous regardaient passer, assis immobiles sur des murets de pierre sèche. On croyait vraiment jouer une scène du film de de Seta.

C'est à Orgosolo que nous nous sommes rendus compte que notre voyage pouvait présenter des dangers. Quelques jours avant notre arrivée, un couple de touristes anglais avait été mitraillé tandis qu'ils dormaient paisiblement dans leur tente. C'était une « bavure » nous expliquèrent les carabiniers, une erreur dans une affaire de vendetta.

Pour éviter que la même aventure ne nous arrive, ils nous ont emmenés dans leur jeep, flanquée d'une mitrailleuse, jusqu'au village voisin. J'ai immortalisé ce mode de transport inédit par une photo.

Au cours de ces voyages, un de nos soucis permanents était la gestion de nos finances. À cette époque, le contrôle des changes était rigoureux et ne permettait que d'emporter une somme restreinte. Les cartes bleues n'existaient pas. Chaque jour, nous procédions au compte de nos dépenses et calculions ce que l'argent restant nous permettait d'entreprendre. En arrivant à Caligari où nous devions reprendre le bateau pour la Corse, nous avons dépensé nos dernières lires en nous bourrant de calamars frits arrosés d'un petit vin aigrelet.

Qu'est-ce que voyager aujourd'hui ? Avant tout consommer du paysage et du dépaysement. Dépaysement organisé et aseptisé. Pour le touriste, chaque événement est programmé : les haltes dans le Sahara, l'excursion en pirogue dans la forêt amazonienne, la visite du village africain « typique » (cf. : *Les Bronzés* de Patrice Leconte).

Avec nos sacs à dos, nos grosses chaussures et, pourrais-je dire, notre innocence, nous n'étions pas des touristes mais des égarés venus d'un autre monde. Dans les villages perdus on nous regardait comme des êtres étranges qui inspiraient aussitôt la sympathie. Alors, ces pauvres gens nous offraient le café ou le vin, nous invitaient à partager leur repas, nous montraient leurs trésors (cette vieille femme qui tira d'un coffre imposant tout son trousseau de mariage, merveilleusement brodé).

Imaginez aujourd'hui leur réaction devant un car de touristes débarquant dans leur village, appareils de photo et camescopes au poing, arrogance en bandoulière, se répandant sans vergogne dans les rues et les maisons, comme des criquets dans un champ de blé.

C'est au cours de ce périple en Sardaigne que j'ai compris que voyager n'a de sens que dans la mesure où il permet une véritable découverte. Or, toute découverte exige un effort, une transformation intérieure capable de se mettre à la place de l'autre pour en tirer un véritable enrichissement. Vivre une aventure comme celle-ci, même si elle peut sembler modeste aux yeux de nos contemporains qui « font le Mexique ou la Polynésie » nous permettait d'en tirer les enseignements propres à nous transformer nous-mêmes.

Cet aspect « formateur » du voyage, je l'ai encore plus ressenti lors de l'expédition que je fis l'année suivante en Grèce avec une jeune américaine (cf. : Les jeunes filles).

Au temps des cataplasmes

De même que j'ai découvert une Tunisie à jamais disparue, sans agglutinements de touristes, sans bords de plage bétonnés, sans Clubs au « tout compris », la Grèce que j'ai connue en 1961 n'existe plus que dans les rêves et la nostalgie des souvenirs.

Le voyage en lui-même était déjà une petite aventure. Dans le train qui nous emmena à Brindisi, tout au sud de l'Italie, nous étions entassés dans des wagons avec des étudiants qui profitaient des bas tarifs de l'agence universitaire. Nous dormions dans les filets, sur le sol entre les banquettes, nous partagions nos provisions et nouions des connaissances, ressemblant plutôt à des émigrants qu'à des touristes

En attendant le bateau qui devait nous conduire au Pirée, avec un petit groupe de garçons et de filles, nous sommes allés nous baigner pour nous débarrasser de la crasse du voyage. C'était un dimanche. Malgré la chaleur, les hommes étaient vêtus d'épais vêtements noirs et cravatés. En silence, ils nous ont suivi sur la plage. Peut-être était-ce la première fois qu'ils voyaient des filles en maillots de bain. Cette présence immobile et silencieuse de ces hommes en noir qui nous contemplaient comme des êtres tombés d'une autre planète avait quelque chose de pathétique et d'inquiétant. Nous avons écourté notre baignade.

Bien sûr nous couchions sur le pont du navire qui nous emmenait en Grèce, après une escale à Corfou. Nous avions conquis de haute lutte une place où étendre nos sacs de couchage. L'arrivée au Pirée était décourageante : une petite pluie fine et glaciale nous transperçait et transformait nos sacs en éponges.

Je trouvai une chambre dans un hôtel de troisième zone. C'est là que Beth, à qui j'avais pourtant conseillé de ne pas se bourrer de fruits à Corfou, fut atteinte de « tourista ».

Muni du seul guide franco-grec qui existait alors, je partis à la recherche de médicaments. Ce guide proposait des phrases aussi utiles que « votre sœur aime-t-elle le piano ? Je crois qu'elle préfère le violoncelle ». Au chapitre santé il n'était question que de constipation (affection extrêmement rare dans les pays méditerranéens.) Dans les pharmacies, je tentais d'expliquer, avec mes souvenirs de grec ancien, que mon amie souffrait du contraire de la constipation. On ne comprenait pas un mot de mon charabia et l'on me proposait n'importe quoi. Enfin, une pharmacie américaine me fournit le médicament idoine.

Les îles m'ont toujours fasciné. J'avais lu et relu *Le balcon de Spetsai* de Michel Déon et ce livre m'avait fait rêver. Nous embarquâmes pour Naxos.

Je ne sais à quoi ressemble cette île aujourd'hui. Ceux qui en reviennent m'en font une description qui m'ôte toute envie de la revoir[3].

À l'arrivée, on découvrait un petit port entouré de quelques maisons. Les plages étaient désertes. Dans le café-restaurant où nous prenons nos repas, le menu se limitait à une salade de tomates, des poissons grillés, du fromage et des fruits. J'y découvris l'ouzo (sorte d'anisette) et surtout le *Retzina*, vin blanc à la forte saveur de résine dont je faisais mes délices. Durant tout notre voyage nous dûmes nous contenter de menus identiques.

Après deux nuits sur la plage, nous nous sommes enfoncés dans l'île. L'arrivée dans un petit village du centre nous réservait une surprise : pour la première fois depuis l'occupation allemande, les habitants découvraient des étrangers. Un vieillard au visage parcheminé (il avait plus de quatre-vingts ans et parcourait allégrement les quinze kilomètres qui séparaient sa maison du village) bredouillait un vague français. Pour ses compatriotes réunis sur la place, il traduisait nos réponses à leurs questions. Nous avions vraiment l'impression d'être tombés dans une tribu d'un autre âge.

Après quelques jours de libations à l'ouzo et au retzina, nous avons repris la route en direction du bout de l'île. Arrivés dans ce village perdu, je fus pris de panique. Mon Américaine, qui militait encore pour le *Women's Lib* (libération de la femme) n'avait pas voulu écouter mes recommandations et avait voyagé sans chapeau. Quand

---

3 En 1965, Michel Déon publia *Le Rendez-vous de Patmos* dans lequel il dépeint une Naxos proche de celle que j'ai connue.

nous nous installâmes sur une plage, elle tremblait de fièvre. Que faire sans médicaments et sans médecin ?

Je me rendis au village pour tenter de trouver du secours. Par chance, une jeune femme, possédant quelques connaissances médicales parlait un peu l'anglais. Elle prit le sauvetage en main, demanda à un couple de quitter sa maison pour y installer la malade. J'assistai alors à une scène curieuse : tout le village était rassemblé devant la maison, attendant le verdict de la « femme-médecine ». Quand elle sortit en brandissant triomphalement un thermomètre, un grand silence se fit. D'après ce que j'ai compris, elle expliquait aux gens l'usage de cet instrument bizarre. Pour la pédagogie, elle dut reprendre plusieurs fois la température de Beth et réitérer sa démonstration.

Grâce aux soins de cette femme, la petite Américaine fut guérie en deux jours et nous pûmes réintégrer notre plage où nous avions construit une cabane rustique en galets recouverts de branchages. Le village nous avait adoptés.

Sur la plage, nous jouions avec les garçons du village. J'obtins un franc succès en réussissant à terrasser le costaud du groupe grâce à une prise de judo (j'étais ceinture marron).

Malheureusement, nous ne pûmes nous éterniser : quand nous descendions au village pour prendre nos repas (toujours les tomates baignant dans une huile mal raffinée qui n'était pas sans conséquences sur l'intestin) nous devions nous arrêter devant chaque maison pour boire l'ouzo de l'amitié. Arrivés au restaurant, nous étions à moitié ivres. À ce régime-là, nous n'aurions pas tardé à sombrer dans l'alcoolisme. Nous avons fait nos adieux et nous sommes partis pour Ios.

Ios, avec son charmant petit port et ses moulins à vent était un lieu idyllique. Sur la plage, où se dressent maintenant des hôtels de luxe, nous avons construit une maison en galets. Au cours de nos promenades, les cueilleurs d'abricots et de citrons nous forçaient à remplir nos chapeaux de fruits juteux. Sans cesse nous recevions des signes d'amitié. Comme cette dame, alors que nous admirions un panorama, qui sortit de sa maison en nous apportant deux chaises et de grands verres de citronnade glacée. Je croyais revivre *Les Nourritures terrestres*.

En revanche, quand le bateau qui devait nous emmener à Santorin mouilla au port, le spectacle était dantesque : sur le pont de ce rafiot déglingué, on patinait dans les vomissures et les détritus (ne parlons pas des « toilettes »). Pour lutter contre le mal de mer – les eaux des Cyclades sont souvent mauvaises – je m'étais muni d'un pavé de *feta* (fromage blanc consistant) dont je me bourrai dès le départ. Ce fut une saine médication puisque, malgré le tangage, je m'endormis d'un profond sommeil pour ne me réveiller qu'à l'approche de Santorin, île volcanique où le noir domine et qui m'inspira plusieurs toiles.

Par un sentier escarpé on se rendait au sommet où se tenait un restaurant qui annonçait fièrement « Le seul restaurant de l'île à posséder un réfrigérateur à pétrole ».

Nous avions le sentiment de nous trouver au bout du monde. Hélas ! le charme fut rompu quand un jeune couple vint s'installer à la table voisine et commença la conversation par « Nous autres, à Sciences-Po… ». Ce brutal retour à la civilisation me fit prendre conscience qu'il était temps de rentrer à Athènes et de retrouver une autre réalité.

En voyant s'éloigner le Pirée, me doutais-je que le monde allait complètement changer et que tous ces lieux dont nous avions savouré la solitude et la beauté sauvage, où nous avions rencontré la sympathie et la chaleur humaine seraient bientôt transformés en réservoirs à touristes qui leur ôteraient toute grâce et toute spontanéité ?[4]

Que sont devenus aujourd'hui ces paradis ? Où est-il encore possible de vivre l'aventure ?

En voyant peu à peu la terre se dissoudre dans la brume, j'ignorais que je disais adieu à une époque à jamais révolue.

---

4 C'est cette invasion qui fit fuir Michel Déon de Grèce pour se réfugier en Irlande.

LES VOITURES

Comme leurs pères avaient découvert le vélo et les trains des congés payés, les Français de toute une génération ont découvert la voiture.

Objet de rêve inaccessible pour la plupart avant la guerre, l'automobile se démocratise avec l'apparition de la 2CV et de la 4CV.

Heureuse époque pour les constructeurs qui ont alors le plus grand mal à répondre à la demande (jusqu'à six ans d'attente pour obtenir une 2CV !).

Posséder **sa** voiture devient rapidement une priorité pour les ménages qui acceptent de s'endetter en utilisant le crédit.

Plus qu'un simple moyen de transport, la voiture se transforme en objet de culte. On prend l'habitude, chaque année, d'aller admirer les nouvelles idoles au Salon de l'Auto.

En 1950, pressentant l'importance que va prendre cet engin dans la vie des Français, Robert Hersant crée L'Auto Journal « Le journal de l'homme du vingtième siècle ».

Les goûts évoluent ainsi que le pouvoir d'achat. Les constructeurs produisent des modèles de plus en plus élaborés et de plus en plus confortables. Le design fait son apparition (Bertoni pour la DS).

La **Dauphine** succède à la **4CV** en 1956 (elle vaut alors 550 000 F). En 1951, des modèles plus luxueux sont lancés : l'**Aronde** (Simca) et la **Frégate** (Renault). En 1954 Panhard propose sa **Dyna Panhard** et, en 1955, Citroën crée l'événement avec la **DS** (12 000 exemplaires vendus le premier jour).

Signe de modernité, la voiture est également un symbole de liberté.

Si les performances augmentent sans cesse, la maturité des conducteurs n'évolue pas au même rythme. Toutes les réglementations sont considérées comme des entraves à cette nouvelle liberté. La notion de priorité n'est pas encore entrée dans toutes les cervelles et de graves accidents se produisent, malgré une circulation beaucoup moins dense qu'aujourd'hui.

Beaucoup de voitures, en particulier celles dont le moteur est placé à l'arrière, ont une tenue de route capricieuse. Les ceintures de sécurité n'existent pas. Les panneaux de signalisation qui apparaissent sur les routes sont souvent inconnus des conducteurs. En ville, on se gare n'importe où. L'alcool au volant est considéré comme un chic (Nimier, Sagan) ou, du moins, sans importance (« Un bon tour joué aux gendarmes »).

Pour combattre cette irresponsabilité routière, de nombreuses campagnes sont lancées et un organisme, La Prévention Routière (auquel adhérait mon père) tente de rassembler les conducteurs responsables. Afin de contenir l'anarchie qui régnait dans les villes, une Zone Bleue, à durée de stationnement limitée, est créée en 1957 à Paris.

Progressivement, la liberté qui régnait est encadrée par l'Etat. En 1956, le possesseur d'une automobile doit régler une taxe qui mettra plus de quarante ans à disparaître : c'est la fameuse vignette instaurée par Paul Ramadier.

Grâce aux taxes sur l'essence, l'automobile devient la vache à lait de l'Etat. En 1956, sous le prétexte de la crise de Suez, le litre de super passe, en quatre mois, de 67,10 F à 80,60 F.

C'est la fin d'une époque…

Les voitures que j'ai connues à la fin de la guerre étaient des engins poussifs, alimentés pour la majorité par du gazogène dont la mise en route (allumage de la chaudière avec du charbon de bois, attente de la formation de ce gaz pauvre) nécessitait un long et rude travail de préparation.

La fin des hostilités permit le réapprovisionnement des pompes à essence (beaucoup sont encore des pompes à main avec leurs deux grosses ampoules ainsi qu'on peut le voir dans les vieux films américains) et le retour de véhicules à l'apparence à peu près normale.

Les gens qui s'étaient enrichis avec le marché noir purent étaler leur opulence et se pavaner au volant de grosses « américaines » bourrées de chromes rutilants. Plus modestement, ils pilotaient des voitures dans le style américain comme la *FORD VEDETTE* ou la *STUDEBAKER* dont il était difficile de distinguer l'avant de l'arrière (j'ai cru un moment qu'elle pouvait rouler dans les deux sens).

On vit réapparaître les voitures d'avant-guerre comme la *JUVAQUATRE*, la *CELTAQUATRE*, la *202 PEUGEOT* dont les phares étaient cachés derrière la grille du radiateur, la *ROSALIE CITROËN* et le fameuse *11CV TRACTION AVANT* dont le prestige dura encore une décennie jusqu'à l'apparition de la *DS* en 1955.

La véritable révolution eu lieu en 1948, lorsque Citroën présenta la *2CV* au Salon de l'Auto.

J'ai pu consulter, dans les archives du constructeur, le « projet de note avant lancement d'études » rédigé en mai 1938 par Pierre Boulanger, alors Président de Citroën et de Michelin.

Il y décrit la TPV (Très Petite Voiture), ancêtre de la *2CV*, comme « une bicyclette à quatre places, étanche à la pluie et à la poussière et marchant à 60/65 km/h en ligne droite sur une route plate ».

Ce génial précurseur avait une façon originale de tester l'habitabilité des prototypes : chapeau en tête, il montait dans le véhicule. Si le chapeau tombait, la copie était à revoir.

Dans le projet initial, il était prévu un démarreur à manivelle. Après quelques tests effectués par des femmes, la manivelle fut abandonnée pour être remplacée par un démarreur « à ficelle » (comme celui des tondeuses). Jugé encore trop dur à manipuler, on adopta finalement le démarreur électrique.

Les premières voitures comportaient un seul phare. On y adjoignit rapidement un second. L'essuie-glace était directement entraîné par l'arbre moteur. À l'arrêt de la voiture, il fallait le faire fonctionner à l'aide d'un gros bouton moleté. Les glaces avant étaient séparées en deux parties. Celle du bas se rabattait vers le haut où on la fixait à l'aide d'un plot en caoutchouc. Ce système permettait de conduire un coude négligemment appuyé sur la portière. Mal fixée, la vitre tombait brutalement sur ce coude imprudent.

Une baguette en caoutchouc durci tenait lieu de jauge d'essence. Pour savoir ce qui restait de carburant, il fallait la retirer du réservoir, l'essuyer, l'y replonger et tenter de repérer, grâce aux crans qui la divisaient, si l'on devait faire le plein.

Une cale en bois permettait de stabiliser l'engin lorsqu'on stationnait sur une route en pente. Le toit était remplacé par une capote qu'on pouvait enrouler jusqu'à la porte du coffre. On transformait ainsi la *2CV* en une « décapotable » bien agréable durant les beaux jours.

Lorsque le froid arrivait, on munissait la grille du radiateur d'un « rideau de capot » en tissu caoutchouté qu'on fixait avec des crochets et des élastiques. Celui-ci permettait d'améliorer le chauffage qui, reconnaissons-le, était plutôt primitif.

Dès son apparition, la *2CV* suscita un engouement prodigieux. Les listes d'attente atteignirent jusqu'à six ans. Des anciens de Citroën m'ont raconté avoir vu, à la sortie de l'usine de Javel, des individus guetter les heureux possesseurs de *2CV* en brandissant des liasses de billets. Face à la somme proposée, certains propriétaires se laissaient tenter, retiraient leurs affaires de la voiture qui partait aussitôt avec le nouvel occupant.

Dans l'histoire de l'automobile, la *2CV* tient une place particulière. Aucune autre voiture, même sa rivale, la *4CV* Renault, ne jouit d'une pareille tendresse. On l'affublait de petits noms, « La Deudeuche », « Totoche », « Dolly »,

Mlle BK », etc. On la bichonnait, la dorlotait, lui parlait comme à un animal familier. Plus qu'un moyen de transport, elle devenait un membre de la famille.

« Traction avant », elle possédait, comme les autres voitures de l'époque, trois vitesses auxquelles s'ajoutait une « surmultipliée » qui permettait, disait la publicité, de réaliser d'importantes économies de carburant.

Le premier engin à moteur qui entra dans notre famille, en 1950, était une *MOBYLETTE*. Cette bicyclette, munie d'un moteur à deux temps, permettait d'atteindre 50 kilomètres à l'heure, ce qui nous paraissait prodigieux. Mon père, friand d'accessoires, l'équipa d'un compteur de vitesse, de clignotants et de multiples rétroviseurs. Il acheta également une combinaison étanche qui le faisait ressembler à un astronaute.

Ma grande joie était de dévaler les pentes, ma sœur assise sur le porte-bagages, en essayant d'amener l'aiguille du compteur à son extrême limite. Ici encore nos anges gardiens ont bien fait leur travail.

Autour de nous, les familles commençaient à s'équiper en voitures. Stoïquement, mon père refusait de sauter le pas malgré mes objurgations (j'ai honte de l'avoir un jour traité de « médiocre » parce qu'il n'avait pas d'auto. Il a dû retenir la parie de gifles que je méritais).

À la fin des années 50, mes parents se mirent en tête d'acheter une maison de campagne (la frénésie rurale commençait). Mais une telle acquisition supposait que l'on possédât une voiture. Mon père se décida alors à passer son permis de conduire. S'il obtint aisément l'examen théorique, nous ne sûmes jamais combien de fois il avait dû se présenter aux épreuves pratiques (mon oncle, qui passa son permis à la même époque, dut les subir dix-sept fois). Enfin le grand jour arriva et mon père nous présenta avec fierté son certificat de bonne conduite. Nous fêtâmes dignement l'événement. Pour l'anecdote, j'ajoute que mon père avait fait la promesse que, le jour d'obtention de son permis, il s'arrêterait de fumer. Il tint parole mais, pendant un très long mois, nous vécûmes un véritable enfer.

De mon côté, dès que j'atteignis la majorité (qui était

alors de vingt et un ans) je passai la redoutable épreuve. Collé la première fois à cause du diabolique « créneau dans une rue en pente », je l'obtins au second essai.

On imagine mal quel événement ce fut lorsque la *2CV* arriva dans notre famille en 1960. Événement d'autant plus important que cette naissance coïncidait avec l'achat d'une propriété dans le Loir et Cher (celle où je vis actuellement, à quelques kilomètres de Blois).

Sans cesse nous allions contempler notre voiture. Après chaque sortie, mon père passait des heures à la laver, à l'enduire de *POLISH JOHNSON*, à la lustrer avec une peau de chamois jusqu'à ce qu'on puisse s'y mirer. À Manufrance, il acquit les accessoires « indispensables » : une trousse de pharmacie, un extincteur, une housse « en tissu enduit plastique avec volets d'aération », des appui-dos qui « assurent un calage parfait à hauteur des reins et suppriment la fatigue. En été, assurent l'aération du dos », une nourrice de secours avec son goulot verseur, un contrôleur de pression des pneus et un chargeur de batterie. Il fit remplacer le coffre d'origine par un coffre bombé qui permettait d'augmenter la capacité de chargement. Nous étions parés pour nous élancer sur les routes.

La conjugaison de ces deux ingrédients – voiture et maison de campagne – nous fit entrer, comme beaucoup de familles de notre entourage, dans le cycle infernal des week-ends.

Dès le vendredi, ma mère préparait le chargement qu'il faudrait empiler dans la voiture. Elle enveloppait la vaisselle dans des journaux, remplissait des valises de vêtements. D'âpres négociations avec mon père remettaient en cause ses préparatifs : emporterait-on cette petite table plutôt que ce tapis ?

Tôt levés le samedi matin, nous descendions cet amoncellement devant l'immeuble tandis que mon père allait chercher la *2CV* dans le box qu'il avait réussi à louer rue de Verneuil.

Au milieu des vociférations, des contre-ordres, des menaces, nous empilions le chargement dans le coffre et dans tous les espaces libres de la voiture. Coincés sous des sacs et des valises, l'ordre de départ était donné.

Cette opération de chargement avait déjà mis mon père

dans un grand état d'énervement que ma mère tentait de tempérer avec des paroles rassurantes. Quand il prenait le volant, l'anxiété de conduire s'ajoutait à l'énervement. Jusqu'à la porte d'Orléans, les choses se passaient à peu près bien. Mais, dès que nous nous engagions sur la Nationale (l'autoroute du sud n'était qu'à l'état embryonnaire) son anxiété se transformait en panique.

Crispé sur son volant, mon père donnait l'impression d'être entouré d'ennemis qui avaient juré sa perte. « Attention, Roger, prévenait ma mère, une voiture va nous doubler ! Vous devriez rouler plus à droite ». « Papa, lui conseillais-je, tu devrais mettre en surmultipliée ! ».

Énervé par cette avalanche de conseils, mon père éclatait : « Si ça continue comme ça, nous rentrons immédiatement à la maison ! ».

L'arrivée à Etampes, où nous quittions la Nationale pour emprunter la petite route parallèle qui traverse la Beauce jusqu'à Orléans, faisait pousser un soupir de soulagement à toute la famille. Après une inévitable halte au-dessus d'Autruy, je prenais le volant, tout danger étant écarté.

Je précise que la vitesse de croisière de la *2CV*, chargée comme l'était la nôtre, ne dépassait pas les 50 km/heure. C'est dire que pour parcourir les 150 kilomètres qui nous séparaient d'Herbilly, notre lieu de résidence, nous mettions trois bonnes heures. Cette faible vitesse n'empêchait pas ma mère, lorsque je prenais un tournant, de soupirer « Va moins vite, mon chéri. Le paysage est si joli ».

La *2CV* était une voiture vivante. Comme un être humain, elle avait ses caprices et ses humeurs. On ne savait jamais si elle allait démarrer en hoquetant joyeusement ou se montrer rebelle et exiger qu'on la fît partir à la manivelle.

La nôtre était particulièrement capricieuse. Au moment du départ, le lundi matin vers six heures, nous nous interrogions avec angoisse sur son état d'âme. Allait-elle démarrer ou faudrait-il faire appel au garagiste ?

Elle souffrait, en effet, d'un mal chronique dont les spécialistes mirent plus d'un an à trouver la cause : elle s'encrassait du carburateur.

Quand j'eus découvert la raison de ses réticences sans en déterminer l'origine, j'acquis une certaine virtuosité pour démonter l'organe dont elle souffrait, à le nettoyer et à le remonter.

Cet engorgement pouvait se produire n'importe quand, de préférence aux moments les plus mal choisis : lorsque j'avais réussi à décider une jeune fille de surprise-partie à venir boire un verre chez moi, sur une route de montagne déserte, sous un orage, etc.

C'est sous un orage dantesque, en arrivant à Etampes que je crus à la panne irrémédiable. Tandis que ma mère récitait son chapelet pour conjurer tonnerre et éclairs, muni d'une lampe électrique (accessoire indispensable avec cette voiture) je m'activais sur ce maudit carburateur quand une goupille m'échappa. Impossible de la retrouver. J'allais abandonner tout espoir de repartir lorsqu'une inspiration subite me vint : empruntant une épingle du chignon de ma mère je pus confectionner une goupille de fortune et l'increvable *2CV* consentit à ronronner de nouveau pour nous mener à bon port[5].

Parmi les nombreuses surprises qu'elle nous réserva, je pourrais citer le jour où la capote s'envola sur la Nationale au milieu d'un flot de voitures, celui où le siège avant se cassa en deux pendant que mon père conduisait, cet autre où la boîte de vitesses devint folle (lorsqu'on passait la seconde, elle choisissait la marche arrière), etc.

Mais comment pouvait-on en vouloir à une voiture qui était devenue le sixième membre de la famille ? Après coup, ses lubies nous faisaient sourire. Nous ne lui en voulions même pas quand, par temps de grand froid, nous gelions aux places arrière malgré les couvertures et les bouteilles d'eau chaude dont nous munissait ma mère.

Oui, malgré ses caprices et ses défauts, nous l'avons aimée notre rustique *2CV*. Quand mon père, en 1965, a acheté une Renault *4L*, nous n'avons pas eu le courage de

---

5 Un garagiste inspiré découvrit l'origine de cette panne : l'intérieur du réservoir rouillait et envoyait des grains de ferraille qui obstruaient le carburateur.

nous en séparer. Dans un coin de la grange, nous l'avons revêtue de sa housse en plastique. Elle est demeurée là jusqu'à la mort de mon père en 1988. Je l'ai revendue à un jeune couple de collectionneurs. Je sais qu'elle est entre de bonnes mains avec ces amoureux de la « Deudeuche ». Ils m'ont envoyé sa photo : nettoyée, lustrée, pimpante, elle a retrouvé, grâce à eux, une nouvelle jeunesse.

Entreprendre un voyage en *2CV* était une aventure. En juillet 58, nous partîmes à quatre routiers (cf. : Le scoutisme) rejoindre le reste du groupe dans un monastère pyrénéen.

Partis de Paris à trois heures du matin, nous nous étions fixés comme objectif de nous arrêter pour le petit-déjeuner quand nous aurions parcouru trois cents kilomètres. À neuf heures précises, nous fîmes halte. Nous réalisions donc une moyenne de 50 km/heure (il faut dire que nous emportions quatre sacs à dos bourrés dont le poids équivalait à celui d'un adulte). Seul notre chef possédait le permis de conduire. On imagine son épuisement quand nous atteignîmes les premiers contreforts des Pyrénées à la nuit tombante.

Alors que nous rêvions déjà du souper et du bon lit qui nous attendaient, notre voiture rendit l'âme.

Sur cette route de montagne déserte, il était vain d'espérer le moindre secours. Recrus de fatigue, au bord du désespoir, nous nous apprêtions à bivouaquer quand des phares apparurent. Une voiture s'arrêta. Le conducteur, un sympathique représentant de commerce, examina le moteur et diagnostiqua une panne de la pompe à essence. C'était irrémédiable.

Ému par notre détresse, il nous proposa d'aller à Tarbes tenter de trouver une pompe neuve. C'est sans illusions que nous vîmes disparaître ses feux arrière. Nous avions déplié nos sacs de couchage et commencé à nous assoupir, le ventre creux et le cœur gros quand des phares illuminèrent la nuit. C'était notre sauveur qui brandissait triomphalement une pompe neuve qu'il avait réussi à se procurer en réveillant tous les garagistes de la ville. Remise en état, la

2CV nous conduisit vaillamment jusqu'au monastère. Nous venions de rencontrer *Le Bon Samaritain*.

Quand je vois ces conducteurs qui, au volant de leurs puissantes voitures, avalent de monotones kilomètres sur des autoroutes sans âme, je ne puis m'empêcher de les plaindre en évoquant l'inoubliable traversée de la France que je fis avec mon frère au volant de sa *2CV*.

Nous avons mis trois jour pour atteindre Marseille où il s'embarquait pour la Grèce. Nous dormions à la belle étoile au bord d'un lac d'Auvergne, dans un champ de lavande du Lubéron et sur un tas d'ordures près de Carry-le-Rouet (il faisait nuit, nous sentîmes un sol mou, recrus de fatigue nous étalâmes nos sacs de couchage sans prendre garde à l'odeur).

À soixante à l'heure, voiture décapotée, la France des petites routes réserve un perpétuel bonheur : les maisons, peu à peu, changent d'apparence, les tuiles succèdent aux ardoises, le rose et l'ocre au gris et au bleu. Les senteurs se font plus violentes, le ciel plus lumineux. On s'arrête sur des places ombrées de platanes. Puis surgissent les pins et les cyprès. Enfin, c'est la mer qui scintille au loin.

À la même époque, la concurrente de la *2CV* était la *4 CHEVAUX RENAULT*. Cette petite voiture, toute en rondeurs, présentait un confort supérieur à celui de la *2CV*. Le chauffage, en particulier, était nettement plus efficace. En revanche, l'espace intérieur exigeait des passagers de l'arrière moult contorsions pour tenter de placer leurs jambes.

Le moteur, placé à l'arrière (comme la *COCCINELLE VOLKSWAGEN*) conférait un certain flou à la tenue de route si l'on n'avait pas pris soin de charger le coffre, situé sous le capot avant. Les virages serrés, les routes glissantes étaient de magnifiques tremplins pour effectuer des tête-à-queue et des loopings qui mettaient la voiture sur le toit.

À l'époque, le contrôle technique n'existait pas. Aussi pouvait-on rouler dans de véritables épaves comme celle qu'utilisait un ami. Un agent qui nous avait arrêtés pour avoir brûlé un feu rouge, compta vingt-sept motifs d'infraction sur la *4CV*. Bonne âme, il nous laissa filer sans verbaliser.

Dans les années 50-60 on vit apparaître des véhicules pittoresques comme *L'ISETTA*, sorte de gros œuf à trois roues, entraîné par un moteur de scooter, qui s'ouvrait entièrement sur la face avant (un ami allemand réussit l'exploit de relier Bonn à la rue du Dragon dans cet engin pétaradant). En dessous de la *FIAT 500,* rendue célèbre par le cinéma italien, on trouvait une minuscule *FIAT 400* également mue par un moteur de scooter.

La gamme supérieure était occupée par le dernier modèle de « traction » : la *15CV 6 CYLINDRES* à suspension hydraulique. Elle fut détrônée, en 1955, par la révolutionnaire *DS*.

Peugeot proposait l'inusable *203* qui roule toujours dans de nombreux pays africains (la *Pigeot*), Panhard la *DYNA*, première voiture en aluminium dont parlent encore avec fierté les derniers survivants de la firme rachetée par CITROËN.

Simca, alors en pleine forme, disposait d'une large gamme allant de la *SIMCA 1000*, petite voiture à moteur arrière et si basse de plafond que des utilisateurs de grande taille, comme mon frère, devaient conduire en baissant la tête, en passant par la fameuse *ARONDE* jusqu'à de gros modèles de type « américain » comme la *CHAMBORD* et la *BEAULIEU*.

À côté de ces voitures « familiales » se développa toute une gamme de voitures de sport décapotables comme la *FLORIDE* Renault, la *DYNA JUNIOR* au bruit de machine à coudre et aux pannes innombrables, la *203 CABRIOLET*, etc.

Aucune de ces voitures ne me faisait rêver. En revanche, les « petites anglaises » comme la *MG*, la *TRIUMPH* ou l'*AUSTIN HEALEY* représentaient pour moi un idéal esthétique. Plus encore, ces bolides qui fonçaient au ras du sol possédaient une force mythique. C'est à leur volant que Michel Déon, François Nourissier ou Jean d'Ormesson, cheveux au vent, écharpe flottante, se ruaient vers la Côte d'Azur.

Tout en haut de l'échelle, on trouvait l'*ASTON MARTIN* de Roger Nimier (offerte par Gaston Gallimard, d'où le surnom de « Gaston Martin »), dans laquelle il se tua, la *JAGUAR XL* au capot en forme d'obus qui manqua d'être fatale à Françoise Sagan ou la *FACEL VEGA*, dernière voiture de luxe française, qui fut le cercueil d'Albert Camus.

Ne pouvant espérer posséder un jour un de ces engins fantasmatiques, nous devions nous contenter de la modeste *4L RENAULT* que mon père acheta en 1955. Par rapport à la *2CV* elle nous apparut comme un progrès considérable avec ses quatre fenêtres ouvrantes, son essuie-glace à moteur, son chauffage qui chauffait. En descente, avec vent dans le dos, elle pouvait atteindre le 120 km/heure, ce qui nous semblait une vitesse insensée.

Au fil des ans, on vit apparaître des voitures plus perfectionnées : les possesseurs de *2CV* remplacèrent celle-ci par la *DYANE* ou l'*AMI 6*, une monstruosité esthétique à l'avant mollasson et à l'arrière anguleux, les adeptes de la *4CV* se virent proposer la *DAUPHINE*, toujours avec moteur arrière et tenue de route aléatoire, à la *203* succéda la *403*, à l'*ARONDE* la *SIMCA 1100*. Puis ce fut l'arrivée des voitures allemandes (en particulier le splendide coupé *MERCEDES* dont les portes s'ouvraient vers le haut comme des ailes d'oiseau), italiennes, japonaises. Les autoroutes se multiplièrent ainsi que les limitations de vitesse.

Heureux temps où la vignette n'existait pas (elle fut imposée en 1956) et où l'on ne se préoccupait guère de la consommation de l'essence et de son prix.

Heureux temps où, dans les villes, avant la floraison des parcmètres, il était possible de stationner gratuitement dans les zones bleues pendant une durée d'une heure et demie pourvu que l'on affichât sur son pare-brise un « disque de contrôle de stationnement » offert par *TOTAL* ou *MICHELIN*.

Chaque fois que je fais démarrer, non sans peine, ma vieille *4L* j'évoque cette période de la voiture-plaisir où l'on pouvait rouler en paix sur des routes qui ne ressemblaient pas à des champs de bataille, où il était possible de se garer sans trop de difficulté et où, lorsqu'on croisait une autre *2CV*, on se saluait joyeusement.

LA CAMPAGNE

Comme chez la plupart des « vrais Parisiens », les origines rurales de ma famille sont toutes proches.

Mon grand-père maternel était cordonnier à Neuvy-le-Roi, chef-lieu de canton situé à vingt-quatre kilomètres au nord de Tours. Au lendemain de la guerre, le bourg comptait 1 200 habitants.

Mes premiers souvenirs du grand-père Combettes datent de 1944. Mon père avait envoyé la famille se mettre à l'abri en Touraine, craignant les combats qui risquaient d'enflammer Paris.

Je revois un vieux monsieur bourru et moustachu, une éternelle casquette vissée sur le crâne, qui rapetassait des chaussures éculées au milieu d'un capharnaüm de godasses en fin de vie que ses derniers clients ne venaient même plus récupérer.

Je me souviens qu'il fallut me forcer pour embrasser sa joue râpeuse ; il dégageait un puissant remugle de tabac, de cuir et de colle. Sa moustache, sa veste de coutil noir à col rond, en étaient définitivement imprégnés.

Le grand-père Basile (que nous appelions « pépère »)

était un taciturne alors que la grand-mère Georgette (« mémère ») était une petite femme sèche, constamment en mouvement, vêtue d'une immuable blouse grise, la taloche et le martinet faciles. Quand elle rabrouait mon grand-père, celui-ci se réfugiait dans un silence bougon en martelant de plus belle les semelles crevées.

L'alliance entre deux individus aussi dissemblables était troublante. À quoi ressemblaient-ils lors de leur première rencontre ?

Mon grand-père était l'aîné d'une famille nombreuse d'agriculteurs aveyronnais.

La petite ferme de ses parents permettait juste de faire vivre ceux qui l'exploitaient en trimant sans relâche. À la mort du père, le fils aîné reprenait l'exploitation, les autres garçons devenaient militaires ou ecclésiastiques (ces régions pauvres fournissaient le gros de leurs troupes aux Frères des Écoles Chrétiennes – cf. : La religion) ou encore partaient pour Paris, le baluchon sur l'épaule, se faire engager dans un café aveyronnais. Quant aux filles, il ne leur restait que la ressource de trouver un mari.

Par une décision inexpliquée, mon grand-père abandonna son droit d'aînesse et entreprit le tour de France pour apprendre le métier de cordonnier. D'artisans en artisans, il arriva à Neuvy. Il ne se doutait que l'amour arrêterait là son errance. Il rencontra Georgette et l'épousa.

Ce mariage n'était pas un « beau mariage ». Ma grand-mère, fille d'un opulent meunier, apportait une dot confortable. Lui, ne possédait que ses outils et un peu de linge. Dans le contrat de mariage, il était stipulé qu'en cas de décès de la femme, la totalité de ses biens reviendrait aux enfants, ne restant au mari que ses yeux pour pleurer.

La noce ne dut pas être très gaie. La sœur de ma grand-mère épousait le même jour un fils Tondu, enfant d'un riche fermier tourangeau. Mon grand-père était seul, aucun membre de sa famille n'ayant jugé bon de se déplacer.

De leur union naquirent quatre enfants : Germaine (ma mère), Denise, Marcel et une mystérieuse Yvonne qui, toute jeune, partit pour Paris. Qu'allait-elle y faire ?

Rejoindre un amant ? Sombrer dans la débauche ? En tout cas, comme le révèlent des lettres de ma mère, elle y perdit la foi et revint mourir dans son village.

Ma mère (cf. : La religion) voulut d'abord se consacrer à Dieu et entrer chez les Carmélites. Un curé intelligent la persuada d'aller auparavant découvrir le monde pour vérifier la solidité de sa vocation. Son itinéraire, commencé à Tours, se termina à Paris où elle rencontra mon père.

Ma tante Denise « monta, comme on dit, à Paris ». Elle se maria avec Yves Favre qui fit une modeste carrière d'employé de banque et finit sous-directeur d'agence. Une seule fille naquit de leur union, ma cousine Michèle.

Quant à mon oncle Marcel, il entra à la SNCF de Tours où il demeura toute sa vie. C'était un homme simple et chaleureux qui avait gardé l'accent chantant des tourangeaux tel qu'on peut encore l'entendre au Québec. Il disait « un semouére » et utilisait des expressions désuètes qui nous ravissaient : « A la brûnante », « à la noirceur » pour « au crépuscule » et « à la nuit ».

Sa nature généreuse le poussa à sauver de nombreux juifs durant la guerre puis à entrer au parti communiste – ce que cachait soigneusement la famille – et à devenir délégué CGT, ce qui ne favorisa pas sa carrière.

Sa femme, ma tante Renée, était ce qu'il convient d'appeler, « une emmerdeuse ». Maniaque de la propreté, elle déclenchait, dès quatre heures du matin, le branle-bas dans la maison pour faire la lessive. Quand la SNCF leur eut obtenu un appartement HLM, mon pauvre oncle, qui n'osait pas se rebeller, devait se rendre aux bains-douches municipaux pour ne pas salir la salle de bains que ma tante faisait visiter comme un sanctuaire.

Sur la fin de sa vie, elle sombra dans une sorte de folie jalouse : en se cachant maladroitement, elle suivait mon oncle pour le surprendre avec une prétendue maîtresse. Quand elle mourut, ce fut une délivrance. Il put enfin couler des journées paisibles à cultiver son jardin et boire, avec ses collègues retraités de la SNCF, le petit vin blanc mis à rafraîchir dans le puits.

Marcel et Renée eurent deux enfants : Annick et Jacques, cousin un peu « niaiseux » qui, par protection paternelle, entra aux chemins de fer remplir un modeste emploi de pousseur de wagons.

Comme on le voit, ma famille maternelle n'offrirait pas matière d'inspiration pour le scénario d'un téléfilm…

La vie à la campagne

La maison de mes grands-parents était située au centre du bourg, au coin de la rue principale et d'une ruelle (« la ruelle ») qui menait aux jardins potagers.

Elle comprenait, outre le magasin en façade, une salle à manger-salon, une cuisine et une buanderie. Au premier, deux chambres et un grenier, lieu inquiétant où je n'osais m'aventurer qu'en compagnie de mon frère. La cave, qui s'ouvrait sur la ruelle, complétait l'ensemble.

Si, en ville, l'hygiène se limitait souvent à un lavabo ou à un simple évier, la très grande partie des logements possédait l'eau courante comme l'attestaient les plaques « gaz et eau courante à tous les étages » apposées sur de vieux immeubles, chez mes grands-parents nous ne disposions que de l'eau du puits.

Chaque jour, il fallait accomplir la corvée d'eau en allant au puits, situé à une cinquantaine de mètres de la maison, remplir des seaux. Ce puits commun était rudimentaire, constitué d'une simple poulie animée par une manivelle. Remonter le seau plein exigeait de bons muscles. Le faire passer au-dessus de la margelle sans le renverser en retenant d'une main la manivelle pour qu'il ne redégringole pas au fond, demandait de l'expérience. Rapporter deux seaux pleins à bout de bras jusqu'à la maison complétait cette épreuve sportive non homologuée.

Il ne fallait surtout pas gaspiller ce bien précieux qui demandait de si pénibles efforts. L'eau du puits était destinée à la consommation. Celle qu'on recueillait dans des fûts métalliques placées sous les gouttières servait à la toilette, à l'entretien et à la lessive.

Sur la pierre à évier de la cuisine, un seau d'eau était disposé en permanence. À l'aide d'une sorte de louche à long manche on venait y puiser l'eau pour étancher sa soif.

La toilette, plutôt sommaire, se limitait à se « débarbouiller » à l'aide d'un gant éponge trempé dans une cuvette en porcelaine qu'on remplissait avec un pot de la même matière, le tout étant disposé sur une table de toilette au-dessus de marbre.

Ce n'était qu'une fois par semaine, le samedi, que nous avions droit à la grande toilette. Ma mère et ma grand-mère faisaient chauffer des bassines d'eau sur la cuisinière. Cet engin imposant qui servait à la cuisine et au chauffage, fonctionnait au bois. On devait régulièrement le recharger avec des bûches que l'on y introduisait en soulevant les plaques de cuisson à l'aide d'un crochet suspendu à une barre de cuivre. Un bac incorporé permettait de puiser en permanence de l'eau chaude : c'était le « bain-marie ».

À tour de rôle nous nous placions dans un bassin en tôle galvanisée appelé « tub ». Après une première aspersion, c'était le savonnage énergique du corps et des cheveux (« Lave-toi bien les pieds et les oreilles ! ») puis le rinçage et l'enveloppement dans une grande serviette qui fleurait bon la lavande que ma grand-mère disposait dans des petits sachets entre les piles de linge et de drap.

Une énergique friction et nous étions « propres comme des sous neufs », prêts à enfiler, le dimanche, des vêtements propres.

La toilette de mon grand-père était beaucoup plus sommaire. Elle avait lieu le dimanche matin. Il se mettait torse nu, ses bretelles pendant le long de son pantalon, et procédait à son rasage hebdomadaire en s'enduisant le visage de mousse avec un blaireau et se raclant la peau à l'aide d'un « coupe-chou » (aussi appelé « sabre ») qu'il avait longuement affûté sur un « cuir à rasoir ».

Puis, à l'aide d'un gant de toilette, il se frottait vigoureusement, se séchait et enfilait la chemise propre qu'il porterait toute la semaine.

On n'ose imaginer l'état de sa partie inférieure…

Pour satisfaire nos besoins nocturnes, nous disposions d'un pot de chambre, placé sous le lit, et d'un seau hygiénique dissimulé derrière un rideau, sous la table de toilette.

Le matin, on allait vider ce dernier dans les cabinets situés au fond du jardin. Ces cabinets, constitués d'une cabane en planche avec une banquette percée d'un trou arrondi, donnaient sur une fosse qui n'avait rien de septique. Au mur, étaient accrochés par un fil de fer des journaux coupés en carrés. Lorsqu'il faisait chaud, l'odeur était insupportable et les mouches s'en donnaient à cœur joie. On avait intérêt à jouir d'un bon transit intestinal…

Nous enviions la maison contiguë qui possédait des cabinets à la turque. Comme les fosses septiques n'existaient pas encore, à intervalles réguliers, le village avait la visite du vidangeur.

De son camion-citerne, tiré par un cheval, il extrayait un long tuyau qu'il plongeait dans les entrailles des cabinets. Ce pompage d'excréments n'était pas inodore : durant une bonne journée le village entier était envahi par une puissante odeur de merde.

La buanderie jouait un rôle important dans la vie de la maison.

C'est dans cette pièce, entourée de vitrages, où pendaient aux poutres les feuilles de tabac mises à sécher par mon grand-père, que l'on conservait les draps dans une armoire aux proportions imposantes. C'est là que l'on faisait la lessive : opération d'importance qui mobilisait les énergies : chauffage de l'eau dans les lessiveuses où l'on jetait des boules de « bleu de lessive », essorage des draps en s'y mettant à deux pour les tordre, puis, dans une brouette, transport du linge humide jusqu'au lavoir où on le rinçait en retirant le savon dont on l'avait frotté en tapant dessus avec un battoir.

Lorsqu'il avait retrouvé sa blancheur, on l'étendait sur des fils tendus dans la cour et le jardin.

Je précise que ces draps de lin rêche qui grattaient la peau, n'étaient changés que lorsqu'ils avaient pris une couleur « isabelle » (jaune assez soutenu).

Au temps des cataplasmes

Neuvy-le-Roi était le centre commercial et artisanal où venaient se ravitailler et s'équiper les fermes avoisinantes. Fermes dont les noms fleuraient bon le terroir : la Pichardière, les Huches, l'Oie, Bois Giraud.

Ce n'est que dans les cas exceptionnels qu'on se rendait à Tours. Pour cette expédition (25 kilomètres !) on disposait de deux moyens de transport : l'autocar et le « petit train ».

En effet, les voitures particulières étaient rares en 1944 et réservées aux utilisateurs prioritaires : médecins, gendarmes, etc. Elles fonctionnaient au gazogène, système à l'efficacité incertaine qui transformait tout déplacement en expédition téméraire.

Quant aux carrioles, moyen de transport habituel des fermiers, elles n'étaient utilisées que pour les courts trajets.

L'autocar, qui datait d'avant la guerre, était poussif et brinqueballant. Toujours bondé, surchargé de valises, de paquets, de cages à poules et à lapins, il était identique aux cars qui circulent aujourd'hui en Afrique ou en Amérique du Sud.

L'arrivée du car sur la place du village, en fin d'après-midi, attirait la foule. Le conducteur montait sur le toit à l'aide d'une échelle et passait le contenu du chargement hétéroclite aux passagers qui faisaient la chaîne. Après cet effort, il allait se rafraîchir au café d'en face.

Pour se rendre à Tours, on pouvait également prendre « le petit train » qui passait à proximité du village. Il était nécessaire de changer à Neuillé-Pont-Pierre pour récupérer le « grand train ». Certes, le voyage, qui équivalait à la durée d'un Paris-Marseille d'aujourd'hui, ne manquait pas de charme et l'on avait tout le loisir de contempler le paysage.

Lorsque nous venions en vacances, pour éviter l'attente à Neuillé et le transbordement des malles et valises d'un train à l'autre, mes parents faisaient venir M. Laisement avec sa carriole.

Je garde un souvenir grisant de ces arrivées en voiture à cheval rythmées par le claquement des sabots sur l'asphalte et le sifflement du fouet que, pour notre plaisir, ce brave cocher maniait en permanence.

Il fallait vraiment des raisons impérieuses pour entreprendre le voyage à Tours car on trouvait au bourg tout le nécessaire pour survivre.

En dehors des nombreux commerces de bouche – boulangers, bouchers, charcutier, marchand de légumes, épicier –Neuvy fournissait une gamme de biens et de services importante.

Dans la grand rue, on trouvait le bourrelier, dont la boutique, située en face de celle de mon grand-père, exposait des colliers de chevaux, des selles, des rênes et des bottes.

Le maréchal-ferrant offrait aux enfants que nous étions le fascinant spectacle de la forge de Vulcain. Le voir sortir du brasier, attisé par l'apprenti à l'aide d'un énorme soufflet suspendu, la barre de fer rouge, la déposer avec ses longues pinces sur une enclume, la marteler à coups puissants et sonores, la plonger dans un cuveau d'où elle ressortait au milieu d'un nuage de vapeur transformée en fer à cheval tenait de la pure magie.

Autre spectacle inoubliable : le ferrage des chevaux dans les hennissements et l'odeur de corne brûlée.

Pour s'habiller, point de problème. Le bourg disposait d'une couturière qui, d'après « les modèles de Paris » vous réalisait jupes et ensembles, robes de communiantes et de mariées. Lorsque nous passions devant sa boutique, nous nous arrêtions pour admirer sa dextérité à repasser les plis compliqués de ces robes blanches avec des fers chauffés sur un brasero.

Les soins de beauté étaient prodigués par la coiffeuse, spécialiste de l'indéfrisable, et par le coiffeur, virtuose de la « coiffure au bol ». Les chapeaux étaient réalisés par deux sœurs modistes (« le chic de Paris ! »)

Le tailleur travaillait « à l'ancienne » : étoffes épaisses et indestructibles (je possède toujours le costume de cérémonie de mon grand-père). Il cousait, assis « en tailleur » sur sa grande table de découpe, des morceaux d'étoffe noire qui, peu à peu, sous nos yeux émerveillés, prenaient la forme d'une veste ou d'un pantalon.

Le luxe était également présent : la boutique de l'horloger-bijoutier rutilait de tous ses ors. Ce commerçant faisait d'excellentes affaires car les paysans, qui avaient largement profité du marché noir et entassé leurs billets dans les fameuses « lessiveuses » transformaient ceux-ci en bracelets et colliers.

La santé était assurée par deux médecins, un dentiste et un pharmacien. Ce dernier était, avec le notaire, un des hommes importants – et imposants – de la cité. Toujours vêtu de noir, une chemise au col amidonné ceint d'une large cravate, il trônait dans sa boutique sortie en droite ligne de *Madame Bovary* : grands bocaux emplis de mystérieux liquides colorés en vitrine, armoires à multiples tiroirs pour les médicaments et, surtout, un lutrin sculpté en forme d'aigle aux ailes déployées sur lequel il s'appuyait, l'air inspiré, pour rédiger les formules de sirops et de pommades que confectionnerait le « potard ».

Le dentiste avait eu une idée lumineuse en persuadant des paysans de transformer leurs billets en une valeur plus sûre car le bruit commençait à courir d'un possible changement de coupures.

J'eus la vision horrifiante de son ingéniosité en me rendant dans une ferme particulièrement sordide : fumier au milieu d'une cour boueuse, vaches tapissées d'une épaisse couche de bouse, pièce de séjour obscure au sol de terre battue, etc. Toute la famille, de la grand-mère aux enfants, avait les dents des deux mâchoires recouvertes d'or. Spectacle surréaliste de ces bouches transformées en coffre-fort...

La visite dans les fermes n'était pas de simple courtoisie. Il s'agissait de soudoyer la fermière pour obtenir des denrées rares à la fin de la guerre et durant les années qui suivirent : beurre, œufs, fromage, poulets et charcuteries (les succulentes rillettes sur de larges tartines de pain !).

Pendant que ma mère tenait le crachoir à la fermière qui faisait durer le plaisir le plus longtemps possible, avec mon frère nous organisions des parties de voltige dans la grange aux bottes de pailles, nous montions dans les charrettes pour d'imaginaires cavalcades, nous nous glissions dans les étables et les écuries observer de près les animaux placides mais néanmoins effrayants.

En ce temps-là, une ferme de quelque importance était une cellule capable de vivre en quasi autarcie. Les vaches et les chèvres assuraient la production de lait dont une partie était transformée en fromages (ah ! ces petits fromages, moulés dans une « faisselle » puis séchés à l'air libre dont il fallait retirer les asticots). La basse-cour fournissait les œufs et la viande.

On ne perdait rien : les déchets et les « eaux grasses » finissaient dans l'auge des porcs. Chaque année l'un d'eux était sacrifié au cours d'une cérémonie païenne et sanglante pour être transformé en jambons, boudins, saindoux, rillettes et rillons.

Le potager et le verger procuraient une quantité suffisante de fruits et de légumes pour la maisonnée. Une partie du blé était confiée au meunier qui rendait une belle farine avec laquelle on fabriquait de beaux pains blancs et croustillants.

La plupart des fermes possédaient également leur vigne. Il en sortait un vin aigre (« Goûtez-moi ça ! C'est pas du trafiqué ! ») qu'il fallait déguster en prenant une mine gourmande alors qu'on avait l'impression qu'une coulée de vitriol vous tombait dans l'estomac.

Les tracteurs étaient encore exceptionnels, les travaux des champs – labourage, hersage, moisson – s'effectuant avec de robustes chevaux, généralement des percherons, confiés aux soins d'un valet spécialisé : le charretier.

Quand j'entends parler avec mélancolie de ce temps béni où l'homme avait des goûts simples, vivait près de la nature et n'était pas perverti par la société, je revois l'écurie de cette ferme où nous jouions dans le foin. Au fond était dressée une sorte de loggia à laquelle on accédait par une échelle. À même le plancher étaient disposés un grabat, un tabouret et une cuvette. Accrochés au mur à des gros clous, un habit de sortie et quelques hardes. C'était le logement du charretier. Pour la toilette, il se rendait à l'abreuvoir de la cour. En hiver, les chevaux assuraient un chauffage sain et naturel.

Au temps des cataplasmes

Aux repas, maîtres et valets se retrouvaient autour de la table de la salle commune pour déguster la soupe dans laquelle on faisait tremper de larges tranches de pain et la platée de légumes. Au jour de fête, des volailles ou du cochon agrémentaient l'ordinaire. Le poisson – sauf, peut-être au Vendredi Saint sous forme de morue séchée – était absent de la table.

La cuisine et le service étaient assurés par les femmes qui, en plus, devaient prendre soin de l'aïeule gâteuse que l'on trouvait dans la plupart des fermes, recroquevillée au coin de la cheminée.

Il y a quelques années, mon frère et moi sommes retournés en pèlerinage dans le village maternel. Nous avons rendu visite à un de nos camarades de classe qui avait repris la ferme de son père.

Cet îlot que nous avions connu bruissant de vie avec le caquetage des poules et des oies que la fermière appelait au souper (« Petits ! Petits ! »), le meuglement du gigantesque taureau, les cris des charretiers (« Hue ! Dia »), les hennissements des chevaux et les grognements des cochons, était devenu un lieu mort.

Hubert et sa femme vivaient seuls avec une centaine de vaches. Deux fois par jour, la traite automatique avait lieu et le lait passait dans le « laboratoire » où il était traité selon des normes sévères avant d'être ramassé par la coopérative.

Heureusement, ils possédaient la télévision pour les relier au reste du monde…

À Neuvy-le-Roi, il ne se passait pratiquement rien et les gendarmes n'étaient pas surchargés. Même durant la guerre, le bourg vécut en dehors des événements. Un seul habitant fit de la résistance, fut dénoncé et mourut en déportation. Les FFI se réveillèrent à la Libération. Leur seule action d'éclat fut de mitrailler deux pauvres soldats allemands épuisés qui dormaient au pied d'un arbre.

Pour vous faire une idée de la vie dans village comme celui-ci, il vous suffira de regarder *Jour de fête*, de Jacques Tati.

Vous y retrouverez le facteur faisant sa tournée sur sa bécane grinçante et revenant des fermes légèrement titubant ; les commères, dans leurs immuables blouses aux couleurs éteintes, pérorant sur le pas de la porte. À son passage, chacun salue respectueusement le curé qui lit son bréviaire. Sortant des échoppes, on entend sonner des marteaux, ronronner des machines, miauler la scie du menuisier. L'autre cordonnier, aussi bossu que Quasimodo, quitte son échoppe pour aller reprendre des forces au café voisin.

Midi sonne à l'église. Aux cloches se mêle la clochette de l'école. Une nuée d'enfants envahit les rues. Puis les rues se vident : c'est l'heure du souper.

Il ne se passe rien. En 1944, les échos de la guerre nous parviennent de loin. Le soir, les bombardements de Saint Pierre des Corps illuminent le ciel comme un gigantesque feu d'artifice. Un jour, passe dans la rue une horde de vieux soldats allemands en haillons, poussant des voitures d'enfants et traînant des charrettes qui nous distribuent l'argent français dont ils n'auront plus l'usage (ma mère m'a aussitôt forcé de déchirer le billet qu'on m'avait donné). Puis arrivent les premiers Américains dans leurs jeeps et leurs chars. Ils nous arrosent de bonbons, de chocolats et d'un produit inconnu : le chewing-gum (« chouinegomme »).

En fin de semaine, mon père vient nous rejoindre. Bravant la cohue, les bombardements et les nombreux arrêts, il a pris le train jusqu'à Tours en emportant son vélo. Nous allons l'attendre auprès d'un pont, au bas d'une côte. Nous ne le voyons pas encore, mais entendons le « gling ! gling ! » de sa sonnette. Nous nous précipitons et le couvrons de baisers.

Malgré la fatigue du voyage, il a encore le courage de nous embarquer, ma mère et ses trois enfants, dans une remorque construite par le maréchal-ferrant qu'il accroche derrière sa bicyclette. Il fallait avoir les jarrets solides pour monter les côtes avec un tel chargement (je l'ai tenté, mais en vain).

Parfois, un minuscule événement vient troubler la quiétude du village. L'un d'eux m'a marqué parce qu'il m'a révolté : comme partout, il y avait l'ivrogne attitré qui se nommait Pilorgé. Un jour qu'il titubait dans la rue principale, le bourrelier sortit de sa boutique et lui jeta un seau d'eau comme on fait aux chiens en rut. Il était tout fier de son acte de courage, l'imbécile…

La messe du dimanche matin était l'événement marquant de la semaine. Tôt levés, nous enfilions « les vêtements du dimanche » après nous être arrosés la tête de « sent bon » (*EAU DE COLOGNE SAINT MICHEL*) pour tenter de plaquer les épis. Puis nous nous rendions en famille assister à la cérémonie qui me paraissait ne devoir jamais finir. Il y avait également les vêpres, les mariages, les enterrements – autant d'occasions de se retrouver et de participer à un bon repas. La procession de la Fête Dieu à travers le bourg avec les jeunes filles qui lançaient des pétales de rose devant les pas du curé, était le clou de la saison.

L'après-midi, avait lieu l'immuable promenade sous les tilleuls du mail. Parfois, dans le kiosque en faux bois de ciment, la fanfare donnait une aubade.

Dans ce monde clos, les rivalités, les aigreurs, les rancunes, prenaient des proportions démesurées. Les cancans se répandaient comme traînées de poudre. Il y avait les gens à qui il était interdit de parler pour d'obscures raisons qu'ignoraient ceux-là même qui jetaient ces interdits. Certaines femmes – sans doute parce qu'elles portaient des bas et des jupes trop courtes – étaient classées « de mauvaises vies ». Une femme toujours vêtue de noir, au visage émacié et jaune comme un coing, qui habitait une maison basse dans la ruelle derrière la maison de mes grands-parents, Marie aux Serins, passait pour une sorcière. C'est tout juste si les gens ne se signaient pas en la croisant.

Le bourg avait aussi son intellectuelle – Mlle Rochas, directrice de l'école des filles – et ses originaux.

Béganiaud, le sacristain sonneur de cloches (cf. : La religion) était porté sur la bouteille. Le jour de l'enterrement de ma grand-mère, il avait nettement abusé. En titubant, vêtu d'une veste aux manches trop courtes d'où émergeaient les manchettes crasseuses, il vint serrer les mains de la famille en l'assurant de ses félicitations. Ma tante fut prise d'un fou rire hystérique qui ne cessa durant toute la cérémonie.

M. Pogoué vivait avec sa mère dans une belle maison, à la sortie du bourg. De temps en temps, comme elle était impotente, il l'emmenait promener dans une brouette. Il possédait une intéressante collection de voitures à cheval et, homme fort pieux, il avait fait construire une grotte de Lourdes au fond de son jardin.

Quand nous allions goûter chez lui, nous devions d'abord aller nous recueillir devant la statue de la vierge en récitant quelques *ave*.

On comprend que cet univers fermé et un peu moisi ait poussé ma mère et ses sœurs à prendre le large !

Nous sommes retournés plusieurs fois passer des vacances à Neuvy, en louant des chambres « chez l'habitant ». Pour ma mère, c'était une façon de se ressourcer. Pour mon père un sujet d'irritation permanent du au manque de confort de ces gîtes provisoires.

Quand nous revenions, rien n'avait changé. Ou, plutôt, le village semblait s'être davantage assoupi. Le bourrelier, le maréchal-ferrant avaient disparu, perdant leur raison d'être avec l'apparition des engins motorisés. Les commerces s'étaient réduits. Seul le garagiste prospérait avec l'augmentation des voitures qui permettaient désormais de se rendre à la ville. L'autocar aussi avait cessé son service ainsi que le petit train[6].

Les amis de ma mère mouraient les uns après les autres. Nous allions leur rendre visite au cimetière…

La deuxième campagne

À la fin des années 50, arriva la mode des résidences secondaires. Mus par une irrésistible envie de retrouver leurs racines et de savourer les plaisirs sains de la campagne, les Parisiens se ruèrent sur les fermettes, mas, longères, prieurés, relais de poste et autres maisons « typiques ».

---

6 Depuis quelques années, sous l'impulsion du Principal du Collège, le bourg a repris une nouvelle vie. Faisant désormais partie du *Pays de Racan*, il propose chaque année un festival poétique et musical de grande qualité.

Les parents de mes amis réalisèrent leurs rêves de rusticité et je pus aller admirer dans la Nièvre, le Béarn ou la Dordogne des alignées de poutres apparentes, de fenêtres à meneaux et d'épais murs en pierre.

Mes parents n'échappèrent point à ce désir de retour à la terre et se mirent en quête de la retraite idéale.

Bien sûr, ma mère aurait souhaité s'installer dans sa Touraine natale. Mais les calculs de mon père, qui poursuivait son activité professionnelle, montrèrent que la distance Paris-Tours (250 kilomètres) aurait exigé, avec la 2CV que nous venions d'acquérir, un parcours d'au moins cinq heures (je rappelle que cette voiture limitait la moyenne à 50 km/heure). À peine débarqués pour le week-end, nous aurions déjà dû préparer le départ.

Réduisant leurs recherches à un rayon de 150 kilomètres autour de Paris, ils entamèrent leurs recherches.

Après un essai manqué en Sologne (maison irrémédiablement humide), ils eurent leur coup de cœur à Herbilly, petit village du Loir et Cher, entre Beauce et Sologne, proche de la ville de Mer (7 000 âmes)[7], située à une vingtaine de kilomètres de Blois.

À vol d'oiseau, la Loire coule à moins de deux kilomètres. Chambord, ce château magique, est à une douzaine de kilomètres. Le paysage calme et vallonné du Blaisois annonce déjà la Touraine. Bref, ils tombèrent amoureux de cette propriété où je vis actuellement, partageant mon temps entre peinture et écriture. Moi aussi, j'en suis devenu amoureux.

En juillet 1960, nous passâmes notre première nuit dans cette nouvelle demeure. Nous venions de rejoindre le clan des *nouveaux campagnards*.

Ma mère n'eut aucune peine à retrouver ses marques et à s'adapter à cette nouvelle vie. Avec jubilation, elle reprenait les gestes et les coutumes de son village : aller chercher le lait à la ferme voisine, choisir les légumes chez le jardinier

---

[7] Ironie du sort : après un été calamiteux passé à Mer (cf. : Les vacances), mes parents avaient juré de ne plus remettre les pieds dans cette ville à jamais bannie.

du château, échanger les potins autour de la camionnette du boulanger, rendre des visites de courtoisie au curé, c'était revivifier les racines de sa jeunesse.

Mon père avait une tout autre vision de la ruralité. Pour lui, nous étions entourés de « bouseux », de « péquenots », de « culs terreux » et de « pédezouilles ». Avec ces rustiques, les seuls rapports possibles étaient des rapports de force. Qu'ils se soumettent à sa volonté et à ses diktats, qu'ils lui parlent avec le respect dû au seigneur, et tout irait bien. Sinon, ce serait la guerre.

Pour illustrer cette attitude, commune à beaucoup de « Parisiens »[8], je citerai *l'histoire du coq.*

Mon père rêvait d'une campagne aseptisée, sans odeurs désagréables de fumier ou d'herbes brûlées, sans aboiements de chiens, sans cris d'oies ou de coqs, sans ronronnements de tracteurs, etc.

Or, un voisin eut la malencontreuse idée (malencontreuse ou perverse ?) d'installer un poulailler à peu de distance de la partie de la maison où mes parents avaient établi leur chambre.

Contrairement à la légende, les coqs ne chantent pas pour célébrer lever le soleil. Ils commencent à brailler dès trois heures du matin, les aînés entraînant les jeunes à chanter juste (je parle en connaissance de cause, en ayant possédé une demi-douzaine).

Réveillé chaque nuit par ces bestioles sonores, mon père, excédé, finit par craquer. Mais il ignorait à qui appartenaient ces coqs, plusieurs maisons jouxtant notre propriété à cet endroit.

Il partit donc à la chasse aux coqs. Pour mener son enquête, il se précipita chez un premier voisin et entreprit de fouiller chambres et placards pour découvrir où étaient cachés les maudits volatiles.

---

8 A la campagne, ce terme générique désigne des gens de la ville qui considèrent l'autochtone avec arrogance, plantent leurs arbres beaucoup trop serrés, s'imaginent qu'un jardin pousse en un an et confondent les choux et les salades.

Ayant échoué dans ses recherches, il dut faire des excuses embarrassées. Quand il découvrit le vrai propriétaire, il le menaça d'un procès si les coqs ne cessaient pas immédiatement leur tintamarre.

L'affaire fit grand bruit dans le village et devint l'objet de risée nationale quand *Le Petit Rapporteur* – alors célèbre émission télévisée de Jacques Martin – s'en empara pour tourner mon père, nommément cité, en ridicule. On en resta là.

À la campagne, pour qui a l'esprit procédurier, les occasions de chicane sont nombreuses : droits de passage, servitudes, mitoyennetés, etc. Mon père n'en ratait pas une, menace de procès à la bouche. À tel point qu'un voisin, indigné que mon père lui refusât l'accès d'ouvriers pour réparer son mur sous prétexte de la création de droit de passage, ne put s'empêcher de sortir de sa bonhomie pour le traiter de « vieux con ».

Un tel comportement, dans un village, vous met vite en quarantaine : les portes se ferment, les gens se taisent sur votre passage. Mystérieusement, vos arbres meurent. Personnes ne vient vous offrir des salades ou des fruits.

Heureusement, ma mère veillait au grain et expliquait doucement aux victimes des algarades paternelles que son mari n'était pas méchant homme mais rendu nerveux par un travail épuisant. Grâce à ses miracles de diplomatie, nous évitâmes d'être mis au ban de cette micro-société[9].

Lorsque nous nous sommes installés à Herbilly, nous avons retrouvé, à peu de choses près, le village de notre enfance. Sur la place de l'église, existait encore une ferme avec des poules et des vaches. Chaque soir, nous allions regarder Mme Camus, assise sur son tabouret à trois pieds, les traire à la main. Dans le seau de lait tiède et moussant, elle trempait une louche pour remplir notre laitière (on était loin des normes actuelles d'hygiène…).

---

9 Quand je repris la propriété en 1989, après une longue période d'abandon, ma première démarche fut de confier les clés au voisin et de lui proposer de nous appeler par nos prénoms. Le climat changea du tout au tout.

La sœur de la fermière tenait l'épicerie-buvette où l'on trouvait, en dépannage, les produits de première nécessité.

Aux quelques tables du bistro, des « gârs » du village venaient « bouère un cânon » de vin de Loire. Entre deux gorgées, espacées par un long silence, ils lâchaient enfin une phrase longtemps ruminée.

Nous avions également un vieux curé qui habitait avec sa « bonne » dans le presbytère du village voisin. Il se déplaçait dans une vétuste *202 PEUGEOT* en tenant soigneusement le milieu de la route, de crainte de verser dans le fossé.

La messe du dimanche ne manquait pas de pittoresque. Un agriculteur, ayant de vagues rudiments de musique, pédalait vaillamment sur l'harmonium essoufflé en tenant de rattraper les chanteurs, eux-mêmes partis à la dérive.

Je regrette de ne pas avoir enregistré les sermons de ce curé à l'ancienne. Il commençait par raconter une anecdote de sa guerre de 14-18. Puis, fort habilement ma foi, il parvenait à relier ses souvenirs de tranchée et de Chemin des Dames à l'évangile du jour pour en tirer la leçon.

La fête annuelle d'Herbilly était l'événement marquant du village. On venait de loin pour participer au gymkana automobile autour de la place de l'église.

Les agriculteurs ont pris leur retraite. L'épicerie-buvette a fermé. Le vieux curé n'a pas été remplacé et le presbytère a été acheté par des « Parisiens ».

Malgré le « comité de défense » crée par mon père, EDF a implanté une centrale nucléaire en bord de Loire. Les hautes cheminées de Saint Laurent des Eaux crachent dans le ciel leurs panaches de fumée blanche. La modeste fête a disparu, elle aussi. Il faut maintenant, pour déplacer les foules, organiser des courses de moissonneuses-batteuses géantes.

Ne cédons pas à la nostalgie ! Nous avons désormais les supermarchés et la télévision. Deux « rave-parties », installées dans les sablières de bord de Loire, nous ont même comblés, durant cinq jours, de leur tam-tam incessant. Allons ! la vie continue…

LES VACANCES

Pour ceux qui, comme nous, ne pouvaient investir une propriété durant les congés scolaires, l'aménagement des vacances posait un sérieux problème aux parents : quinze jours à Noël, quinze jours à Pâques et près de trois mois en été durant lesquels il fallait occuper les enfants.

À Noël, nous restions à la maison, suffisamment pris par nos cadeaux. De toute façon, les sports d'hiver en étaient à leurs balbutiements et réservés à quelques privilégiés. Pour le reste, il était nécessaire de planifier.

Il y avait bien les colonies de vacances organisées par la paroisse. Mes parents auraient considéré déchoir que de nous y envoyer, mon frère et moi. On y fréquentait le tout venant et nous aurions risqué d'y attraper de sales manières.

Les camps de louveteaux et de scouts (cf. : Le scoutisme) n'occupaient qu'une partie des vacances à Pâques et du début de juillet. Il restait à meubler plus de deux mois.

Les clubs, les centres collectifs, les logis ruraux n'existaient pas. Inutile d'évoquer les campings destinés, pour employer le langage paternel et méprisant aux « congés payés ».

Il restait deux possibilités : louer une maison ou trouver un hôtel-pension de famille de bonne tenue et d'un prix raisonnable.

Pour mener leurs recherches, mes parents avaient plusieurs sources « de confiance » les petites annonces placardées à la Paroisse ou au Cours Désir, celles publiées dans *La Vie Catholique* et le bouche-à-oreille (c'est grâce à notre bouchère, native de Corlaix, que nous connûmes la pension bretonne dont je parle plus loin).

Nous avons testé les deux formules et rencontré beaucoup de déboires heureusement tempérés par deux succès.

En général, les maisons louées par de pieuses personnes, étaient plus ou moins délabrées et humides, dénuées d'un élémentaire confort et laides à pleurer avec leurs meubles dépareillés et leur vaisselle ébréchée.

La pire de toutes fut, sans conteste, celle où nous passâmes les vacances de 1950, à Sceaux les Chartreux. Mes parents avaient fait ce choix pour permettre à mon père de venir aisément nous rejoindre dans cette banlieue qui était encore la campagne.

La pelouse, devant la maison, était un immense champ d'orties que, durant ses week-ends, il tentait de couper à l'aide d'une faucille. Le « parc », un fouillis impénétrable, avait perdu ses allées.

Mes parents ont dû souffrir durant ces vacances. Nous, les enfants, ne voyions pas la hideur des lieux, ravis d'aller traire les chèvres chez les gardiens. C'est là que j'étrennai mon premier vélo et ressentis, confusément, mon premier émoi sexuel en jouant dans le grenier à foin avec la fille du jardinier.

Nous avons loué, à plusieurs reprises, des maisons dans le village maternel, tout aussi inconfortables. Mais là, le bonheur de retrouver son village, donnait à ma mère une indulgence sans limites.

En 1952, nous avons passé trois mois dans une villa de Bellerive, sur les hauteurs de Vichy où mon père procédait à un audit de l'hôtel Carlton. Dans le jardin, je faisais pousser des radis. Avec mon frère, nous parcourions d'imposantes étapes sur les contreforts du Massif Central.

Au temps des cataplasmes

C'est là que j'ai réalisé un dessin animé (cf. : Le cinéma) et appris à nager la brasse, le crawl, le dos crawlé, etc. dans la piscine olympique où je me rendais, ma sœur sur le porte-bagage, avec la mobylette de mon père. Mon frère, qui ne voulait pas se montrer en slip au public, attendit septembre pour s'initier à la natation. Bleu de froid, sous l'œil du maître nageur qui battait la semelle, il barbotait courageusement.

Les hôtels-pensions de familles, dont on trouve une savoureuse description dans *Les Vacances de Monsieur Hulot*, de Jacques Tati, sont de purs produits d'époque. Ces modestes établissements ne proposaient que le gîte et le couvert, un jardin avec quelques tables et des transats, un terrain de boules et, dans les meilleurs cas, un espace raviné, muni d'un filet avachi et entouré d'un grillage, pompeusement dénommé « tennis ».

En bord de mer, l'essentiel de la vie se déroulait sur la plage. Je garde quelques images de l'été que nous passâmes à Saint-Cast (Côtes-du-Nord) : une pensionnaire qui, à la fin de chaque repas, se pinçait l'estomac en s'exclamant qu'elle « était pleine ! » (la cuisine devait être bonne, mais la clientèle plutôt « bas de gamme »), ma mère, habillée de pied en cap, assise sur un pliant, en train de tricoter, mon père, avec son caleçon de bain en tricot, nageotant (mais savait-il vraiment nager ?) au bord de la plage, les châteaux de sable que nous construisions avec d'autres enfants, ma honte de porter aussi un maillot en laine confectionné par ma mère alors que d'autres garçons arboraient d'élégants caleçons de toile. Ma sœur, qui traînait une coqueluche, dès qu'elle avait une quinte de toux, faisait dans sa culotte (on retrouvera cette ambiance dans *La Baule les Pins* de Diane Kurys).

Quand nous n'avions pas la chance d'aller à la mer, il fallait uniquement compter sur ses propres ressources. La journée était rythmée par les repas. Midi et soir, après avoir étudié et commenté le menu du jour, les pensionnaires se retrouvaient dans la salle à manger à leurs tables attribuées pour la durée du séjour.

Grâce à une annonce parue dans un de leurs journaux préférés, mes parents avaient choisi l'hôtel *Bon Accueil* à Mer (Loir et Cher). Tenu par un couple désagréable (la patronne refusait de me servir mon lait du matin dans un verre à la place d'un bol sous prétexte que le lait « graissait les verres »), situé en bordure de la voie de chemin de fer Paris-Bordeaux, cet hôtel fut le cauchemar de ma mère qui ne parvint pas à fermer l'œil une seule nuit. Elle jura de ne jamais remettre les pieds dans cette ville infernale. C'est pourtant là que mes parents acquirent une propriété en 1960 (cf. : La campagne).

Au *Bon accueil*, le menu était sans surprise : à chaque repas, durant un mois, nous eûmes comme dessert du fromage blanc et des fraises des bois.

La clientèle était à l'image de la médiocrité des repas et de la mesquinerie des patrons : familles à enfant unique insupportable, petits fonctionnaires qui jouaient les importants, retraités à l'intarissable appétit pour les curiosités locales qu'ils commentaient avec des mines gourmandes. Chacun essayait du mieux qu'il pouvait, à l'aide de force parties de boules, de concours de belote et de mots croisés, de tuer l'ennui dans lequel s'engluaient les vacances. Le jour du départ arrivait avec un soulagement qu'on tentait de dissimuler sous des promesses d'écriture et de revoyure. Pour ma mère, ce jour tant attendu, fut une véritable fuite.

Heureusement, toutes nos vacances ne me laissent pas ces souvenirs grisâtres. Mon père, qui gardait un impérissable souvenir de ses camps scouts dans les Vosges, dénicha un coin de rêve où nous passâmes plusieurs vacances de Pâques et d'été.

À cette époque, les gardes forestiers jouissaient du privilège de pouvoir louer quelques chambres et de tenir une buvette dans leur maison de fonction. La maison forestière de Jaegerhof, à laquelle on accédait de Dabo par une route en rondins, fatale aux amortisseurs fragiles, était plantée au milieu d'une clairière où tôt le matin, venaient paître les biches et les chevreuils.

Cette « petite maison dans les bois » semblait sortie tout droit d'une comédie musicale américaine avec son garde forestier à l'uniforme vert chamarré de galons, sa femme avenante, ses deux enfants aux joues rebondies et la vieille servante qui ne parlait pas un mot de français (pour ne pas faire sa toilette à l'eau froide, mon père lui apprit à dire « eau chaude ».

Au rez-de-chaussée, la petite salle de café avec sa longue table et ses bancs de bois accueillait les forestiers venus boire quelques bières. Le dimanche, on sortait les tables et c'était la fête au son de l'accordéon et des valses viennoises que nasillait un phonographe poussif.

Derrière la maison, que j'ai immortalisée avec ma première gouache « sur le motif » une étable abritait quelques vaches. Durant un séjour, nous avons eu droit à un vêlage et je fus promu parrain du jeune veau.

Les chiens, des teckels, couraient partout. L'un d'eux, Faustle, s'attacha à moi et ne me quittait plus. Lorsque je partais peindre en forêt, il s'asseyait sagement à mes côtés jusqu'au moment où, estimant sans doute ma gouache terminée, il commençait à déchiqueter mes chiffons et renverser ma réserve d'eau.

À quoi nous occupions-nous dans cet ancêtre des gîtes ruraux ? Mon frère partait pour de grandes promenades solitaires en forêt, débusquant sangliers, renards et cerfs. Je peignais, je flânais avec mon chien, je faisais voler les avions que j'avais construits. Ma sœur jouait avec les enfants des forestiers. Ma mère s'installait au bord de la rivière avec son matériel pour préparer le thé de cinq heures.

Pas un instant nous ne nous sommes ennuyés à mener cette vie simple et chaleureuse, en contact permanent avec une nature qui ne proposait d'autres plaisirs que ceux que nous nous ingéniions à découvrir.

Les départs en vacances

Pour des vacances qui allaient durer un mois et demi ou deux mois, il était nécessaire d'étudier soigneusement l'organisation de cette absence du domicile familial.

Ma mère dressait la liste des objets indispensables. Quand

celle-ci était établie de façon définitive, elle procédait à la confection des malles, comme pour une expédition en terre lointaine : vêtements légers et vêtements chauds, linge de corps et linge de toilette, livres, ouvrages de dame, jeux de société pour les jours de pluie, raquettes de tennis, etc.

Les malles expédiées quelques jours à l'avance, nous remplissions nos valises et sacs à dos personnels qui se révélaient toujours trop exigus. Avec mon matériel de peintre (chevalet, châssis, pinceaux et tubes) j'étais le plus mal loti.

J'allais oublier les cannes à pêche que nous nous obstinions à trimballer alors qu'aucun de nous n'eut la patience de s'adonner à ce sport. Peut-être symbolisaient-elles le véritable début des vacances ?

Le grand jour arrivait enfin. Les parents, épuisés, étaient au bord de la crise de nerfs. C'est évidemment dans ces moments-là que je me singularisais et récoltais une paire de gifles bien méritée.

Partis longtemps à l'avance par l'autobus (les taxis, jugés trop onéreux, n'étaient utilisés que dans les cas exceptionnels) nous arrivions à la gare d'Austerlitz ou à la gare Montparnasse en traînant notre barda jusqu'au wagon dans lequel nos places étaient réservées.

En 1953, année de notre premier séjour en Bretagne continentale (voir plus loin) les trains comportaient encore trois classes : les troisièmes, aux sièges recouverts de moleskine, durs et étroits (cette classe fut supprimée en 1957), étaient destinées au tout venant. Les secondes, au confort plus élaboré et aux sièges en tissu, étaient occupées par les classes moyennes, du type « chef de bureau ». Quant aux premières, univers inaccessible pour nous, avec leurs velours et leurs acajous, elles étaient, selon mon père, réservées aux B.O.F. et aux gens qui ne payaient pas leur billet.

Pendant que ma mère répartissait valises, sacs de voyage et cannes à pêche dans les filets, traditionnellement, mon père emmenait ses deux garçons admirer la locomotive qui allait nous conduire jusqu'à notre lieu de villégiature.

Ces locomotives à vapeur, avec leurs halètements, leurs sifflements, leurs jets de vapeur, faisaient irrésistiblement penser à des bêtes redoutables, prêtes à bondir. Là-haut, dans leur cabine, on apercevait le conducteur et le chauffeur, leurs grosses lunettes sur le front, comme les dompteurs de cette monstrueuse machine.

Émerveillés par cet entrelacs de bielles et de pistons, nous regagnions notre compartiment. Le train s'ébranlait et nous commencions à crier famine. Prévoyante, ma mère tirait de son sac sandwiches, thermos, gâteaux et fruits. Il fallait prévoir large car le trajet s'annonçait interminable.

Le train de Paris à Brest nous laissait à Saint-Brieuc. On déchargeait les bagages et, après une attente qui nous paraissait toujours trop longue, on s'efforçait de trouver place dans l'omnibus pour Loudéac.

Excités par l'entrée en Bretagne, malgré l'interdiction de nos parents, nous nous penchions à la fenêtre pour respirer cet air nouveau et découvrir les pommiers noueux. Quand nous réintégrions le compartiment, les fumées de la locomotive nous avaient transformés en négrillons et les escarbilles que nous avions reçues dans les yeux nous faisaient pleurer. Avec son mouchoir humecté, ma mère tentait de nous rendre de nouveau présentables.

À Loudéac, nouveau transbordement et installation dans un autorail à voie étroite qui longeait le canal de Nantes à Brest. Ce train miniature prenait son temps, s'arrêtant à chaque gare, à chaque halte. Des Bretonnes en coiffes montaient et descendaient, chargées de paquets mal ficelés. Nous pénétrions dans un autre monde peuplé par des individus d'une autre race.

Enfin, nous atteignions au but de ce voyage : Gouarec (Côtes-du-Nord). Partis en début de matinée, l'après-midi touchait à sa fin. Un portefaix, muni d'une brouette, embarquait nos bagages. Hébétés, recrus de fatigue, nous empruntions une rue pentue jusqu'à l'austère bâtisse qui allait devenir notre havre pour l'été : le pensionnat des Chanoinesses de Saint-Augustin.

Vacances bretonnes

Si j'évoque les vacances que nous avons passées, plusieurs années consécutives, dans ce pensionnat-pension de familles breton, je ne suis pas guidé par la simple nostalgie.

En décrivant la vie que nous y menions, je vais tenter de faire revivre une époque et une ambiance aussi révolues que celles des romans de la Comtesse de Ségur.

Le cadre d'abord : situé à la sortie d'un village qui comptait autant de cafés que d'habitants, au cœur de la Bretagne profonde, le pensionnat dominait le village de sa masse imposante de granit sombre.

En y accédant par une route pentue, on longeait de hauts murs munis de fenêtres grillagées, au ras de la chaussée, desquelles sortaient parfois des hurlements de folles. C'est dans cet entresol que les sœurs recueillaient des femmes difformes et bavantes, épaves de l'alcoolisme et de la consanguinité. De temps en temps l'une d'elles réussissait à s'échapper dans la cour en chemise de nuit, coursée par les sœurs affolées.

Lorsqu'on franchissait l'imposante porte d'entrée, on était ébloui par le sol qui brillait comme un miroir, poli en permanence par une « sœur-cireuse ». Elle devait travailler sans relâche car le bâtiment, de fond en comble, fleurait bon l'encaustique mêlée d'une vague odeur d'encens.

Les chambres des pensionnaires étaient vastes et hautes de plafond. Une cheminée, durant la saison froide, constituait le seul moyen de chauffage.

Pour nos ablutions, nous devions nous contenter d'une table de toilette avec sa cuvette et son broc. Un petit lavabo, sur le palier, fournissait de l'eau froide. Pour l'eau chaude, il était nécessaire de descendre en chercher aux cuisines. Quant aux bains (avec supplément) il fallait les réserver à l'avance.

Les toilettes étaient situées dans l'escalier, à mi-étage. Le papier hygiénique y était inconnu, remplacé par des pages d'annuaires coupées en quatre.

Le réfectoire, baptisé « salle à manger » durant l'été,

comportait une longue table centrale dite *table d'hôte* qui réunissait les célibataires et les familles ayant des enfants en âge de manger proprement. Les tables individuelles (avec supplément), le long des murs, étaient réservées aux familles avec de jeunes enfants et aux couples désireux d'éviter la promiscuité de la table collective.

Pour la petite communauté que nous formions, les repas représentaient le pivot de nos journées ; ils en structuraient le déroulement. Chacun, midi et soir, venait consulter et commenter le menu affiché sur la porte de la salle à manger.

Le service était assuré par les jeunes sœurs et les novices. Avec leur bonnet blanc, leur longue robe et leur tablier bleu, elles menaient un ballet gracieux et bien réglé sous l'œil vigilant de la mère hôtelière.

Sur chaque table était disposée une bouteille de « frênette » (je ne garantis pas l'orthographe), boisson hygiénique et rafraîchissante composée d'une décoction de feuilles de frêne et de cidre que l'on pouvait boire à volonté (un supplément était exigé pour le vin). Le beurre salé était dispensé à profusion, régal d'avant-repas sur de larges tartines de pain bis.

La nourriture, qui tenait une place importante dans notre quotidien, était simple, mais savoureuse. Les artichauts, assortis de sauces variées, revenaient sur la table avec une belle régularité.

En revanche, la viande était comptée : un bifteck par personne. Un jour, au déjeuner, soit par inadvertance, soit par malveillance, un pensionnaire s'empara de deux morceaux de viande dans le grand plat que lui tendait la jeune sœur. Ce fut comme si la foudre se fût abattue sur elle. Elle resta un moment clouée sur place, rougissant jusqu'à la racine des cheveux et ne sachant comment réagir face à cette sorte de sacrilège. Avec un petit cri, elle s'enfuit aux cuisines en référer à sa supérieure. On se doute que l'incident fut longuement commenté.

Si le déjeuner se déroulait à la bonne franquette dans des tenues décontractées, pour le dîner, en revanche, chacun faisait des frais de toilette : les dames se pomponnaient et se mettaient en robe, les messieurs revêtaient veste et cravate. Pour discipliner ma coiffure rebelle, je la tartinais de *BRILLANTINE GEL CADORICIN.*

Après les repas, nous nous égaillions dans la grande cour ou nous allions prendre le frais sous les arbres du « parc » situé de l'autre côté de la rue. Il s'agissait en fait d'un jardin d'assez belle dimension qui comportait un tennis au filet pourri et au sol crevassé – ce qui ne nous empêchait pas d'y disputer des parties acharnées.

Le soir, avant la tombée de la nuit (on dînait à sept heures précises) des discussions philosophico-religieuses se tenaient sous un sosie de « l'arbre à palabres » africain menées par un prêtre-pensionnaire : l'abbé Giffard.

Pour compléter le décor, ajoutons la salle des fêtes qui nous permit d'organiser spectacles, concerts et expositions et, bien sûr, la chapelle où l'on pouvait aller se recueillir à tout instant de la journée. L'office était assuré par un vieil aumônier que l'on apercevait, calotte sur la tête, faire les cent pas dans son jardin privé en récitant son bréviaire.

Dans ce milieu policé, peuplé de religieuses qui semblaient se déplacer sur un petit nuage, ma mère – c'est le cas de le dire – était aux anges. Il fallait l'entendre prononcer d'une voix sucrée des « ma mère », des « ma sœur », pour comprendre à quel point elle se trouvait dans son élément. Elle était prête à tout accepter, à tout pardonner : le jour où ma sœur trouva un cafard dans son bol de chocolat, au lieu de faire un esclandre, elle trouva le moyen d'excuser ces « braves sœurs qui se donnent tant de mal pour nous servir ».

Pour un sociologue, l'observation du microcosme des pensionnaires aurait été un terrain de choix. Il aurait pu établir des catégories et des sous-catégories, les croiser, les quantifier, en mesurer les réactions et les évolutions, etc. Étaient réunis là bretons et non-bretons, familles et célibataires, « classiques » et « hors normes », coincés et exubérants, intellectuels et gens « de terrain », artistes et « béotiens », etc.

En 1955, qui fut l'année grandiose, l'échantillonnage complet était représenté. La Bretagne était présente en force avec deux familles nombreuses venues de Landerneau et de

Saint-Brieuc. Les enfants de la première possédaient d'incontestables talents en peinture, en théâtre, en chant et en poésie. Tous les membres de la seconde pratiquaient, en amateurs éclairés, le piano, le violon, le violoncelle et l'alto.

La Bretagne religieuse était représentée par un jeune prête dynamique venu là en convalescence. Il était aussi doué pour animer une réunion de réflexion que pour organiser d'aventureuses expéditions à travers la Montagne Noire.

Pour les Beaux-Arts, nous avions un couple de jeunes peintres parisiens à l'esprit critique redoutable et un vieil artiste accompagné de sa femme. Celle-ci, extrêmement fardée, lui servait de modèle : « Avec elle, disait-il, je peux vraiment utiliser toutes les couleurs de ma palette ! ».

Le clan des « intellectuels » était bien fourni. Je retrouvai là, non sans déplaisir, un de mes anciens professeurs du lycée avec sa femme. Ce monsieur, plutôt pontifiant, passa son été à rechercher les vestiges d'un hypothétique camp romain dont il avait déterminé la présence en étudiant Tacite.

Un vieux garçon, professeur aux Langues Orientales, était accompagné de sa mère. Éperdue d'admiration pour son fils, elle expliquait à qui voulait l'entendre que celui-ci ne parlait pas moins de dix-sept langues dont le hongrois et le finnois.

Le conservateur du Musée Victor Hugo nous régalait d'anecdotes sur le grand homme auquel il avait consacré sa vie.

La partie sportive était tenue par un ancien chef scout qui nous initiait au judo en nous entraînant à sauter par dessus un banc, les mains dans le dos et la tête la première.

Pour susciter les cancans et les réflexions acerbes des vieilles filles, il y avait une pharmacienne qui venait de quitter l'Afrique et prenait là ses vacances en attendant de rejoindre sa nouvelle officine à l'Ile de Ré. Cette belle femme avait son franc-parler et des manières jugées choquantes par certains. C'est-à-dire qu'elle portait un décolleté assez profond et prenait des bains de soleil en relevant haut ses jupes. Sa sœur, professeur à l'Ecole Normale d'Instituteurs, en revanche, était une femme sèche, aux traits anguleux et à la parole coupante. « Une lesbienne » avaient immédiatement pronostiqué les peintres.

Ajoutez à ce groupe l'inévitable original, M. de Châteaubriant, frère d'Alphonse, l'auteur de *La Brière*. Il était vêtu comme les gandins de début de siècle avec guêtres blanches, canne à pommeau et canotier.

Je ne cite ici que les personnages marquants. Il y avait d'autres pensionnaires qui se fondaient dans la grisaille et sont sortis de mon souvenir.

Comment fonctionnait cette communauté hétéroclite réunie pour la durée d'un été ?

Deux constatations s'imposent : rien, hormis le tennis raboteux, la table de ping-pong, les quelques jeux de société et les livres hors d'âge de la bibliothèque, n'était prévu pour occuper les loisirs des pensionnaires. La télévision et les transistors n'avaient encore pénétré cette partie reculée de la Bretagne...

À l'exception de quelques familles, personne ne possédait d'automobile.

Sans animations organisées et privés de moyens de transport individuels, on peut penser que nous trouvions le temps long. Or, jamais nous ne passâmes de vacances aussi passionnantes et les journées nous paraissaient toujours trop courtes.

Puisque l'on ne nous proposait rien, il fallait nous prendre en charge et inventer en permanence des activités. Merveilleux stimulant pour la créativité !

Avec mon chevalet et ma boîte d'aquarelle, je sillonnais cette Bretagne mystérieuse que Maurice Savin a si bien dépeinte dans *Le Verseau* (cf. : Les études). Le remembrement n'avait pas encore fait ses ravages. En se perdant le long des chemins creux on débouchait sur des chapelles en ruines, on découvrait des fermes au sol de terre battue qui semblaient surgies du moyen-âge. J'installais mon chevalet et je voyais bientôt s'agglutiner autour de moi les autochtones. Quand j'avais donné le dernier coup de pinceau, ils m'invitaient à boire une bolée de cidre accompagnée d'une tranche de pain beurrée.

Le couple de peintres, qui allait travailler « sur le motif », m'enseignait le maniement de la peinture à l'huile et la construction d'une toile (aux deux sens du terme : préparer un châssis et structurer harmonieusement un tableau). Ma chambre se transformait progressivement en galerie.

Pierre, un des garçons de Landerneau, qui avait mon âge et avec qui je me liai rapidement d'amitié, pratiquait une peinture poétique inspirée du style gothique. En joignant le fruit des travaux des cinq artistes, nous organisâmes dans la salle des fêtes une exposition qui ne manquait pas d'allure.

Ni les talents, ni les compétences, ni l'enthousiasme ne faisaient défaut. Leur conjonction déboucha sur un grand spectacle dont on parla longtemps au pensionnat : chansons mimées des Frères Jacques (« Le p'tit bout d'la queue du chat qui vous électrise »), imitations, pastiches (une adaptation du *Déserteur* de Boris Vian devenu supplique au proviseur avant le bac eut un fier succès) et, clou de la soirée, un drame breton de ma conception, *La légende de Conomor*, pour lequel nous avions réalisé décors et costumes..

La famille de musiciens nous régalait de quatuors et de quintettes. Les érudits proposaient de nous faire découvrir leurs spécialités. L'abbé organisait des séances de réflexion philosophique et religieuse.

Sans voitures, nous n'éprouvions pas la tentation d'aller chercher au loin ce que nous avions à proximité.

Pour la baignade, nous nous rendions en bande au bas du village où passait le canal de Nantes à Brest, alors désaffecté. J'ai immortalisé ces joyeuses parties de natation dans une aquarelle. On nous y voit plongeant et nageant dans une eau stagnante et opaque, inconscients des miasmes que pouvait receler cette soupe plutôt nauséabonde.

Chaque jour, nous organisions des promenades. À travers les landes d'ajoncs et de genêts, nous allions jusque chez la crêpière déguster ses galettes de sarrasin arrosées de force bolées d'un cidre raide, nous partions à la découverte d'une petite chapelle que les ronces et le lierre achevaient d'engloutir ou nous escaladions les amas de granit rose qui surplombent la vallée du Blavet.

Pour des excursions plus lointaines jusqu'à l'abbaye de Bon Repos ou au bord du lac de Guerlédan, les sœurs nous préparaient des paniers de repas froids. Nous empruntions le petit train qui longe le canal. Lorsque mon ancien professeur nous accompagnait, pour satisfaire sa marotte, nous battions sans conviction les fourrés à la recherche de problématiques vestiges de camp romain.

Non, nous ne nous ennuyions jamais. Sans cesse une idée germait que nous mettions aussitôt en pratique : concours d'escalade sur les hauts murs de la pension, recherche nocturne d'ossements dans une chapelle proche.

Cette dernière activité demande quelques explications.

En poursuivant la route qui longeait le pensionnat, on arrivait sur une lande où se dressait une chapelle entourée d'un cimetière. Lorsque la place manquait pour enterrer les nouveaux défunts, on vidait une tombe et l'on jetait les restes dans un ossuaire à ciel ouvert. Si l'on désirait des os et des crânes, il suffisait de se servir.

Nous nous y rendions les nuits de pleine lune, le cœur battant, en nous exhortant mutuellement pour exorciser la peur de voir surgir le légendaire Ankou venu nous barrer le chemin du sacrilège avec sa redoutable faux.

Nous faisions notre provision d'ossements que je cachais dans mes valises. Ceux-ci me permirent de prendre ma revanche sur une sœur particulièrement bornée.

J'avais réalisées quelques sculptures en bois, entre autres un christ en fil de fer cloué sur sa croix que j'avais accroché au-dessus de mon lit à la place de l'horreur sulpicienne qui s'y trouvait.

Un beau jour, mon christ disparut, remplacé par le plâtre peint d'origine. Après une brève enquête, j'allais interroger la sœur qui faisait les chambres. Rougissante et balbutiante d'une fureur contenue, elle m'avoua qu'elle avait mis cette « monstruosité » à la poubelle, ne pouvant supporter que l'on bafouât ainsi l'image de Jésus, lui qui était « le plus beau des enfants des hommes ».

J'eus beau lui parler de Giacometti, de Germaine Richier, rien n'y fit. Je récupérai mon œuvre toute tordue dans une poubelle et fis un petit scandale auprès la mère supérieure.

Ma vengeance fut à retardement : au moment de quitter la pension, je disposais de trop de crânes et de tibias pour tout mettre dans mes bagages. Plutôt que de les rapporter à l'ossuaire, je coinçai les os excédentaires surmontés d'un crâne dans le conduit de la cheminée.

À l'approche du froid, la sœur qui faisait les chambres voulut nettoyer ce conduit. En y introduisant son balai, elle déstabilisa mon échafaudage et le macabre paquet s'écroula sous ses yeux épouvantés. Elle s'enfuit en hurlant de la chambre maudite, persuadée que celui qui avait profané le Christ était un suppôt de Satan.

Au début de septembre, la troupe des pensionnaires commençait à se clairsemer. Nous accompagnions les partants prendre le train ou l'autocar avec des adieux touchants et la promesse de revenir l'année prochaine. Dans la grande salle à manger, nous resserrions frileusement les rangs pour que celle-ci nous paraisse moins vide.

Pendant des semaines, nous avions vécu comme les habitants d'une île enchantée. Avec la fin de l'été, notre île reprenait son visage austère de couvent qui allait bientôt retentir du pépiement des véritables pensionnaires. Il était temps de céder la place…

Je suis retourné une fois à Gouarec. L'ambiance avait profondément changé. Chacun possédait maintenant sa voiture et, dès le repas achevé, les familles se dispersaient pour de lointaines excursions à travers la Bretagne. Les soirées étaient devenues mornes. Épuisés par leurs heures de route, tous les pensionnaires n'aspiraient qu'à monter se coucher.

Et puis les exigences avaient évolué. De moins en moins de gens acceptaient l'inconfort que nous avions supporté de bonne grâce. Le temps des salles de bains et des toilettes était venu…

L'île merveilleuse de notre adolescence s'est peu à peu enfoncée dans nos souvenirs. De temps en temps, avec ceux qui ont vécu ces moments quasi magiques, nous l'en faisons émerger. Mais il faut prendre garde car, comme le chante Jean-Roger Caussimon : « Abuser de la nostalgie, c'est comme l'opium, ça intoxique ».

10

LES ETUDES

Lorsque j'ai commencé ma vie d'écolier, le parcours scolaire comportait deux voies nettement différentes selon le milieu auquel on appartenait.

Pour les enfants de la bourgeoisie, le chemin était tout tracé : après les études primaires, on entrait au lycée ou dans un collège privé qui vous conduisaient jusqu'au baccalauréat. On y accomplissait ses « humanités » à base de littérature française et de latin (dans les collèges chics, la classe de première était également appelée « rhétorique »). Les meilleurs élèves ajoutaient le grec à ces matières.

Une fois les baccalauréats obtenus à la fin de la première et de la philosophie, il vous était loisible d'accéder à l'enseignement supérieur ou de préparer les concours des grands écoles (rêve de tous les parents de ce milieu).

Les enfants des milieux « populaires », à moins d'être excellents, avaient peu de chances d'emprunter cette voie « royale ». Beaucoup s'arrêtaient au certificat d'études (« le Certif ») à quatorze ans et entraient dans la vie active (l'obligation de poursuivre sa scolarité jusqu'à seize ans a été instaurée par Giscard d'Estaing en 79). Les plus doués, ou les moins impécunieux, passaient au

Cours Complémentaire (le CC) qui était sanctionné par un examen, le Brevet.

Avec ce diplôme (devenu plus tard le BEPC qu'on passait au lycée à la fin de la troisième) la plupart entraient dans les banques, les administrations, les entreprises ou préparaient le concours de l'Ecole Normale d'Instituteurs.

Entrer au lycée exigeait, outre des capacités exceptionnelles, que l'on se déplace souvent fort loin. Dans la banlieue parisienne, par exemple, il n'existait pas d'établissements de ce type. Un enfant des Lilas devait se rendre au lycée Voltaire. Quant aux ruraux, force leur était de s'exiler en ville pour devenir pensionnaires.

Il faut ajouter que l'entrée en sixième au lycée nécessitait de passer un examen qui, en fait, était un véritable concours. La sélection, dont on reparle beaucoup à l'heure actuelle, s'opérait très tôt.

En 1944, pressentant que de graves événements se préparaient et que Paris risquait de se trouver au centre de violents combats, mon père expédia toute la famille en Indre et Loire (cf. : La campagne).

La petite classe

C'est donc à Neuvy-le-Roi, le village maternel, que je fis mon entrée dans le monde scolaire.

Le bourg comptait alors une impressionnante variété d'établissements.

Le jardin d'enfants et la maternelle étaient regroupés sous le nom de *L'Asile*. Celui-ci était tenu par deux sœurs au nom prédestiné : les demoiselles Ban (dans la salle de classe nous étions assis par deux sur un banc fixé à un pupitre incliné).

La « grande école » marquait le fossé entre « bien pensants » qui se rendaient à l'école libre et les autres, les « mécréants » qui fréquentaient l'école publique.

La séparation était identique pour les filles.

Bien sûr, une franche hostilité régnait entre le clan catholique et le clan laïque. *La guerre des boutons* se produisait fréquemment. Sur le passage du curé, les garçons de l'école publique croassaient en ricanant.

Mes débuts en scolarité manquèrent de gloire. À peine enfermé dans cette classe qui sentait l'aigrelet, les pieds et la poussière, je demandais l'autorisation d'aller aux cabinets (on s'en doute, il s'agissait d'un cloaque avec un trou dans le sol où des carrés de journal remplaçaient le papier hygiénique). Refusant l'aide d'un « grand » (l'*Asile*, à l'instar de certaines écoles qui existent encore, mélangeait les débutants et les vétérans), je feignis de me rendre au petit endroit et, rasant les murs, je m'enfuis à la maison. Sagement, mon père me fit entendre raison et, en se cachant, me ramena jusqu'à la porte de l'école.

La maîtresse feignit de ne pas remarquer une si longue absence. Pour la seconde fois je faisais mon entrée dans l'univers des études.

À part ce souvenir précis, je ne conserve que de fugaces images des quelques mois passés à l'Asile : les pupitres dont on faisait claquer les couvercles burinés par des générations d'écoliers et où l'on rangeait notre ardoise, les grandes cartes murales représentant les syllabes que nous ânonnions – B.E.-BEU, B.I.-BI – les départements français et les animaux de la basse-cour.

Chaque matin, un grand remplissait les encriers de porcelaine blanche insérés dans les pupitres avec un liquide violacé que la maîtresse confectionnait à l'aide de pastilles diluées dans de l'eau. Je sens encore l'odeur fade de cet ersatz d'encre qui donnait une écriture pâlichonne rapidement effacée par le temps.

Des petits malins trouvaient amusant de boucher les encriers avec du papier buvard qui se prenait dans les plumes *SERGENT MAJOR* des porte-plumes. La maîtresse déchirait les pages couvertes de pâtés et infligeait une punition pour la plus grande joie des saboteurs d'encriers.

Les plus petits n'avaient pas droit à la plume et devaient se contenter de dessiner sur leurs ardoises avec des bâtonnets de matière dure retenus dans le porte-crayon d'ardoise par une bague coulissante.

À la grande école, mon frère avait moins de chance. Il était pris en grippe par l'instituteur, M. Robert, dont il contestait la nullité abyssale et il devait subir les sarcasmes des fils de paysans qui l'accablaient de l'incontournable « *Parisien, tête de chien, Parigot, tête de veau* ». Deux frères, au nom prédestiné, les Chican (leurs ancêtres devaient être des spécialistes de la chicanerie) lui menaient la vie dure en classe et dans la cour de récréation où leur brutalité naturelle s'en donnait à cœur joie.

En guise de leçon de choses, les élèves passaient une partie de leur temps à débarrasser les champs de pommes de terre des doryphores qui pullulaient. On leur expliquait qu'ils participaient ainsi à l'effort de solidarité nationale qui permettait aux affamés des villes de survivre.

Sans doute à cause du manque d'insecticides, les hannetons foisonnaient au printemps. Nous les capturions pour les glisser dans les pupitres, dans les cartables, dans le cou de nos camarades.

Nous confectionnions de petits chariots en papier que nous leur accrochions avec un fil. Fascinés, nous regardions ces gros insectes qui s'envolaient lourdement en remorquant leurs fragiles nacelles.

Saint-Thomas d'Aquin

À la rentrée de 1944, la vie scolaire sérieuse commençait : je rentrai en onzième à l'école Saint-Thomas d'Aquin, 44 rue de Grenelle.

Aujourd'hui transformée en lycée, cette école était le passage obligatoire pour tout jeune garçon du quartier désirant recevoir une bonne éducation chrétienne.

Saint-Thomas était le fief des Frères des Ecoles Chrétiennes – nous les appelions « chers frères » – ordre créé en 1680 par Saint Jean-Baptiste de la Salle pour donner aux garçons de milieux modeste et pauvre (ceux des familles aisées étaient confiés aux Jésuites ou aux Oratoriens) richesse intellectuelle et foi inébranlable.

Le Directeur ne manquait pas de faire miroiter aux parents éblouis que le jeune Charles de Gaulle avait débuté sa carrière dans les murs de son école.

Vêtus d'une soutane noire à larges manches flottantes (ce qui leur avait valu le surnom de « frères à quatre bras »), un double plastron blanc amidonné sous le cou et généralement chaussés de lourds brodequins, les chers frères, pour la plupart, étaient originaires de départements pauvres – Haute-Loire, Aveyron, Lozère – et, hormis leur dévouement, faisaient preuve de connaissances intellectuelles et de qualités pédagogiques pour le moins discutables (d'où leur autre qualificatif de « frères ignorantins » car, à l'origine, ils n'enseignaient pas le latin).

Ces prolétaires de l'Eglise, qui renouvelaient leurs vœux (célibat, obéissance, pauvreté) chaque année, n'étaient autorisés ni à célébrer la messe ni à recevoir la confession.

À la tête de l'école régnait le Très Cher Frère Ferraton (surnommé par mon père « Ferraton de Jésus »). Ce personnage tonitruant qui était en prise directe avec le diable (cf. : La religion) avait un tic impressionnant : lorsqu'il contemplait les élèves massés en rangs sous le préau, il claquait des mains en les frottant vigoureusement puis, avec la même énergie, se frottait l'arrière du crâne.

Lorsque j'entrai à Saint-Thomas, chaque pièce de l'école était ornée d'un portrait dédicacé du Général de Gaulle. À la Libération, les photos du Général avaient remplacé celle du Maréchal. Mais peut-on en vouloir au Très Cher Frère qui ne faisait que suivre l'exemple de Claudel avec ses odes successives ?

L'école en elle-même s'ouvrait sur une minuscule cour cimentée dans laquelle s'ébattaient tous les élèves au moment de la récréation au mépris des règles élémentaires de sécurité (j'en parle en connaissance de cause – voir plus loin). Au fond de la cour, les inévitables cabinets à la turque exhalaient leur puanteur.

On pénétrait ensuite dans le préau où se déroulait, matin et après-midi, le *rituel des rangs*.

Chaque classe, alignée sous la houlette de son professeur (le corps enseignant était exclusivement masculin) attendait en silence le signal du Directeur. Après avoir contemplé, les élèves comme un général inspecte ses troupes, le Très Cher Frère, agité par son fameux tic, tonnait l'ordre de gagner les salles de classe. À l'appel de son numéro, chaque classe s'engageait dans l'escalier menant aux salles de cours. Le départ de la huitième était impressionnant : le professeur, M. Gauthier, aussi large que bas sur pattes, avait le don d'intimer le signal de départ en claquant des doigts avec la puissance d'un coup de revolver.

Quelques classes étaient dirigées par des laïcs dont l'incompétence égalait celle des chers frères.

Certains ont laissé à leurs élèves un souvenir impérissable. En dixième, M. Savoy, toujours vêtu de noir, avec ses faux-cols amidonnés et son épingle de cravate montée d'une perle, évoquait irrésistiblement un enseignant de *Topaze*.

M. Gauthier, au claquement de doigts retentissant, était la bonté même. Lorsque j'eus mon accident, il vint me rendre visite en m'apportant un kilo de sucre. On imagine mal ce que représentait en 1948 un tel présent venant d'un père de famille nombreuse scandaleusement sous-payé par les honorables chers frères.

La neuvième était dirigée par le Frère Robert. Sa spécialité consistait à prendre à parti un élève durant la classe jusqu'à ce que celui-ci éclatât en sanglots. À la fin du cours, il le retenait à sa chaire et s'évertuait à le consoler en lui caressant les cuisses (le Très Cher Frère avait également ce péché mignon. À sa mère qui s'étonnait de l'insistance de son fils à porter des pantalons plutôt que des culottes courtes, celui-ci finit par lui avouer qu'il supportait mal que le Directeur s'intéressât davantage à ses cuisses qu'à ses problèmes religieux.).

En sixième sévissait une sorte de sadique dont les bases pédagogiques se limitaient à taper sur les doigts des élèves avec sa « règle d'or ».

Le professeur d'anglais n'avait probablement jamais mis les pieds en Angleterre ni parlé à un anglo-saxon. Il prononçait l'anglais avec un accent guttural à l'allemande qui donnait à peu près ceci :

« *In/ Gliche/ Task* »

Quant au professeur de latin, il avait acquis sa science dans les missels et parlait couramment le « latin de cuisine » (pour la publicité de l'école, le Très Cher Frère racontait aux parents que celui-ci préparait un certificat de licence en Sorbonne).

Tous ces professeurs possédaient un précieux auxiliaire : le livre du maître. Grâce à cet ouvrage providentiel, ils pouvaient nous proposer exercices et problèmes en toute sérénité puisque le livre leur en fournissait les réponses.

En fouinant dans les affaires de ma mère, je découvris le livre du maître de calcul. Durant le temps qu'elle mit à s'apercevoir de la supercherie, j'obtins des notes miraculeuses. Lorsqu'elle déterra le pot aux roses et confisqua l'ouvrage, je retombai dans la moyenne.

Chaque semaine, les meilleurs élèves étaient récompensés par des bons points. Un certain nombre de ces bons points (sous forme d'images pieuses) donnait droit à la croix d'honneur. Nous l'arborions fièrement sur nos blouses. Outre la dignité que celle-ci représentait, « avoir la croix » me donnait droit à une séance de guignol aux Tuileries ou au Luxembourg (cf. : La vie au quotidien).

À midi et à quatre heures, nous nous retrouvions sous le préau pour « faire les rangs ». Escortés par un professeur nous traversions le boulevard Saint-Germain ou le boulevard Raspail. Ces passages périlleux effectués, nous nous égaillions vers nos domiciles.

Les salles de classe me laissent un souvenir de grisaille et de vétusté. Chacune comportait une estrade où trônait le professeur. Un tableau noir que nous essuyions à tour de rôle avec un chiffon crasseux, les éternelles cartes de géographie, d'orthographe et d'histoire naturelle constituaient l'essentiel du matériel pédagogique.

J'allais oublier le crucifix muni de son brin de buis vers

lequel nous levions les yeux et élevions notre âme pour la prière du matin.

Comme l'école ne disposait pas de gymnase et que la cour de récréation était trop exiguë pour les séances d'éducation physique, nous nous rendions au *Patronage des Hirondelles* (« le patro » ou « le 14 » situé de l'autre côté du boulevard Raspail). Là, dans une cour poussiéreuse ou boueuse selon les saisons, vêtus d'un « flottant » (culotte courte large) et chaussés de « baskets » nous effectuions les mouvements classiques de l'hébertisme (cf. : Le scoutisme). Bien évidemment, il n'y avait pas de douches et, trempés de sueur, nous devions renfiler nos vêtements « de ville ».

Qui étaient les élèves de Saint-Thomas d'Aquin ? Pour l'essentiel des garçons des différents degrés de la bourgeoisie et de la noblesse. Les « de quelque chose » étaient sur-représentés : de Calan, De Montety, de Lestranges, d'Azémar de Fabrègues, etc. Quelques fils de profiteurs du marché noir exhibaient leurs cartables en cuir véritable, leurs chaussures à triple semelle de crêpe et leurs manteaux en tweed anglais. Ils jouissaient de toutes les indulgences du Directeur : leurs parents fournissaient la kermesse annuelle en coupons de tissus et en victuailles encore introuvables.

Le seul élève atypique dont je me souvienne était le fils d'un cafetier de la rue de Beaune. Il nous invitait de temps à autre à prendre un verre dans le bistro de ses parents.

Les garçons les plus pieux – ou les plus obséquieux (« les fayots ») assistaient à la messe du vendredi matin qui avait lieu dans la petite chapelle à l'ange quêteur (cf. : La religion). Pour nous attirer à cette cérémonie, le Très Cher Frère avait une ruse : tout participant à l'office avait droit à des bonbons vitaminés et à un petit-déjeuner composé de café au lait et de biscuits également vitaminés (je précise que ces douceurs, fournie par l'Etat, auraient dû être distribuées à l'ensemble des élèves).

Cette petite escroquerie cachait de plus sérieuses malversations. En huitième, j'eus un grave accident. Un élève dont je tairai le nom par charité, jaloux de la première place que je lui avais ravie, profita de ce que j'étais à quatre pattes dans la cour en jouant aux billes pour me frapper violemment la tête contre le sol de ciment.

À moitié assommé, je regagnai la classe en titubant sans que personne ne se préoccupe de moi. Rapidement les maux de tête devinrent intolérables.

Mes parents commencèrent à me traîner de spécialiste en spécialiste. À l'époque les scanners et autre IRM n'existaient pas. Un « grand ponte » en neurologie (autre expression favorite de mon père) parla de « bleu au cerveau » et suggéra une trépanation.

Logiquement, mon père voulut recourir aux assurances. Stupéfait, il découvrit que les primes versées par les parents ne parvenaient jamais aux assureurs et s'égaraient dans les poches du Très Cher Frère.

Menacé d'un procès, celui-ci, fit donner le ban et l'arrière-ban de la gent cléricale. Le curé de la paroisse, l'évêque, que sais-je encore, exercèrent leur chantage auprès de mon père. En tant que chef de groupe scout, il ne pouvait attaquer l'école et la couvrir d'opprobre. Si Saint-Thomas devait fermer, les « pauvres professeurs », si dévoués à nos chers enfants se retrouveraient à la rue.

La pression fut si forte que mon père renonça au procès. Il eut tort[10].

Quelques années plus tard, dans la même cour, un élève se fractura le crâne. Personne ne surveillait la récréation et ce furent ses camarades qui l'amenèrent à l'infirmerie baignant dans son sang. Cette fois-ci les parents, dont le fils resta hémiplégique, n'hésitèrent pas à faire un procès.

On assista au spectacle honteux des chers frères et des professeurs, menacés de renvoi s'ils disaient la vérité, accumulant les faux témoignages en assurant qu'ils avaient fait preuve de la plus grande vigilance durant cette récréation.

À la fin de l'année scolaire avait lieu la remise des prix.

---

10 Qu'on se rassure. Des grandes vacances dans les calmes forêts des Vosges résorbèrent le mystérieux « bleu » et j'échappai à la trépanation.

Dans le préau décoré de serpentins et de papier crépon, une estrade était dressée où trônaient le curé de Saint-Thomas, le Très Cher Frère et quelques personnalités locales comme le député Frédéric Dupont (surnommé « Dupont des Loges » pour son assiduité à courtiser les concierges en période électorale).

Les élèves exécutaient des saynètes sous le regard attendri des parents.

Déguisés en paysans berrichons, nous dansions et chantions :
« *Au pays du Berry*
Quand une fillette
Veut un amoureux, oui da
Va chez un épouseux »

Si mon passage à l'Ecole Saint-Thomas d'Aquin me permit d'acquérir les rudiments nécessaires en écriture et en calcul, il me donna très tôt l'occasion de mesurer la tartufferie de certains adultes qui, sous des allures vertueuses et des discours moralisateurs, dissimulent leur ignorance, leur bassesse et leurs médiocres combines. En ce sens, ce fut une riche expérience.

Mais, en positif, il me fit découvrir ce que pouvait être une profonde et solide amitié.

Souvent les grandes amitiés comme les grandes amours commencent mal. En septième (nous avions dix ans), pour je ne sais quelle raison, deux garçons me prirent comme souffre-douleur. Durant la classe, ces costauds qui me dépassaient d'une bonne tête et à qui je rendais au moins dix kilos, ne cessaient de me harceler, de me balancer des projectiles divers, de ricaner dès que je prenais la parole.

Un jour, excédé, je me levai et envoyai une bonne gifle au plus fort des deux. « À la sortie, on aura ta peau ! » me promit-il.

Commença alors une course-poursuite dès que nous avions quitté les rangs. À toutes jambes, je m'enfuyais chercher refuge dans l'église Saint-Thomas d'Aquin où je me cachais dans les confessionnaux, me terrais sous les bancs, m'enfermais dans les placards de la sacristie. Cette chasse à l'homme dura un bon mois. Ils ne parvinrent jamais à m'attraper.

Lassés de ce jeu idiot, ils décidèrent de cesser les hostilités.

Nous scellâmes un pacte d'alliance et une amitié qui ne se démentit jamais naquit entre Jean-Bruno Duméril et moi.

Si l'on jugeait indispensable de donner un solide bagage intellectuel aux garçons qui leur permette d'accéder à de « brillantes situations », il n'en allait pas de même pour les filles.

Officiellement, les parents tenaient un discours *moderniste*, une fille a les mêmes droits à l'instruction que les garçons. Elle aussi peut prétendre mener une « belle carrière » (avocate, professeur, médecin). Mais, au fond d'eux-mêmes, beaucoup raisonnaient encore comme au XIXème siècle : que nos filles reçoivent une solide éducation, soit ! Mais à quoi bon les entraîner dans les études longues et coûteuses qui ne leur serviront jamais puisqu'elles se marieront et se consacreront entièrement à leur mari et à leurs enfants ?

Que le fils rate son bac et c'était la consternation dans la famille. Si c'était la fille, l'échec était fortement relativisé. Au fond, cela avait peu d'importance pour son avenir, l'essentiel étant de trouver « un beau parti » qui lui assure la sécurité matérielle.

Bien sûr, il y avait de notables exceptions. Mais cette mentalité dura longtemps. Ne disait-on pas, dans le Sciences-Po des années 60 que les filles qui choisissaient les sections « Générale » et « International » ne venaient là que pour dénicher un mari, futur énarque de préférence ?

Le Cours Désir est une bonne illustration de l'état d'esprit qui régnait encore dans la société bourgeoise des années 50.

Le Cours Désir

Dans notre petit monde, si les garçons étaient voués à l'Ecole Saint-Thomas d'Aquin, leurs sœurs se devaient de fréquenter le *Cours Désir*, rue Jacob.

Crée en 1857 par Adeline Désir, le Cours ne paraissait pas avoir changé depuis la jeunesse de Simone de Beauvoir (cf. : *Mémoires d'une jeune fille rangée*).

On y pénétrait par une petite porte qui évoquait plutôt une maison close qu'un pensionnat pour jeunes filles. Dans l'entrée obscure se tenaient derrière des bureaux deux femmes préposées à l'accueil. L'une était probablement muette puisque personne n'entendit jamais un son sortir de sa bouche. L'autre, Marie, sans âge et un peu simple d'esprit, était intarissable sur sa cystite qui la travaillait de façon persistance. Ma mère l'écoutait patiemment narrer par le menu les tourments que faisait subir sa vessie à la pauvre Marie.

Lorsqu'elle jugeait qu'on avait suffisamment compati à ses malheurs, elle vous conduisait dans une grande salle où se tenait une « demoiselle » vêtue de gris et coiffée d'un austère chignon.

De hautes bibliothèques vitrées en bois noir, bourrées de livres aux reliures fanées tapissaient les murs. Il régnait là un parfum de vieux et de cire qui vous donnait l'impression de pénétrer par effraction dans un livre de la Comtesse de Ségur.

Toutes les demoiselles (qui étaient, en fait, des religieuses en civil) arboraient la même tenue sévère et parlaient d'une identique voix douce. Sur les parquets reluisants elles ne marchaient pas, elles glissaient.

Contrairement à Saint-Thomas qui s'arrêtait à la cinquième, le Cours Désir prenait les filles en douzième et les menait jusqu'au baccalauréat de philosophie avec un pourcentage de 95 % de reçues (les moins bonnes avaient été progressivement éliminées afin de pouvoir atteindre ce score). C'est là que ma sœur effectua toutes ses études.

Les demoiselles du Cours avaient deux missions essentielles : donner une solide éducation à ces « jeunes filles de bonne famille » et former de futures mères de famille chrétiennes.

On reconnaissait aussitôt une élève du Cours Désir à la façon qu'elle avait de faire la révérence en saluant une dame : un coup du pied droit en arrière avec un léger fléchissement de la jambe gauche.

Les élèves étaient systématiquement embrigadées dans le mouvement de *La Croisade Eucharistique*. En avançant en âge, les jeunes filles progressaient en spiritualité. Les plus petites étaient enrôlées dans les *Croisillons*, les moyennes passaient aux *Croisées* et les aînées accédaient au rang d'*Apôtres*.

Pour la préparation à la communion privée, les petites filles devaient noter dans un carnet spécial leurs bonnes actions et leurs résolutions propres à améliorer la qualité de leur âme. Des retraites annuelles ponctuaient leur vie de bonnes chrétiennes. Aux aînées, il était vivement recommandé de s'inscrire à la *Conférence de Saint Vincent de Paul* pour aller régulièrement rendre visite aux vieillards du quartier.

Au Cours, la discipline vestimentaire était stricte : interdiction de porter des pantalons et d'aller jambes nues. Le port des gants était obligatoire ainsi que celui d'une calotte lorsqu'on se rendait à la chapelle. L'usage du rouge à lèvres et les coiffures à l'*existentialiste* (cheveux longs tombant sur les épaules à la manière de Juliette Gréco) étaient prohibés.

Avec mes amis, nous guettions avec intérêt la sortie des grandes. Certaines se précipitaient chez le marchand de journaux qui faisait le coin de la rue Jacob et de la rue Saint-Benoît. Quelques instants plus tard, elles en sortaient métamorphosées : fardées, cheveux au vent et trébuchant sur des escarpins à hauts talons (j'ignore si ce commerçant exigeait de ces jeunes filles délurées une redevance pour transformer ainsi son arrière-boutique en vestiaire).

La fondatrice du Cours Désir avait instauré une pédagogie originale qui lui survécut jusqu'au déménagement, rue de Rennes. L'enseignement était divisé en deux parties : les cours et les études.

Aux cours, qui se tenaient autour d'une grande table ovale dans une ambiance feutrée et solennelle, pouvaient assister les mères ou les préceptrices de ces jeunes demoiselles. Celles-ci rentraient ensuite chez elles rédiger leurs devoirs et apprendre leurs leçons. Les autres se rendaient en salle d'étude pour accomplir leur besogne sous la houlette des enseignantes.

Au mois de janvier, dans la salle de gymnastique transformée en théâtre, avait lieu la *Fête de la Sainte Enfance* au bénéfice de cette œuvre destinée à apporter quelque réconfort aux petits Chinois (à Saint-Thomas, dans le même but, nous récoltions du papier d'étain et des timbres). Les élèves y jouaient des saynètes avec, comme clou du spectacle, la reconstitution de la crèche (ma sœur, grâce à ses cheveux longs, y tenait le rôle d'un ange).

À la fin de l'année scolaire, dans le grand salon au parquet miroir, se déroulait l'audition. Pendant une longue après-midi, vêtues d'organdi, de mousseline et de soie, les élèves se relayaient au Pleyel à queue pour exécuter (le terme est bien choisi) sonatines, valses et autres barcarolles sous le regard extasié de leurs parents.

La salle de gymnastique me laisse un fâcheux souvenir. Par dérogation spéciale, mes parents, soucieux de mon développement, avaient obtenu que je suivisse les leçons d'éducation physique avec les élèves du Cours (je devais avoir une dizaine d'années).

Sous les ordres d'une grande suédoise hiératique. Mme Champetier de Ribes, nous exécutions avec grâce les mouvements de « gymnastique rythmique ».

Le professeur n'était plus de toute jeunesse et devait souffrir d'arthrose car elle se révélait incapable de réaliser certains mouvements et devait demander à une de ses assistantes de faire la démonstration à sa place.

Mes prouesses ne durèrent guère. M'étant pris de querelle avec une fille, je fus sommé par la surveillante, Mlle Gabrielle, de présenter mes excuses à ma condisciple. Outré par cette injustice (bien sûr, la chipie était dans son tort) je me ruai sur la surveillante et bourrai de coups de poing sa grosse poitrine molle (j'avais oublié le précepte de ma mère : « On ne frappe jamais une femme, même avec une rose »).

Chassé du Cours, mes parents m'inscrivirent à l'école de Mme Andrée Joly qui se tenait dans une superbe bâtisse rococo à l'angle du boulevard Saint-Germain et de la rue Saint-Simon.

Également par privilège, ce cours de « gymnastique rythmique » étant réservé aux jeunes filles.

Sur des airs du style *Il était un petit navire* ou *Meunier tu dors*, debout sur des poutres qui nous forçaient à travailler notre équilibre, nous mimions les airs, accompagnés par un piano aux accords douteux. Comme je regrette de n'avoir pu filmer le spectacle de ces jeunes filles de la bonne société du faubourg Saint-Germain aujourd'hui grands-mères, se tortiller avec conviction en chantant *Je sais au bord du Rhin, un tout petit moulin fadéri déra la la* !

Là encore, je fus exclu pour avoir refusé « mal poliment » de grimper à la corde lisse. Mes parents abandonnèrent l'idée des cours de gymnastique.

Le lycée Henri IV

En quittant Saint-Thomas d'Aquin, trois possibilités s'offraient au jeune homme qui désirait suivre un enseignement dont la qualité pédagogique se doublait d'un sérieux encadrement spirituel : Stanislas, Bossuet et Fénelon (à ne pas confondre avec le lycée de filles du même nom).

À la fin de la cinquième, mon frère fut présenté à chacun des collèges et refusé par les trois. En revanche, il fut admis à Henri IV.

Si ma mère en éprouva une grande désolation, je soupçonne mon père d'avoir vu d'un très bon œil le fait qu'il ne devrait pas assumer une lourde pension. De plus, Henri IV, s'il ne jouissait pas de la renommée qu'il a acquise aujourd'hui, faisait partie des « grands lycées ».

Pour moi, la voie était ouverte.

Alertés par l'exemple de mon frère qui dut – conséquence de l'enseignement misérable de Saint-Thomas – redoubler sa quatrième, mes parents décidèrent de me mettre au lycée dès la sixième.

Je passai donc l'examen d'entrée. Lorsque je vis, sur les listes affichées rue Clovis, que je ne faisais pas partie des élus mais figurais sur une liste d'attente, au désespoir succéda une rage folle. Éperdu d'humiliation, je dévalai en hurlant la rue de la Montagne Sainte-Geneviève, poursuivi par une mère épouvantée.

Les choses s'arrangèrent et c'est la tête haute que je franchis, un matin d'Octobre 1950, la porte du Petit Lycée.

Le lycée Henri IV (« Mes fils sont à Hache Quatre » proclamait fièrement mon père) comportait trois sections : le Petit Lycée, rue Clotilde, qui menait jusqu'à la cinquième, le Moyen Lycée, qui comprenait la quatrième et la troisième et le Grand Lycée, de la seconde à la terminale (philo, Mathélem et Sciences-Expérimentales). Au-delà, s'ouvraient les classes préparatoires aux grandes écoles : hypokhâgne et Khâgne pour Normale Supérieure, « Colo » pour l'Ecole Coloniale, « Chartes » pour l'Ecole des Chartes et « Agro » pour l'Ecole Supérieure d'Agronomie.

Entrer au lycée, c'était découvrir un monde inconnu et fascinant. Tout changeait. Le professeur « multi-matières » que j'avais subi à longueur de journée à Saint-Thomas était remplacé par des enseignants spécialisés en français et en latin, en histoire, en anglais, etc.

Mes camarades avaient d'autres têtes et ne paraissaient plus sortir du même moule. Si certains ne me dépaysaient pas trop (je les retrouvais à l'instruction religieuse) beaucoup, en revanche, m'ouvraient des horizons inconnus. Je découvrais la diversité des races et des classes sociales avec le Malgache Ramambazon, le Russe Karpoucko qui se branlait frénétiquement pendant les cours (j'ai mis longtemps à comprendre ce qu'il bricolait sous son bureau), le fils de républicain espagnol, éternellement chaussé de bottes en caoutchouc clapotantes, qui portait un nom tout droit sorti d'un roman de cape et d'épée : Germinal Rofés.

Je me fis quelques camarades. L'un m'avait pris sous son aile et me protégeait, lors des récréations, des agressions des brutes de la classe. Mes préférés, aux noms qui évoquent Hamlet (Rozencrantz et Guilderstein), Goldblum et Ziguelstein, étaient mes supports d'imagination. Avec eux nous inventions de merveilleuses histoires. Ziguelstein nous impressionnait avec les prouesses de son oncle, soi-disant acteur de cinéma, dont le singe apprivoisé ne tarissait pas en facéties plus extraordinaire les unes que les autres. Je m'interrogeai longtemps sur le ton triomphal duquel il nous annonça, à la visite médicale, qu'il possédait « le testicule gauche non descendu ! ».

Ma mère ne partageait pas mon enthousiasme lorsque je lui contais les prouesses de ces camarades. À l'énoncé de leurs noms, elle fit grise mine « Méfie-toi de ces garçons, me prévint-elle. Tu ferais mieux de fréquenter des camarades d'un autre milieu… ».

De même que j'ignorais ce qu'était un testicule, le mot « juif » m'était également inconnu. Le Très Cher Frère nous avait bien mis en garde contre cette race qui « a crucifié Jésus » et raconté l'histoire de ce Juif qui avait dérobé une hostie pour la lacérer à coups d'épingles. Le sang avait coulé à flot et, passant sous la porte, l'avait dénoncé à la vindicte populaire. Mais cela restait abstrait, irréel. Je mettrai longtemps avant de découvrir qu'il existait chez mes parents, bien qu'ils s'en défendissent, un vieux fond d'antisémitisme qui resurgissait malgré eux (les pauvres ont dût souffrir : leurs trois enfants ont épousé des conjoints d'origine juive !).

Le petit lycée était mené d'une main de fer par le Directeur. Nous le respections et le redoutions. Son œil de verre accentuait encore sa mine terrorisante.

De la fenêtre de son bureau, situé au premier étage, il observait la récréation. S'il apercevait deux élèves en train de se battre, il dévalait l'escalier, se précipitait sur eux et, avant toute explication, assénait une bonne paire de gifles à chacun des pugilistes. Certains enseignants penseront que c'était le bon temps…

Parmi les professeurs, trois m'ont particulièrement marqué.

J'ai eu la chance d'avoir en classe de dessin Maurice Sarthou, qui est devenu un peintre connu. Au lieu de nous infliger de rebutants exercices de perspective ou de copie de pichets hideux, il s'efforçait de développer notre imagination. Je me souviens, en particulier, d'une séance où il nous proposa de dessiner la maison de nos rêves. Je peignis un îlot sur lequel se dressait une montagne en forme de pain de sucre. Par une route en lacets, on accédait au sommet où était bâtie ma maison.

J'ignore ce qu'aurait conclu un psychologue de cette vision orgueilleuse et solitaire. En tout cas, grâce à Maurice

Sarthou, je pris goût à la peinture (cf. : La peinture).

En cinquième, à la suite de la défection d'un professeur de français, nous héritâmes d'un enseignant exceptionnel. Monsieur Battut arrivait des Etats-Unis et se passionnait pour la littérature. Devant la classe méduseé, il nous lisait du Rimbaud, du Saint John Perse ou du Paul Eluard.

Au premier rang, les quelques bons élèves, qui ne comprenaient rien à ces langues étrangères, se tenaient cois en se demandant comment ils pourraient prendre des notes à partir de ce charabia. Moi, j'écoutais avec ravissement ces phrases dont je comprenais mal le sens mais dont la musique m'ouvrait des horizons insondables.

Quant au reste de la classe, il chahutait sans vergogne. Lorsque le vacarme devenait trop assourdissant, M. Battut levait le nez de son livre, entrait en fureur, et jetait les perturbateurs à la porte. On imagine ce que pouvait donner une vingtaine d'élèves relégués dans le couloir…

Alerté par les hurlements, le Directeur accourait et distribuait au hasard quelques paires de claques et force heures de colle.

Si certains professeurs, comme ceux-là, ont joué un merveilleux rôle d'éveilleurs, d'autres laissent dans la mémoire le souvenir de créatures étranges appartenant à un monde différent.

C'est le cas du professeur de mathématiques que j'eus à subir en cinquième puis, de nouveau, en première.

Monsieur Herm était un énorme bonhomme qu'on aurait mieux vu avec les clochards de la place Maubert qu'à l'intérieur d'un lycée. Je l'ai toujours connu fagoté dans le même costume bleu luisant de crasse dont la veste informe contenait avec peine sa panse volumineuse.

Hippie avant la lettre, il réparait les accrocs de son pantalon tirebouchonnant avec des épingles de nourrice.

Ajoutez à cela une cravate en ficelle, des chaussures éculées et un chapeau informe et vous pourrez imaginer les réactions d'une classe de garnements face à un professeur aussi pittoresque.

Le pauvre était horriblement chahuté. Pour éviter les jets de morceaux de craie et de boulettes de papier mâché, il se tenait face aux élèves en écrivant au tableau aux prix de ridicules contorsions.

Quand le chahut devenait vraiment insupportable, il abandonnait les menaces pour les supplications : « Si vous ne respectez pas le professeur, respectez au moins en moi l'ancien combattant de la guerre de 14 ».

Lorsqu'il abordait une démonstration, oubliant qu'il avait affaire à des gamins de douze ans, il se lançait dans des calculs d'équations du quatrième degré destinées à des élèves de Taupe (Ce qui lui valut, évidemment, le surnom d'« Hermétique »).

Sans pitié, nous nous défoulions sur le pauvre M. Herm, ignorant que son aspect pitoyable était dû à un terrible accident de voiture dans lequel avaient péri sa femme et ses enfants.

Un jour, pris de compassion, nous décidâmes de cesser le chahut. Il commença son cours dans un silence religieux. Sagement, nous prenions des notes sur nos cahiers. Rapidement, son étonnement se transforma en panique. On lut dans ses yeux une expression de bête traquée. Comme le silence durait et qu'aucun projectile n'atterrissait sur le tableau, il craqua. « c'est un complot ! c'est un complot ! » s'écria-t-il, affolé. Pour le rassurer, nous reprîmes nos mauvaises habitudes…

Le passage en quatrième marquait une véritable mutation. Nous pénétrions par la porte du « Grand Lycée » jusqu'ici aperçu à travers le grillage qui séparait notre cour de celle de gymnastique.

Dans les années 50, le lycée proposait trois filières : A, B et M.

En A, outre le latin et une langue vivante commencés en sixième, on débutait le grec. En B, ce dernier était remplacé par une seconde langue vivante (espagnol ou allemand). La section M (« Moderne ») était destinée aux élèves plutôt portés sur les mathématiques.

En fait, il s'agissait d'une subtile sélection : les meilleurs élèves étaient aiguillés vers la section A, les moyens vers B et les autres – avec qui nous n'entretenions pratiquement pas de rapports – étaient relégués en M.

À l'entrée en seconde, cette sélection était encore renforcée. L'élite de A intégrait A Prime (A'). Outre le latin et le grec, elle partageait les cours de mathématiques, de physique et de chimie avec les élèves de C (section scientifique).

Par je ne sais quelle magie, je fus désigné pour entre en A'. Rapidement, à cause d'un professeur qui me dégoûta des mathématiques (je reparlerai de ce tueur) je lâchai prise et réintégrai les A en première.

L'organisation du lycée respectait une hiérarchie quasi militaire. Au sommet trônait le Proviseur, personnage lointain vivant dans son olympe, situé en haut du monumental escalier d'honneur. Etre appelé dans son bureau signifiait soit qu'on était coupable d'une faute gravissime soit qu'on méritait des félicitations pour un fait marquant. J'eus cet honneur lorsque je fis paraître, en troisième, le premier numéro de notre journal de classe, *Clovis 53* (cf. : Le journalisme et l'édition) et qu'en première, je fus lauréat du Concours Général.

La discipline courante était assurée par le Censeur, personnage redoutable et redouté, par qui il n'était pas bon de se faire remarquer.

Le Censeur avait sous ses ordres les surveillants généraux (les « surgés ») qui traquaient les retardataires, débusquaient les indisciplinés et distribuaient les heures de colle.

Enfin, les surveillants ((les « pions ») assuraient la bonne marche quotidienne : surveillance des récréations, des études, des séances de colle, etc.

Un dernier personnage jouait un rôle important dans notre vie de lycéens : Henri, le « garçon ». C'est lui qui veillait à la fermeture de la « petite porte » de la rue Clotilde à huit heures et demie tapantes (passé cette limite, il fallait passer par la « grande porte » de la rue Clovis où se tenait un impitoyable surveillant général). C'est lui qui, chaque jour, passait dans les classes pour noter dans un registre les élèves absents. Mais, surtout, c'est lui qui tenait une petite boutique où l'on pouvait se procurer, à la récréation de dix heures et demie, des petits pains au chocolat et des macarons qui sont les « madeleines à souvenir » des anciens d'Henri IV.

Les élèves se répartissaient en trois catégories : les externes, dont je faisais partie, qui rentraient chez eux pour le déjeuner et après le dernier cours de l'après-midi, les demi-pensionnaires, qui mangeaient à la cantine et restaient faire leurs devoirs à l'étude du soir et les pensionnaires (les « penscos ») qui ne quittaient le lycée que lors des week-ends et des vacances.

Le chic, pour les pensionnaires des classes préparatoires, consistait à être le plus crasseux possible. Certains (des Bretons, je crois) poussaient le snobisme jusqu'à chausser des sabots bourrés de paille.

À la fin de chaque trimestre, le conseil de classe se réunissait pour statuer sur le sort des élèves. Certains passaient alors par des journées d'angoisse en attendant la décision fatidique.

Des notes moyennes donnaient droit au tableau d'honneur. Un cran au-dessus, on méritait les encouragements (je n'ai réussi à les obtenir qu'une seule fois). Au sommet, l'élève était honoré par les félicitations (les « ficelles d'installation »).

En sens inverse, on était stigmatisé par un avertissement ou, comble de déshonneur, par un blâme (la porte n'était pas loin).

À l'approche du conseil de classe, les élèves au sort incertain entouraient de leur sollicitude les professeurs dédaignés pendant le trimestre – dessin, gymnastique, musique – dont l'influence était faible mais dont la mansuétude pouvait influencer le jury à un plus grande clémence.

Solennellement, le professeur principal nous communiquait les scores obtenus par chacun. Si le résultat du trimestre n'avait pas été bon, il fallait subir la pénible épreuve de la lecture du bulletin envoyé aux parents.

Un mauvais bulletin me valait une séance de reproches paternels. La grande menace, si je continuais dans cette voie, était de me « mettre en apprentissage ». Ce à quoi je rétorquais qu'il s'agissait là d'une excellente idée et que je rêvais de devenir menuisier. Pris à son piège, mon père concluait « Passe d'abord ton bac. On verra après ! ».

L'orage était détourné...

En début d'année, chaque classe élisait le chef de classe. Cet élève méritant avait pour tâche de gérer la maigre bibliothèque de classe et de noter les punitions infligées par les professeurs.

Une fois par semaine, dès le petit lycée, une demi-journée était consacrée au plein air. Escortés par un professeur de gymnastique, nous nous rendions à l'un de ces stades sinistres de la Porte d'Orléans ou de Gentilly en empruntant la ligne de Sceaux.

Là, dans la poussière ou dans la boue, nous devions courir après un ballon durant des heures qui me paraissaient interminables. Les maladroits, dont je faisais partie, essuyaient les sarcasmes du professeur et des joueurs passionnés. J'en ai conçu une profonde et durable aversion pour le football.

L'idéal était d'obtenir une dispense délivrée par un médecin complaisant. Ainsi les séances de mains gelées et de vêtements trempés étaient-elles remplacées par de douillets après-midi de lecture à la maison.

En 1951, l'Education nationale eut une heureuse initiative : il était possible de remplacer l'infernal plein-air par une initiation à l'aéromodélisme. Je sautai sur l'occasion et vécus une année passionnante à construire un planeur que nous allions faire voler, les beaux jours venus, sur un terrain d'aviation désaffecté. Une suite était prévue : construction d'un avion à moteur puis initiation au vol à voile.

Hélas ! les initiatives intelligentes portent en elles-mêmes leur condamnation. Il n'y eut jamais de second niveau et je dus retourner patauger à la Vache Noire ou à Charléty.

En règle générale, les cours se déroulaient de huit heures trente à onze heures trente et de treize heures trente à seize heures trente. Les jours bénis étaient ceux où nous pouvions sortir à dix heures trente et rentrer à quatorze heures trente.

Un ancien d'Henri IV, bien informé sur la question, m'affirme que les horaires entre lycées de garçons et lycées de filles étaient décalés afin d'éviter les rencontres « fortuites ». Ainsi les filles de Fénelon (lycée proche de l'Odéon dont les élèves portaient encore des blouses sur lesquelles étaient brodés leur nom et leur classe) entraient et sortaient un quart d'heure plus tôt que nous.

Cette volonté de séparation entre garçons et filles était exprimée avec beaucoup d'élégance (!) par Monseigneur Méchecaze, directeur du Collège Stanislas qui recommandait à la directrice d'un collège de filles voisin : « Quand je lâche mes coqs, faites rentrer vos poules ! ».

Jusqu'à la fin de ma première quatrième, je me rendis au lycée par l'autobus 84. En redoublant, je retrouvai en classe mes deux complices de Saint-Thomas d'Aquin : Olivier d'Azémar de Fabrègues et Jean-Bruno Duméril. L'un habitait au début de la rue des Saints Pères et l'autre rue de Lille.

D'un commun accord, nous décrétâmes qu'il était beaucoup plus intéressant de se rendre au lycée à pied plutôt qu'en autobus.

Chaque matin à huit heures et après le déjeuner à treize heures nous avions rendez-vous au coin de la rue de Verneuil et de la rue des Saints-Pères pour nous rendre de concert au lycée. En troisième, un autre camarade, qui habitait au Palais Royal (cf. : Les jeunes filles et les dames) vint se joindre à notre bande.

Nous avions une demi-heure pour arriver place du Panthéon. Il ne fallait pas lambiner pour parcourir à temps ces trois kilomètres. Notre itinéraire suivait la rue Jacob, la rue de Buci, la Cour de Rohan, un morceau du boulevard Saint-Germain et du boulevard Saint-Michel, la traversée de la Sorbonne et la rue Cujas. Quand nous débouchions sur la Place du Panthéon, l'horloge nous indiquait si nous pouvions souffler ou prendre nos jambes à notre cou.

À la sortie, nous effectuions le même trajet à rebours. Nous avalions notre déjeuner et nous repartions. J'ai fait le compte, nous devions bien parcourir une quinzaine de kilomètre par jour (excellent pour la santé !).

Le retour du soir nous autorisait à la flânerie. À cette époque, les distractions de rue ne manquaient pas. Tout au long du boulevard Saint-Michel (le *Boul Mich* en argot d'alors) des camelots vantaient leur marchandise. Certains avaient un bagout étourdissant comme celui qui, pour vendre je ne sais plus quel gadget, commençait sa péroraison par : « *Mon grand-père qui avait une jambe de bois poilue, parcourait des kilomètres dans les orties pour rejoindre ma grand-mère qui faisait du vélo, à quatre pattes sur un tonneau* » (ce devait être un ancien surréaliste).

Un autre vendait des « cravates à système » que nous nous empressâmes d'acheter pour égayer les cours du détesté Daubrac (voir plus loin). C'était une cravate dans laquelle était dissimulée une armature en fil de fer. Grâce à une articulation contenue dans le nœud et reliée par une ficelle cachée sous la chemise et fixée au dernier bouton du pantalon on pouvait, en bombant le torse, faire se soulever la cravate jusqu'à l'horizontale. Succès assuré !

Sur le boulevard, on croisait également Ferdinand Lop qui défendait son programme électoral (prolongation du boulevard Saint-Michel jusqu'à la mer avec une vespasienne tous les cent mètres), applaudi par les « lopistes » et hué par les « antilopes ».

La place de l'Odéon était alternativement occupée par deux personnages exceptionnels : *Léon de Cherbourg*, l'homme le plus fort du monde qui s'entortillait de chaînes et, en se contorsionnant et gonflant ses biceps, réussissait à se délivrer en brisant les maillons. Pour ma grande fierté, il me demandait parfois de faire la quête à sa place dans un béret crasseux.

L'avaleur de sabres, qui exhibait des radios de son œsophage pour prouver que sa prestation n'était pas truquée, avalait des sabres et, au péril de sa vie (prétendait-il) une redoutable « baïonnette allemande » dont un des tranchants était hérissé de dents-de-scie. Il absorbait aussi des boules de billard qu'il recrachait, gluantes de salive. Il les essuyait avec un torchon douteux traînant par terre avant de les avaler à nouveau.

À force de parcourir le même itinéraire, nous finîmes par lier connaissance avec tous les personnages pittoresques que nous croisions sur notre route. J'aimais bien ce joyeux clochard qui avait élu domicile sur les bancs du hall de la Sorbonne et qui se rasait en s'arrachant les poils du visage avec une pince à épiler. À chacun de nos passages, il nous demandait l'heure. « Déjà une heure vingt, s'exclamait-il, il faut que j'y aille ! ». Il ramassait précipitamment ses hardes pour s'installer sur le banc d'à côté.

Un jour de grève des transports, nous tentâmes de nous rendre au lycée en patins à roulettes. Mais un agent nous intima l'ordre de les ôter. On ne plaisantait pas en ce temps-là ! Heureusement, les adeptes du roller nous vengent aujourd'hui de cette humiliation.

Nous avions découvert dans un « stock américain » (ce genre de boutiques pullulait) des « protections américaines », sortes de sacs en plastique kaki dont le haut était transparent. Les jours de pluie nous revêtions ces capotes que la condensation de l'haleine rendait rapidement opaques. C'est à tâtons que nous tracions notre chemin.

Lorsque nous avions la chance de sortir à dix heures et demie, nous faisions une escale au LUDO, rue Champollion. Cette maison de jeux, rendez-vous des cancres des lycées et des Facultés, proposait des tables de ping-pong et des baby-foot. Le premier étage « interdit au moins de seize ans » excitait notre imagination. Quel genre de femmes y rencontrait-on ? (en fait, c'était le domaine de joueurs de poker).

La vie au lycée

Les six années que je passai au Lycée Henri IV furent des années heureuses. Mes débuts furent difficiles. Au milieu de l'année, de nouveaux maux de tête dont on ne parvenait pas à déceler l'origine, me forcèrent à interrompre mes études de quatrième durant quelques mois. Après m'avoir traîné de spécialistes en radiesthésistes et autres charlatans, en désespoir de cause, mes parents m'emmenèrent consulter le précurseur de l'ostéopathie française, le docteur Douglas.

En quelques séances de manipulation, le médecin remit en place les vertèbres déplacées et les douleurs cessèrent.

À la fin de l'année, le professeur principal, M. Nicolet, conseilla à mes parents de me faire redoubler afin que je reparte du bon pied. Sagement, ils suivirent son avis. Mais lorsque le bulletin trimestriel arriva à la maison et que je lus au bas de la feuille « Redouble sa quatrième à la demande de la famille » je fus pris d'une telle rage que je le déchirai en dix morceaux (j'ai fait le compte en retrouvant dans une boîte à souvenirs le bulletin recollé par ma mère) et écrivis à côté de l'appréciation du professeur de lettre « Bon travail, les résultats restent médiocres » un vengeur « Très bon travail. Réussira. ».

En regardant les photos de classe prises de la quatrième à la première, on peut constater que la majorité des élèves ne varie pas. En seconde, quelques-uns, jugés inaptes à demeurer en A s'en vont en B ou en M.

En philo, des nouveaux arrivent. Mais, en gros, la même population d'élèves a vécu ensemble durant cinq ans.

Malgré cette promiscuité, j'ignore le prénom de ces camarades que j'ai fréquentés quotidiennement. Systématiquement nous nous appelions par nos noms de famille ainsi que le faisaient nos professeurs qui, eux, nous vouvoyaient.

J'aurais également été incapable de dire quelle était la profession des parents de mes condisciples ni dans quel milieu social ils évoluaient. Maintenant je sais que je côtoyais le fils d'une célèbre famille de banquiers, les deux fils d'un prix Nobel et celui d'un ambassadeur. Mais durant notre scolarité, contrairement à ce qui se passe aujourd'hui, nous nous désintéressions totalement du rang social de nos camarades. Jamais personne ne s'est vanté de la richesse de sa famille ni des relations de ses parents (sauf, peut-être, en quatrième, un garçon qui nous rebattait les oreilles de la *FORD VEDETTE* de son père, sans doute un B.O.F.)

Durant ma scolarité, nous vécûmes une période particulièrement agitée : guerre d'Indochine puis de Corée, Guerre Froide, début des « événements d'Algérie ». Pourtant ni les élèves ni les professeurs (même un communiste fanatique comme Albert Soboul) n'ont mis ces événements en discussion, comme si les murs du lycée constituaient une barrière infranchissable aux tumultes de l'extérieur.

Il fallut attendre l'arrivée en philo d'un « nouveau », violent partisan de l'Algérie Française pour que le débat politique fasse une timide entrée dans la cour de récréation.

Je dois également souligner (et plusieurs anciens me l'ont confirmé) qu'en aucune circonstance nous ne subîmes de propos racistes ou antisémites. Notre classe comportait quelques Juifs. Personne, au grand jamais, ne proféra à leur égard la moindre réflexion désobligeante ni ne se permit la moindre plaisanterie de mauvais goût. Sans doute, comme moi, mes camarades ignoraient-ils ce qu'est un Juif et de quel opprobre certains continuaient d'accabler les membres de cette communauté.

Enfin, la compétition était totalement absente de nos préoccupations. Bien sûr, il existait une émulation entre les meilleurs élèves pour obtenir la meilleure note de dissertation ou de composition, mais cela ressemblait plus à un jeu qu'à une lutte féroce qui engageait notre avenir. Il ne nous serait jamais venu à l'idée d'établir des statistiques sur nos notes mesurées au dixième de point ni de supputer nos chances d'entrer à HEC, à Polytechnique ou à Sciences-Po.

En fait, l'avenir ne nous causait aucun souci. Après le bac, on verrait bien. L'époque se prêtait à cette insouciance : le chômage était pratiquement inexistant, les portes des Facultés et des grandes écoles étaient largement ouvertes pour des élèves sortant d'un lycée comme le nôtre.

Nous vivions dans une espèce de bulle privilégiée que les problèmes et les conflits de l'extérieur ne parvenaient pas à pénétrer. Le lycée, en ce temps-là, était un monde à part entièrement voué à l'acquisition de connaissances et à la gymnastique de l'esprit.

Il faut reconnaître qu'il y avait un décalage énorme entre notre maturité intellectuelle et notre maturité psychologique et sociale. Capables de disserter brillamment sur une pensée de La Rochefoucaud nous restions des gamins de la vie affective. J'ai parlé de cette photo de classe de seconde (cf. : La vie au quotidien) sur laquelle les garçons du premier rang portent encore des culottes courtes. Les jeunes à qui je la montre hurlent de rire quand je leur raconte que ces élèves pas encore sortis de l'enfance jouaient aux petites autos en attendant l'ouverture de la porte. Quelques années plus tard, ils entraient dans les premiers à Polytechnique, à Normale Supérieure ou à l'ENA.

Si nous parlions avec passion de littérature et de cinéma, nous nous montrions d'une étrange pudeur vis-à-vis des « personnes du sexe » (comme les nommaient les curés). À partir de la seconde, les plus délurés commencèrent à nous narrer leurs exploits avec les filles qu'ils allaient attendre à la sortie de Fénelon (une surveillante sortait dans la rue en hurlant comme on pratique à la ferme pour que s'égaillent les poules).

Le lycée était exclusivement masculin. Les quelques filles qu'on pouvait y croiser étaient les « chartistines » (préparationnaires à l'Ecoles des Chartes) et la fille du Proviseur. C'était peu pour alimenter nos fantasmes.

Durant les inter-classes, par petits groupes, nous arpentions la cour en discutant gravement d'une pièce de Racine ou d'un sonnet de Ronsard. Nous lorgnions avec envie le groupe d'élèves qui s'agglutinaient autour de Jean-Louis Bory pour échanger avec lui leurs derniers émerveillements cinématographiques et littéraires.

Une « tenue correcte » était exigée. Ce qui excluait toute fantaisie (on a vu que je m'étais fait expulser par le Censeur pour port de jean, de spartiates et de tricot marin). Nous étions chaussé de souliers « classiques » mais rarement cirés) et, comme certains professeurs l'exigeaient, nous nous ficelions autour du cou une cravate rapidement constellée de taches.

Aujourd'hui, les abords du lycée ressemblent à un vaste parking bourré de motos, de vélomoteurs et de scooters.

Au temps de mes études, on n'y trouvait que quelques vélos. Un ancien me signale que tous enviaient Matthieu Galey qui se déplaçait en *SOLEX*, chaudement emmitouflé dans son duffle-coat, alors vêtement rarissime.

En philo, un de mes nouveaux camarades possédait une *VESPA*. Entré dans ses bonnes grâces, je ne manquais pas une occasion de me faire véhiculer sur cet engin bruyant et instable (la position du moteur sur le côté forçait à se déhancher pour rouler droit).

Notre grande joie était de prendre le virage devant l'Assemblée Nationale à une vitesse telle que le scooter racle le sol en projetant des gerbes d'étincelles. Nous ne portions pas de casques dont le port ne devint obligatoire que beaucoup plus tard. Ma mère devait avoir raison en m'assurant que mon ange gardien veillait sur moi.

Les professeurs qui nous ont marqués.

Lorsqu'avec des amis nous évoquons nos souvenirs de classe, il est patent que les professeurs qui nous ont enseigné se divisent en trois catégories :

– **Les excellents** : ceux qui nous ont aidé à découvrir des univers inconnus et à nous passionner pour des œuvres et des auteurs. Bref, des *révélateurs*.

– **Les très mauvais** qui grâce à leurs tics, leurs ridicules, leurs bizarreries ou leur incompétence nous ont laissé de bons souvenirs de chahuts ou des réminiscences de moments pénibles.

– **Les moyens** qui effectuaient sans doute leur métier avec compétence et ont contribué à nous inculquer une solide formation mais qui nous ont laissé peu de souvenirs. Que ceux-là me pardonnent mais j'ai oublié jusqu'à leurs visages et leurs noms.

Au Lycée Henri IV, normalement, nous aurions dû avoir la crème des professeurs, l'élite des agrégés. En fait, les choses n'étaient pas aussi simples. La promotion, dans l'Education Nationale était identique à celle de l'Eglise. Pour déplacer un agrégé ou un curé, il fallait lui offrir un lycée (ou une paroisse) de plus grande importance. Lorsque le proviseur du lycée de Bordeaux, par exemple, cherchait à se débarrasser d'un enseignant incompétent, il le poussait vers la sortie en lui faisant miroiter un avancement honorifique. C'était, si l'on veut, l'application du fameux *Principe de Peter* (tout individu, arrivé à un certain degré hiérarchique, atteint son seuil d'incompétence).

C'est ainsi que nous avons hérité de quelques professeurs dont la nullité atteignait des sommets ou, plutôt, des abîmes. Tous les anciens gardent un souvenir inoubliable du professeur d'histoire-géographie surnommé *PITCH* qui servit de souffre-douleur à des générations de garnements (voir plus loin).

En section A, le professeur principal assurait les cours de français, de latin et de grec. À partir de la seconde, les surdoués intégraient la section A' où le professeur de mathématiques prenait une importance au moins égale à celle du professeur de lettres.

La classe de quatrième était située dans la partie la plus ancienne du lycée, reste de l'abbaye datant du XIIIème siècle. Pendant un an, nous avons vécu dans le réfectoire des moines avec ses plafonds voûtés, ses arcs-boutants et ses couloirs tortueux. La majesté de ces lieux chargés d'histoire et l'invisible présence des moines avaient-elles une influence sur notre ardeur au travail ? Je ne saurais le dire.

En tout cas la bienveillance et la bonhomie de notre professeur, Ulysse Nicolet, faisaient beaucoup pour que règnent dans cette classe un climat chaleureux et une ardeur au travail que l'on rencontre rarement.

M. Nicolet était un petit homme, un peu rondouillard et quasiment chauve. Un de ses tics consistait à gratter les croûtes qu'il avait sur le crâne puis à s'éponger le sang qui en sourdait avec son mouchoir.

Cet éminent latiniste qui professait également à l'Ecole des Chartes (Ecole formant les futurs archivistes, conservateurs de musées, etc.) et finit sa carrière en Sorbonne, avait une démarche pédagogique particulière.

Il inscrivait au tableau une phrase à traduire en latin ou en grec. Quand on avait fini, on se rendait à son bureau placé sur une estrade, pour faire corriger sa copie.

Lui, était très occupé avec la pile de devoirs des chartistes placée à sa gauche. Distraitement, à sa droite, il soulignait nos erreurs. Rapidement, une file d'attente se formait et, inévitablement, nous commencions à bavarder et à faire les imbéciles.

Quand le vacarme devenait trop évident, M. Nicolet relevait la tête et de sa voix aigrelette distribuait les « points » aux plus turbulents. Un élève, choisi pour sa sagesse, notait sur un carnet les points qui nous tombaient dessus. Le système était le suivant : si, au cours de la semaine, nous avions dépassé les dix points, nous avions droit à deux heures de colle.

En général la distribution de « un point » suffisait à calmer les élèves en attente de correction. Si le chahut persistait, M. Nicolet, en enflant la voix, décrétait « Nous changeons de régime : deux points ! ». Parfois, la menace ne suffisait pas. Alors il se levait et s'exclamait, en essayant de prendre un air méchant « Maintenant nous passons au régime de la terreur ! » (en ce cas, une admonestation équivalait directement à une colle).

En général, cette épée de Damoclès suffisait à ramener le calme dans la queue.

À la fin de chaque trimestre, outre les classiques compositions écrites (rédaction, thème et version de latin et de grec), nous devions subir une épreuve qui était ma hantise : la composition de récitation.

Il nous fallait apprendre par cœur un poème (ses prédilections allaient à Paul Fort « *Du coteau qu'illumine l'or tremblant des genêts* » ou à Verhaeren « *L'avez-vous rencontré le vent ? Le vent sauvage de novembre* »), un texte de Cicéron (« *Tu quoque, mi fili !* »), un poème d'Ovide (« *Ante suos Niobe talamos, cognoverat illam.* ») ou une ode de Virgile (« *Tytire, tu patulae recubans sub tergmine fagi* »). La récitation grecque, dont je serais bien incapable de retrouver une phrase, était un véritable cauchemar car si ma mère passait des heures à me faire répéter le français et le latin, elle en était incapable pour le grec.

Ajoutez à cela l'épreuve de récitation anglaise (j'ai souffert le martyre à tenter d'apprendre *Peter Pan* dont je ne comprenais pas un mot) et vous connaîtrez le secret qui permit à des générations d'élèves d'ingurgiter sans problème les formules médicales ou les cours de préparation à l'ENA.

Passer de quatrième en troisième, c'était quitter l'univers douillet et chaleureux de M. Nicolet pour entrer dans l'enfer de M. Chauvelon.

Les anciens nous avaient préparé au pire en nous donnant maints exemples du sadisme de ce professeur impitoyable.

Pourtant s'il était pittoresque d'aspect, avec ses chemises élimées, son costume qui n'avait jamais dû connaître le teinturier et ses gros brodequins, il n'inspirait pas la terreur.

C'était sa pédagogie qui menait certains élèves au bord de la folie. Lorsqu'il donnait un thème latin, par exemple, il vous rendait votre copie avec les fautes soulignées mais sans fournir la « clé de correction ». Il fallait reprendre son travail en essayant de corriger les erreurs. Il vous rendait votre nouvelle copie avec les fautes restantes soulignées. On recommençait une nouvelle fois et l'épreuve continuait jusqu'à ce que la copie fût parfaite. C'est ce système qu'il appelait « les petits travaux ».

On imagine dans quel cycle infernal s'enfonçait l'élève moyen. Au cours du temps les petits travaux s'accumulaient et le pauvre malheureux se retrouvait dans un tonneau des Danaïdes impossible à combler. J'ai vu mon frère, pourtant bon élève, travailler une partie de la nuit pour tenter de corriger la pile des copies qui s'accumulaient. Certains y passaient la nuit et les week-ends, obsédés par ces versions et ces thèmes qui leur revenaient inlassablement. Parfois, face à cette injustice, certains craquaient, leurs nerfs lâchaient.

On imagine que, de son côté, M. Chauvelon travaillait comme une bête pour corriger ces envahissants petits travaux qu'il coltinait dans une valise. Poussant la conscience professionnelle jusqu'aux limites de l'absurde, on l'a vu remettre des petits travaux soigneusement corrigés à des élèves de seconde et de première.

Au temps des cataplasmes

Dès notre première classe avec lui, nous comprîmes que les récits des anciens n'étaient pas exagérés : un élève, face à ce professeur bizarre et mal rasé, fut pris d'un fou rire nerveux que rien ne parvenait à maîtriser. La sanction tomba comme un couperet « Vous me traduirez, pour demain, le Cid en grec ».

Devant l'énormité du châtiment un silence de glace tomba sur la classe. Le lendemain, après avoir passé une nuit blanche à tenter de traduire quelques vers, notre camarade se présenta en tremblant devant M. Chauvelon. Celui-ci prit la feuille qu'on lui tendait, la regarda d'un air étonné et dit « Mais je ne vous avais jamais demandé de faire ça ! ».

Nous subodorâmes alors que notre professeur était atteint de folie. La suite nous confirma dans cette impression : le terrifiant enseignant délirait, mélangeait les auteurs et les siècles, le grec et le latin. Les quelques copies qu'il nous rendit étaient entièrement soulignées de rouge, sans aucune notation.

Un matin de novembre, nous l'attendîmes longtemps à la porte de la classe. Quand nous vîmes arriver le proviseur, la mine sombre, nous comprîmes que notre professeur était mort. Comme le capitaine ne quitte pas son navire en perdition, M. Chauvelon, sentant venir la fin, s'était réfugié dans la salle des professeurs pour y rendre l'âme, serrant une dernière fois sa valise de petits travaux.

On nous conduisit à l'Hôtel Dieu rendre hommage à sa dépouille mortelle. C'était la première fois que je voyais un mort.

Un nouveau professeur principal lui succéda. Dès qu'il eut franchi le seuil de la classe, je le détestai cordialement (par charité, j'ai changé son nom – mettons qu'il s'appelait Daubrac).

Ce petit pion, qui devait se présenter à l'agrégation pour la vingt-cinquième fois, se voyant parachuté à la tête de la troisième A, se gonfla d'un orgueil démesuré. De courte taille (qu'il essayait de rehausser en se dressant sur la point des pieds), toujours sanglé dans le même costume croisé luisant aux coudes et aux genoux, le cheveu calamistré, il était l'image même de tout ce que je haïssais.

Je sais maintenant qu'il est stupide de porter un jugement sur la première apparence. Mais j'avais quinze ans...

Dès le départ, les hostilités commencèrent. En faisant l'appel, il écorcha mon nom et me qualifia d'un Démory qui m'horripila. Je ne répondis pas. « Démory... Il n'y a pas de Démory dans cette classe ? ». Avec une arrogance qui m'en fit aussitôt un ennemi, je me levai » Vous voulez sans doute dire Demory, Monsieur ? Je ne suis pas un métèque ! » (j'empruntais ce mot au vocabulaire de mon père qui désignait ainsi, selon le *Petit Robert*, un « étranger méditerranéen résidant en France et dont l'aspect physique, les allures sont très déplaisants ». *L'Action Française* faisait un copieux usage de ce terme méprisant).

La première rédaction qu'il nous proposa avait pour thème *Une soirée au théâtre*. À l'époque, je découvrais les surréalistes : Breton, Char, Eluard, etc. Je lui rendis une copie où je m'efforçais de décrire cette soirée à leur manière. Tout professeur normal aurait sauté de joie en découvrant un élève dont la culture littéraire dépassait les auteurs du programme. Lui me tendit ma copie d'un air dégoûté « Tiens ! reprends cette chose (je lui avais pourtant dit qu'il n'avait pas le droit de tutoyer les élèves). Ça ne mérite même pas une note... ».

Parmi nos nombreux points de friction, il y en avait un qui l'exaspérait profondément : la manière dont je m'habillais. Pour bien montrer que j'étais un artiste, je venais en classe avec un jean maculé de peinture et la poche de ma veste de velours remplie de pinceaux (on notera que j'étais en plein « âge bête »). Il me prit à part, m'agrippa le bras (détestable contact !) et, la mine cauteleuse, me demanda « Demory, tu n'as vraiment pas autre chose à te mettre ? » « Eh ! non, lui répondis-je avec aplomb, c'est mon seul pantalon. Vous savez, mes parents sont pauvres... » (En ce temps, mon père, qu'il rencontrait fréquemment, était président de l'Association des Parents d'Elèves !).

Avec Daubrac, j'ai au moins appris comment on peut se mettre un groupe à dos et que tous les efforts pour le séduire sont voués à l'échec. Un groupe, comme une classe, ne

Au temps des cataplasmes

demande qu'à être séduit (ce que réussit merveilleusement Jean-Luis Bory qui succéda à notre professeur). Déçu dans son attente, il peut se montrer méchant (je tirai profit de cette expérience, beaucoup plus tard, quand je devins consultant).

Nous n'étions pas vraiment méchants avec ce petit professeur prétentieux, mais nous cherchions toutes les occasions de l'énerver. Un de nos jeux favoris consistait à fixer ostensiblement sa braguette pendant qu'il nous commentait *Andromaque* ou *Le Cid*. Gêné par tous ces regards, il tentait discrètement de vérifier la fermeture de son pantalon. On voit qu'en comparaison des chahuts d'aujourd'hui, les nôtres étaient bien innocents.

Parfois, il tentait de détendre l'atmosphère avec des plaisanteries de ce genre : « L'autre jour, j'avais des amis à dîner. Quand je suis remonté de la cave, j'ai brandi une bouteille de rhum en m'exclamant *Rhum ! L'unique objet de mon ressentiment !* ».

Du fond de la classe, nous poussions d'ironiques exclamations admiratives devant un humour de cette qualité.

Puis je compris qu'à jouer ce rôle d'emmerdeur je n'étais pas sûr de gagner et que je risquais de perdre une année. Du coup, je cessai mes provocations et lui apportai les rédactions telles qu'il les souhaitait. Je devins un des meilleurs élèves de français et obtins un dix-huit au BEPC de fin d'année. Daubrac vint me féliciter et, à ce moment-là, je ressentis de la honte. Je serrai la main de mon ex-ennemi en le priant de m'excuser pour ma conduite irresponsable. Peut-être étais-je en train de sortir de l'âge bête ?

C'est en troisième que je fis mes débuts de journalisme en créant un journal de classe, le *Clovis 53-54* (cf. : Le journalisme et l'édition).

L'entrée en seconde marque un changement d'ambiance radical. Dès qu'il ouvre la porte et s'installe à son bureau nous comprenons que notre nouveau professeur, M. Bennezon, est d'une autre race. Nous avons en face de nous un véritable adulte qui n'a besoin d'imposer ni le silence ni le respect. Par sa seule présence, la classe est dominée.

Après quelques mois, M. Bennezon est appelé au cabinet

du ministre de l'Education Nationale. Il est remplacé par un autre surveillant, M. Roussel (celui-ci a obtenu son agrégation). Ce grand gaillard, au nez sur-dimensionné (évidemment surnommé « Cyrano ») est sympathique, fin, cultivé, mais complètement dépassé par une classe qui en profite pour se défouler. Tout le monde parle, change de place. Pourtant, malgré le désordre permanent, ce professeur par intérim réussit à nous faire découvrir des écrivains. Grâce à lui, je devins un fervent de Cocteau et fis un exposé « brillant » sur *Les Enfants terribles*.

Lorsque le tumulte devient trop intense, il va à la fenêtre et s'écrie « Attention ! Voilà M. Bennezon » Comme le berger de Gubbio qui annonçait sans cesse la venue du loup, personne ne prête plus attention à la menace.

Puis, un jour, la porte s'ouvrit et M. Bennezon fit son entrée dans la classe. Précipitamment nous regagnâmes nos places et un profond silence se fit dans la classe. « Où en étions-nous ? » demanda M. Bennezon.

On a vu qu'à partir de la seconde les élèves doués en mathématiques étaient dirigés vers ce saint des saints qu'était A'. Je ne devais pas être trop mauvais puisque je m'y retrouvai avec les grosses têtes qui finirent à Polytechnique ou à Normale Supérieure. Dans cette section hautement élitiste, le professeur de mathématiques jouait un rôle aussi important que celui de français-latin-grec.

Autant j'éprouve de la reconnaissance pour les enseignants qui nous ont fait découvrir un domaine autant je ressens une sorte de haine pour ceux qui ont réussi à nous dégoûter d'une matière pour laquelle, a priori, nous n'avions aucune aversion.

M. Camille Manéra (j'ai changé son nom) faisait partie de cette race honnie.

De grande taille, sec et anguleux, toujours vêtu d'une blouse blanche, jamais je ne l'ai vu rire ou plaisanter. Quand, avec son accent du nord (il disait « un ouagon ») il m'appelait au tableau, je commençais à être pris de panique.

Tremblant, je descendais les gradins. Sans un mot, il écrivait une équation au tableau. Incapable de la résoudre, je restais coi.

Après un insupportable silence, il éclatait : « Mais il ne sait rien, celui-là ! Il est idiot ! Il retourne à sa place et il a zéro ! ».

À ce régime, je perdis rapidement pied et me traînai lamentablement en queue du peloton. Je devins, comme le disait avec son accent rocailleux, M. Cazals, notre professeur de sciences naturelles (lui, au moins, me fit aimer la géologie) un « élève brouette ».

En première (1955-56), ayant quitté la chiourme de l'A', j'ai pu, comme on dit, « m'éclater ». Notre professeur, M. Richard, austère protestant, toujours tiré à quatre épingles, était un enseignant de la vieille école qui inspirait à la fois le respect et, pourrait-on dire, une sorte de tendresse.

N'ayant plus le boulet des mathématiques à traîner (je retrouvai dans cette discipline le pauvre M. Herm déjà subi au petit lycée) je misai tout sur le français.

La physique et la chimie resteront à jamais pour moi des « boîtes noires » puisque je séchais les cours pour aller peindre ou visiter le Musée d'Art Moderne (cf. : La peinture).

Ma passion pour les lettres, ma fringale de lecture (cf. : La littérature) me permirent de devenir la vedette en français. Je n'étais pas peu fier qu'on lise en classe ma *Lettre à Monsieur de La Rochefoucaud* ou que M. Richard porte cette appréciation sur un des exposés (j'en ai retrouvé le texte dans un journal que je tenais alors) « Ce que j'ai admiré dans votre exposé, c'est l'élégance des phrases et des mots qui correspond d'ailleurs à l'élégance de l'esprit ».

À la fin de l'année, présenté au Concours Général, je fus, avec deux autres camarades, lauréat de français. Si j'en tirai une certaine fierté, j'en fus surtout heureux pour notre professeur qui achevait sa carrière. Ce succès était comme un hommage que nous lui rendions pour son enseignement rigoureux (je ne parle pas de la fierté de mes parents que cette distinction payait largement de tous les ennuis que j'avais pu leur causer)[11].

---

11 Dans son livre, *Petits drames du bahut*, qu'il m'offrit à cette occasion, Pierre Richard écrit : « En le remerciant du plaisir que m'ont donné ses réussites littéraires durant l'année de travail commun et en lui souhaitant le bel avenir que présage cette flatteuse distinction » (Restons modeste !)

Cette « flatteuse distinction » me permit surtout de sauver mon oral de baccalauréat. Interrogé en sciences naturelles sur un sujet dont j'ignorais le premier mot, l'examinateur m'attribua un 1 au lieu du zéro que je méritais en me précisant qu'il « est impossible de recaler un lauréat du Concours Général ». Ouf !

L'année de « philo » (on ne parlait pas encore de « terminale ») ne me laisse guère de souvenirs proprement scolaires. La composition de la classe avait changé.

Les brillants A' étaient partis en « Mathélem » ou en « Sciences Ex », remplacés par des inconnus qui, en général, avaient raté leur bac. L'un d'eux m'a marqué : paraissant au moins vingt-cinq ans (peut-être les avait-il), vêtu de costumes trois pièces sortant du bon faiseur, assis au fond de la classe, il passait ses journées à lire *Le Figaro*.

Je me fis de nouveaux camarades : Marcel, le garçon à la Vespa, Guillaume de Chazournes, Sébastien de la Selle (un voisin de la rue de Poitiers). Ces joyeux drilles me firent découvrir les charmes de la piscine Deligny (bateau-piscine ancré au pont de la Concorde où l'on se rendait plus pour bronzer et draguer que pour se baigner) et la Rhumerie Martiniquaise où j'allais m'imbiber de punchs au lait. Et puis je découvrais les jeunes filles.

Bien que n'ayant pas, au contraire de mon frère, l'esprit philosophe, j'étais néanmoins premier dans cette matière (présenté au Concours Général, je n'y fus pas distingué).

Je créai un petit commerce lucratif : les jours de composition, je consacrais la première heure à rédiger ma copie, puis je confectionnais des plans détaillés que je faisais discrètement passer à mes « clients ». Il leur suffisait de broder un peu autour pour obtenir la moyenne. Je ne me souviens plus des tarifs mais ils me permettaient de gonfler de façon appréciable mon argent de poche.

Nous aimions bien notre professeur. Il enseignait sans génie mais avec beaucoup de bon sens. Avec lui, la philosophie prenait allure d'une aimable promenade dans le monde des idées.

Il était de coutume, à la fin de l'année, d'offrir un

Au temps des cataplasmes

cadeau au professeur principal. Lui ayant demandé ce qu'il aimerait, il nous confia une liste d'une quinzaine de disques parmi lesquels nous pouvions en choisir un. Quand il trouva sur son bureau la pile complète des disques je crus qu'il allait éclater en sanglots.

Nous-mêmes étions émus. Ce cadeau avait aussi valeur de symbole : nous allions quitter le cocon qu'avait été Henri IV durant ces six années pour entrer dans un monde différent et incertain. Le temps de l'insouciance, pensions-nous, était irrémédiablement terminé.

Plus jamais nous n'aurions l'occasion de remercier ainsi un professeur avec qui nous avions passé une année de découverte.

Il restait le bac. Je l'obtins sans gloire et sans mention. Mais c'était bien là le cadet de mes soucis. À la mélancolie de quitter le lycée se substituait l'exaltation de pouvoir, enfin, acquérir ma liberté. C'est le cœur en fête que je m'inscrivis à la Sorbonne et à la Faculté de Droit.

Dans cette évocation des professeurs qui nous ont marqués, je m'en voudrais de ne pas parler d'un professeur d'anglais, M. Appia qui, durant une année, réussit à transformer ses cours en moments de bonheur. C'est dans sa récente notice nécrologique que je découvris les multiples activités qu'il exerçait à la radio, dans l'édition ou au théâtre.

Outre sa chaleur et sa bonhomie naturelles, il pratiquait une pédagogie originale, à base de jeux et d'exercices créatifs, qui nous permettait de faire des progrès sans douleur. Par exemple, il nous proposait de composer des petits poèmes de non-sens dans la lignée de Lewis Caroll intitulés « limlericks ». En prime, j'illustrais mes œuvres et obtenais ainsi des notes somptueuses.

De temps en temps, pour nous récompenser, il nous lisait, avec un réel talent d'acteur, des romans policiers américains. Je le vois encore, feignant la plus profonde émotion, nous faire vibrer avec une nouvelle dont une phrase m'est restée en mémoire : « *And large tears felt in his goulash* ». Dans la vie d'un élève, ce sont des moments inoubliables !

Parlons maintenant des « mauvais » professeurs. Dans cette catégorie, il convient de faire des distinguos.

Dans la première catégorie, je mettrai les enseignants qui me laissent un mauvais souvenir comme les Daubrac et les Manéra. Ce sont les *mauvais antipathiques.*

Dans la seconde, je ferai entrer ceux dont l'enseignement était proche de la nullité mais que nous aimions bien. Ce sont les *mauvais sympathiques.*

Enfin, la troisième catégorie, nettement moins fournie, comprends ceux qui étaient nuls mais dont les cours étaient l'occasion de magnifiques chahuts. Ce sont les *mauvais réjouissants.*

Dans le premier groupe, j'évoquerai deux cas : un professeur d'anglais et un professeur d'histoire.

Le premier (dont j'ai perdu le nom) était un malade de la phonétique. Avec cet « anti-Appia », nous passâmes une année à essayer de traduire des textes en anglais dans cette langue bizarre faite de signes cabalistiques et inversement. Non seulement ce genre d'exercices était parfaitement rebutant mais, de plus, ce professeur avait ses théories personnelles sur la prononciation : on ne devait pas dire « *a* (eu) *boy* » mais « *a* (a) *boy* ». Quand les élèves qui avaient fait un séjour en Angleterre s'insurgeaient devant cette bizarrerie, il se mettait en colère et nous prouvait, avec des arguments abscons, qu'il avait raison contre les anglais eux-mêmes.

Le deuxième spécimen de cette catégorie enseignait l'histoire et la géographie. Durant deux heures (trois heures toutes les quinzaines, la dernière devant être consacrée, théoriquement, à l'instruction civique), M. Pouligo nous dictait son cours écrit dans un épais cahier où les noms propres étaient soulignés en rouge, les noms de lieux en vert, etc.

Tant bien que mal nous notions cette fastidieuse litanie. Avec lui, l'histoire était une suite d'événements dont nous ne pouvions discerner ni les tenants ni les aboutissants.

Au début, pris d'un zèle excessif, je rédigeai, lors de la première composition, un pavé d'une vingtaine de pages sur les journées révolutionnaires. Épuisé par cet effort, je rangeai l'histoire et la géographie parmi les matières à survoler.

Deux ou trois fois par an, les redoublants nous avertissaient : « Attention ! Voilà une des astuces de l'année ». Pouligo interrompait sa dictée et, d'une voix lugubre, annonçait : « dans le Nord, on utilise des bateaux à fond plat dont vous entendrez bientôt parler ». Ravi de son effet de suspense, il lâchait « Des bachots ! ».

Un dernier mot sur les professeurs de gymnastique, forts en gueule, toujours prêts à vous balancer une paire de gifles (« Si vous me touchez, je vais me plaindre au proviseur ! »). Du nabot au grand mollasson, nous n'étions pas gâtés. Ils affectionnaient les montées à la corde lisse ou à la corde à nœuds, le cheval d'arçon et les barres parallèles. Entre ces exercices de voltige, ils nous faisaient exécuter, comme à l'armée, de fastidieux mouvements respiratoires, des courses à pied et, bien sûr, des jeux de ballon qui m'ont définitivement dégoûté du football.

Dans le second groupe, je privilégierai notre professeur de physique-chimie. Ce brave homme avait rapporté de la guerre une jambe raide et arborait une longue barbe hirsute qui l'avait fait surnommer « Barbenzinc ». Il opérait dans le « bâtiment des sciences » jouxtant le gymnase.

En voyant le film de Jerry Lewis *Docteur Jerry et Mister Love* j'ai retrouvé l'ambiance de nos cours. Derrière la longue paillasse en céramique, Barbenzinc s'efforçait de composer des mélanges qui rataient la plupart du temps. Quand il nous annonçait qu'une réaction allait produire une vapeur violette, une épaisse fumée verte se dégageait de l'éprouvette en provoquant de furieuses quintes de toux ; l'eau ne remontait pas dans les serpentins, le courant électrique refusait obstinément de passer ou faisait sauter toute l'installation.

Nous applaudissions à tout rompre ces expériences manquées. Un après-midi que le chahut était à son comble et que nos hurlements s'entendaient à l'autre bout du lycée, un professeur, subodorant la catastrophe, se précipita pour porter secours à l'infortuné Barbenzinc. Celui-ci le rassura :

« Tout va bien ! Tout va bien ! Ces jeunes gens sont bien sympathiques mais un peu remuants ».

Cette anecdote me laissa perplexe. J'en ai conclu que nombre d'enseignants, dans le fond, sont restés d'éternels adolescents. Ayant oublié de mûrir, ils se retrouvent au même niveau que leurs élèves et participent, à leur manière, aux chahuts les plus éhontés.

J'eus la confirmation de cette intuition avec ce professeur du troisième type qui a laissé un souvenir impérissable à tous ceux qui eurent la chance de suivre ses cours d'histoire-géographie.

Pitch devait son surnom à un personnage de bande dessinée d'avant-guerre auquel il ressemblait de façon surprenante : petite moustache « en balayette » sous un gros nez rouge, cheveux rares collés sur le crâne et gestes maladroits. Il était affligé d'un tic particulièrement répugnant qui consistait à se curer l'oreille avec son auriculaire, à contempler longuement le produit de sa fouille et à l'essuyer consciencieusement sur le revers de son veston.

Pitch était l'image même du Français très moyen. Traînant un rhume chronique il se mouchait avec un bruit de trompette (évidemment repris par toute la classe). Hiver comme été il portait une écharpe tricotée par Mme Pitch, un gilet de laine de la même facture, un imperméable informe et un pantalon sans pli.

Je tairai son nom véritable. Du reste, bien peu le connaissaient. Il arriva même que des parents, venus le voir pour implorer sa clémence pour leur enfant, furent très surpris quand il leur demanda de ne pas l'appeler M. Pitch mais M. A…

Dès la première heure de son premier jour au lycée, une mystérieuse rumeur, venue de Bordeaux, nous informa de ce surnom.

Eut-il réussi à nous passionner pour sa matière, nous aurions rapidement oublié le côté grotesque du personnage.

Mais, hélas ! avec lui l'histoire et la géographie prenaient un tour baroque et parfois surréaliste. Sans épiloguer sur le fameux « Je ne m'étendrai pas plus longtemps sur Marie-

Antoinette » qui nous fit hurler de joie, je citerai un exemple parmi cent autres de sa façon de nous enseigner la géographie. Pour lui les Roumains étaient une peuplade qui se nourrissait exclusivement d'une bouillie de maïs appelée *Mamaliga*. On voit que sa science (il n'avait jamais dû sortir de France) sortait du Guide Baedecker du début du siècle.

En revanche, quand il nous parlait de la formation du « plissement hercynien » avec des élans wagnériens, on aurait cru qu'il avait assisté à ce grandiose bouleversement géologique.

Je me suis toujours demandé comme un adulte pouvait supporter les sarcasmes et les injures de garnements à peine pubères. Ses ripostes, aussi ridicules que surannées nous comblaient. Avec sa grosse voix aux puissants accents toniques (il est impossible de retranscrire le « ton Pitch » que certains anciens imitent à merveille), il prophétisait : « Mon garçon, vous feriez beaucoup mieux de travailler. Si vous continuez comme ça, vous finirez casseur de cailloux. Et encore les casseurs de cailloux sont de braves gens. Tandis que vous, vous n'êtes qu'un petit saligaud. LA PORTE ! ».

Mais ni ses menaces (« La porte à la fin de l'année ! ») ni ses prédictions (« Vos parents viendront pleurer dans mon giron pour qu'on ne vous renvoie pas ») n'avaient de prise sur nous. Obstinément, sans remords ni pitié, nous le chahutions.

Pitch était d'une ingénuité confondante. Lors des compositions, nous accumulions sur notre table des piles de livres et de cahiers que nous faisions semblant de consulter en cachette. Pitch fondait sur l'élève et s'emparait du tas qu'il allait triomphalement consulter à son bureau. Évidemment il ne trouvait que des cahiers de latin ou d'anglais. Pendant ce temps-là, on avait tout le loisir de recopier le livre dissimulé sur nos genoux.

La salle où officiait Pitch était disposée en gradins. Au premier rang, les bons élèves prenaient sagement des notes. Plus on s'élevait plus la pagaille devenait bruyante. Dissimulés derrière des piles de livres et de dictionnaires Bailly et Gaffiot les « mauvais élèves » rédigeaient leurs devoirs, jouaient au morpion ou à la bataille navale. D'un bout à l'autre de la classe, on entendait crier » D2 ! Merde ! Coulé ! ».

De temps en temps, un élève, comme pris d'hystérie, se levait et insultait carrément le pauvre Pitch. Quand on apprit que sa femme venait de mettre au monde un énième enfant, certains se déchaînèrent : « Pitch, tu es cocu ! Ta femme a fait ton fils avec le facteur ! C'est un petit nègre ! ».

Sous ce flot d'insultes, le pauvre homme courbait le dos et ne trouvait que cette lamentable riposte « Georgin, si votre père vous voyait, il aurait honte d'avoir un fils comme vous » (M. Georgin était également professeur à Henri IV – cf. : Le cinéma).

Évidemment, je faisais partie de ces chahuteurs sans charité. Ayant un peu trop forcé la dose, Pitch eut cette phrase vengeresse : « Demory, il est permis d'être bête, mais pas comme vous. LA PORTE ! ».

Quelques jours plus tard, j'étais lauréat du Concours Général. M'apercevant dans la cour, Pitch vint me serrer chaleureusement la main « Demory, le lycée Henri IV est fier de compter des garçons comme vous ».

Que le cher homme, qui nous a laissé tant de bons souvenirs et a permis à notre trop-plein d'énergie de s'exprimer à ses dépens soit assuré de notre profonde gratitude et accepte nos excuses pour les tourments que nous lui avons fait subir[12].

Sans doute s'agit-il là de souvenirs personnels. Mais je pense qu'ils reflètent bien le climat que connurent des générations d'élèves. L'autoritarisme régnant ne laissait de choix qu'entre le silence et le chahut monstre. Le professeur était totalement respecté ou pas du tout.

En seconde, j'eus la chance de faire une rencontre qui

---

12 Récemment, une barre de céréales pour enfants nommée PITCH a été commercialisée. Je parierais que le publicitaire qui a choisi ce nom a voulu rendre un dernier hommage à notre ancien professeur.

m'a durablement marqué. Je parlerai dans le chapitre consacré à *La littérature* de Maurice Savin, alors professeur de khâgne, qui venait de publier un chef-d'œuvre que je relis avec gourmandise chaque année : *Le Verseau*.

Les études supérieures

Le bac en poche, je n'avais aucune idée de mon avenir. Allais-je me consacrer à la peinture ou m'orienter vers la littérature ? Après de houleuses discussions avec mon père que je menaçais d'abandonner mes études je réussis, grâce aux bons offices de ma mère, à obtenir le studio de la rue du Dragon que quittait mon frère pour aller enseigner en Tunisie. En échange, je m'engageais à poursuivre des études de droit (mon père rêvait d'un fils juriste) parallèlement à des études de lettres.

Dans un état euphorique impossible à décrire, j'abandonnai la rue de Verneuil pour m'installer au 7 rue du Dragon (cet immeuble devenu célèbre avec les manifestations de squatters menées par Mgr Gaillot, était alors paisible et bien tenu par Roberto, le concierge italien).

À la Sorbonne, on n'entrait pas directement en première année de licence. Celle-ci qui durait quatre ans comme l'actuelle maîtrise, était précédée par une année de *Propédeutique* (ce mot gréco-germanique signifiant « études préparatoires »). Je ne sais par quelle aberration cette année de transition entre la vie lycéenne et la vie universitaire a été supprimée.

En effet, la Propédeutique permettait de s'initier à une forme de travail très différente, d'acquérir des méthodes, de faire l'apprentissage de la liberté et de décourager ceux qui avaient choisi les Lettres comme un pis-aller.

Lâché dans la nature, je ne consacrai aux études que le temps strictement indispensable. Il y avait tant de tentations avec les cinémas, les livres, les distractions et, bien sûr, les jeunes filles que je pouvais désormais recevoir dans mon studio de Saint-Germain-des-Prés !

Si je fis de réels progrès en anglais et en latin à la Sorbonne, la Faculté de Droit, en revanche, ne me vit pas souvent. Ayant assisté à quelques cours magistraux dispensés par des professeurs vêtus de toges identiques à celles des magistrats, je compris que je n'avais aucun atome crochu avec la Comptabilité nationale ou le Droit Romain. De plus, une boutique, rue Saint-Jacques vendait des « polycopiés » qui reproduisaient intégralement les cours professés par ces enseignants soporifiques[13].

Les oraux de droit revêtaient une solennité exceptionnelle. Avec leurs robes rouges bordées d'hermine, les professeurs avaient l'allure de procureurs généraux vous conduisant à la guillotine (ce qui était mon cas).

Le professeur de Droit Romain devait avoir quelque tendance sadique. Il alignait cinq élèves devant son bureau et posait une question au premier candidat. Quand celui-ci avait épuisé son sujet, il demandait au second ce qu'il pouvait ajouter à ce que venait de dire son camarade et ainsi de suite. J'étais le cinquième du lot. Lorsque vint mon tour, j'étais imbattable sur la question dont j'ignorais le premier mot en arrivant. Mais que pouvais-je ajouter ?

Je me rendis à l'annonce des résultats sans aucune illusion. La proclamation de ceux-ci donnait lieu à une cérémonie pleine de suspense. Un appariteur en grande tenue descendait l'escalier d'honneur, une feuille à la main. Il s'arrêtait à mi-chemin pour contempler la meute d'étudiants d'où sourdait une angoisse palpable.

Lentement, il commençait à annoncer les résultats en ménageant ses effets : ton allègre quand l'impétrant était reçu, mine attristée pour annoncer l'échec. La cérémonie terminée, chacun venait lui remettre son obole.

Il y a une justice : je fus collé. La réussite à Propédeutique amortit un peu le choc auprès de mes parents. Mais j'étais vexé et décidai de récidiver avec moins de légèreté.

---

13 J'ai appris plus tard que cette boutique était tenue par Jean Forton, écrivain de talent malchanceux que des critiques comme Jacques Brenner tentèrent de réhabiliter.

La suite de mes études universitaires ne présent pas assez d'intérêt pour que je m'y attarde.

M'étant repris, je réussis avec des hauts et des bas à mener la licence jusqu'à son terme. Durant ce parcours, toujours allergique au droit privé, je m'étais peu à peu converti à l'économie politique grâce au grand humaniste qu'était André Piettre. J'en ai retrouvé la preuve dans une pile de vieux devoirs : en troisième année j'obtins un dix-sept pour une dissertation dont le sujet était « L'investissement-stock comme facteur explicatif des fluctuations économiques ». Comme on le voit, notre réflexion nous entraînait dans les hautes sphères de la pensée.

Le certificat de littérature me procurait des joies plus saines. J'y découvris des auteurs comme Jean Lemaire de Belges ou Guez de Balzac (au passage, merci à MM Lagarde et Michard qui nous évitaient de lire ces écrivains justement oubliés).

Je réussis à causer un petit scandale en faisant dans l'amphithéâtre Turgot, un exposé sur la Première Grande Ode de Paul Claudel. Après avoir consciencieusement analysé le poème, je me lançai dans une violente diatribe contre cet auteur détesté. L'opposant à Paul Eluard, que j'admirais (cette admiration s'est un peu ternie par la suite) je démontrais que Claudel était pour moi le prototype même du faux poète. « Avec lui, proclamai-je devant le professeur-spécialiste–du-grand-homme médusé, nous ne sentons jamais cette forme particulière d'émotion que suscite la poésie ».

À l'oral, je retrouvai ce même professeur. Se souvenant de mon aversion déclarée pour l'écrivain, il s'efforça de me démontrer que les Grandes Odes possédaient la même grâce que la Septième symphonie de Beethoven. Il était si content de lui qu'il me gratifia d'une excellente note alors que je n'avais pas ouvert la bouche.

Pour réussir un oral, il faut être brillant ou se montrer malin. Interrogé sur *Le théâtre de la Pléiade*, je ne fus ni l'un ni l'autre : j'ignorais même que ces poètes eussent écrit une seule pièce.

Avec *Baudelaire critique d'art*, je fus brillant. À la fin de mon exposé, le professeur se leva et me serra la main en me souhaitant « d'avoir ailleurs le même succès que je venais de remporter avec lui ».

En vieux français, je fus malin. Comme me fit remarquer l'examinateur, je n'étais pas très doué pour prononcer le vieux français. Je ne l'étais pas davantage pour lui parler de Chrétien de Troyes dont je n'avais pas lu une ligne. Je me lançai donc dans une improvisation hasardeuse : étant alors assistant d'Etienne Fuzellier à l'ORTF, je suggérai que, de nos jours, Chrétien de Troyes écrirait des œuvres remarquables pour la radio et la télévision. Je brodai sur ce thème : modernisme de l'auteur, richesse de la langue, sens de l'image... Très étonné, je constatais que l'examinateur m'écoutait avec la plus grande attention. Il buvait du petit-lait ! Quand j'interrompis mon bavardage, il me remercia de lui avoir apporté un point de vue aussi original sur un auteur dont j'avais compris l'essence profonde.

J'étais mûr pour Sciences-Po...

Je ne ferai qu'évoquer les deux autres certificats où je m'étais inscrit. En sociologie officiait un certain Gurvitch, auteur d'illisibles pavés qu'il fallait ingurgiter pour avoir quelque chance d'obtenir son diplôme. Le cours de psychologie sociale était d'une médiocrité affligeante. Le seul exercice pratique de l'année consistait à réunir des étudiants autour d'une table et à y demeurer en silence. Dès que celui-ci devenait insupportable et qu'un participant craquait et prenait la parole, le professeur s'exclamait que nous entrions dans la norme statistique établissant qu'un groupe ne peut rester silencieux plus de tant de minutes. Passons !

Une fois ma licence obtenue, je continuai sur ma lancée et m'inscrivis en DES (aujourd'hui DESS). Je garde un souvenir ému de ce professeur à l'ancienne à qui l'on s'adressait en se levant et commençant sa phrase par un respectueux « Monsieur le Professeur ».

Au lieu de s'enfuir à la fin du cours, comme la plupart de ses collègues, il recevait l'étudiant qui avait obtenu la meilleure note à la dissertation. J'eus une fois cet honneur pour avoir construit mon devoir sur la révolution industrielle à partir de *La fortune de Gaspard* de la Comtesse de Ségur. Il me suggéra un sujet de thèse dont il se proposait d'être le directeur : « La révolution industrielle vue à travers la littérature ». Je le remerciai chaleureusement et abandonnais vite ce projet qui m'aurait transformé en rat de bibliothèque durant de précieuses années de jeunesse.

Un jour, je croisai rue Saint-Guillaume un de mes vieux camarades de lycée, Patrice Magnier (qui a fait une brillante carrière préfectorale et siège aujourd'hui au Conseil d'Etat). Il me vanta les mérites de Sciences-Po, où il préparait l'ENA et me suggéra d'y entrer.

Pourquoi pas ? J'habitais la rue d'à côté et cela ferait tellement plaisir à mes parents. J'obtins aisément un rendez-vous du directeur M. Chapsal, célèbre pour ses déplacements à bicyclette, chapeau sur la tête. Après un quart d'heure d'entretien, j'étais admis en seconde année.

Quand je raconte cette anecdote aux jeunes, ils ont peine à me croire. Aujourd'hui, pour entrer en première année (qui est en fait l'année préparatoire) il faut subir une rude compétition. Au terme de celle-ci, 20 % des élèves sont encore éliminés. Quant à l'entrée directe en seconde année, elle est devenue un concours où il y a beaucoup d'appelés et peu d'élus. Oui, dans ma jeunesse tout était facile.

Prudemment, je choisis la section « Génarale » surnommée dédaigneusement par les grosses têtes du « Service Public » préparant l'ENA « section des fumistes » et des filles cherchant un mari.

Je n'ai pas regretté mon choix. Ma « conférence de méthode » rassemblait des individus aussi divers qu'intéressants : un jésuite espagnol, un colonel d'infanterie, un agrégé d'anglais (Pierre Christin, auteur de *Valérian, agent spatio-temporel*), etc. Il y avait également une jeune fille qui nous prédisait qu'elle trouverait un mari qui entrerait à l'ENA. Quand elle vint nous inviter à ses fiançailles avec l'oiseau rare (celui-ci devint maire d'une grande ville du Centre puis ministre), elle éclatait de joie. Je crois que, par la suite, elle déchanta quelque peu.

À Sciences-Po, l'enseignement comportait des cours magistraux où je n'ai jamais mis les pieds et des « conférences de méthode » regroupant une quinzaine d'élèves qui s'entraînaient à présenter les fameux « exposés » : dix minutes, deux parties encadrées par une introduction et une conclusion « brillantes ».

En histoire j'eus l'extrême chance d'avoir Pierre Miquel. C'était un vrai bonheur de l'écouter, tirant sur sa pipe, nous raconter l'Affaire Dreyfus ou les causes de la seconde guerre mondiale. Avec lui j'ai oublié tous les Pitch et les Pouligo subis au lycée.

Je découvris aussi que l'économie ne consistait pas seulement en modèles mathématiques et en fluctuations des « points d'or ». Elle prenait chair et sang avec les salaires, le prix du pain et la vie des entreprises (à la Faculté de Droit, j'eus un professeur d'économie qui se vantait de n'avoir jamais mis les pieds dans une entreprise. Il conservait ainsi sa « pureté intellectuelle »).

J'appris surtout à structurer ma pensée et à m'exprimer de façon claire. La gymnastique de l'exposé peut paraître un peu formelle. Elle me fut d'une grande utilité durant ma vie professionnelle.

À l'Ecole, on s'entraînait également à être habile. En fin d'études après les épreuves écrites nous devions subir le redoutable « grand oral » et présenter une multitude d'oraux choisis dans un catalogue de matières les plus diverses. « Les partiels ».

Les bons élèves qui fréquentaient avec assiduité la bibliothèque (les moins sérieux jouaient au bridge dans l'arrière-salle du fameux café *Basile*) apprenaient toutes les matières qu'ils présentaient. Les « fumistes » comme moi se contenaient de travailler les cours importants et se fiaient à leur bonne étoile pour les autres.

En fait, l'oral devenait une sorte de jeu qui consistait à « élargir le sujet » qu'on ignorait pour le déplacer sur un terrain connu.

Beaucoup de professeurs n'étaient pas dupes et nous jugeaient sur notre capacité à faire preuve d'agilité intellectuelle. Quelques mauvais coucheurs, comme celui qui m'interrogea sur les polders hollandais, déjoua tous mes efforts pour essayer de replacer ces maudits polders dans une perspective historico-littéraire beaucoup plus large. Ce futur ministre obtus exigeait que je lui récite la page soixante-douze de son cours qu'évidemment je n'avais pas lue.

Parfois de petits miracles se produisaient. Ayant choisi « Sociologie de Paris », j'empruntai son polycopié à un camarade en attendant de passer devant l'examinateur. J'eus juste le temps de lire le chapitre consacré au septième arrondissement. Quand le professeur me tendit le chapeau qui contenait les petits papiers où étaient inscrits les sujets, j'adressai une courte prière à la patronne des causes désespérées. Elle m'entendit et je pus étaler ma science toute neuve.

Interrogé sur « l'agriculture américaine », j'étais bien incapable de sortir autre chose que les vagues souvenirs de « corn belt » et de « cotton belt » restés de l'époque de Pitch. Par miracle, mes parents avaient invité la veille des amis qui nous avaient raconté leur vie dans une petite ferme de Virginie. Hardiment, je décrivis cette autre forme d'agriculture qui ressemblait beaucoup à celle que j'avais connue dans le village de ma mère (cf. : La campagne). L'examinateur ayant été très intéressé par ce « point de vue original », je récoltai une excellente note.

On a beaucoup glosé sur « l'esprit Sciences-Po », sur la « tenue Sciences-Po » (costume de flanelle, parapluie), sur la « fatuité Sciences-Po ». J'avoue ne rien avoir remarqué de tel durant les deux années passées dans cette Ecole. Sans doute existait-il encore un petit clan de ces ridicules stéréotypes que décrit fort bien Gilbert Cesbron dans *La tradition Fontquernie*. Mes trop brèves apparitions rue Saint-Guillaume ne m'ont pas permis de les repérer ni de les fréquenter.

DES et Sciences-Po terminés, il ne restait plus qu'à faire mon service militaire (grâce au sursis, j'avais échappé à l'Algérie) avant d'entrer dans la vie active (cf. : Le journalisme et l'édition).

Les petits boulots

Si j'étais logé gratuitement rue du Dragon, l'argent de poche que m'allouaient mes parents ne me permettait pas – loin de là – de faire des folies. Comme beaucoup d'étudiants, durant les vacances, j'ai fait des « petits boulots » : vendeur au Bazar de l'Hôtel de Ville (dont je me suis fait éjecter pour avoir mal répondu à un client mauvais coucheur), distributeur de prospectus, tenancier d'une petite librairie boulevard Saint-Michel, employé de banque au Crédit Lyonnais (un mois passé dans l'ambiance incroyablement médiocre des employés de banque me fit jurer de ne jamais entrer dans cet univers racorni), etc.

Pour trouver des ressources durant l'année, j'avais trouvé un excellent filon. Un camarade centralien me demanda de donner des leçons de français à un ami qui venait d'échouer à Polytechnique à cause d'un deux en français. En un an d'entraînement intensif, je réussis à lui faire obtenir un dix-huit. La nouvelle se propagea et je me retrouvai avec un portefeuille de postulants à HEC et aux grandes écoles scientifiques. En leur apprenant à résumer des textes de vingt pages en deux pages puis en dix lignes, je m'entraînais tout autant à cette pratique qui me fut fort utile quand je devins journaliste.

J'ai aussi enseigné le français à une riche Brésilien. Ce fut une période pénible. Chaque matin, je me rendais à son hôtel, rue de Castiglione, pour l'écouter lire des pages du *Docteur Jivago*. Il ânonnait son texte et je corrigeais ses erreurs de prononciation. Malheureusement, entre deux séances, il avait poursuivi sa lecture si bien que, durant plusieurs mois, je dus subir un texte auquel je ne comprenais rien. Ce livre est devenu pour moi un ouvrage maudit.

Un autre miracle se produisit. Je reçus un appel téléphonique d'un monsieur qui me donnait rendez-vous « de toute urgence » dans un café de la Bourse. L'individu que j'y rencontrai, vêtu d'une salopette, était un garagiste (il possédait en fait plusieurs grands garages parisiens) dont on trouvera un portrait ressemblant avec le Jean Yanne de

Que la bête meure. Il m'expliqua, dans son langage coloré, que sa fille était en première dans un collège religieux. À la fin du premier trimestre, compte tenu de sa moyenne insuffisante, la directrice avait annoncé au père que sa fille ne serait pas présentée au baccalauréat par l'école. Pris d'un coup de sang, il la retira immédiatement du collège. Maintenant, il se trouvait dans l'embarras, ne sachant que faire pour amener sa progéniture jusqu'à l'examen.

Il me proposa donc de prendre cette jeune fille en main pour la préparer à cette épreuve. Hors, les matières scientifiques, je l'assurai de ma compétence et lui garantis les résultats.

Quand vint la question des honoraires, il eut cette grandiose réponse qu'on n'imagine pas dans ses rêves les plus fous : « Je ne veux pas parler d'argent. Chaque mois ma fille vous remettra un chèque où vous inscrirez la somme qui vous convient ».

C'était le pactole ! La jeune fille était charmante et, débarrassée de la terreur que lui inspirait ce père tyrannique, se révéla une élève consciencieuse et normalement douée. De temps en temps, lorsque j'avais un cours à Sciences-Po, je lui donnais un sujet de dissertation à rédiger dans les conditions de l'examen. Profitant de ces trois heures de répit, je filais rue Saint-Guillaume.

Quand arriva notre dernière séance, elle me tendit son chèque en me disant : « Pour vous remercier, papa vous demande de doubler la somme habituelle ».

Je précise qu'elle obtint son baccalauréat dans des conditions honorables.

En dehors de ces travaux alimentaires, j'eus la chance d'exercer, durant une année, la fonction *d'assistant de recherche* à l'ORTF. Etienne Fuzellier, qui me proposa ce poste, outre ses activités de professeur et de critique cinématographique, préparait une étude sur « Le langage radiophonique » au Centre de recherches dirigé par Pierre Schaeffer, créateur de la musique concrète.

Je me présentai donc à la Phonothèque de l'ORTF, rue de l'Université. Le charmant monsieur aux manières efféminées qui me reçut commença par me poser une question qui me laissa quelque peu interloqué : « A quelle heure désirez-vous arriver ? » Devant mon air ébahi, il m'expliqua que chacun, dans ce service, choisissait l'heure qui lui convenait. La seule contrainte était de respecter ensuite cet horaire. Ayant choisi d'arriver à dix heures, je me mis au travail.

Celui-ci consistait à lire les manuscrits de pièces radiophoniques, à en retrouver les enregistrements, à les écouter puis à en tirer une « analyse thématique » selon les besoins de mon directeur de recherche.

À la Phonothèque, je découvris un monde curieux : entrant par mégarde dans un bureau, j'y trouvai une sorte de harpie qui me fit sortir en m'accablant d'injures. Renseignements pris, il s'agissait d'une femme tellement odieuse que personne ne voulait travailler avec elle. On avait fini par la reléguer dans un bureau où elle ne faisait strictement rien sinon toucher son traitement. Les femmes de ménage portugaises avaient construit sous un escalier, à l'aide de cartons, une sorte de cabane où elles faisaient frire des sardines qu'elles dégustaient en buvant du *vinho verde*.

Peu à peu je m'aperçus que la plupart des employés de la Phonothèque se livrait à des tâches totalement inutiles ou sans aucun rapport avec leur fonction officielle (j'ai retrouvé la même ambiance au Secrétariat Général à la Défense Nationale où j'effectuai mon service militaire : un adjudant passait ses journées à mettre en fiches le comportement des chevaux et à prendre les paris des courses pour l'ensemble du personnel tandis qu'un autre avait transformé son bureau en atelier de réparation des postes de radio et de télévision).

Lorsque j'avais choisi les enregistrements, je me rendais en métro dans un studio d'Issy-les-Moulineaux pour les écouter. Pendant plusieurs mois, j'effectuai ces allers-retours sans problème quand un « chef » me convoqua pour m'expliquer que le transport de documents aussi précieux sans accompagnateur présentait des risques graves. On m'adjoignit donc un garde du corps qui m'attendait dans le studio en lisant son journal ou un roman policier.

Les enregistrements les plus anciens étaient réalisés sur des bandes magnétiques enroulées autour d'un noyau métallique sans flasques de protection. Avec le temps, les bandes avaient gondolé et les spires s'étaient desserrées. En prenant sans précaution une de ces galettes, toute la bande s'écroula et je me retrouvai au milieu de kilomètres de films en vrac sur le plancher. Prêt aux pires sanctions, j'allai raconter ma mésaventure au chef de service. Loin de m'accabler, il compatit à mon malheur et chargea un de ses collaborateurs de réparer le désastre.

Puis, un jour, Pierre Schaeffer, pour d'obscures raisons, entra dans une terrible colère. Selon les témoins, il éructa durant une journée entière sans prendre de pause. Il décréta la fermeture du Centre de recherches et renvoya chez eux, sans autre forme de procès, les nombreux stagiaires étrangers qui venaient se former là.

De cette expérience, je tirai une leçon : la vie réelle de l'entreprise n'avait qu'un lointain rapport avec les descriptions policées et aseptisées qu'on nous inculquait à la Faculté. La suite me confirma dans ce sentiment (cf. : Le journalisme et l'édition).

Et la politique ?

En toute sincérité, j'avoue que, durant mes années d'études, je suis passé complètement à côté de la vie politique. Pourtant les affrontements étaient vifs entre l'UNEF (de gauche) et la FEN (de droite). À la Faculté de Droit, la fameuse CORPO où des furieux comme Le Pen firent leurs premières armes se déchaînait à propos de l'Algérie.

Mais je ne me sentais aucunement concerné par ces luttes et ces remue-ménage. Bien que la menace d'un départ en Algérie pesât sur moi et que plusieurs de mes amis y fussent partis, je n'éprouvais aucunement le désir de prendre parti. Je vivais, pourrait-on dire « à côté », ne m'intéressant qu'à la peinture et à la littérature. Toutes les rumeurs, les cris des manifestants, les scènes tragiques ou ridicules (comme l'appel de Michel Debré à la télévision pour aller stopper les parachutistes censés venir prendre le

pouvoir) me semblaient appartenir à un autre monde.
Etait-ce stupidité ou inconscience de ma part ? Je laisse à chacun le soin d'en juger.

LES JEUNES FILLES ET LES DAMES

Les jeunes filles

À la maison, comme chez la plupart de mes camarades, le sexe était un sujet tabou. Mes parents faisaient preuve d'une extrême pudeur (le maximum qu'osait ma mère était de se montrer en combinaison). Quand nous passâmes des vacances au bord de la mer (cf. : Les vacances) elle restait sur la place à tricoter, habillée jusqu'au cou tandis que mon père, affublé d'un ridicule caleçon de bain « tricoté main » attrapait des coups de soleil sur sa peau de rouquin.

Quand le sujet arrivait dans la conversation, c'était toujours à mots couverts. Mon père fustigeait « les grues » et les soldats qui se rendaient au « bobinard » (de quoi s'agissait-il ?). Jamais, à l'adolescence, il ne jugea utile de me parler franchement du sexe et de l'amour.

Cachée au fond d'une armoire était entreposée une littérature que je ne tardai pas à découvrir et dévorai avidement. Celle-ci comportait six ouvrages dont les titres sont suffisamment évocateurs :

– *L'amour sain*, du Dr Surbled

– *L'amour malade*, du même auteur
– *Ce que toute jeune fille devrait savoir*, du Dr Mary Wood-Allen
– *Ce que toute femme devrait savoir*, du Dr Drake
– *Au service de l'amour*, du Dr J. Carnot
– *Amie, il faut savoir*, du Dr Jacqueline Jeanne

Le texte de couverture de ce dernier volume est éloquent : « Il faut savoir qu'à peine sortie de l'enfance, le désir de l'homme rôdera autour de toi, avec la nature complice, pour faire de toi sa proie. Te montrer les pièges en dissipant ton ignorance, tel est le but de ce livre ».

Tous ces ouvrages adoptaient pratiquement le même schéma. Si je prends *Au service de l'amour* « Un livre propre, clair, net » comme l'annonce le texte de couverture, celui-ci s'ouvre par un chapitre « technique » consacré à la reproduction et aux organes génitaux masculins et féminins.

Une large place est dévolue aux « fausse manœuvres » : la masturbation et l'onanisme conjugal. « Le simple énoncé de ces procédés, affirme le Dr Carnot, (stérilet, préservatif, etc.) et les faits et gestes que nécessite leur réalisation suffisent à faire voir leur côté antinaturel et répugnant ; par ailleurs, on peut dire que la pratique de l'onanisme conjugal est, dans un certain sens, comparable à la pratique de la masturbation (en somme, c'est la masturbation à deux) : dans l'un et l'autre cas, la substance séminale est répandue au dehors et on agit sans tenir compte de l'ordre naturel préétabli ».

Le ton est donné : l'amour ne peut se pratiquer que dans le seul mariage. Et, à l'intérieur de celui-ci, les « lois naturelles » doivent être scrupuleusement respectées, lois qui débouchent sur la procréation.

Pour ces gardiens de « l'ordre moral » l'unique possibilité d'éviter un enfant est « l'abstention périodique « mise au point par le Dr Ogino (on sait combien de « bébés Ogino » virent le jour grâce à cette méthode qui consistait à déterminer, de façon soi-disant précise, les jours féconds et les jours stériles).

La deuxième partie est consacrée aux maladies vénériennes. Ici, rien n'est épargné au novice en amour : chancre mou, blennorragie, syphilis, maladie de Nicolas Favre, etc.

Le reste du livre vante les avantages de la continence avant le mariage et les grandes vertus de la chasteté.

Tous les livres que j'ai cités reprenaient la même antienne : le mariage et les « lois naturelles » hors de quoi l'amour est un péché et une pratique répugnante.

Quant au mariage lui-même, il est ainsi défini dans un des ouvrages de la bibliothèque paternelle : « Dans un ménage, l'autorité revient au mari. L'homme doit être le chef de famille. Ce sera à toi de commander, de diriger, de protéger. »

Pour l'adolescent que j'étais, ces pieux conseils ne faisaient guère mon affaire. Il restait bien la prostitution. Mais tous les ouvrages en dénonçaient la honte et la malfaisance « qui met le vice à la portée de tous les jeunes gens ».

Bien sûr, cette littérature omettait le principal : comment amener une femme à prendre son plaisir ? S'il était beaucoup question du franchissement (périlleux) de l'hymen, aucun n'abordait le problème des caresses, du maniement du clitoris ou des pratiques telles que le cunnilingus ou la fellation (termes bannis de ces ouvrages et totalement ignorés des dictionnaires). Comment utiliser un préservatif ? Sur tous ces sujets, le mystère demeurait entier. Seuls les livres « pornographiques », passés sous le manteau, osaient employer ces termes mystérieux.

Évidemment, au lycée, les cours de sciences naturelles, s'ils décrivaient la fécondation des plantes, éludaient complètement les mécanismes de la reproduction humaine. Du reste, les planches représentant les différents organes de l'homme supprimaient pénis et testicules.

À qui s'adresser alors ? Mes camarades étaient aussi ignorants que moi et ceux qui voulaient avoir l'air au courant transmettaient des informations de pure fantaisie.

Pour essayer d'en savoir plus, j'assistais à des soirées de « préparation au mariage » organisées par la paroisse. J'en sortis terriblement déçu. Un jeune couple dynamique, épanoui, au franc parler et déjà nanti de plusieurs enfants réunissait les garçons avec le mari et les filles avec la femme. Dans le style « c'est un grand copain qui vous parle », le conférencier reproduisait les mêmes banalités que celles trouvées dans les livres. Mais toujours rien sur la pratique qui nous manquait cruellement.

Le premier problème des adolescents de ma génération était de rencontrer des jeunes filles que l'on puisse regarder autrement qu'en « pensant à sa mère ou à sa sœur » pour reprendre la célèbre phrase de Baden-Powell. Donc des jeunes filles qui éprouvent, autant que nous, l'envie d'inaugurer leur nouvelle énergie.

Au lycée (cf. : Les études) une totale ségrégation existait entre garçons et filles. Il fallait attendre l'entrée en Faculté pour que les sexes fussent enfin réunis. À seize ans, cela faisait quatre longues années à patienter.

Les sœurs des amis formaient une catégorie à part : les intouchables.

Ceux qui avaient la chance d'appartenir à une nombreuse famille avaient quelque espoir de faire leurs premières armes avec leurs cousines. Je n'en possédais que deux, beaucoup plus âgées que moi et, à mon goût, peu attirantes.

Les surprises-parties, telles que je les ai décrites (cf. : Les loisirs) ne présentaient guère d'intérêt. On n'y rencontrait que de sages jeunes filles, surveillées de près par leurs parents, et ayant déjà derrière la tête des idées de fiançailles et de mariage avec un « beau parti ». Les rallyes, auxquels il n'était pas question que je m'inscrive, tant pour des raisons financières (achat d'un smoking, location d'une salle et d'un traiteur) que psychologiques constituaient ouvertement un terrain de chasse aux maris.

Que nous restait-il ? Le hasard et surtout les lieux de rencontre d'où la mixité n'était pas exclue : les chorales, les ciné-clubs, le théâtre, les mariages et, dans mon cas, le scoutisme.

Une fois trouvée la jeune fille de ses désirs, encore fallait-il la séduire. Pour cette manœuvre délicate, les romans que je dévorais (Nimier, Déon, etc.) m'en apprirent beaucoup plus que les traités « d'éducation sexuelle ». Puis, tâche combien périlleuse, l'entraîner jusqu'au lit pour découvrir, enfin, la clé du Grand Mystère.

Par un pervers retour des choses, les jeunes d'aujourd'hui se trouvent confrontés au même problème que nous : comment se protéger lors d'un rapport amoureux ?

Actuellement, il s'agit de ne pas attraper le Sida. Dans ma jeunesse, il fallait à tout prix éviter de rendre la demoiselle enceinte. La pilule en était à ses débuts et beaucoup de jeunes filles refusaient de la prendre de peur de grossir. Il nous restait la solution des préservatifs. Mais, se procurer cet accessoire indispensable n'était pas aussi simple qu'aujourd'hui.

Considéré comme un moyen de contraception illégal, le préservatif devait être commandé par correspondance dans des catalogues qui proposaient des « produits d'hygiène » (« envoi discret sous emballage anonyme »). Il était nécessaire de comprendre à mots couverts de quoi il s'agissait. De même pour les godemichés qui étaient présentés comme de vibromasseurs destinés à raffermir la peau.

Pour être franc, même quand nous en possédions, nous avions peu d'occasions de nous servir de préservatifs, les jeunes filles refusant obstinément « d'aller jusqu'au bout ».

Les débuts

La première fois où je crus tomber amoureux (je devais avoir seize ans. Nous étions beaucoup moins précoces qu'aujourd'hui.) Ce fut d'une jeune fille rencontrée lors de vacances passées dans la Nièvre chez un ami. Pendant quelque temps, nous échangeâmes une correspondance qui comportait tous les poncifs et toutes les mièvreries du romantisme adolescent : « Je t'écris en écoutant du Chopin. C'est si beau que je ne peux m'empêcher de pleurer ».

Elle se prénommait Eva, ce qui était bien pratique pour recopier des vers de *La maison du berger*.

– Eva, qui donc es-tu. Sais-tu bien ta nature ?
– Sais-tu quel est ici ton but et ton devoir ?
Compagne délicate ! Eva, sais-tu pourquoi ?
C'est pour qu'il se regarde au miroir d'une autre âme
Qu'il entende ce chant qui ne vient que de toi :
L'enthousiasme pur dans une voix suave.
Etc.

Alfred de Vigny

De nos jours, le portable a remplacé l'épistolaire (heureusement les *e-mails* réaniment le goût de l'écriture). Lorsqu'elle m'appelait pour me faire part de ses états d'âme, la présence de mon père rôdant autour du téléphone familial avec un air excédé, me bloquait dans mes élans sentimentaux.

Cette histoire, restée très chaste et planant dans les hauteurs poétiques, se termina brutalement au cours d'une surprise-partie où je la découvris, vautrée sur le tas de manteaux des invités en train de se faire embrasser et peloter par un garçon. À travers les brumes de l'alcool, je ressentis un profond déchirement. Alors que, par respect, par pudeur, par timidité, je n'avais jamais osé l'embrasser, elle se laissait tripoter par le premier venu. Ce soir-là je dis adieu à Lamartine et à Vigny. Je venais de découvrir les dures réalités de la vie amoureuse.

La passion

Pastichant *Aurélien*, je pourrais écrire « La première fois que je vis Danièle, je la trouvai franchement laide ».

Il faut dire que sa tenue de cheftaine de guides ne l'avantageait guère. Mais, comme le héros d'Aragon, je ne découvris que progressivement ce qui m'attirait chez elle : cet air un peu boudeur et perdu, ces lèvres sensuelles, ce corps d'adolescent (elle ne possédait que peu de seins et s'en désolait), ce charme indéfinissable et un tantinet sauvage qui la différenciait tant des Béatrice de L. et de Marie-Claire F., les autres cheftaines. Sans m'en apercevoir, j'en tombai éperdument amoureux.

Pendant un certain temps, nos promenades et nos séances de piscine (je ne sais pourquoi nous allions beaucoup à la piscine), chaperonnées par le fidèle Jean-Bruno, restèrent des relations de camaraderie. En fait, je ne savais pas comment m'y prendre pour pousser les choses plus loin. Personne ne m'avait appris la démarche à suivre pour séduire une jeune fille.

Prenant mon courage à deux mains, je l'invitai au restaurant africain de la rue de l'Université, au *Club du Vieux Colombier* et surtout au *Caveau de la Huchette* (cf. : Les loisirs). Là, aux accents de la trompette de Maxime Saury, je pouvais serrer son corps contre le mien durant des slows langoureux.

La nuit, nous rentrions à pied par les berges de la Seine. Assis pour contempler les lumières du fleuve, j'osai enfin l'embrasser.

Cette scène, qui était pour moi une grande première, je l'ai idéalisé dans *Un adieu*, la nouvelle que manqua de publier Jean Cayrol (cf. : La littérature). Je ne puis résister au plaisir de la reproduire ici :

« Un soir, au bout de l'île du Vert Galant, elle se décida enfin. Je me souviendrai de ce moment comme d'un éblouissement : des péniches passaient, les lampadaires du pont jetaient une lueur orange sur l'eau du fleuve, nous étions étendus sur la pierre froide et ma main, sous son chandail, caressait une peau infiniment tiède. Elle mettait dans cet acte une violence qui frisait la cruauté et à laquelle je n'étais pas habitué. Pendant deux jour, je traînai une lèvre tuméfiée. Nous venions de nous apercevoir que nous nous aimions… ».

Cette découverte capitale effectuée, un autre problème se posait : dans quel lieu solitaire nous réfugier pour donner libre cours à notre passion ?

L'un et l'autre habitions chez nos parents, lesquels n'avaient pas encore l'habitude de s'absenter durant les week-ends. L'idée de l'entraîner à l'hôtel me terrorisait (était-il possible de louer une chambre pour quelques heures ? N'allait-on pas me jeter dehors ?) et, surtout risquait d'enlever à notre idylle cet aspect romantique qui me fascinait tant.

Pendant quelques mois, j'allai la chercher à la sortie du PCB, rue Cuvier (elle se destinait à la médecine). Nous nous réfugiions dans les arrière-salles obscures des cafés proches du Jardin des Plantes et, des heures durant, nous nous embrassions. Mais ces séances, loin de nous apaiser, accroissaient notre désir.

Nous nous retrouvions également, pour faire semblant d'apprendre nos cours, dans la majestueuse salle de lecture de la Bibliothèque Mazarine. Nous échangions de tendres billets. C'était charmant mais toujours aussi insatisfaisant.

La chance me sourit enfin. Ma tante Marthe (cf. : La famille), à sa sortie de l'hôpital dut aller se refaire une santé dans une maison de repos provençale. Après des tractations peu aisées, elle consentit à me confier les clés de son appartement de la rue du Dragon. Nous étions sauvés !

Avec les moyens du bord (papier crépon, lanternes japonaises) je transformai cet antre poussiéreux en ce que j'appelais pompeusement « mon atelier », justifiant cette dénomination par mes aquarelles et mes toiles dont je tapissai les murs.

Dans le galetas où était morte ma grand-mère, j'installai une sorte de nid avec des coussins et une lanterne qui diffusait une douce lumière rose. Pour le chauffage, j'acquis un poêle constitué d'un réchaud à alcool à brûler surmonté d'une espèce de cheminée. D'une durée de fonctionnement limitée, il s'arrêtait au milieu de nos ébats et nous devions attendre que le système refroidisse pour recharger le réservoir.

Je ne sais plus qui a dit : « Le meilleur moment de l'amour, c'est lorsqu'on monte l'escalier » (Léon Blum ? Clémenceau ?). Pour moi, c'était l'inverse.

Sitôt le dîner familial terminé, sous des prétextes divers (réunions scoutes, bridge chez des amis, travail aux Petits Frères des pauvres) je courais rue du Dragon. Je réglais les éclairages, allumais le poêle et, le cœur battant, attendais son pas dans la cour pavée, le craquement de l'escalier et les coups timides frappés à la porte. Instants magiques où je la découvrais sur le palier, la prenais dans mes bras, l'entraînais dans la pièce aux coussins.

Ce qui rendait, je pense, nos rencontres exceptionnelles, c'était notre inexpérience mutuelle. Nous avancions chacun à la découverte d'un monde inconnu.

Explorateur émerveillé, je partais, comme dans la chanson d'Alain Souchon, à la recherche de ce qui se cache « sous les jupes des filles ». Pour la première fois, je pouvais manipuler les dessous féminins. Avec quelle émotion je retirais ses bas, son porte-jarretelles, sa petite culotte. Avec quelle fébrilité je dégrafais son soutien-gorge (les jeunes filles, sans doute pour minimiser l'aspect érotique de cet accessoire le surnommaient « un soustif »).

On sourira sans doute de ces émois. Mais les choses ont-elles vraiment changé ?

Soyons francs, nous ne faisoins pas l'amour jusqu'au bout. Par crainte, par une pudeur exagérée, de peur de concevoir un enfant ? Nous nous limitions à des caresses « profondes », utilisant la main et la langue.

Le dimanche matin ajoutait un piment supplémentaire à notre relation. Rentrés chez nous aux premières heures de l'aube, après avoir dormi quelques heures, nous nous retrouvions à la messe de neuf heures à Saint-Thomas d'Aquin, elle avec ses guides, moi en tenue de grand clerc. Tandis que je descendais l'allée centrale pour rassembler les communiants et que je voyais son visage encore marqué par nos excès nocturnes, j'éprouvais le sentiment délicieux de commettre une sorte de sacrilège.

Puis ma tante est rentrée. Nous dûmes quitter notre refuge. Notre passion était condamnée.

Les grandes vacances, malgré mon abondant courrier, éteignirent notre flamme. Je crus beaucoup souffrir. Pour liquider cette histoire, j'écrivis la nouvelle déjà citée (« liquider » est le mot juste puisque, dans ce texte, je noyais celle que j'avais baptisée Catherine). Je découvris ainsi que la matière première de l'écrivain est son propre déchirement (c'était l'époque où j'étais persuadé de posséder un talent de romancier – cf. : La littérature).

Un an plus tard (1959), après une lutte acharnée, j'obtins de mon père l'autorisation de m'établir au 7 de la rue du Dragon, dans le studio qu'abandonnait mon frère pour partir enseigner en Tunisie.

L'installation dans ce modeste logement, qui ne comportait qu'un minuscule cabinet de toilette et les commodités sur le palier, fut un intense moment de bonheur. Enfin, j'avais conquis ma liberté ! (on voit que les temps ont changé. Les jeunes gens s'incrustent chez leurs parents le plus tard possible au point qu'il faut comme dans le film *Tanguy*, les forcer à prendre le large).

Cette liberté consistait surtout à recevoir des jeunes filles à ma guise. Elles ne tardèrent pas à affluer, attirées par Claude, rencontrée au Centre Richelieu (cf. : Le théâtre).

Issue d'un pensionnat huppé de la banlieue ouest, elle disposait d'un large choix de jolies condisciples qu'elle tenait à présenter à son artiste. J'étais aux anges, n'ayant qu'à faire mon choix dans cette profusion de charmantes personnes qui tranchaient agréablement sur la plupart des besogneuses grisâtres et mal fagotées que je côtoyais à la Sorbonne.

Le monde du chiffon

La première qui céda à mes avances (on disait encore cela) n'était pas la plus jolie, mais elle m'ouvrait les portes d'un monde totalement inconnu : la haute couture.

La mère de Françoise était directrice chez *Manguin*, maison alors réputée qui a disparu depuis (celle-ci avait été créée par les descendants du peintre impressionniste qui possédaient une superbe collection de ses œuvres).

Grâce à mon amie, je me mis à fréquenter les collections et tout l'aréopage des peintres, écrivains, comédiens et mannequins qui papillonne autour du chiffon de luxe.

Avec délectation, j'assistais aux joyeux dîners de l'avenue Paul Doumer où je croisais Serge Matta, Hubert de Givenchy et André Beaurepaire. Leur conversation, leur ironie fine, leur vision insolite des choses m'éblouissaient.

J'aimais beaucoup André Beaurepaire, un familier de la maison, ami de Jean Cocteau et peintre fantastique de talent (il venait souvent avec sa demi-sœur, Armande Navarre, alors comédienne. On peut la voir donner la réplique à Jean Gabin dans *L'Affaire Saint Fiacre*.).

Ghislain de Diesbach, dans sa biographie de Philippe Jullian (Plon) le décrit ainsi : Philippe est accompagné d'un nouvel ami, le peintre André Beaurepaire dont il admire le talent et supporte les sautes d'humeur en se disant qu'il faut tout pardonner à un grand artiste. Au bout de quelques jours, leurs caractères s'affrontent, mais la cocasserie de certaines situations, leur facilité à en rire, les sauvent de la brouille. « Je lui reproche de ne pas faire bien dans le paysage, avoue-t-il, avec son crâne bombé de petit génie, sillonné de deux veines qui se gonflent quand il rit… ».

Chez Françoise, je découvrais le monde des homosexuels. Jusqu'ici l'homosexualité était demeurée pour moi une notion abstraite essentiellement littéraire (Gide, Cocteau). Pour mon père, qui confondait homosexualité, pédophilie et autres « soupeurs », il s'agissait d'une infamie réunissant des individus hautement immoraux qui attiraient les jeunes garçons dans les vespasiennes, alors nombreuses à Paris (un de ses titres de gloire était d'avoir réussi à faire supprimer l'édicule proche du Lycée Henri IV).

Là, je côtoyais des gens charmants, pleins de prévenance, pétris d'esprit et d'humour. Un peu bizarres, sans doute, avec des comportements curieux (durant un voyage à Deauville, chaque fois qu'un camion nous croisait, André Beaurepaire poussait des cris d'orfraie et s'enveloppait la tête d'un foulard, de crainte que les gaz d'échappement n'abîmassent son teint…), mais d'un commerce infiniment plus distrayant et enrichissant pour un jeune homme à ses débuts que la plupart des personnages que nous avions l'habitude de fréquenter.

Je précise que jamais l'un d'eux ne tenta quelque manœuvre de séduction à mon égard. Sans doute devinaient-ils que mon appétit des femmes vouaient ces tentatives à l'échec.

Le beau monde

J'ai raconté (cf. : Le mariage) comment, au cours d'une soirée costumée où je m'étais rendu avec Françoise (j'avais confectionné sa robe, jouant au couturier), je me fis enlever par Régine, une de ses anciennes condisciples, qui, après nombre de péripéties, allait devenir ma femme.

Une autre histoire commençait : je quittai le chatoyant et le primesautier pour découvrir l'ambiance sérieuse et empesée de la grande bourgeoisie. Bien sûr, c'était beaucoup moins drôle mais cette introduction dans un univers où je rencontrais des gens importants de la justice, de la finance et de l'administration flattait ma vanité (je m'en suis expliqué par ailleurs – cf. : Le mariage).

L'exotisme

Parmi les lieux où il était probable de rencontrer des jeunes filles intéressantes, j'ai évoqué les ciné-clubs qui fleurissaient à l'époque (cf. : Le cinéma). Je ne sais plus qui m'entraîna un soir à la paroisse Saint-Germain-des-Prés où l'on projetait un de ces « films à thème » qu'affectionnaient les animateurs de débats (il devait s'agir de *Douze hommes en colère* ou *D'ouragan sur le Caine*).

Au cours du débat, je m'affrontai à une jeune américaine qui prenait la discussion très à cœur alors que je réfutais ses arguments pour le simple plaisir d'entendre son charmant accent et la voir s'embrouiller dans son français à mesure qu'elle s'échauffait.

Après le débat, je l'invitai à boire un verre. Elle était adorable avec son côté femme-enfant, ses cheveux courts et sa poitrine épanouie. Venue en France pour s'y perfectionner dans la langue durant une année, elle ne demandait qu'à découvrir le « french love » qu'on lui avait tant vanté. Ma période « petite américaine » débutait.

Les complications commençaient également car je poursuivais mes relations avec Régine.

Coincé entre les deux, je dus apprendre la dissimulation, le mensonge et les nombreuses ruses destinées à éviter les fâcheuses situations du théâtre de boulevard (depuis, à part une courte période, j'ai toujours vécu ainsi entre deux chaises ce qui me convenait très bien).

Beth, comme tous les intellectuels américains, adorait

Au temps des cataplasmes

les discussions sérieuses à propos de tout et de rien. Elle était juive. Du coup, je me sentais furieusement catholique. Elle ne jurait que par l'émancipation de la femme ; je devenais plus macho que nature, etc. Bref, nous ne nous ennuyons jamais.

Grâce à elle, je découvris la colonie américaine de Paris. Curieuse faune dont beaucoup de membres, bien que vivant en France depuis fort longtemps, ne parlaient pas dix mots de français. Ils se mouvaient dans un monde clos dont le lieu de rassemblement était le Centre Américain du boulevard Raspail.

Il y avait là ceux qui tentaient de retrouver les heures grandioses d'Hemingway en buvant des cafés-crème à la Coupole et en espérant que l'atmosphère de Montparnasse leur apporterait le génie. Il y avait également des rustiques comme ce grand gaillard plus vrai que nature, ancien du Viêt-Nam qui vint un soir dîner dans ma petite chambre[14]. Le paquet de chewing-gum qu'il mastiquait en permanence et ne retirait que pour manger, transformait ses propos en un bredouillis inintelligible.

La vie avec la petite Américaine ne manquait pas de piquant. Une anecdote parmi cent : l'ayant envoyée acheter quelques victuailles à l'épicerie d'en bas et ne la voyant pas remonter au bout d'un long moment, je la trouvai, énervée et au bord des larmes, réclamer désespérément des « neuillies » aux femmes qui l'entouraient. Quand j'eus expliqué qu'il s'agissait de nouilles, elle participa à l'hilarité générale.

Ce qui m'attachait surtout à la petite Américaine c'était de jouer auprès d'elle le rôle d'initiateur. En lui apprenant la sexualité je me formais moi-même, appliquant la formule célèbre « quand tu ignores quelque chose, enseigne-le aux autres ! ». L'amour avec elle avait un côté attendrissant.

---

14 A titre de représailles, suite à des tapages nocturnes dénoncés par le concierge, mon père m'avait délogé du studio pour me reléguer dans une chambre de bonne – ce qui ne me détourna pas de mes activés « coupables ». Pendant longtemps, je lui en ai beaucoup voulu.

Durant la nuit, elle dormait en serrant mon sexe dans sa main « C'est ma sécurité » disait-elle. Cette attraction mutuelle ressemblait fort à de la passion, en tout cas je l'ai cru durant notre périple en Grèce (cf. : Les voyages).

Quand elle dut regagner les Etats-Unis, je l'accompagnai à la gare Saint-Lazare. Elle sanglotait, s'accrochait à moi, jurait de revenir bientôt « pour toujours ».

Pourtant j'avais les yeux secs et, lorsque le train s'éloigna, je ressentis une sorte de soulagement. Cette histoire avait été un intense moment de bonheur, un cadeau inespéré. Mais je devinais qu'elle ne pouvait que se dégrader et sombrer dans la routine.

Les lettres-fleuves de Beth se réduisirent peu à peu ; les miennes se firent plus rares. Quand elle revint en France accompagner un groupe d'étudiants, je sus que je ne m'étais pas trompé. Je la reconnus à peine. La merveilleuse adolescente qui chantait des folksongs en s'accompagnant à la guitare avait sombré dans l'âge mûr. Nous nous sommes perdus de vue.

J'en ai tiré un enseignement cruel : il est, dans l'existence, des moments privilégiés. L'illusion est de croire qu'ils peuvent durer toujours. Mais la jeune fille ardente ou le jeune homme fringant et spirituel, trop souvent, perdent leur éclat et rentrent dans le rang. C'est la réflexion que je me faisais l'autre jour quand, au terme d'une conférence, un jeune couple vint me saluer. Lui, je l'avais eu comme étudiant à Sup de Co Rouen où il était le boute-en-train de la promotion. Je le reconnaissais à peine, trois ans plus tard. Avec un sérieux désolant, il me présentait son épouse qui travaillait avec lui dans une banque américaine. « Un travail passionnant » m'assura-t-il gravement. C'était à pleurer !

La jet set

À cette *éducation sentimentale*, je devrais ajouter quelques autres jeunes filles qui, d'une manière ou d'une autre, contribuèrent à me faire sortir des tourbes de l'adolescence. L'une d'elles, Mireille, était une somptueuse Juive au type oriental avec une chevelure baudelairienne d'un noir profond. J'allais lui donner des leçons de philosophie dans le luxueux appartement que ses parents monégasques lui avaient offert.

Je possède toujours l'exemplaire de *Réflexions sur la question juive* avec une émouvante dédicace (nous avions beaucoup travaillé sur ce texte).

Elle était entourée d'une bande de parasites qui poursuivaient de vagues études, circulaient en voitures de sport anglaises (mon rêve de l'époque !) et consacraient la majeure partie de leur temps à organiser des parties de poker, à traîner leur indolence dans les boîtes à la mode et à organiser des soirées où le whisky coulait à flots.

Les accompagner dans leurs activités dérisoires aux côtés de Mireille m'amusa quelque temps. Je découvris la facilité que procure la richesse. Mais je découvrais aussi que cette aisance ne mène à rien. Je quittai sans regret les fastueux Monégasques (je me souviens que l'un d'eux se prénommait Tigrane, en toute simplicité). Pour reprendre le titre d'un livre de Jean Fayard, *Le monde où l'on s'abuse* n'était pas fait pour moi.

Dans cette bande de traîne-savates de luxe, Bernard Sampré détonnait. Atteint d'une maladie incurable, ce garçon chétif possédait une énergie étonnante et un talent prometteur. Depuis le premier numéro de *Hara Kiri* (alors vendu à la sauvette), il tenait la rubrique cinématographique. La dernière fois que je l'ai vu, nous sortions du *Cheval d'Or* où débutait Boby Lapointe (un de mes chocs). Il me faisait pitié, seul sur la place de la Contrescarpe endormie à attendre son taxi. Que ne suis-je allé vers lui ? Il devait mourir quelque temps après.

L'amitié

S'il est assez banal de multiplier les expériences durant sa jeunesse (quoique l'on constate aujourd'hui la formation de plus en plus précoce de « petits couples » qui mènent une vie conjugale avant l'heure. Sans doute cherchent-ils à se rassurer dans un monde agressif. En tout cas, ils se privent de la richesse des découvertes), en revanche il est beaucoup plus rare, au cours de cette période, de vivre une amitié exceptionnelle. J'ai eu cette chance.

Quand j'ai rencontré Claude au Centre Richelieu, un peu fagotée dans son duffle-coat, trop fardée (un de ses défauts), le verbe haut, je ne me doutais pas qu'allait naître entre nous ce sentiment rare qu'est l'indéfectible amitié.

Le hasard est malicieux : elle habitait, comme moi, rue de Verneuil dans un vaste appartement toujours plongé dans une demi-pénombre.

Son père, un haut fonctionnaire, avait abandonné femme et enfant, pour convoler avec sa secrétaire. À la mort de sa mère, elle avait été recueillie et élevée par sa grand-mère que tout le monde appelait Nana.

Cette aïeule fantasque et délicieusement surannée, nous l'adorions tous. Elle semblait sortie d'un roman de Zénaïde Fleuriot avec ses tenues à l'ancienne, ses expressions vieillottes et ses réactions d'un autre âge (Par exemple, quand elle allait au cinéma avec sa petite-fille, elle lui bouchait les yeux dès qu'elle jugeait la scène un peu leste).

Rapidement, nous devînmes inséparables. Nous partagions les mêmes goûts pour le théâtre et la littérature. Nous partagions les mêmes amis. Elle observait avec amusement et indulgence mes aventures amoureuses qu'elle avait, la plupart du temps, suscitées.

Avec elle, la vie était un peu folle : grâce à un petit héritage, rapidement dilapidé, nous ne nous déplacions qu'en taxi pour aller déjeuner au restaurant universitaire du boulevard Saint-Michel ou nous rendre à l'autre bout de Paris acheter de la lingerie dans les boutiques qui proposaient des soldes mirifiques.

Grâce à Claude, je découvrais un autre versant de la vie féminine de cette époque : le goût de la parure, l'utilisation des fards, les séances chez le coiffeur, les interminables essayages dans les boutiques de vêtements, etc.

Je l'accompagnais dans les magasins choisir ses robes, ses

soutiens-gorge ou ses porte-jarretelles. J'adorais la suivre chez *GUERLAIN*, rue de Sèvres, pour comparer les parfums. Finalement, elle se décidait toujours pour *Shalimar* dont elle faisait une abondante consommation (ce goût lui est resté. Chaque fois que je hume ce parfum, je crois la voir apparaître).

Sa grand-mère m'avait attribué le rôle d'ange gardien de sa petite-fille. Lorsque nous partions à des soirées, elle m'accablait de recommandations jusque sur le palier « Faites bien attention à elle ! C'est la première fois que Claude porte des talons hauts ! ».

Comment s'habillaient les jeunes filles de l'époque ? On peut s'en faire une idée en voyant les films de Brigitte Bardot ou de Françoise Arnoul : virevoltantes jupes en corolles serrées à la taille par une large ceinture, pull-overs collants mettant en valeur une poitrine agressive (la mode en revient), chaussures à talons plats dites « ballerines » ou très hauts talons sur lesquels titubaient les débutantes. Pendant un temps la mode fut aux tissus à petits carreaux Vichy et aux cheveux rassemblés en paquet sur la tête (on appelait ça « une choucroute »).

Les collants que hait tant San Antonio étaient encore rares et les bas, maintenus par des porte-jarretelles, monnaie courante (plus d'une fois je dus protéger Claude des regards indiscrets pendant qu'elle tentait de remettre en place une attache qui venait de sauter).

J'acquis ainsi des connaissances approfondies – et combien utiles ! – sur les fonds de teint, les fards à paupières, les mascaras, les laques, les rouges à lèvres et à ongles, les produits bronzants (le fameux *Tan O Tan* qui virait à l'orange en laissant des coulées d'intensité différente). Je m'initiai aux tailles des bonnets de soutien-gorge, à la qualité des bas grâce aux *deniers*, etc.

À nous voir ainsi constamment fourrés ensemble, passer des vacances dans un petit hôtel du Jura où ma mère et ma sœur avaient pris pension (Claude y jeta la perturbation en exigeant de prendre un bain journalier, ce qui n'était pas, à l'évidence, dans les mœurs des estivants), nos amis devaient penser que nous cachions bien notre jeu et menions, en secret, une liaison qui dépassait de loin les frontières de l'amitié.

Nous les laissions imaginer, fiers de cette amitié sans sous-entendus ni arrière-pensées (je précise que Claude était, comme on disait à l'époque, particulièrement *sexy* et attirait les garçons comme la lumière attire les papillons). Nous avions réussi à réaliser cette union jugée impossible : *le mythe de l'âme sœur.*

Claude s'est mariée avec un chirurgien amateur de football qui ne m'aimait guère. Nous ne nous sommes retrouvés que beaucoup plus tard et notre amitié est restée intacte. Dans mon souvenir d'adolescent, ces années de complicité demeurent un des plus beaux moments de ma vie.

Le côté obscur de l'amour

Évoquer le passé fait remonter en mémoire des souvenirs que l'on croyait à tout jamais enfouis.

Celui-ci n'est pas glorieux.

Si, aujourd'hui la crainte des jeunes qui font l'amour est d'attraper le Sida ou la syphilis (qui, dit-on, revient en force), à mon époque la peur de mettre enceinte la jeune fille avec qui l'on « avait des rapports illégitimes » était une épée de Damoclès qui nous menaçait sans cesse.

Une nuit que je couchais dans la propriété de ses parents, Régine se glissa dans mon lit en m'assurant qu'il n'y avait aucun risque, se trouvant dans une période non fertile (la fameuse « Méthode Ogino »).

Quelque temps après, elle m'annonça qu'elle attendait « un heureux événement ». En fait d'heureux événement, c'était le ciel qui me tombait sur la tête. Je voyais ce qu'étaient devenus certains camarades qui n'avaient pas trouvé d'autre solution que d'épouser la future mère : abdiquant toute liberté, renonçant à leurs plus chères ambitions, ils se consacraient aux biberons et aux changements de couches.

Son médecin de famille consulté ne voulut prendre

aucun risque (la Loi Veil n'était pas même concevable). Il lui prescrivit quelques médicaments inefficaces accompagnés de bonnes paroles qu'elle me rapporta « Il n'y a pas de péril en la demeure ».

Si, il y avait péril en la demeure et quel péril ! Je me voyais déjà avec un poupon braillard dans les bras, père à vingt ans, condamné en quelque sorte.

La chance me sourit encore. Une ancienne condisciple de Régine, devenue hôtesse de l'air, avait résolu le même problème en se faisant avorter dans une clinique marocaine.

Tout ce qui suivit, je l'ai totalement occulté. Seul me reste l'immense et égoïste soulagement quand Régine revint du Maroc débarrassée du bébé qui hantait mes cauchemars.

Jamais plus nous ne parlâmes de cet « accident ».

Les autres

En écrivant ce livre, j'ai éprouvé la tentation, comme Gaby Morlay dans le *Carnet de Bal* de Julien Duvivier, de retrouver les jeunes filles de mon adolescence.

J'abandonnai vite cette idée. Qu'allais-je revoir ? Des sexagénaires et des grands-mères, sans doute bien conservées. Mais sous ces visages et ces corps de femmes à l'automne de leur vie, comment reconnaître les filles de mes vingt ans ?

Quelle serait ma déception en retrouvant Nicole qui tremblait d'émotion lorsque je la déshabillais (le haut seulement) pour embrasser ses jolis seins ronds ? N'aurais-je pas en face de moi une dame vertueuse qui me raconterait ses enfants et ses petits-enfants ? Que lui dirais-je ?

Je préfère laisser en paix les images inscrites dans ma mémoire car elles sont charmantes. J'y vois de grands appartements du XVIème et du XVIIème où m'accueillaient les ravissantes Dolly et Valérie, la petite chambre de bonne de la rue Vavin où j'allais caresser la rondelette Eva (une autre Eva) qui ronronnait comme un chaton, les séances de photo auxquelles se prêtait si volontiers Brigitte, le mannequin élancé, qui se livrait pour moi seul à des séances de strip-tease.

Je revois encore Sylvie, la khâgneuse philosophe (elle signera plus tard des articles abscons dans les *Cahiers du Cinéma*) qui ressemblait à un Cranach. J'allais la retrouver dans sa chambre, soi-disant pour parler de Hegel ou de Kant. De temps en temps, inquiète de notre silence, sa mère frappait à la porte pour savoir si tout se passait bien.

Oui, que sont-elles devenues ces jeunes filles qui me procurèrent quelques moments de bonheur et d'émotion ?

Comme le dit Christian Marquand à Françoise Arnoul dans *Sait-on Jamais ?* « Je leur réserve une place de choix dans ma boîte à souvenirs. ».

Les dames

La rue de Montpensier est une artère discrète qui longe les jardins du Palais Royal. On accède à ceux-ci par de courts passages débouchant sous les arcades entourant les jardins.

Bordée par des immeubles dont les entresols s'ouvrent sur de larges fenêtres rondes, cette rue possède un charme secret que le passant pressé ne peut percevoir. C'est sans doute ce qui poussa Colette et Jean Cocteau à y prendre domicile.

Quant à moi, cette rue dont j'ignorais même l'existence, devint le centre de ma vie, entre quinze et dix-huit ans, grâce à deux dames qui influencèrent durablement ma jeunesse.

Mes débuts, rue de Montpensier, avaient pourtant très mal commencé. En classe de troisième, je m'étais lié d'amitié avec un nouveau camarade, Armand Platonov, qui vint s'intégrer à notre petite bande. Désormais, comme les *Trois Mousquetaires*, nous étions quatre à parcourir chaque jour le chemin du lycée (cf. : Les études).

Envoyé en France faire ses études par ses parents restés au Dahomey, où son père exerçait son métier d'ingénieur, il demeurait chez sa grand-mère dans cette rue inconnue.

Un jour, à l'improviste, il me proposa de venir déjeuner

dans un restaurant, situé en face de chez lui, dans lequel il avait table ouverte.

Je téléphonai chez moi et, sans autres explications, j'annonçai que je ne rentrerais pas à midi. C'était la première fois que j'agissais ainsi. Vaguement inquiet des réactions que mon coup de téléphone allait engendrer chez mon père, j'accompagnai Armand au *Caveau Montpensier*.

Ce restaurant, auquel on accédait en descendant quelques marches, possédait un charme indéniable avec ses fenêtres à petits carreaux et ses rideaux à l'ancienne. On y dégustait une cuisine simple et savoureuse qu'appréciaient les membres du Conseil d'Etat, les avocats et les artistes. On dirait, aujourd'hui, qu'il s'agissait d'un lieu « branché » dont on se communique l'adresse entre bons amis (il a été remplacé par un pub irlandais fort sympathique où l'on sert la *GUINESS* selon les règles de l'art).

Mon ami n'avait pas exagéré : Mme L., la propriétaire nous accueillit avec chaleur, nous offrit un menu savoureux et m'invita à revenir aussi souvent que je le souhaitais.

Je fis également connaissance de sa fille Marie-France, une superbe créature qui faisait partie de la troupe des Bluebell's Grils de *La Nouvelle Eve* (évidemment Armand en était amoureux).

Bref, j'aurais dû nager dans la béatitude. Mais je ne pouvais me défaire d'une sourde inquiétude en imaginant les foudres que mon coup de téléphone cavalier avait certainement déchaînées chez moi.

Quand je sortis du restaurant, un peu hébété par les vins capiteux, je vis surgir un taxi au bout de la rue. Il s'arrêta devant nous dans un crissement de freins. Une portière claqua. Mon père, avec sa tête des plus mauvais jours, se précipita sur moi, m'agrippa par le bras et me jeta dans la voiture.

« Vous n'êtes qu'un petit voyou ! jeta-t-il au pauvre Armand qui se demandait qui pouvait bien être ce fou furieux.

« Quand à toi, dit-il en refermant la portière, je t'interdis de fréquenter ce garçon et de remettre les pieds ici ! ».

J'étais mort de honte et de rage. Si j'avais pu, je l'aurais tué. Le retour se fit dans un silence lourd de menaces.

Je n'arrivais pas à comprendre comment il avait retrouvé ma trace. En fait, c'était simple : il avait téléphoné chez mes autres camarades et l'un d'eux, sans doute jaloux de ne pas être invité, avait vendu la mèche.

Évidemment, malgré les imprécations et les interdictions paternelles, je brûlais de retourner rue Montpensier. Cela ne tarda guère.

Lorsque je pénétrai dans l'appartement de la grand-mère d'Armand, j'eus le même sentiment que doivent ressentir les chats quand ils découvrent leur lieu privilégié. Les pièces claires, baignées dans la lumière dorée des jardins du Palais Royal, étaient imprégnées d'un tendre parfum. Sur les murs, quelques toiles – dont plusieurs André Lhote – ajoutaient au raffinement des lieux.

Armand mit un disque : *Don't be that way* par Benny Goodman. Chaque fois que je l'entends, cet appartement ressurgit de mes souvenirs. Ma « petite madeleine » à moi.

Quand je vis Mme Platonov, ce fut comme un coup de foudre. Aussitôt je tombai sous le charme de cette grand-mère aux cheveux blancs, toujours impeccablement coiffée et maquillée, habillée avec un luxe discret. Elle n'avait pas perdu son accent russe et lorsqu'elle m'appelait *Berrrnard*, j'en étais chaviré.

Madame Platonov possédait, au-delà du charme, cette rare et indéfinissable qualité qu'on pourrait nommer la classe.

Entre le jeune homme mal dégrossi que j'étais et cette femme qui avait dépassé la soixantaine naquit une amitié affectueuse qui me surprend encore. Elle me racontait sa Russie, la vie des années folles de Montparnasse où elle avait côtoyé les peintres mythiques. Je lui confiais mes espoirs et mes ambitions (c'est grâce à elle que je me mis à peindre), me sentant auprès d'elle dans une sorte d'état de grâce. Elle m'apprenait à me civiliser.

Parfois, nous allions visiter des expositions et j'étais fier de me montrer aux côtés de cette femme majestueuse dans son manteau de vison (je l'étais moins lorsqu'elle n'appréciait pas les œuvres exposées et le clamait haut et fort. Une colère à la russe !).

Elle m'apprenait aussi à mieux m'habiller et me coiffer. Lorsque je me présentai chez elle avec une frange à la Claude Luter (j'avais déjà subi la colère de mon père pour innovation capillaire) j'eus droit à une scène : « *Berrrnard…* comment pouvez-vous cacher ce grand front… C'est une honte, un massacre… ».

Au cours de ses thés qui réunissaient des gens passionnants et parfois connus j'appris à écouter. Je ne comprenais pas tout ce que disait ce psychanalyste célèbre (Lebovici) mais, dans mon coin, je m'imprégnais de son discours et me sentais devenir plus intelligent.

Il me suffisait de traverser la rue pour entrer au *Caveau Montpensier* qui était devenu, comme on dit aujourd'hui « ma cantine ». Cantine d'autant plus précieuse que Mme L. refusa toujours, quelle que fut mon insistance, d'accepter le moindre paiement.

Je me sentais bien, *au chaud*, dans ce petit restaurant où je pouvais parfaire, grâce à cette hôtesse généreuse, mes connaissances gastronomiques et mon sens de l'observation.

Un restaurant constitue un lieu privilégié pour étudier les comportements des gens : un couple qui parle peu et comme à contre-cœur est incontestablement marié. Celui qui est loquace, qui échange des gestes et des regards, ce sont des amants ou en passe de le devenir. Nous prenions des paris.

Il s'y produit des scènes cocasses ou tragiques, comme ce jour où, en plein service, le chef qui avait un peu trop bu, à la suite d'une réflexion, jeta son tablier. Il fallut improviser et je me transformai en marmiton.

C'est au *Caveau Montpensier* que je fis ma première exposition de peintures. J'eus la fierté de vendre une gouache à un avocat célèbre.

Mais ce restaurant me laisse un souvenir honteux. Un des habitués qui, visiblement, payait rarement ses repas, suscitait nos moqueries parfois peu discrètes à cause de son fort accent espagnol et de son allure quelque peu étrange.

Je me suis traité d'imbécile quand je découvris dans le Monde, que « Missieur Bérgamin », qui venait de mourir, était un grand poète espagnol, réfugié en France pour échapper à Franco, et ami de Malraux. Si j'avais su, quels souvenirs, quels enseignements aurais-je pu accumuler…

Les oasis sont des lieux de passage. Après en avoir savouré les plaisirs et les charmes, il faut reprendre la route.

La rue Montpensier, grâce à ces deux dames, fut mon oasis, trois ans durant. Elles m'ont aidé à passer les « années pénibles » de l'adolescence de la façon la plus intelligente et la plus affectueuse que puisse souhaiter un jeune homme.

Il arriva un moment où, probablement, elles n'avaient plus rien à me donner. Il était temps de prendre le large et de tenter de nouvelles expériences.

Je mis de très longues années avant d'oser revenir rue de Montpensier. *Le Caveau* avait changé de propriétaire. Madame Platonov avait quitté son appartement. Mélancoliquement, je parcourus cette rue qui avait perdu sa magie. J'étais devenu, hélas !, ce que l'on appelle un adulte…

LE MARIAGE

L'aboutissement – l'apothéose, devrait-on dire – d'une éducation réussie s'achevait par le mariage. Et pas n'importe quel mariage. *Un beau mariage.*

Quand ma mère revenait d'une cérémonie nuptiale à Saint-Thomas d'Aquin, elle prononçait cette formule rituelle qui résumait tout : « C'était un beau mariage. La mariée était ravissante et le marié a une très belle situation ».

Se marier, c'était donc entrer dans la vie sociale par la grande porte. Les termes du langage courant sont significatifs. Après avoir enterré sa vie de garçon où l'on s'éparpillait aux quatre vents des folles soirées et des brèves amourettes, on se casait pour fonder un foyer. Fini le temps de l'insouciance, il s'agissait maintenant d'être sérieux. En écho, les carillons de sortie de messe résonnaient aussi comme un glas.

Mais qu'est-ce qu'un beau mariage ?

Si je parle du mariage au présent c'est parce que, depuis ma jeunesse, ce rituel est demeuré d'une constance immuable. Dans un monde qui, en quarante ans, a profondément changé, le mariage – j'entends celui d'une certaine couche de la société – disons, pour simplifier, de la bonne bourgeoisie, n'a subi aucune modification. Quand je vois les enfants de mes amis célébrer leurs noces, je puis décrire à l'avance toutes les étapes que vont parcourir les jeunes gens et leurs familles.

J'ai retrouvé les faire-part que ma mère conservait soigneusement dans un carton et, quarante après, j'ai pu les comparer à ceux que je viens de recevoir. Ils n'ont pas varié d'un iota.

À lui seul, le carton d'invitation imprimé sur un bristol épais, d'un blanc légèrement crémeux, aux bords délicatement crénelés et rédigé en une belle écriture anglaise, nous indique nous nous avons affaire à un mariage de classe.

Si les noms des parents sont suivis de quelques décorations ou de titres honorifiques tels que « Membre de l'Institut », nous risquons d'assister à un très beau mariage. De même est-il souhaitable que les futurs conjoints puissent se targuer de diplômes prestigieux (HEC, Polytechnique).

Un beau mariage est forcément religieux, j'entends par là, catholique. Durant toute la période que couvre cet ouvrage, je crois n'avoir assisté qu'à un seul mariage protestant et ne jamais avoir mis les pieds dans une synagogue (comment l'aurais-je pu, du reste, les Juifs étant ignorés et exclus de mon petit univers ?).

Ce genre de mariage se déroule forcément le samedi et pas dans n'importe quelle église. À Saint-Augustin ou à Saint-Pierre de Chaillot, il peut y avoir de « grands mariages » mais ils sentent le nouveau riche. Un vrai beau mariage se déroule dans une petite église de campagne, de préférence classée, qui confère à celui-ci cette simplicité rustique indispensable à une cérémonie véritablement « dans le ton ».

Le fin du fin consiste à faire célébrer la messe par un prêtre ami de la famille ou par l'ancien aumônier du collège de l'un des fiancés.

Le prélat titré (chanoine, évêque « *in partibus* », cardinal) ou le missionnaire barbu ajoutent un plus incontestable. On sait qu'avec eux on échappera au sermon standard pour savourer une homélie personnalisée qui tirera les larmes à l'assistance.

La carte glissée dans le faire-part est un signe supplémentaire. La réception qui suit la cérémonie (« Cocktail de 18 à 20 h. Dîner placé), même si elle a lieu dans un restaurant coté ou dans un château-hôtel renommé et laisse présager un repas de qualité, n'atteint pas au chic suprême, celui-ci consistant à recevoir les invités dans la propriété d'une des deux familles. Ils pourront ainsi admirer l'imposante demeure qui va accueillir le nouveau couple. Ils concevront quelque jalousie devant le luxe étalé, ce qui est bien le but des parents : montrer aux yeux de tous leur prospérité. On l'aura compris, un beau mariage est avant tout l'occasion de flatter sa propre vanité.

Oui, si j'en juge par les récents mariages auxquels j'ai assisté, rien n'a changé. Un sociologue serait beaucoup plus habilité que moi pour analyser ce phénomène. Doit-on y voir la nécessité qu'éprouve une certaine classe de la société de se rassurer en répétant – en accentuant même – des rites qui sont les symboles les plus évidents de la pérennité ?

La qualité et la quantité des invités est également un des éléments essentiels pour la réussite d'un beau mariage. Celui-ci exige un minimum de deux cents à trois cents personnes. Le nombre de proches conviés au dîner permet de mesurer le « poids social » des familles qui unissent leurs enfants. La quantité de rosettes et d'ordres du mérite qui fleurissent aux boutonnières ajoute un coefficient multiplicateur à cet indice subtil.

Le parc des voitures qui se garent à l'entrée de la propriété n'est pas neutre. Les cocardes qui ornent les pare-brise des grosses cylindrées noires est un élément supplémentaire pour juger de la qualité d'un mariage.

Avant le mariage, se déroule une cérémonie émouvante : le repas de fiançailles. Réservé aux membres de deux familles, il scelle la promesse que se font les futurs époux lors de la messe de fiançailles. Au cours des agapes, le jeune homme remet à sa fiancée la bague de fiançailles.

Pendant que les tourtereaux évoquent leur futur lumineux et choisissent la couleur du papier peint de leur chambre, les parents abordent les aspects financiers de l'union.

Qui va payer quoi et dans quelles proportions ? (celles-ci étant calculées en fonction du nombre d'invités de chaque famille). On met au clair les apports de chacun des futurs époux et l'on fixe la dot de la mariée. Ces questions étant réglées, on passe devant le notaire pour établir un contrat. Les clauses de celui-ci font parfois l'objet d'âpres discussions : Communauté simple ? Communauté réduite aux acquêts ? Séparation de biens ?

De mon temps, où n'existait pas encore la possibilité de changer de contrat en cours d'union, cette décision prenait d'autant plus d'importance que les biens (ou les perspectives de biens) étaient plus importants. La rédaction des contrats par le notaire était un moment important non seulement dans la société bourgeoise mais dans le monde agricole et chez les commerçants. C'est, du reste, un thème fréquent dans la littérature.

Ces problèmes juridiques et financiers étant réglés, on dresse le plan de bataille, généralement orchestré par la mère de la mariée, pour l'organisation matérielle du mariage.

La choix de la robe de mariée est une démarche importante. Chacun donne son avis.

Il y a des crises de larmes. Selon les moyens dont la famille dispose, on se rend chez *Pronuptia* ou chez *Dior*. La règle est stricte : le fiancé ne doit découvrir la robe choisie qu'au moment de l'arrivée à l'église.

Pour les hommes, le choix est plus simple : la jaquette grise ou « queue de pie » s'impose avec le pantalon rayé et le chapeau haut de forme. Ils vont procéder aux essayages à l'immuable *Cor de Chasse*, rue de Buci.

Un autre problème se pose : la sélection des invités. Chaque famille dresse sa liste, maintes fois recommencée au cours de véritables conseils de guerre. Il y a ceux qu'ils est impensable de ne pas inviter, ceux au sujet de qui on hésite, ceux qu'on devrait inviter mais qui ont eu la malencontreuse idée de ne pas nous inviter au mariage de leur cousine, etc. Quand les listes définitives ont été établies, on les confie à l'imprimeur pour exécuter les faire-part (voir plus haut).

Ces listes ont une importance capitale car des personnes invitées dépend en grande partie la générosité de la liste de mariage.

Quand je me suis marié (1965 ? 1966 ?), ces listes correspondaient véritablement à des objets sélectionnés dans des magasins choisis (lors de mon premier mariage ce fut *Roche et Bobois*, pour mon second *La Maison de l'Orient et de la Chine*). Chaque donateur avait ainsi la possibilité de choisir, en fonction de ses moyens ou de son affection, un objet personnalisé. Ainsi pouvait-on dire que la lampe du salon était un cadeau de l'oncle Jean et que le service de table avait été offert par les camarades du club de rugby (j'ai toujours la magnifique ménagère de chez *Christofle* offerte par les scouts de mon père).

Le système des listes avait le mérite de correspondre aux souhaits des époux et d'éviter l'avalanche de pelles à tarte et de manches à gigot de fâcheuse mémoire.

Aujourd'hui, ces listes sont en voie de disparition. Plutôt que d'offrir un objet, on donne un chèque. Le cadeau se dépersonnalise pour se fondre dans un pot commun qui permettra aux jeunes mariés de s'offrir un voyage ou une voiture. Mais cette pratique donne le désagréable sentiment de se soumettre à une nouvelle forme d'impôt qui enlève tout sentiment à la donation. En ce qui me concerne, je m'y refuse.

La coutume voulait que l'on présentât sur une grande table les cadeaux offerts par les invités. Ainsi chacun pouvait étaler sa générosité. Les mariés et les parents y allaient de leurs remerciements en s'exclamant devant chaque présent « Mais, chère amie, vous avez fait des folies ! » tout en pensant que la donatrice, avec les moyens dont elle disposait, aurait quand même pu offrir autre chose que des lampes de chevet.

Le choix du traiteur, évidemment, à son importance. C'est d'après la qualité du repas qu'on jugera du standing de la réception. Chaque coterie a son traiteur attitré et ne jure que par lui. Si le buffet campagnard a ses adeptes « branchés », les menus restent aussi traditionnels qu'à mon époque : une entrée, un plat chaud, un plateau de fromage et l'inévitable pièce montée qu'accueillent les applaudissements des convives.

Le repas se déroule sous une tente de vastes dimensions dressée sur la pelouse qui s'étend devant la demeure. Plus ou moins luxueuse, elle peut évoquer le *Camp du Drap d'Or de François 1er*.

La cérémonie elle-même n'a pas varié dans le temps. Il n'y a guère, j'ai assisté à l'un de ces beaux mariages. J'ai eu l'impression de me retrouver dans un vieux film où j'aurais déjà tourné : plutôt godiche et timide, lorgnant les demoiselles à peu près comestibles que j'aimerais aborder et, peut-être, ô miracle ! réussir à entraîner dans mon studio.

Mais non, nous nous trouvions bien au XXIème siècle ! La petite église (classée) était toujours là. En attendant l'arrivée des mariés, les dames, coiffées de grands chapeaux ridicules couverts de fruits, de fleurs et d'écharpes de gaze papotaient. Les messieurs, aux chaussures et aux costumes sombres sortant de chez le grand faiseur, fumaient une cigarette en discourant de politique ou d'économie.

Observant les jeunes gens proprets, bien comme il faut avec leurs cheveux fraîchement coupés et leurs pantalons aux plis sans défauts qui paradaient devant les jeunes filles – soie, mousseline et capelines – je me revoyais dans un mariage identique, comme si le temps, pour une fois, s'était figé.

Puis l'imposante voiture qui amenait la mariée s'arrêta devant le porche. Précédée des demoiselles d'honneur (« qu'elles sont ravissantes ! »), elle s'avança vers l'autel au bras de son père revêtu de la traditionnelle jaquette. Les orgues se déchaînèrent (par chance on avait évité la *Marche nuptiale*) et les assistants écrasèrent furtivement une larme.

Je retrouvais ma jeunesse : les jeunes gens issus de la même grande école lisaient les textes de l'office, l'officiant, ancien aumônier du marié, prononçait une oraison dont la chaleur s'alliait à la simplicité, l'échange des anneaux au milieu des flashes, le quatuor à cordes qui jouait du Bach, la montée au chœur pour recevoir l'eucharistie, bref, tout était réuni pour faire un beau mariage.

Au temps des cataplasmes

La suite ne dépara pas : apéritif au champagne sur la pelouse de la grande demeure des parents de la mariée, dîner par petites tables dont la maîtresse de maison avait conçu l'ordonnance florale, vins de qualité, mets raffinés, inévitable « mise en boîte » des nouveaux mariés par leurs camarades (cela, c'est une nouveauté, sans doute inspirée par le film *Quatre mariages et un enterrement*) et, en final, soirée dansante.

Oui, c'était un beau mariage ! (coût : 19 000 euros).

Mes parents n'eurent pas cette chance. Mon frère se maria à la sauvette en Tunisie avec une juive (cf. : Les loisirs et les voyages). Ma sœur n'eut droit qu'à un petit mariage « dans l'intimité ». Quant à moi, je dus me contenter d'un demi beau mariage.

Sans doute y eut-il le dîner de fiançailles avec remise de la bague, sans doute ne manqua-t-il aucun des ingrédients qui aurait pu le faire entrer dans la catégorie supérieure : la petite église de Chatou pas encore étouffée par les constructions actuelles, la mariée en robe blanche, moi-même en habit, la cérémonie célébrée par mon ancien aumônier de Henri IV, le départ jusqu'à la propriété des beaux-parents en limousine blanche, le repas sur la pelouse du Vésinet. Mais le cœur n'y était pas. Ni le mien ni celui de mes beaux-parents.

Si j'étais un jeune homme « présentable » (Sciences-Po, le Droit) et, vraisemblablement plein d'avenir, il me manquait le statut social qui les aurait incités à faire les choses en grand. Ils devaient avoir un peu honte, vis-à-vis de leurs prestigieux amis de présenter un gendre qui ne possédait pas les caractéristiques indispensables pour être agréé par leur milieu. Aussi n'avaient-ils invité que le strict minimum de convives et réduit le décorum au juste nécessaire.

En fait, j'avais l'impression d'entrer par effraction dans une famille qui avait espéré beaucoup mieux pour leur fille. Car le mariage, dans ce milieu, est moins affaire d'amour qu'affaires tout court. Il permet d'agrandir le patrimoine comme les paysans agrandissent leur terre en alliant leur fils avec une fille de fermier. Mon patrimoine à moi, en dehors de mes diplômes, était inexistant.

Bernard Demory

Pourquoi et comment se marie-t-on ?

La réponse à la première question paraît évidente : on s'aime, on a envie de fonder un foyer, d'avoir des enfants, etc. Et, surtout, on acquiert une existence sociale. C'est ce qu'on appelle « un couple ». Le temps d'une réponse à la mairie, on se retrouve affublé d'une autre dénomination : « Les Demory ».

Des sociologues ne sont attachés à déterminer de façon précise les éléments déterminants du mariage. Leurs conclusions sont claires : la grande majorité des unions s'effectue dans un rayon géographique limité et les époux appartiennent à des classes sociales homogènes. La bergère épousant le prince (ou l'ouvrier la fille du patron) même si les journaux « people » tentent de nous prouver le contraire, demeurent des cas exceptionnels (c'est pourquoi ils les montent en épingle).

En épousant Régine, je remplissais presque toutes les conditions établies par les sociologues. Proximité géographique, ses parents habitaient une propriété du Vésinet. Homogénéité religieuses : elle avait fait ses études dans un collège huppé tenu par des religieuses dans la banlieue Ouest.

Là où le bât blessait, c'était la différence sociale. Si ma famille avait gravi plusieurs échelons dans l'échelle sociale et si j'avais des chances de poursuivre cette ascension grâce à mon bagage universitaire, j'étais loin de me situer à leur niveau.

Son père, haut magistrat issu d'une famille de notables lorrains avait réussi, grâce à un riche mariage, à franchir d'un coup plusieurs étapes auxquelles son seul traitement ne lui aurait pas permis d'accéder.

La vaste propriété du Vésinet, l'appartement dans une luxueuse résidence de la Côte d'Azur, un appartement à chacun de leurs deux enfants en guise de cadeau de mariage (j'en oublie), la domesticité, tous ces signes montraient à l'évidence que nous appartenions à des mondes différents.

Durant les premières années de cette union, j'ai vécu dans une vanité satisfaite. Pour épater mes amis qui avaient épousé de moins beaux partis, je les faisais inviter dans la propriété de mes beaux-parents afin qu'ils puissent contempler avec envie l'éclat de ma réussite.

Le problème du logement, qui préoccupe tant les jeunes couples d'aujourd'hui avait été immédiatement résolu par le cadeau d'un charmant appartement dans un immeuble cossu de la rue de Grenelle. Sous la voûte, je croisais Marie Laforêt et le peintre Henri Goetz dont le jardin s'étendait sous nos fenêtres.

À la table de ma belle-famille, je rencontrais des maîtres du barreau, des financiers célèbres, des hommes d'affaires opulents ou des Présidents d'organismes internationaux.

Pour en mettre plein la vue à mes amis, je leur décrivais les splendeurs des vacances sur la Côte d'Azur : le palace transformé en appartements (comme je trouvais que l'appartement manquait d'intimité, mes beaux-parents nous avaient acheté un studio), la plage privée où chaque propriétaire avait son emplacement aménagé (lorsque la vedette de touristes venue de Menton passait à proximité, on entendait le guide crier dans son haut-parleur « A droite, la résidence des milliardaires ! »). C'était assez comique de voir ces messieurs ventripotents se saluer en regagnant leurs parasols « Bonjour cher Maître » « Quelle belle journée, mon cher Président ».

Nous profitions également des largesses d'un cousin monégasque dont les ressources semblaient aussi inépuisables que d'origine mystérieuse (Ventes d'armes ?). Lors du mariage de sa fille à l'Hôtel de Paris (le plus célèbre palace de Monte-Carlo), n'avait-il pas affrété une Caravelle pour les invités parisiens tandis que les chauffeurs transportaient dans leurs Rolls les malles *VUITTON* indispensables à la cérémonie ?

Le cousin Edgar nous invitait à de somptueux pique-niques au champagne servis dans la tente qu'il louait à l'année sur la plage la plus chic de la Principauté. Le soir, entouré d'une cour de courtisans-parasites il nous régalait dans les meilleurs restaurants de la Côte où des pourboires fastueux lui faisaient pardonner ses multiples excentricités (par exemple : faire cuire spécialement un gigot pour le chien d'une invitée).

À Londres, un ami de mes beaux-parents, avait mis à notre disposition son hôtel particulier, sa cuisinière, son chauffeur et sa Rolls. J'ai cru étouffer d'orgueil quand je suis allé chez *Dunhill* acheter des pipes et tabacs conduit par un chauffeur à casquette. Je regrettai que les photographes ne fussent pas là pour immortaliser ce moment exceptionnel.

Disons-le clairement : j'étais devenu un de ces « jeunes cons » qui se repaissaient de la lecture de *L'Expansion* et *d'Entreprise*, montaient des cénacles comme le *Mercury Club* (club créé par de jeunes loups qui se persuadaient promis aux plus hautes destinées) où ils péroraient sur la politique et l'économie en se préparant à devenir les leaders de la nouvelle société et se retrouvaient au *Club Président* (club chic du XVIème arrondissement destiné aux cadres supérieurs pour parfaire leurs muscles et soigner leur bronzage).

J'étais entré de plain-pied dans cette période qu'on a surnommée « les trente glorieuses ». Je m'étourdissais dans cette conviction que la vie avait un seul but : réussir. Ce qui signifiait gagner beaucoup d'argent pour acquérir les biens qui avaient manqué (pensions-nous) à nos parents : puissantes voitures, vastes appartements luxueusement meublés, voyages en avion d'un bout à l'autre du monde, etc.

Posséder, posséder, toujours plus, était devenu le credo d'une génération qui confondait l'avoir et le bonheur. Georges Perec, dans *Les Choses* a remarquablement décrit cette race de jeunes gens avides de biens matériels et voués, sans le savoir, à d'amères désillusions.

Quand et comment se produisit le déclic qui m'aida à ouvrir les yeux sur l'inanité de la vie que je menais ?

L'ennui, je pense. J'étais sur le point de ressembler aux personnages de Perec quand je pris progressivement conscience que tout ce faste, ces brillantes relations, les dîners de l'avenue Foch, les vacances au Cap-Martin, m'ennuyaient à périr. Je m'étais fourvoyé dans ce mariage par une ridicule vanité. Comme un voleur, je m'étais immiscé dans une société où je n'avais pas ma place.

Après une dernière grande toile (qui vient d'entrer dans

une collection de qualité) je m'étais arrêté de peindre. Toute mon ambition se résumait à voir ma photo et mon éloge dans une de ces revues qui glorifiaient la réussite des jeunes loups de la finance ou de l'industrie. Bref, je m'étais coulé dans ce moule que fabriquent savamment les grandes écoles et auquel mon environnement me poussait à me conformer.

Quand je compris qu'il fallait quitter ces oripeaux qui me séaient si mal, je pris la poudre d'escampette. Je n'avais pas un sou, le cabinet où j'opérais et avais investi venait de faire faillite. Mais j'avais trouvé un atelier plutôt délabré qui me parut le plus beau lieu du monde. Je commençais une histoire d'amour. Jamais, de ma vie, je n'ai été aussi heureux…

Comment trouvait-on une femme ?

Pour rencontrer la « femme de sa vie », la tâche était plus ardue qu'aujourd'hui. La ségrégation entre garçons et filles était sévère jusqu'à la fin des études secondaires (cf. : Les jeunes filles et les dames). Ce n'est qu'à l'Université que les sexes se trouvaient réunis, chacun éprouvant de la méfiance empreinte de curiosité vis-à-vis de l'autre.

Bien sûr, il existait des occasions de rencontre dûment encadrées : les scouts (cf. : Le scoutisme), les chorales, les troupes de théâtre et les ciné-clubs (cf. : Le cinéma).

Dans les couches supérieures de la bourgeoisie, les rallyes après une sélection sévère, permettaient de susciter des rapprochements entre jeunes gens et jeunes filles *du même milieu.*

Un rallye (le système existe toujours) consistait à organiser chaque mois une soirée financée à tour de rôle par les parents d'un des membres. Les rallyes les plus cotés se déroulaient dans une propriété familiale. Un cran au-dessous, les organisateurs louaient une salle.

Ces circuits de rallyes avaient un but bien précis : donner l'occasion aux jeunes gens de bonne famille de rencontrer, avec toutes les garanties nécessaires, leur futur conjoint.

Les parents veillaient à ce que les sentiments ne l'emportent pas sur les intérêts (« Je t'ai vu danser plusieurs fois avec ce garçon… Il n'est pas pour toi… En revanche, son cousin qui sort de Polytechnique… »). Sous leurs yeux attentifs et attendris, les idylles se nouaient qui se terminaient souvent par des mariages. La jeune fille qui n'arrivait pas à *se caser* subissait les reproches de ses parents qui voyaient leur investissement partir en fumée (ce n'est pas rien d'inviter deux cents personnes au *Pavillon Gabriel* !) et leur laideron leur rester sur les bras.

Les surprises-parties (appelées familièrement « surboums » « boums » ou « surpattes ») jouaient, plus modestement, un rôle identique.

Il y avait celles, assez délurées, du quartier du Trocadéro (le « Troca ») où s'introduisaient des bandes de pillards qui dévalisaient les sacs laissés au vestiaire (on en trouvera une franche description par un ex. « blouson doré » dans *L'été 1944 : la vie continue* de Jean-Claude Boissy (Cherche Midi, éditeur) et, celles, beaucoup plus timorées, du septième arrondissement.

Dans les grands appartements de la Cité Vaneau ou de la rue de Lille, mis sur notre trente et un, nous dansions sagement des slows, des valses et les premiers rock'n rolls.

Les tapis avaient été soigneusement roulés et le buffet offrait plus de jus de fruits que de boissons alcoolisées (en cachette, nous apportions des bouteilles de whisky qui était devenu la boisson à la mode).

Sous prétexte de renouveler les consommations, les parents rôdaient. S'ils apercevaient un couple qui se serrait de trop près au son des Platters (*Only you* était le tube de l'époque) ils lui faisaient discrètement signe de relâcher son étreinte.

C'est dans une de ces soirées de bon ton que, sans m'en apercevoir, je me fis happer par le mariage.

Un ami avait organisé un bal costumé (forme plus élaborée des surprises-parties). Comme, à cette époque, je jouais à l'artiste maudit, je m'étais confectionné un déguisement de « poète assassiné » avec taches de sang et maquillage livide (ce n'était pas du meilleur goût…). Régine, qu'une amie avait entraînée à mes « Samedis littéraires » (cf. : La littérature) portait un somptueux costume de Reine Néfertiti qui mettait en valeur et ses formes et son ascendance orientale (sa mère était à moitié Libanaise).

Ma petite amie de l'époque (cf. : Les jeunes filles et les dames) faisait piètre figure dans la robe que je lui avais confectionnée (c'était ma période « haute couture »). Crispée de jalousie, elle observait le manège de Régine qui, à la fin de la soirée, jouant les étonnées, prétexta que le dernier train pour le Vésinet était depuis longtemps parti pour me prier de l'héberger dans mon studio.

J'étais terriblement naïf sous mes dehors affranchis. Quand elle m'attira dans son lit, je fus sidéré qu'une jeune fille d'apparence aussi réservée pût se livrer à de telles audaces. Mais, ce dont je ne me doutais pas, c'est qu'en passant cette nuit avec elle je m'engageais dans une voie qui allait me conduire, malgré moi, jusqu'au mariage.

Ce fut, en quelque sorte, *Le coût du canapé* dans sa version des années 60.

LA RELIGION

Comme Obélix était tombé tout bébé dans la marmite de potion magique, on m'a plongé dès la naissance dans le bénitier de la religion.

Si le titre n'avait été utilisé par Denise Bombardier, j'aurais pu intituler ce chapitre *Une enfance à l'eau bénite*.

Dans ma famille, comme dans toutes celles que nous fréquentions, être catholique allait de soi. Il me fallut arriver à l'adolescence et entrer au lycée pour découvrir qu'il existait des protestants, des juifs et des athées. Et qu'il s'agissait d'individus comme les autres.

Pour certains, être catholique signifiait avoir une foi profonde. Une telle croyance est infiniment respectable. Mais, pour beaucoup d'autres, la religion se réduisait à un certain nombre de rites qu'il était nécessaire de pratiquer parce que cela s'était toujours fait et vous conférait une sorte de statut social.

Le baptême, la messe du dimanche, les fêtes « carillonnées », les communions privées et solennelles, la confirmation, le mariage faisaient partie de ces obligations de même que le catéchisme et la fréquentation des écoles confessionnelles.

Mon père et ma mère étaient des catholiques pratiquants. En retrouvant des correspondances nous découvrîmes que ma mère, vers ses dix-huit ans, avait sérieusement envisagé d'entrer chez les Carmélites à l'imitation de sa fidèle amie. Le curé du village, homme avisé, lui avait conseillé de sortir un peu de sa bourgade, avant de prendre une aussi grave décision. Suivant ce sage conseil, elle partit à Tours comme demoiselle de compagnie chez une dame de la « bonne société ». De fil en aiguille on arrive ainsi à ma venue au monde (cf. : La famille).

Ma mère possédait, comme on dit, « la foi du charbonnier ». Pas question de mettre en doute les principes inculqués ni les diktats de l'Eglise.

Elle vivait entourée de signes pieux : crucifix, statues de la vierge, bénitiers munis de leur brin de buis bénit, lisait journellement son missel (elle ne comprenait pas un mot de latin), récitait ses prières, égrenait son chapelet, n'oubliait jamais de faire un signe de croix sur le pain avant de l'entamer ni de se signer en passant devant un calvaire.

La religion de mon père était beaucoup moins contemplative et se traduisait en actions : création de l'Amicale des anciens de Saint-Thomas d'Aquin, du groupe scout (cf. : Le scoutisme), etc.

Pour leur voyage de noces, mes parents firent un pèlerinage à Notre-Dame de la Salette. Durant le carême, chaque dimanche, ils écoutaient pieusement à la radio les sermons de Notre-Dame où le Révérend Père Ricquet, nouveau Bossuet, se répandait en homélies grandiloquentes.

LE PARCOURS DU BIEN PENSANT

Le baptême

Une enfance de bon chrétien débutait, avant même la naissance, par le choix du prénom. Le mien, à ce titre, est significatif : **Bernard**, en hommage au grand Saint Bernard, fondateur de l'ordre des cisterciens et promoteur immobilier de multiples monastères, **Marie**, pour que la Sainte Vierge veille sur moi, **Marcel** en hommage à mon oncle maternel (le seul « dévoyé » de la famille : communiste, délégué CGT, un homme bon et modeste que j'adorais), **Pie** en raison de l'admiration que mes parents portaient à Pie XII, ce pape qui fit preuve d'une attitude si courageuse durant la guerre.

Ensuite, il convenait de choisir un parrain et une marraine.

Leur rôle était de veiller sur la qualité de la vie spirituelle de leur filleul et, accessoirement de fournir les dragées, la médaille et la timbale gravées au prénom du bébé (je possède toujours la mienne, en métal argenté, que j'astique régulièrement avec émotion).

Si le choix de mes parents fut judicieux pour ma marraine (cf. : La maison) il le fut moins en ce qui concerne mon parrain que je ne vis jamais (je crois qu'il avait divorcé, ce qui l'excluait de notre univers familial).

Le baptême devait avoir lieu rapidement car, nous expliquait-on, les enfants qui meurent avant d'avoir été baptisés ne vont pas au ciel mais dans une espèce de « no man's land » : *les limbes.*

La cérémonie en elle-même exigeait que l'on revêtît le nourrisson d'une longue robe ornée de dentelles et qu'on le coiffât d'un bonnet, également en dentelle. Cet ensemble, d'une blancheur immaculée, symbolisait, je suppose, la virginité de l'âme du futur chrétien qui allait être ondoyé par le prêtre.

Le baptême, selon le *Missel quotidien de l'abbaye de Clairvaux* « nous introduit dans le sein de l'Eglise en effaçant de notre âme la tache du péché originel, et en nous conférant la grâce sanctifiante qui nous fait enfants de Dieu, capables d'avoir part un jour à l'éternelle béatitude ».

Après avoir interrogé les parrain et marraine sur la foi, le prêtre introduisait un peu de sel dans la bouche du bébé puis, sur une sorte de vasque, les *fonts baptismaux,* lui versait sur le front, à trois reprises, l'eau baptismale. Auparavant le parrain et la marraine avaient dû répondre à des questions telles que : « Renoncez-vous à Satan ? Et à toutes ses œuvres ? Et à toutes ses pompes ? (ayant assisté à nombre de baptêmes, je me suis longtemps demandé ce que pouvaient être ces pompes diaboliques. Quelle eau empoisonnée déversaient-elles sur les enfants qui ne renonçaient pas à cette douche infernale ?).

Une fois baptisé et parvenu en âge de prononcer ses premiers mots, le jeune chrétien était formé à la prière. Prière du matin, d'avant le repas (le *benedicite*) et prière du soir.

Lorsque nous étions couchés, ma mère s'agenouillait auprès de notre lit et nous faisait réciter les paroles sacrées « Petit Jésus je vous donne mon cœur. Bénissez papa, maman, Bruno et Bernard ». En 1942, année durant laquelle ma mère attendait un troisième enfant, nous ajoutions : « Et faites que nous ayons une petite sœur aux yeux bleus et aux cheveux blonds ».

Le 14 septembre, le miracle s'accomplit : nous eûmes la joie d'accueillir un bébé conforme à nos désirs au sein de la famille…

Nous apprenions également les comptines édifiantes chargées de véhiculer les principes de base de la religion. Celle-ci est restée intacte dans ma mémoire :

« *Quand le petit Jésus allait à l'école*
sa maman lui donnait
une pomme rouge pour mettre à sa bouche
un bouquet de fleurs pour mettre à son cœur
C'est pour toi, c'est pour moi
Que Jésus est mort en croix »

Plus tard, nous apprenions les prières essentielles : le Notre Père et le Je vous salue Marie. Ma mère nous enseignait également que chacun d'entre nous est protégé du mal par un ange gardien. Pour m'endormir je rêvais que je me blottissais dans le nid soyeux de ses ailes blanches.

C'est Flora Groult, je crois, qui raconte qu'elle s'est longtemps interrogée sur le sens de cette phrase « et Jésus, le fruit de vos entrailles, est béni ». Qui était cet énigmatique personnage de Jésus Lefruit ?

Le catéchisme

Une fois entré, grâce au baptême, dans la grande famille catholique, il était nécessaire de subir une initiation qui vous mènerait jusqu'à la communion privée.

Cette initiation se faisait à travers le catéchisme (en abrégé « le caté », aujourd'hui la « catéchèse »).

De nos jours, le catéchisme est généralement dispensé par des parents qui s'efforcent de mettre en œuvre une pédagogie vivante propre à éveiller les enfants.

À mon époque, seuls les prêtres ou les Frères des Ecoles Chrétiennes (cf. : Les Etudes) étaient habilités à transmettre « la bonne parole ». En fait, les séances de catéchisme étaient des séances de bourrage de crâne où l'on nous posait des questions auxquelles il fallait répondre mot à mot sous peine de sanctions.

Par exemple : « Dieu sait-il tout ? »

Réponse : « Oui, Dieu sait tout. Le passé, le présent et l'avenir. Tout ce que je fais et toute ce que je pense, jusqu'à mes plus secrètes pensées » (cf. : annexe).

Les commentaires de l'Evangile étaient à l'avenant. Jésus – dont personne ne nous dit jamais qu'il était juif – avait précisément d'irréductibles ennemis, ces juifs qui finirent par le clouer sur une croix.

Parfois, le Très Cher Frère Ferraton, directeur de l'école Saint-Thomas d'Aquin, intervenait dans les séances de catéchisme pour nous raconter des histoires édifiantes ou nous narrer ses expériences « en direct » avec le diable.

Un Juif hideux, nous racontait-il, vivant dans une infâme soupente, se déguisa pour se rendre à l'église. À la communion, il prit soin de ne pas avaler l'hostie. Rentré chez lui, il se mit à transpercer celle-ci à l'aide d'une aiguille. Mais, ô miracle ! l'hostie se mit à déverser des flots de sang. Alertés par ce sang qui coulait sous la porte, les voisins s'emparèrent du juif qui fut condamné à être brûlé vif.

Le frère Ferraton avait également vu, de ses yeux vu, le diable en personne. Il nous le décrivait comme une énorme mouche noire et velue, qui grimpait au mur et marchait au plafond. Heureusement, il avait en réserve des invocations propres à faire fuir le malin.

Pour se purifier, il revêtait, comme Tartuffe, une haire (gilet en crin qu'on porte à même la peau et qui gratte horriblement) et pour se mortifier n'hésitait pas à se donner la discipline (fouet avec lequel on se flagelle).

C'est sans doute pourquoi, afin de se remonter, il usait copieusement du vin blanc comme l'attestait, aux dires de mes parents, son haleine chargée.

Toutes ces calembredaines me faisaient sourire. Mon frère, lui était terrorisé et souffrait d'affreux cauchemars dans lesquels une horrible mouche perçait une hostie d'où jaillissaient des flots sanglants.

La confession

Le fondement du catholicisme c'est le péché. Le seul moyen de s'en purifier c'est la confession.

Dès le plus jeune âge, on nous apprit que nous étions tous des pécheurs (« Priez pour nous, pauvres pécheurs... ») et qu'à chaque instant de notre vie nous risquions de commettre des péchés.

Ceux-ci pouvaient être plus ou moins graves, allant du péché véniel (j'ai traité ma sœur de chipie) au péché mortel qui nous entraînait droit en enfer (alors que les autres risquaient seulement de nous propulser pour un temps plus ou moins long dans cette antichambre du paradis que l'on appelle « purgatoire »)[15].

Il y avait également plusieurs formes de péchés : par pensée, par parole, par action et par omission.

Pour détecter tous les péchés que nous avions commis, nous devions nous livrer à un examen de conscience, à la suite duquel nous nous rendions à la confession.

Je garde un pénible souvenir de ces moments-là. Agenouillé dans une sorte de guérite obscure (le confessionnal) close par un rideau, on attendait avec une certaine appréhension que le prêtre, tapi derrière une grille en bois doublée d'un volet coulissant, tirât celui-ci pour écouter l'énoncé de vos péchés.

« Mon père, bénissez-moi parce que j'ai péché ». Le confesseur s'informait à quand remontait votre dernière confession. S'il jugeait le délai trop long, vous aviez droit à votre première remontrance. Ensuite vous deviez déballer vos fautes : fautes envers les commandements de Dieu, fautes envers les commandements de l'Eglise (par exemple : péchés contre la foi, contre la charité, contre la justice, contre la tempérance, etc.).

Le prêtre qui nous confessait à Saint-Thomas d'Aquin, l'abbé Le Marchand, aumônier des scouts, visiblement, ne s'intéressait qu'au sixième commandement, celui qui concerne les mauvaises pensées et les mauvais désirs.

D'un ton gourmand, il demandait : « Quand tu es dans ton lit le soir, ta main ne descend pas vers le bas de ton ventre ? Quand tu vois des photos de femmes nues à Pigalle, est-ce que cela t'excite ? ».

Je ne comprenais rien à ses questions. N'ayant jamais quitté le septième arrondissement, je me demandais ce que pouvait bien être Pigalle où l'on voyait ainsi des femmes nues placardées sur les murs…[16]

---

15 Pour raccourcir cette période d'attente aux portes du Paradis, nous pouvions, grâce à de bonnes actions, gagner des indulgences (dix ans, cinquante ans, de purgatoire en moins).

16 On trouvera une excellent description de ce genre de confession dans *Le souffle au cœur* de Louis Malle où Michael Lonsdale joue à la perfection ce même type de prêtre ambigu et libidineux.

Une fois ses péchés déclarés, après un exorde où il était question de pureté et de chasteté, le prêtre vous donnait l'absolution pendant que vous récitiez l'acte de contrition.

Selon la gravité des fautes commises, le confesseur vous imposait une pénitence qui consistait, généralement, à réciter un certain nombre de Notre Père et de Je vous salue Marie.

Cette formalité accomplie (ouf !), l'âme lavée de ses impuretés, nous repartions le cœur léger pour commettre de nouveaux péchés.

La messe

Notre vie religieuse avait son temps fort : la messe du dimanche. Manquer celle-ci sans raison impérieuse constituait un péché mortel.

Durant ma jeunesse, la messe se disait en latin. C'est-à-dire que la plupart des fidèles ne comprenaient pas un mot de ce que le prêtre, dos tourné à l'assistance, marmonnait à son autel.

En revanche, la messe fournissait l'occasion de se livrer à une saine gymnastique. On passait son temps à se lever, s'agenouiller, se rasseoir pour des raisons que je ne suis jamais parvenu à élucider.

L'officiant était assisté de deux enfants de chœur, robe rouge et surplis blanc, qui allaient et venaient, s'agenouillaient, agitaient l'encensoir, tournaient les pages de l'imposant missel dans lequel le prêtre lisait ses incompréhensibles prières.

À l'église tourangelle de Neuvy-le-Roi (cf. : La campagne), la grand messe présentait au moins un aspect folklorique. Pour l'occasion, les villageois et les paysans des environs avaient revêtu leurs « habits du dimanche ». Engoncés dans des costumes d'épais drap noir (le tailleur du village travaillait dans l'inusable. J'ai conservé le costume de mariage de mon grand-père. Il est si solide qu'il pourrait tenir debout tout seul), la chemise blanche faisant ressortir leurs nuques rougeaudes et leur teint hâlé. Le cou serré par des cols toujours trop étroits, les hommes semblaient au bord de l'apoplexie.

Les femmes qui, la veille, étaient allées se faire faire une « indéfrisable » ou une « permanente » avaient remplacé leurs blouses grises et leurs sarraus par des robes inspirées du « chic parisien ».

À l'odeur d'encens se mêlaient celles de l'eau de Cologne (pour aller à la messe, nous arrosait copieusement de *MONT-SAINT-MICHEL*), du parfum *SOIR DE PARIS* et de la sueur.

Béganiau, le bedeau (je ne garantis pas l'orthographe de ce préposé à l'entretien matériel de l'église) était un personnage. Sa face rubiconde et son nez bourgeonnant qui trahissaient une forte propension à fréquenter les bistros rendaient encore plus insolite sa tenue de cérémonie : unes veste trop longue aux manches trop courtes d'où émergeaient des manchettes de celluloïd effrangées.

Sa principale mission consistait à faire sonner les cloches pour appeler les fidèles et pour saluer leur départ après le « Deo Gratias ». Et il y mettait du cœur, le bougre ! Stimulé par les nombreux verres qu'il avait dû absorber avant l'office, il agrippait la corde qui descendait de la voûte et mettait le carillon en branle. Progressivement la cloche prenait du ballant et la corde que serrait Béganiau remontait de plus en plus haut. Il s'envolait vers les cintres, retombait à terre, repartait vers le ciel, sorte de ludion dérisoire que nous espérions toujours voir s'écraser au plafond.

L'office avait son moment fort : quand le curé montait en chaire pour prononcer le sermon. Avant de se lancer dans une péroraison qui me paraissait toujours incompréhensible et interminable, il procédait aux oraisons pour les défunts auxquels cette messe était dédiée.

D'une voix monocorde, il débitait sa mélopée : « Pour la famille Fortin, pour la famille Bluteau, pour la famille Dupuis, etc., Je vous salue Marie… ». La suite de la prière se perdait dans un bredouillis. À mi-course, l'assistance prenait la suite « Sainte Marie, mère de Dieu » dans un marmonnement tout aussi incompréhensible. Et ça repartait pour une deuxième fournée « Pour la famille Combette, pour la famille Rochas, pour la famille Coste… Notre Père qui êtes aux cieux… ».

Pendant cette interminable litanie, les malins qui s'étaient massés près de la porte en profitaient pour sortir discrètement aller « boire un canon » au café de la place.

La grand-messe de neuf heures à Saint-Thomas d'Aquin avait une tout autre allure.

L'église de style jésuite avec ses dorures, ses torsades et ses stucs évoque une sorte d'opéra baroque destiné au faste de cérémonies orchestrées comme de pompeux spectacles.

Les ordonnateurs de la cérémonie avaient grande prestance dans leur costume inspiré de celui des gardes suisses de Versailles, avec leurs parements dorés, leurs faux mollets, leurs chaussures à boucles et leur bicorne imposant.

Les suisses (on les nommait ainsi) remontaient l'allée centrale en faisant sonner sur des dalles leurs cannes à pommeau d'argent.

En dessous des suisses, les bedeaux remplissaient les tâches moins nobles : remplir les burettes, entretenir les encensoirs, etc. Seul le sacristain avait le privilège de manipuler les objets du culte.

Les chaisières faisaient partie du sous-prolétariat de l'église. Ces petites femmes furtives, durant l'office, allaient de chaise en chaise pour en faire régler le montant par leurs occupants. Elles recueillaient le fruit de leur petit commerce dans des poches de tissu. Le tintement des pièces récoltées les accompagnait pendant leur pérégrination à travers les travées tout au long de l'office.

Le corps clérical possédait également sa hiérarchie. Au sommet, le chanoine Pasteau, bel homme à la chevelure blanche soigneusement entretenue. Ses manières suaves, son élocution recherchée dénotaient l'ecclésiastique qui n'aurait pas détonné au dix-huitième siècle (ne murmurait-on que, dans ses riches appartements, il se faisait servir dans une vaisselle d'argent ?).

Au-dessous du curé, le premier et le second vicaire. Enfin, en bas de l'échelle, les simples vicaires.

L'assistance avait aussi ses privilégiés qui occupaient, sur le côté de la nef centrale, des stalles de bois sculpté : les *marguilliers* étaient des personnages influents que cette dignité récompensait de leur générosité financière.

Un certain nombre de chaises, dans les premiers rangs, possédait un prie-dieu recouvert de velours rouge. Une plaque de cuivre gravée indiquait le nom des personnes à qui ces sièges étaient réservés. Malheur à celui qui avait l'outrecuidance de prendre place à ces sièges. Un suisse, *manu militari*, faisait regagner à l'intrus les rangs de la populace.

Le sermon du curé était d'un tout autre tonneau que celui de notre curé de village bredouillant ses oraisons et s'emberlificotant dans ses phrases.

Avec componction, le Chanoine Pasteau remontait la nef et gravissait lentement les marches de la chaire.

Après avoir contemplé l'assistance du haut de son perchoir, il se lançait, nouvel aigle de Meaux, dans un sermon bourré de métaphores et de citations. Il jouait dans le sobre avec juste ce qu'il fallait de gestes pour donner à son éloquence le poids nécessaire.

Je dois reconnaître qu'il ne manquait pas d'esprit. Un jour, en plein milieu du sermon, une paroissienne qui portait un de ces vastes chapeaux qu'on ne voit plus que dans les mariages, remonta l'allée centrale à la recherche d'une chaise vacante.

Stoppé dans son élan oratoire, le curé se tut. Le silence dans l'assistance était impressionnant. « Laissons cette gondole s'amarrer, jeta-t-il. Je pourrai ensuite reprendre mon sermon ».

Durant le carême, on faisait appel à de la main d'œuvre extérieure. C'était en général un dominicain exalté qui nous faisait frémir en décrivant, avec force effets de manches, les atrocités de l'enfer.

Au sermon succédait la quête. Des prêtres faisaient passer dans les rangs des sébiles de cuir en vérifiant que chacun y déposait son obole. Lorsqu'un paroissien faisait don d'un gros billet, il le dépliait avec ostentation pour que le prêtre remarque bien la qualité de son geste.

Pendant la messe, on chantait beaucoup. Dans l'église de village, l'accompagnement musical était assuré par un harmonium asthmatique qu'une demoiselle essayait de maîtriser pour suivre les chants des fidèles qui, malgré leur bonne volonté, chantaient atrocement faux.

À Saint-Thomas d'Aquin, les grandes orgues se déchaînaient, maniées de main de maître par leur « titulaire ».

Les réformes introduites par Vatican 2 transformèrent progressivement les cérémonies. Le prêtre officia face au public et les chants en français commencèrent à envahir les églises.

La musique sacrée trouva son grand homme : le Révérend Père Gélineau qui produisit de véritables « tubes » liturgiques.

Qui, ayant vécu cette période ne se souvient de « Tu es mon berger, ô seigneur, Rien ne saurait manquer où tu me conduis » ?

« Tout au long des longues, longues plaines
Peuple immense avance lentement
Ils n'ont pas leur père avec eux
Mais leur mère les tient par la main… »

Vers ma vingtième année, j'entrai quelque temps dans le sérail en assumant avec mon ami Jean-Bruno, la fonction de grand clerc.

Revêtus d'une aube blanche, nous animions la grand-messe en lisant l'épître, l'évangile et diverses prières. Au moment de la communion, nous descendions l'allée centrale, l'air convenablement recueilli, pour la remonter, suivi par la troupe des fidèles, en récitant *l'Agnus Dei* (« Agneau de Dieu qui effacez les péchés du monde, ayez pitié de nous »).

J'ai dit, dans un autre chapitre, pourquoi cette activité m'emplissait d'une joie quasi-sacrilège (cf. : Les jeunes filles et les dames).

La communion privée

À l'âge de sept ans, censé être « âge de raison » (mais de quelle raison s'agit-il ?) nous devions nous préparer à rejoindre le cercle des élus qui se rendent à la table de communion, avalent une hostie, reviennent à leur place avec un air pénétré, s'agenouillent sur leur prie-dieu, et la tête entre les mains s'absorbent dans une profonde méditation.

Afin d'atteindre cet état de béatitude, ce nirvana, nous devions subir la préparation à la communion privée.

Nous entrions alors « en retraite » dans la chapelle de l'école Saint-Thomas d'Aquin. De cette chapelle, je ne garde qu'un souvenir : celui d'une statue très sulpicienne représentant un ange agenouillé. Lorsqu'on introduisait une pièce dans une fente située à sa base, l'ange disait merci en inclinant la tête.

La retraite préparatoire était menée par l'abbé Le Marchand dont j'ai déjà parlé à propos de la confession.

Celle-ci comportait une partie « mystique » au cours de laquelle nous révisions les prières « de base », où nous en apprenions de nouvelles, où nous nous initiions au déroulement de la messe, etc.

Notre mentor nous expliquait également les commandements de Dieu et ceux de l'Eglise. Nous apprenions par cœur ces diktats mis en rimes de mirliton par un ecclésiastique dont le nom n'est pas passé à la postérité.

Deux des commandements de Dieu, le sixième et le neuvième, posaient au prêtre des problèmes d'interprétation :
« *Luxurieux point ne seras*
De corps ni de consentement »
« *L'œuvre de chair ne désireras*
qu'en mariage seulement »
Nous nous interrogions sur le sens de ces phrases visiblement chargées de lourds sous-entendus. Qu'est-ce qu'être luxurieux ? Quelle est cette mystérieuse « œuvre de chair » ? Les réponses tarabiscotées que nous obtenions ne faisaient qu'épaissir le mystère.

Les commandements de l'Eglise étaient plus clairs :
« *Les Dimanches messes ouïras (sic)*
et les fêtes pareillement »
« *Vendredi, chair ne mangeras*
Ni le samedi mêmement »

La partie « technique » avait pour but de nous entraîner à nous comporter de façon respectueuse et recueillie : se signer à l'eau bénite en entrant dans l'église, s'agenouiller devant l'autel si la petite lampe rouge indiquant la présence de Jésus était allumée, prendre une attitude édifiante lors de l'action de grâce après la communion, etc.

Mais, surtout, on nous entraînait à avaler l'hostie dans les règles de l'art. « Pas question de la mordre, prévenait l'abbé, cela ferait du mal au petit Jésus ».

La communion solennelle

Ce troisième degré dans l'ascension religieuse du jeune catholique revêtait, comme le nom l'indique, une autre dimension que la communion privée.

Il s'agissait de montrer au peuple des fidèles que l'on faisait irrémédiablement partie des « enfants de Dieu ».

Cette fête à grand spectacle nécessitait un accoutrement approprié. Pour les garçons un costume « Eton » avec spencer noir, pantalon de flanelle grise (sans doute loués pour la circonstance au Cor de chasse, célèbre magasin parisien de location de costumes), chemise blanche, cravate gris perle et chaussures noires rutilantes. Au bras gauche, un brassard blanc à longues franges. Pour les filles, une espèce de robe de mariée blanche avec un long voile. À la ceinture était accrochée une pochette, également blanche : l'aumônière.

La confirmation

Cette dernière étape du parcours du croyant avait lieu quelques années plus tard.

La cérémonie, que présidait un évêque dont nous baisions religieusement la bague sertie d'une améthyste, avait pour but de « renouveler les promesses de notre baptême ».

Cette fois-ci, nous étions sobrement vêtus d'une aube blanche « signe de la pureté et de la joie, signe de notre naissance à la vie : la vie d'ENFANT DE DIEU ».

Avant la messe proprement dite, l'officiant s'assurait de notre capacité à demeurer de bons catholiques ainsi que nous avait préparés le catéchisme dit « de persévérance ».

« Voulez-vous renouveler les Promesses que vos parrains et marraines ont faites à votre place ? demandait-il.
« **NOUS LE VOULONS !** » répondions-nous d'une seule voix.
« Mes enfants, renoncez-vous au péché ? »
« **NOUS Y RENONÇONS** ».
« Promettez-vous de lutter contre tout ce qui entraîne au péché ? » « **NOUS PROMETTONS DE LUTTER CONTRE TOUT CE QUI ENTRAINE AU PECHE** ».
« Vous ne pourrez être fidèles à ces promesses qu'en demeurant fermement décidés à rester unis à Jésus » « **NOUS VOULONS RESTER UNIS A JESUS** ». Etc.

Parmi toutes les messes que j'ai subies, il y en eut beaucoup d'ennuyeuses, quelques-unes chaleureuses ou émouvantes (cf. : Le scoutisme) mais la pire d'entre toutes était la messe de minuit.

Je devrais dire les messes de minuit. Car si, aujourd'hui, la messe de la veille de Noël se termine vers vingt-deux heures, dans les années 50 il s'agissait véritablement d'une messe de minuit calculée pour que l'élévation se produisît au moment où Jésus était censé voir le jour. Mais, comme dans le célèbre conte d'Alphonse Daudet, l'« ite missa est » final ne donnait pas le signal du départ aux fidèles.

Dès que nous avions lancé le « Deo gratia » libérateur, le prêtre remontait à l'autel pour célébrer la messe de l'aube (heureusement écourtée). Mais ce n'était pas fini. La troisième messe, dite " de l'aurore " achevait de nous assommer de fatigue. Épuisés nous rentrions à la maison où nous attendait un réveillon que nous avions à peine la force de manger, endormis dans notre assiette. Après avoir couché le petit Jésus dans sa crèche (« Il est né le divin enfant ») nous nous écroulions dans notre lit.

Pour mémoire, je citerai les cérémonies auxquelles nous devions parfois assister : les vêpres du dimanche après-midi, le salut du Saint Sacrement ou le chemin de croix du Vendredi Saint.

Dans le village de ma mère, la cérémonie de la Fête Dieu – instituée en 1264 par le pape Urbain IV et fixée au jeudi qui suit l'octave de la Pentecôte – revêtait une grande importance. Curé et enfants de chœur en tête, une procession portant des bannières chamarrées parcourait les rues du village en chant des psaumes. Sur le passage du Saint Sacrement que le prêtre tenait à bout de bras, des petites filles lançaient des pétales de roses.

Les pèlerinages.

Ces manifestations de masse représentaient une sorte d'apothéose dans la vie d'un jeune catholique. Avoir fait « le pélé de Chartres » conférait les mêmes lettres de noblesse que d'avoir parcouru le GR 20 de Corse.

Mon premier pèlerinage de Chartres me laisse un souvenir chaleureux. Nous étions en première. Avec l'aumônier du lycée, nous avions marché pendant deux jours, couchant dans les granges en récitant du Péguy pour arriver, les pieds en sang mais pleins d'exaltation, à la cathédrale assister à une grandiose messe de minuit.

Mais le vrai pèlerinage de Chartres avait une tout autre allure. Venue de la France entière et même de l'étranger, une cohorte impressionnante de jeunes gens se retrouvait à une cinquantaine de kilomètre de la cathédrale et, sac au dos, partait vaillamment vers le point de ralliement.

Des aumôniers surexcités encadraient les troupes qu'ils chauffaient en chantant à tue-tête un Je vous salue Marie syncopé :

« *Je vous/ salue/Marie*
Plei-eine de grâce

Le Sei-eigneur est avec vous
Vous êtes bénie/ entre toutes les femmes
Et Jé-ésus/ le fruit de vos entrailles/ est béni »

Aux haltes, nous organisions des discussions nommées « chapitres ». Pour une raison qui m'échappe, j'avais été nommé chef de chapitre et devais disserter sur « Le Paraclet » (pour ceux qui l'ignorent, il s'agit du Saint Esprit).

Ayant rapidement épuisé ce thème auquel je ne comprenais goutte, je proposai à mon équipe, plutôt que d'éterniser une discussion oiseuse, de raconter des histoires drôles. Un khâgneux du groupe avait eu la bonne idée d'apporter des bouteilles de marc. Ce fut un autre vent qui souffla sur notre chapitre.

À Chartres, les Saint-Cyriens tenaient la vedette. Comme beaucoup de jeunes filles étaient parties chaussées de talons hauts ou de ballerines (chaussures plates très en vogue au début des années soixante) après quelques kilomètres, elles s'écroulaient, les pieds en capilotade.

Aussitôt des « cyrards », mâles et fringants, se précipitaient pour leur porter leurs sacs. Sans doute un certain nombre de mariages, forcément bénis par le Seigneur, ont dû se nouer sur la route de Chartres.

À mon troisième pèlerinage, j'étais monté en grade. Avec un khâgneux, condisciple de mon frère, nous étions chargés de la logistique : trouver des fermes d'accueil, prévoir le ravitaillement, baliser les itinéraires, etc.

Durant le pèlerinage, nous jouions le rôle des suiveurs du Tour de France. À bord d'une 203 nous remontions les hordes hagardes et boitillantes en les stimulant de la voix et du geste

« Je vous/ salue/Marie
Plei-eine de grâce… »

Lorsque je fus en propédeutique à la Sorbonne (cf. : Les études) je fréquentai quelque temps le Centre Richelieu, place de la Sorbonne, où se réunissaient les étudiants catholiques.

Sans doute poussé par une jeune fille que je désirais séduire, j'ai participé à la démonstration la plus grotesque de ma vie « religieuse » : la montée au Sacré-Cœur.

Partie de la Sorbonne, encadrée par les mêmes abbés excités, notre procession traversait Paris jusqu'à Montmartre en alternant prières et chants.

Sur notre passage, les badauds, comme au Tour de France, nous encourageaient ou nous accablaient de quolibets. Le jeune abbé athlétique qui menait mon groupe, ne put s'empêcher de lancer à un passant particulièrement virulent : « Pauvre con ! C'est pour le salut de ton âme que nous allons prier ! ».

Arrivés au Sacré-Cœur, nous passions une nuit de prières au cours de laquelle je crains bien d'avoir profondément dormi. Dieu jugera les siens.

À mon palmarès, il manque le pèlerinage de Lourdes, et surtout, le fait d'y avoir été brancardier (vie éternelle assurée…).

Jean-Pierre Mocky, dans *Le Miraculé* a, je pense, fort bien rendu l'atmosphère du lieu tel que je le découvris à la fin d'un périple dans les Pyrénées (cf. : Le scoutisme) : une foire où les exaltés se mêlent aux voleurs.

Je regretterai toujours de ne pas avoir acheté une boule de verre contenant une vierge. Lorsqu'on la tournait d'un côté, la neige tombait et l'on entendait l'*Ave Maria*. En inversant la boule, c'était *Le pont de la rivière Kwaï* qui retentissait…

Les prêtres, les religieux et les frères

Les membres du corps ecclésiastique ont, pour ainsi dire, fait partie de ma jeunesse. Que ce soit à l'église, à l'école, chez les scouts, à la maison, j'ai toujours le souvenir de ces hommes en noir.

J'ai parlé dans le chapitre consacré aux Etudes de ces sous-abbés qu'étaient les Frères des Ecoles Chrétiennes ainsi que des « demoiselles » du Cours Désir où ma sœur, comme les jeunes filles des familles bien pensantes, accomplit sa scolarité.

Les prêtres de la paroisse Saint-Thomas d'Aquin constituaient une race lointaine que nous n'apercevions que lors des cérémonies, revêtus, comme les toréadors, de leurs habits de lumière. Parfois, nous les croisions dans la rue avec leurs soutanes noires et leurs chapeaux à larges bords et nous les saluions respectueusement, ainsi qu'on nous l'avait appris.

Parmi ces prêtres quasi virtuels, aperçus de loin ou tapis dans l'ombre du confessionnal, un seul avait pour nous une présence réelle. L'abbé Maury, maigre, affligé d'une grande timidité, était chargé des jeunes de la paroisse.

L'église avait aussi ses prolétaires. Tandis que le curé, grâce à des ressources personnelles pouvait vivre dans l'opulence, ce pauvre vicaire ne subsistait qu'à l'aide de sa maigre pension. On découvrit qu'il devait souvent se contenter de pommes de terre à l'eau et qu'il ne possédait qu'une soutane verdie qui donnait d'inquiétants signes d'usure. Des paroissiennes émues se cotisèrent pour lui offrir un vêtement décent.

L'abbé Maury avait monté une chorale où je m'inscrivis malgré une irrémédiable inaptitude à chanter juste. Nous répétions dans la « chapelle des catéchismes », place Saint-Thomas d'Aquin (l'église centrale comportait une petite chapelle et cette annexe). Ne rencontrant là que des jeunes filles sans intérêt, j'abandonnai vite mes velléités de choriste.

Plusieurs prêtres venaient régulièrement prendre leurs repas à la maison. Nous aimions beaucoup un cousin de mon père, parrain de ma sœur, que nous appelions « Oncle Henri ».

De forte corpulence, le teint fleuri, amateur de bonne chère, le chanoine Pelletier, directeur au grand séminaire d'Amiens, bibliophile érudit, ne manquait ni de malice ni d'humour. Il nous racontait, par exemple, qu'ayant interrogé son évêque sur la conduite à tenir pour tenter de maîtriser les « pulsions charnelles » de ses séminaristes, celui-ci lui répondit « Faites-leur boire de l'eau et manger des nouilles ! ».

Avec lui la religion prenait un caractère bon enfant et sympathique alors qu'avec l'abbé Le Marchand (celui des femmes nues de Pigalle) elle prenait une tournure insidieuse et malsaine.

Le troisième familier de la maison était un camarade de régiment de mon père, une des rares personnes qu'il tutoyait. Lorsque mes parents achetèrent la propriété du Loir et Cher où je vis actuellement, nous l'y emmenâmes souvent dans la 2CV puis dans 4L. il repartait avec des sacs de pommes et de noix du verger.

Mais, à l'agonie de mon père, ce fidèle ami refusa de venir lui donner les derniers sacrements.

À l'enterrement, il était absent.

Nous étions également en relation avec une autre rare d'ecclésiastiques : *les religieux d'affaires.*

Mon père avait deux métiers : une profession salariée dans plusieurs sociétés successives (cf. : La famille) et une activité libérale.

À l'époque les communautés religieuses possédaient un patrimoine immobilier souvent considérable qu'il fallait gérer puis, les vocations se faisant de plus en plus rares, liquider progressivement.

Sans doute introduit grâce à ses relations dans le milieu, mon père devint peu à peu l'homme de confiance des pères Maristes et des demoiselles du Cours Désir dont il démêlait les problèmes juridiques et financiers et gérait le patrimoine immobilier.

Aux heures du déjeuner et du dîner, le téléphone n'arrêtait pas de sonner. J'étais chargé de filtrer les appels. L'oreille collée à l'écouteur (les téléphones comportaient alors un combiné principal et un écouteur), mon père tentait de reconnaître la voix de l'appelant pour me signaler, avec force mimiques, s'il était présent ou absent.

Lorsqu'après avoir fait des grands « non » de la tête, il s'apercevait qu'il s'était trompé sur le correspondant et qu'il désirait lui parler, je m'exclamais « Attendez ! j'entends son pas dans l'escalier. Il arrive. Je vous le passe ».

J'étais un peu honteux de devoir ainsi constamment mentir au père Devert, au père Baucis (un curieux homme entièrement imberbe et au sexe indéterminé à qui je répondais invariablement « Bonjour madame ») et à la pauvre mademoiselle Martin tellement reconnaissable à sa façon de rouler les « r » qu'elle tentait vainement de dissimuler sa voix pour espérer obtenir mon père.

Tous ces religieux et ces religieuses (les « demoiselles » du Cours Désir étaient, en fait, des bonnes sœurs en civil) me semblaient avoir bien oublié la parole de l'Evangile « Rendons à César ce qui est à César et à Dieu ce qui est à Dieu ».

Pour eux, les taux d'intérêt, les tractations immobilières et les cours de la Bourse passaient loin devant le salut des âmes. Comme le disait ironiquement mon père à propos de l'économe d'une de ces congrégations « Il serait capable d'interrompre la célébration de l'office s'il apprenait un krach boursier ».

Les aumôniers

Durant toute ma jeunesse, j'ai beaucoup fréquenté les prêtres chargés de nous encadrer religieusement : aumôniers des scouts, aumôniers de l'école Saint-Thomas d'Aquin, aumôniers du lycée Henri IV et aumôniers du Centre Richelieu.

Tous les anciens du lycée se souviennent de notre premier aumônier, l'abbé Carter. Il était aussi colérique qu'ennuyeux. Comme son enseignement nous rasait copieusement, nous chahutions. Il entrait alors dans des fureurs qui le poussaient à la violence. Ainsi, un jour de rage, il empoigna un de mes camarades, le souleva au-dessus de sa tête (c'était un costaud) et le projeta au-dessus de la cloison qui séparait à mi-hauteur la sacristie où nous nous réunissions. Le malheureux s'en sortit avec de simples ecchymoses, mais l'abbé Carter partit vers d'autres cieux.

À l'inverse, quand il jugeait que nous avions été sages, il nous projetait à l'aide d'une lanterne magique, les aventures de Tintin. De cette instruction religieuse, je ne garde que le souvenir de *Tintin au Congo* et du *Lotus Bleu*.

L'aumônier qui lui succéda était d'une tout autre facture. L'abbé Yves-Paul de Gibon avait rapporté de la guerre une légion d'honneur et une blessure à la face qui lui donnait un air crispé et l'empêchait de franchement sourire. Derrière cette apparence sévère qu'on pouvait prendre pour de l'ironie, se cachait une profonde bonté, une grande culture et une inépuisable patience.

Il nous réunissait dans son bureau où trônait un imposant meuble électrophone *DUCRETET THOMSON* (c'était le début des microsillons – cf. : La musique) et nous écoutions du Wagner, du Beethoven ou du Vivaldi. Grâce à lui nous complétions les minables cours de chant où la musique enregistrée était totalement absente (cf. : Les études).

Nous parlions également de littérature. C'est l'abbé de Gibon qui me fit découvrir Gide (je possède toujours l'exemplaire des *Nourritures terrestres* qu'il m'avait prêté et qui, durant des années, fut mon bréviaire comme l'attestent les nombreux passages soulignés), Cocteau, Montherlant et beaucoup d'autres.

Etait-ce de l'instruction religieuse ? En tout cas des séances d'éveil et de réflexion dont les discussions nous enrichissaient infiniment plus que les fastidieuses récitations de catéchisme et les oiseuses exégèses de l'Evangile.

Oui, ce prêtre-là ne ressemblait en rien à tous ceux que j'avais connus ni à ceux que je fréquentai par la suite. Pour simplifier, je dirais qu'il s'agissait d'un esthète entré en religion.

Parfois, il me surprenait par des conseils qui me laissaient perplexe. Faisait-il de l'humour ou cachait-il autre chose ? Par exemple, il me suggéra un jour : « Si tu veux gagner de l'argent, va donc voir Charles Trenet. Il adore les jeunes gens dans ton genre ».

Je lui garde une profonde gratitude. S'il n'a pas réussi à ranimer en moi une foi qui prenait l'eau de toutes parts, il m'a éveillé dans les domaines qui allaient structurer ma vie : la peinture, la littérature, le cinéma et la musique.

Je le revis plus tard alors qu'il avait été nommé curé de Saint Pierre de Neuilly. Très logiquement, je lui demandai de célébrer mon premier mariage (cf. : Le mariage).

Le troisième aumônier qui nous prit en main était d'un style bien différent. L'abbé Gernigon s'était trompé de siècle. Il aurait dû vivre au temps de l'Inquisition.

Pour lui, il n'existait pas des vérités mais Une vérité : la sienne (et, par conséquent celle de Dieu). Avec aplomb, il tranchait du Bien et du Mal. Il y avait du Savonarole dans cet homme-là.

Plus de discussions bon enfant à bâtons rompus autour d'un livre ou d'un disque mais des propos enflammés (on sentait qu'il brûlait d'un feu intérieur), mais des affirmations intransigeantes. Une ligne est droite ou n'est pas.

Au cours d'un déjeuner à la maison, mon frère, alors en khâgne, à propos de Kant (de Hegel ou de Husserl, je ne sais plus) osa contredire l'abbé. Le ton monta et l'on faillit assister à un pugilat.

Meneur d'hommes, gérant des âmes, l'abbé Gernigon aurait voulu nous modeler à son image pour que nous devinssions les nouveaux croisés du monde moderne. Mais il était également d'une inconséquence qui frisait l'inconscience.

Tous ceux qui ont participé au camp qu'il organisa dans les Alpes en gardent un souvenir inoubliable.

L'encadrement était assuré par un garçon en première année de médecine et par quelques élèves de troisième dont j'étais. Malgré nos expériences de scoutisme ou de JEC (Jeunesse Etudiante Chrétienne) nous étions totalement incompétents pour diriger des garçons à peine plus jeunes que nous.

Le « chalet » où nous nous installâmes était perdu en pleine montagne, à près d'une heure de Saint Gervais. En fait, c'était une ruine au toit crevé qui disposait, pour tout sanitaire, d'un abreuvoir dans la cour.

À peine étions-nous installés dans cette masure que l'abbé Gernigon nous abandonna pour aller rejoindre un camp de chartistes.

En toute inconscience, il nous laissait sa moto : une *PEUGEOT 125* dont on commandait les trois vitesses par un levier situé sur le côté du réservoir ce qui obligeait à lâcher le guidon d'une main pour changer de vitesse.

Ni Jean-Bruno ni moi n'avions jamais fait de moto. Dès le départ de l'abbé, nous nous ruâmes sur l'engin et entreprîmes de nous initier à la conduite de la moto. Sur des routes escarpées bordées de précipices, nous avons passé des heures à jouer aux motards.

Quand nous nous estimâmes suffisamment experts, nous nous mîmes à véhiculer, les uns après les autres, les garçons dont nous avions la charge.

Il est des miracles pour les inconscients : nous réussîmes à revenir tous indemnes.

Vu avec le recul, ce camp était une complète folie. Qu'il survienne un accident et l'abbé irresponsable, comme cela arriva à d'autres, se retrouvait en prison.

Tout le reste était à l'avenant. Comme nous disposions de peu d'argent, durant les quinze jours, nous nous sommes nourris de saucisses grasses et de purée grumeleuse.

Les activités, à part les promenades en moto, étaient floues, inorganisées. Pour employer un mot vulgaire, nous « glandions » à longueur de journée. Désirant accroître notre spiritualité, un des « moniteurs » nous avait appris les premières chansons de Brassens dont le fameux *Gorille* (alors interdit à la radio) que nous braillions du matin au soir.

Je passe sur l'excursion en montagne où nous nous sommes perdus pendant des heures dans un brouillard opaque.

Évidemment, il plut une partie du temps et il faisait froid. L'eau de l'abreuvoir était glacée, aussi limitions-nous nos ablutions à l'extrême. Au retour, j'étais si sale que ma mère, qui était venue me chercher à la descente du train, pour la première fois, refusa de m'embrasser.

Au Centre Richelieu sévissaient deux aumôniers : l'abbé Lustiger dont on connaît la fulgurante carrière et l'abbé Charles.

Dans ses mémoires, Maurice Pons dit tout le mal qu'il pense de ce dernier. Par charité, je m'abstiendrai de revenir sur les magouilles qu'il dénonce. Mais, curieusement sa mémoire lui joue des tours et lui fait transformer Charles en Lustiger lorsque celui-ci prend ses fonctions épiscopales. Or, si le futur évêque était un fanatique, l'abbé Charles me faisait penser à l'abbé Le Marchand : même attitude cauteleuse, même exubérance faussement joviale.

Lors des discussions « spirituelles » qu'il menait, la hauteur de sa pensée et la finesse de son goût se révélaient à travers des réflexions de ce niveau (il s'agissait d'un « topo » sur la sexualité) : « Quand vous aurez fini de vous lécher le museau, il faudra penser à des choses plus sérieuses ».

Mais l'abbé Charles – il faut le reconnaître – était un camelot éblouissant et un commerçant avisé (il fut nommé par la suite au Sacré-Cœur où il put faire pleinement montre de ses dons dans la vente des cierges, des ex-votos, des statuettes et des indulgences).

Il avait organisé, durant les fêtes pascales, un pèlerinage en Terre sainte destiné aux étudiants et à leurs parents.

Ce « tour operator » ecclésiastique avait mis au point un stratagème. Après avoir bien chauffé les troupes, il proposait de marquer le Vendredi Saint par une journée de jeûne afin de se préparer à l'explosion de joie qui marquerait la célébration de Pâques à Jérusalem. Fanatisés par ce vendeur hors pair, les pèlerins accueillaient avec enthousiasme sa proposition.

Malheureusement pour lui, les parents de mes amis Dommergues, participèrent à l'un de ces pèlerinages. M. Dommergues (cf. : La lecture) ne se laissa pas prendre à ces simagrées et opéra un simple calcul : une journée de nourriture économisée faisait tomber une somme rondelette dans l'escarcelle de l'abbé Charles.

Ayant réuni un « comité de défense », il exigea que cette journée de jeûne fut déduite du prix du pèlerinage et remboursée à tous les participants. L'abbé eut beau tempêter, tenter de séduire, négocier, M. Dommergues resta intraitable et l'abbé, la mort dans l'âme, dut céder.

Qui a chassé, il y a de cela bien longtemps, les marchands du temple ?

Les moines

Un moine, c'est d'abord un habit : vaste robe blanche des dominicains, austère bure marron et sandales des bénédictions.

Autant j'ai ressenti auprès des prêtres que j'ai pu fréquenter un malaise qui provenait, sans doute, de l'écart que je pressentais entre leur discours et leur comportement, autant j'ai éprouvé de l'admiration et une sorte d'envie à travers les quelques contacts que j'ai eus avec les moines.

À l'été 1959, j'étais routier (cf. : Le scoutisme). Nous partîmes faire une marche à travers les Pyrénées. Notre escapade débuta par une semaine de halte à l'abbaye de Tournay près de Tarbes.

Il s'agit en fait de deux abbayes contiguës, l'une réservée aux bénédictins, l'autre aux bénédictines.

Notre BA (« bonne action » en langage scout) consistait à creuser un fossé d'irrigation chez les bénédictines : travail de forçat sous un soleil de plomb.

Bien évidemment, nous prenions nos repas et couchions chez les hommes.

La journée d'un bénédictin se décompose en trois parties égales : huit heures de prière, huit heures d'étude et huit heures de sommeil. Mais le sommeil est régulièrement interrompu par des prières à la chapelle.

Une telle forme de vie, inexorablement réglée, peut paraître aberrante dans notre monde dévoré par la hâte, avide d'informations, d'espace et de loisirs. Au cours des repas silencieux où chacun se préoccupe de servir son voisin pendant qu'un moine lit « recto tono » un texte édifiant, des séances nocturnes à la chapelle résonnant des chants grégoriens mais, surtout en voyant le rayonnement intérieur qui émanait de ces hommes qui avaient réussi à mettre en harmonie leur foi et leur vie, j'ai éprouvé, je l'avoue, une sorte de jalousie.

Les dominicains m'ont laissé un sentiment plus mitigé. Beaux parleurs, jouant de leur robe blanche comme d'un accessoire de scène, ils plaisaient beaucoup aux femmes (un dominicain québécois défroqué m'a raconté l'irrésistible attrait que la robe blanche exerçait sur elles).

À plusieurs reprises, nous avons fait des retraites au Saulchoir, haut lieu de la formation dominicaine. Un soir, et sans doute pour le provoquer, j'avouai à un moine que j'étais en train de perdre la foi. Que n'avais-je dit là ! Pendant une partie de la nuit, il tenta de me la faire retrouver cette foi vacillante. Mais ni ses arguties, ni sa dialectique ne parvinrent à me convaincre.

Un autre dominicain tentant de me ramener dans le droit chemin, le père Pradal, aumônier des routiers, célébrait la messe avec un pathétique que n'aurait pas désavoué un sociétaire de la Comédie Française.

J'en garde une belle image : assis dans un fauteuil de mon studio de la rue du Dragon, mon chat noir lové dans les plis de sa robe blanche, il aurait pu inspirer un peintre de la Renaissance : *Le moine au chat*.

Les œuvres de charité

Tout jeune catholique devait pratiquer les « vertus théologales » : la Foi, l'Espérance et la Charité.

Le catéchisme (cf. : annexe) nous enseignait que « la Charité est une vertu surnaturelle par laquelle nous aimons Dieu plus que tout et le prochain comme nous-même pour l'amour de Dieu ».

La charité envers le prochain m'oblige :
1 – A lui pardonner le mal qu'il a pu me faire
2 – A ne lui souhaiter ni à lui faire aucun mal
3 – A lui procurer ce dont il a besoin pour son âme et pour son corps

Afin de mettre en application le dernier point de ce beau programme, l'Eglise avait créé de « bonnes œuvres » dont la plus connue est *La conférence de Saint Vincent de Paul* (on trouvera une peinture émouvante de la naissance de cette œuvre dans le film de Maurice Cloche *Monsieur Vincent*, incarné par Pierre Fresnay).

Comme la plupart des jeunes de la paroisse j'ai fait partie, durant un temps, de cette Conférence. Nous allions visiter des petits vieux « méritants », sélectionnés pour leur bonne mentalité, qui nous accueillaient avec des sanglots dans la voix et se confondaient en remerciements pour les quelques denrées que nous leur apportions. On se serait cru dans un livre de la Comtesse de Ségur.

Nous allions également dans les salles communes d'hôpitaux sinistres porter des gâteries aux malades. Parfois nous trouvions le lit de notre protégé (e) entouré d'un paravent. Dieu l'avait repris (e) en son sein.

Cette charité dégoulinante de bons sentiments me laisse un souvenir pénible.

Parfois même, j'ai eu honte de notre action : la paroisse nous avait demandé de repeindre l'appartement d'une famille « pauvre et méritante ». La peinture à l'eau, d'un jaune pisseux, qu'elle nous avait fournie devait provenir du stock d'un paroissien qui ne savait comment se débarrasser de cette cochonnerie.

Sous le regard admiratif des parents et de leur marmaille nous étalions la mixture en couches épaisses pour dissimuler la lèpre des murs. Dans la cuisine, la peinture ne prenait pas sur les carrelages. Nous avons dû tripler les couches en sachant bien qu'elles disparaîtraient au premier coup d'éponge.

Quand nous sommes partis, accablés de remerciements par cette famille aux mines chlorotiques, j'éprouvais un profond sentiment de honte, bien décidé à ne plus remettre les pieds dans cette œuvre qui traitait « ses « pauvres avec un tel mépris.

Heureusement, toutes les actions charitables n'avaient pas ce goût sirupeux. Durant l'hiver 1953-54, d'une rudesse exceptionnelle, l'abbé Pierre, avec l'aide de la radio (entre autres l'émission de Zappy Max) et de la presse mobilisa l'opinion pour sauver les gens en extrême détresse condamnés à mourir de froid. La récolte des dons fut un grand moment d'exaltation. Dans un camion conduit par un jeune et sympathique déménageur nous allions de maison en maison ramasser les objets hétéroclites déposés sur le trottoir pour les décharger à la gare d'Orsay où les premiers compagnons d'Emmaüs les répartissaient en d'énorme tas.

Mais la véritable charité (je n'aime pas ce mot. Parlons plutôt de profonde disponibilité aux autres) c'est chez les *Petits Frères des Pauvres* que je l'ai rencontrée.

Le fondateur de ce mouvement, Armand Marquiset, était issu d'une famille riche. Comme Vincent de Paul, il quitta la douceur familiale pour s'en aller vivre un tour de

France de la pauvreté. À son retour, il créa les Petits Frères.

Au centre de la rue Léchevin, autour d'un Armand en perpétuel mouvement, se côtoyaient des gens d'une étonnante diversité. Un fils du Comte de Paris épluchait des pommes de terre en compagnie d'un employé de métro, une duchesse faisait des paquets avec une vendeuse de Monoprix.

La mission des Petits Frères était d'apporter un confort matériel et moral aux plus isolés : les personnes âgées oubliées de tous.

Chaque jour, nous partions avec une pile de gamelles contenant des repas chauds. Dans le fouillis des immeubles décrépits du onzième arrondissement, par des couloirs lépreux et des escaliers branlants, nous allions porter leur déjeuner aux solitaires.

J'avoue avoir été plusieurs fois pris de panique en m'aventurant dans ces coupe-gorges où des personnages aux mines inquiétantes me semblaient prêts à me suriner.

Il y avait un immeuble particulièrement lugubre où logeait, au fond d'un couloir du sixième étage, une espèce de loup solitaire. Quand on frappait à sa porte, après une longue attente, on l'entendait remuer. Il fallait crier à plusieurs reprises que c'était un Petit Frère pour qu'il consentît à tirer une bonne dizaine de verrous. Par la porte entrebâillée apparaissait une tête hirsute aux yeux chargés de haine. Sans un mot, il saisissait la gamelle et claquait la porte en prenant soin de refermer sa panoplie de verrous.

Notre deuxième mission consistait à aller porter chaque mois un colis à un certain nombre de vieillards. En fait, le colis était surtout un prétexte pour leur délivrer un peu de chaleur et d'affection.

Parmi mes « clients » j'avais une femme pratiquement sourde. Quand on sonnait à sa porte une lampe s'allumait dans son entrée pour lui signaler une visite. Encore fallait-il qu'elle pensât à regarder l'ampoule. Il m'est arrivé d'attendre une demi-heure qu'elle s'aperçoive de ma présence.

Immanquablement, j'étais accueilli par un « Bonjour Patrice, c'est gentil d'être venu ! ». J'avais beau hurler que ce n'était pas Patrice mais Bernard, rien n'y faisait. On imagine que la conversation n'était guère facile...

Puis venait le moment le plus pénible de la visite : celui où cette brave dame m'offrait un verre de rhum que je ne pouvais refuser (par une bizarrerie que je ne saurais expliquer, chaque colis contenait un flacon de rhum *NEGRITA*).

Elle ouvrait une armoire. Sur l'étagère du haut, une trentaine de bouteilles étaient alignées. Elle m'en servait un plein verre crasseux que je devais absorber avec des mines gourmandes.

Une autre de mes « visitées » habitait dans l'île Saint Louis. La première fois que je m'y rendis je manquai prendre mes jambes à mon cou. La porte ouvrait sur une pièce plongée dans la pénombre. Aux pieds de la dame, un énorme chat de la taille d'un petit léopard me regardait en soufflant. En pénétrant dans cette pièce noire, une odeur pestilentielle vous prenait à la gorge. Mais, surtout, on devinait par des frôlements et des craquements, une multitude de présences. Une fois les yeux habitués à la pénombre, on découvrait les chats. Il y en avait partout : sur le lit, en haut des armoires, sur les chaises et sur les commodes. Des chats qui vous fixaient d'un air menaçant, prêts à bondir sur l'intrus.

Quand nous nous sommes mieux connus, cette charmante dame me raconta que, pour aérer ses petites bêtes, elle les emmenait, par groupes de dix, se promener dans un landau sur les berges de la Seine.

Grâce aux Petits Frères, je découvrais un monde insolite et pitoyable tel que l'a décrit Jean-Paul Clébert. Avec la dame au chat, le vieux peintre qui vouait une haine tenace à Picasso responsable, selon lui, de « la mort de la peinture », le loup solitaire aux verrous, c'était un univers souterrain qui s'ouvrait à moi. Malgré l'aversion que j'éprouvais souvent à leur égard, je finis par les aimer tous ces vieux, épaves oubliées par une société qui ne voulait même plus les voir.

La période de Noël entraînait une activité intense chez les Petits Frères : confection de colis « enrichis », préparation

Au temps des cataplasmes

des réveillons, organisation des tournées de distribution des colis, mobilisation des voitures pour aller chercher à domicile les moins valides, etc.

Le réveillon de mon secteur se déroulait au patronage du Bon Conseil, près de l'Ecole Militaire. Nous décorions la salle, préparions des tables dignes d'un grand restaurant, accueillions nos invités et les servions avec les égards dus à des personnages de marque.

Le menu était à la hauteur du décor : foie gras, dinde aux marrons, bûche de Noël et champagne à gogo.

Je crois n'avoir jamais ressenti une émotion comparable à celle que nous donnaient tous ces vieux émerveillés et légèrement pompettes. La lumière qui brillait dans leurs yeux nous récompensait au centuple de nos efforts.

Bien qu'ils puissent emporter tout ce qu'ils désiraient, beaucoup de nos invités, en catimini, fourraient de la nourriture dans des sacs en plastique qu'ils dissimulaient sous la table. Le foie gras, la dinde et la bûche se mélangeaient dans ces « doggy bags » d'un nouveau genre. Pudiquement, nous feignons de ne rien voir.

Chez les Petits Frères, à l'inverse de l'église traditionnelle, j'ai découvert ce que pouvait être la véritable charité. Non pas cette attitude condescendante du nanti vers le pauvre qui lui permet, avec quelques bonnes paroles et une aumône, de se donner bonne conscience, mais une réelle écoute envers ceux qui vivent dans la solitude.

Inlassablement, Armand Marquiset répétait que l'on doit considérer ces déshérités comme des « seigneurs » qui ne nous doivent rien et à qui nous devons tous.

Existe-t-il encore des saints ? Je pense en avoir rencontré un. Aujourd'hui, les Petits Frères ont pris leur essor. Avoir vécu l'aventure un peu folle de leurs débuts est un de mes souvenirs dont je suis le plus fier.

Son œuvre lancée, Armand Marquiset, suivant l'exemple de sœur Térésa, est parti en Inde vivre avec les plus pauvres des plus pauvres.

La presse

Je ne prétends pas faire ici la liste exhaustive de la presse catholique de l'époque. Celle-ci était florissante et représentait toutes les tendances politiques et sociales allant du *Pélerin*, journal traditionaliste destiné au monde rural, à *Témoignage Chrétien*, jugé d'extrême gauche et manipulé par les communistes aux yeux des rédacteurs de la presse d'extrême droite, héritière de *l'Action Française* dont la *France Catholique* était le fleuron.

Je me contenterai de parler de celle que nous lisions à la maison.

Mes parents étaient abonnés à trois publications : *La Vie Catholique Illustrée*, fondée par Georges Hourdin. Cet hebdomadaire, d'une bonne tenue et d'un catholicisme intelligent a poursuivi sa carrière et s'intitule actuellement *La Vie*.

J'ai déjà parlé de *Radio Cinéma*, devenu par la suite *Radio Cinéma Télévision* (aujourd'hui *Télérama*) dans la partie consacrée au cinéma.

La *France Catholique*, dirige par Jean de Fabrègues, père de mes amis d'Azémar de Fabrègues, était d'une tout autre tenue. Cette publication intégriste (on n'employait pas encore le mot à l'époque) avait de forts relents hargneux d'Action Française (je dois préciser que mes parents s'étaient abonnés par courtoisie pour mes amis).

L'expression employée par Jean-Louis Bory à l'égard de Roger Peyrefitte « il écrit comme un fer à repasser » s'appliquait parfaitement à la plupart des rédacteurs dont la bête noire était *Témoignage Chrétien*, dirigé par Georges Suffert considéré comme un « communiste ».

J'ai sous les yeux le numéro du 9 mai 1960. Les titres de la une donnent le ton :

« Ce n'est pas en remuant la boue que le cinéma regagnera la clientèle qui le fuit un peu plus chaque année » (critique d'André Bessèges à propos de la Nouvelle Vague).

« La dramatique situation du mental français » par F.C. (?)

« Le déferlement des équivoques et la nécessité d'un enseignement de la Foi » par Jean de Fabrègues.

Évidemment, *La France Catholique* était farouchement

Algérie Française, contre la messe nouvelle, anti-UNEF : « Ce que veut l'UNEF, écrit Dominique Daguet, un « monde commun… » Ce n'est pas la liberté humaine qui compte. C'est le moule. Le moule bien brave (sic) qui nous fera mille M. Durand, débité à la sauce tomate (re sic) selon les critères des bureaux de production que sont les bureaux de l'Education Nationale ».

Personnellement je fus abonné, jusqu'à douze-treize ans à *Bayard* tandis que ma sœur se délectait de *Bernadette* (cf. : La lecture).

ANNEXE

Dans le *Catéchisme à l'usage des Diocèses de France* (Mame, 1947) on trouvera une suite d'affirmations qui laissent quelque peu rêveur :

– **Qu'est-ce que Dieu ?**
– Dieu est un esprit, éternel, infiniment parfait, créateur et maître de toute chose
– **Pourquoi êtes-vous certain qu'il y a un Dieu ?**
– Je suis certain qu'il y a un Dieu parce toutes les créatures prouvent son existence
– **Quelles sont les créatures les plus parfaites ?**
– Les créatures les plus parfaites sont les anges et les hommes
– **Dans quel état Dieu a-t-il créé les anges ?**
– Dieu a créé les anges bons et heureux
– **Qu'est-ce que l'âme ?**
– L'âme est un esprit immortel que Dieu a créé à sa ressemblance pour être uni à un corps
– **Qu'est-ce que le purgatoire ?**
– Le purgatoire est un lieu de souffrances où les âmes des justes achèvent d'expier leurs péchés avant d'entrer au ciel…

On aurait pu espérer que le Concile Vatican II, sous l'impulsion de Jean XXIII allait profondément modifier ce fatras de cérémonies boursouflées et incompréhensibles, nettoyer les textes de leurs affirmations sans fondement et donner une nouvelle santé à l'expression de la foi.

Certes, il y eut quelques transformations : l'officiant cessa de marmonner le dos tourné à l'assistance, on nettoya les églises de leurs statues sorties des confiseries saint-sulpiciennes, les prières furent dites en français et les fidèles ne tirèrent plus la langue au prêtre pour qu'il y dépose l'hostie. Désormais, on s'embrassa à l'église pour marquer la paix du Seigneur (mais cette pratique ne dura guère. On se contente désormais de se serrer la main). Les prêtres abandonnèrent leur soutane pour revêtir l'habit de clergyman.

Pour attirer les jeunes, des prêtres survoltés introduisirent dans les offices des chants inspirés des *gospels songs* accompagnés à la guitare et au tambourin (« Jésus est avec nous… » comme dans *La vie est un long fleuve tranquille*).

La réaction ne tarda pas : sous la houlette de Monseigneur Lefebvre, les nostalgiques du passé revinrent à la messe de Saint Pie V.

Mais, en dehors de ces intégristes, j'ai l'impression que, peu à peu, la pesanteur des traditions fait revenir le catholicisme d'aujourd'hui à celui de ma jeunesse.

J'en veux pour preuve un pardon auquel je viens d'assister dans le Morbihan (Août 2001).

En voyant défiler la procession, je me retrouvais quelque quarante ans en arrière. Rien ne manquait : les bannières frangées d'or, les prêtres aux chasubles richement brodées, les enfants de chœur aux robes rouges et surplis blancs, les bons jeunes gens qui venaient au micro proclamer leurs intentions de prière avant de partir à Lourdes et, en final, un ridicule ballet en l'honneur de la Vierge dansé par les petites filles.

Et, bien sûr, les inusables cantiques qui bercé notre jeunesse :

« *Chez nous, soyez reine*
Nous sommes à vous
Régnez en souveraine
Chez nous, chez nous…
Soyez la Madone
Qu'on prie à genoux
Qui sourit et pardonne
Chez nous, chez nous… »

LE SCOUTISME

Dans ce chapitre, je n'ai pas l'intention de rédiger une histoire du scoutisme ni de faire l'apologie de ce mouvement. Mon propos est beaucoup plus modeste puisque limité à ma propre expérience, forcément partielle et partiale. Il s'agit ici du scoutisme catholique tel que je l'ai vécu et que l'on pourrait qualifier de « scoutisme des beaux quartiers ».

Pour donner une idée de l'importance et du dynamisme de ce mouvement, voici quelques chiffres empruntés à L'Utopie Scouts de France *de Christian Guérin (Fayard) : entre 1939 et 1945, le scoutisme catholique avait gagné 30 000 membres et plus de 10 000 entre 1945 et 1946. En 1947, on chiffre le nombre de Scouts de France à 110 000 membres.*

Cette même année, un impressionnant rassemblement, le VIème Jamboree international de Moisson, le « Jamboree de la Paix » (cf. : Annexes) réunit 50 000 jeunes venus du monde entier, dont un cinquième de français.

Une telle manifestation, inaugurée par le Président de la République, Vincent Auriol, avait valeur de symbole : « Pour le Scoutisme Français et pour les Scouts de France qui en coiffaient l'organisation... (celle-ci) faisait opportunément oublier que la fédération, et l'association, avaient été des organismes officiels de l'Etat français, et donnait un gage de réconciliation nationale ». En clair, il s'agissait d'effacer les mauvais souvenirs de l'Occupation au cours de laquelle, dans sa grande majorité, le scoutisme se rallia au Maréchal Pétain.

Comment expliquer le succès que remporta le scoutisme auprès des jeunes d'après-guerre ?

Dans une société encore traumatisée par les déchirements de l'Occupation, le scoutisme, avec ses valeurs bien établies et ses structures nettement définies, donnait une image rassurante. Comme on le dirait aujourd'hui, il jouissait d'un « label de qualité ».

Certes, d'autres organisations proposaient aux jeunes des activités de loisirs au sein d'un encadrement chrétien. Les patronages, animés par des prêtres, s'adressaient aux enfants des milieux « populaires » (cf. : Les loisirs). De son côté, l'Action Catholique avait créé des sections spécialisées : la JOC (Jeunesse Ouvrière Chrétienne), la JEC (Jeunesse Etudiante Chrétienne) et la JAC (Jeunesse Agricole Chrétienne).

La JOC, dans le milieu catholique traditionnel, souffraient de la même réputation sulfureuse que les prêtres-ouvriers. En forçant à peine le trait, on peut dire que pour beaucoup, les « jocistes » étaient assimilés aux communistes.

Disons le clairement, le scoutisme catholique, ainsi que l'analyse Lucien Monteix dans la revue Le Chef de 1945, était essentiellement destiné aux jeunes bourgeois. Les tentatives pour pénétrer le monde populaire se sont soldées par des échecs. Dans son analyse, il souligne que « l'obstacle majeur tenait, selon lui, à l'acculturation que provoquait une éducation scoute commandée par une vision du monde et une pédagogie étrangères à ce milieu. En d'autres termes, elle coupait le jeune ouvrir de son monde tout en façonnant au mouvement une très mauvaise image ».

Pour les garçons de ma génération et de mon milieu, être scout était une obligation aussi naturelle que pratiquer la religion catholique. Du reste, on était scout de père en fils.

Le scoutisme de l'immédiate après-guerre véhiculait toujours les valeurs qui l'avaient imprégné jusqu'à la défaite, *identiques à celles que prônaient les chefs comme mon père et qui, pour les « jeunes turcs » du mouvement paraissaient ne plus correspondre aux évolutions de la société (voir plus loin).*

Si les parents de la bourgeoisie incitaient tant leurs enfants à « s'inscrire aux scouts » c'est qu'ils retrouvaient dans ce mouvement l'« ossature morale » qui les préparerait efficacement à la vie adulte.

Mais, plus ou moins consciemment, ils espéraient que cette formation leur ferai acquérir les capacités nécessaires pour devenir plus tard des « meneurs d'hommes ».

Il est indéniable qu'une des tendances du scoutisme a été fortement marquée par l'esprit élitiste : Chevaliers de l'Ordre du Foulard de sang, de Serge Dalens et Jean-Louis Foncine, création des super scouts que furent les Raiders, etc. De là à discerner des relents fascistes il n'y a qu'un pas que certains franchirent allégrement[17].

Mais il est tout aussi vrai que beaucoup d'autres unités – et celles où je vécus le scoutisme en firent partie – n'avaient d'autres préoccupations que d'inculquer aux garçons (et aux filles) l'aptitude à vivre en groupe, le goût de la débrouillardise, la capacité à se prendre en charge et le sens de la loyauté.

Selon son tempérament, on peut être allergique au scoutisme ou en prôner les vertus de façon démesurée. Dans le chapitre qui suit, j'ai simplement essayé de décrire le fonctionnement, à une époque donnée, du scoutisme que j'ai connu et de dire, en toute impartialité, ce qu'il m'a apporté.

Il me semble que, dès ma naissance, j'avais un foulard noué autour du cou. Comment résister à un père qui faisait partie des fondateurs du mouvement scout français ? (Mon frère, lui, refusa obstinément de se laisser embrigader).

En 1927 (il avait trente ans), mon père, après avoir longtemps animé *L'Amicale des Jeunes de Saint-Thomas d'Aquin*, dont la principale activité était le football et le théâtre (cf. : Le théâtre), découvrit le scoutisme.

---

17 Serge Dalens et Jean-Louis Foncine, créateurs de la célèbre collection *Signe de Piste* étaient les chantres de l'élitisme et d'une nouvelle race de « chevaliers ».

Dans les réponses au copieux examen écrit qu'il passa en 1931 pour faire affilier le *Groupe Amicale Saint-Thomas* (*Groupe S, comme Servir*) qu'il avait créé quatre ans plus tôt au Quartier général des Scouts de France, il explique ainsi sa démarche :

« Un hasard m'a placé dans les mains, il y a quatre ans, *Eclaireurs* (de Baden-Powell). Sa lecture m'a intéressé et j'ai pressenti les ressources qu'il contenait... *Le Scoutisme* du Père Sevin, lu quelque temps après, m'a attiré définitivement car j'avais enfin rencontré une méthode éminemment éducative, s'attachant à développer harmonieusement les garçons au quadruple point de vue physique, moral, intellectuel, social et qui semble répondre à tous mes désirs... ».

Emporté par le lyrisme, il ajoute : « Voilà de quoi élever, enthousiasmer, souder les uns aux autres, dans un même et très haut idéal, des garçons à qui l'on propose la conquête du monde » (en marge, l'examinateur note judicieusement : « Vous demandez beaucoup aux scouts ! »).

Cette profession de foi est significative de l'esprit qui régnait dans le scoutisme d'avant-guerre et que tentèrent de faire revivre, non sans quelques déboires, les chefs qui avaient repris du service à la Libération[18].

L'organisation

Baden-Powell, créateur du scoutisme, était un militaire[19]. Il est donc naturel qu'il ait organisé le mouvement selon le schéma de l'armée.

Englobant l'ensemble des unités – meutes, troupes et

---

18 Si l'on s'intéresse aux nombreux remous qui agitèrent le mouvement, on pourra se référer au monumental ouvrage de Philippe Laneyrie *Les Scouts de France* (éditions du Cerf – 1985).

19 Né à Londres en 1857, Robert Baden-Powell s'engage dans l'armée à dix-neuf ans. Il participe aux guerres coloniales de l'Empire et joue les agent secrets en Russie, en Allemagne, etc. C'est surtout durant la guerre des Boers, où il engage de jeunes garçons comme éclaireurs et agents de liaison qu'il peut mettre en pratique ses méthodes d'astuce et de débrouillardise. Il tire de ces expériences *Eclaireurs*, un livre qui rencontre un immense succès et sert de base au mouvement scout. Anobli, il quitte l'armée et se consacre entièrement à l'essor du scoutisme à travers le monde.

clans – il y avait le *Groupe* dirigé par un *chef de groupe* comme mon père. Chaque année, enfants, chefs et parents se réunissaient pour la *fête de groupe* qui consistait généralement en des spectacles montés par chaque unité.

Les plus jeunes ou *louveteaux* (les « petits loups ») étaient réunis dans une meute, elle-même composée de *sizaines*, et dirigée par un *louvetier* ou, de plus en plus fréquemment par une *cheftaine*.

Les adolescents devenaient *scouts* au sein d'une *troupe* divisée en patrouilles et dirigée par un *chef de troupe* (ou « scoutmestre »).

Les aînés, ou *routiers,* passaient au *Clan* (baptisé ensuite « La Route »), animé par un *chef de clan*.

Le même système existait pour les filles : *jeannettes, guides* et *aînées*.

À la meute, les sizaines étaient menées par un *chef de sizaine* (ou « sizainier ») assisté par un second.

À la troupe, les patrouilles étaient animées par un *chef de patrouille* (le CP) aidé par un seconde de patrouille (le SP).

Quant aux routiers, en marche vers l'âge adulte, ils se géraient eux-mêmes, guidés par le chef de clan.

Chaque chef d'unité, dans les périodes fastes où l'on trouvait facilement des responsables, était secondé par un ou plusieurs assistants.

L'aumônier assurait la qualité spirituelle du groupe.

Ainsi qu'à l'armée, il existait un système hiérarchique pour superviser les groupes : *Commissaires de District, Commissaires de Région* et *Commissaire Général* (qui, bien souvent, était un véritable général comme le Général de La Porte du Theil). Cet état-major était complété par un Aumônier Général (Père Sevin, Père Doncœur, Chanoine Cornette).

Le fonctionnement

Pour atteindre les fonctions de commandement, il était nécessaire de franchir un certain nombre d'étapes en passant des *épreuves.*

Au départ, le garçon qui débutait dans le scoutisme était *novice*. Après une période probatoire et le passage d'un examen, il était autorisé à passer *sa promesse*.

Cette cérémonie solennelle, qui réunissait la meute ou la troupe, laisse à tous ceux qui l'ont vécue le souvenir d'un moment particulièrement émouvant. Inspiré du rituel de la chevalerie, cet « adoubement » n'était pas une simple formalité mais un engagement profond, ainsi qu'en témoigne le serment prononcé :

« Sur mon honneur et avec la grâce de Dieu
je m'engage à servir le mieux Dieu, l'Eglise
et la Patrie, à aider mon prochain en toutes circonstances
et à observer la loi scoute »

Le très beau *Cantique de la Promesse* (cf. : annexe) qui accompagnait la cérémonie montre à quel point celle-ci était considérée comme un événement majeur dans une vie d'enfant ou d'adolescent.

L'admission dans le cercle était symbolisée, pour les louveteaux, par la remise d'un insigne représentant une *tête de loup* à coudre sur le béret. Pour les scouts, le chef de troupe remettait au nouveau promu un écusson métallique représentant une *fleur de lys blanche* (emblème de pureté et de noblesse) sur une *croix potencée rouge* (identique à celle que portaient autrefois les chevaliers partant à la Croisade). La croix se détachait sur un fond bleu. « Ainsi, ton insigne aux trois couleurs représente à la fois pour toi ton pays et tous les Scouts de France ».

Une fois intronisé, on progressait en passant des *épreuves* qui étaient indiquées par des *étoiles* cousues sur le béret des louveteaux et des *rubans d'épaule* pour les scouts. Ces insignes montraient que l'on était scout de seconde ou de première classe.

Le chef de patrouille et son second étaient désignés par une ou deux *bandes blanches* cousues sur le chandail ou la chemise.

Les *badges* étaient remis à la suite d'examens techniques comme secouriste, électricien, cuisinier, pisteur, artiste, etc.

Cousus sur notre chemise, comme autant de preuves de notre compétence, ils faisaient notre fierté.

Le *salut* était le moyen de reconnaissance des scouts. Le salut des louveteaux, l'index et le majeur écartés, symbolisait « *les deux oreilles du loup aux yeux bien grand ouverts sur la jungle* ». En uniforme, il était dû à Akéla (chef des louveteaux) « *Quand tu lui parleras* ». En civil, on s'en servait chaque fois que l'on rencontrait quelqu'un portant l'insigne scout.

Les scouts saluaient avec les trois doigts réunis portés à l'épaule ou à la tempe selon qu'ils avaient fait ou non leur promesse.

Chez les scouts, il existait un rituel pour lequel j'ai toujours éprouvé une profonde allergie : la *totémisation*.

Comparable au bizutage des grandes écoles, ce rituel d'initiation pouvait parfois se montrer sympathique et bon enfant mais, trop souvent, permettait à certains garçons de révéler leurs instincts sadiques et dominateurs.

Dans son ouvrage déjà cité, Christian Guérin relate que, lors du Jamboree de 1947, « les médecins attachés au rassemblement durent constater sur un certain nombre de garçons brûlures ou entailles profondes, subies lors de totémisations ayant pris le sinistre aspect de séances de tortures ».

Une fois totémisés, nous étions affublés d'un surnom d'une originalité parfois contestable « Grenouille optimiste », « Zèbre idéaliste », etc.

Le mouvement scout était divisé en quatre tendances principales :

– *Les Scouts de France,* catholiques
– *Les Eclaireurs Unioniste,* protestants
– *Les Eclaireurs de France,* neutre (« communiste » prétendaient certains)
– *Les Eclaireurs Israélites,* juifs

Durant la guerre, le mouvement scout fut interdit en zone occupée. C'est ainsi que le Groupe Saint-Thomas d'Aquin se transforma en *Compagnons de Saint François* et que la Route devint *La Cordée*.

En zone libre, les scouts, porteurs des valeurs morales prônées par Pétain, furent un des fleurons du régime de Vichy.

Dans la revue *Le Chef* d'octobre 1941, on peut lire cette prose exaltée de Jean Lefebvre : « Quand le Vieux Chef qui nous avait conduits à Verdun dénonça les causes profondes de notre défaite : la soif de jouissance, la trop grande facilité de la vie, le mépris du travail, l'égoïsme sans fin, l'indiscipline et l'individualisme, et quand il demanda à nos compatriotes de réaliser une réforme morale, les Scouts de France étaient prêts : car ils étaient les précurseurs de cette Révolution Nationale qui consiste, à la suite de l'Evangile, à développer les dons naturels que Dieu nous a donnés... Ils en étaient les apôtres ».

Pour être juste, il convient de préciser que de nombreux scouts et routiers, d'abord abusés par de tels dithyrambes, rejoignirent l'Angleterre et les troupes du maquis.

Quand j'entrai chez les louveteaux, en 1947, mon père régnait à la tête d'un groupe qui s'était beaucoup étoffé. À la 96ème des débuts, s'étaient adjointes la 196ème et la 164ème.

Le dimanche matin, je pouvais l'admirer dans son grand uniforme quand il prenait la parole devant les unités réunies dans la cour du patronage du boulevard Raspail (le *14*).

Malgré ses cinquante ans, il avait fière allure et ses harangues sonnaient comme des appels propres à galvaniser ses troupes pour accomplir les grandes tâches qui transformeraient le monde.

Le message scout, par essence, était unificateur. Les races, les origines sociales étaient théoriquement bannies. Dans la réalité, les choses étaient moins évidentes.

À l'origine, Baden-Powell avait créé le scoutisme pour sortir les garçons les plus pauvres de leur détresse morale. C'est sur les docks de Londres qu'il recruta les premiers adeptes de son mouvement.

Comme je l'indique en préambule, l'évolution se fit dans une autre direction. L'influence de l'Eglise, en particulier, transforma le scoutisme en une pépinière pour les jeunes gens de la bourgeoise.

À l'intérieur du même groupe, les clivages sociaux étaient évidents. La 196ème, si j'en juge par mes souvenirs et la lecture des bulletins de l'époque, comportait un pourcentage élevé de fils de notables et de familles nobles. La 96ème était beaucoup plus « populaire ». Si les chefs de la première sortaient de Normale Supérieure ou de l'Agro, ceux de la seconde étaient issus de milieux beaucoup plus modestes. Nous-mêmes considérions les scouts de la 96ème avec une certaine supériorité hautaine. J'entendis même un de mes camarades traiter cette troupe de rassemblement de « fils de concierges ».

Par la suite, quand apparurent les raiders (voir plus loin), c'est la 96ème qui se mit à bricoler des motos, à sauter en parachute et à s'entraîner au judo tandis qu'à la 196ème nous continuions à nous livrer aux « grands jeux » et à monter des pièces de théâtre.

Les activités

Les activités suivaient un rituel bien établi. Chaque semaine nous nous retrouvions au local, lieu mis à la disposition des scouts par la paroisse ou par un parent généreux. En général, il s'agissait d'une cave (à Saint-Thomas, surnommée *La Crypte*). Descendre au local par un escalier étroit, suivre un couloir obscur et sentant l'humidité pour arriver dans ce caveau illuminé et décoré de peaux de bêtes, de fanions et de trophées, nous donnait l'impression grisante de pénétrer dans une mystérieuse tanière.

Chaque sizaine ou chaque patrouille avait son territoire qu'elle s'efforçait de décorer de la façon la plus originale. Un concours récompensait régulièrement « le coin de pat » le plus réussi.

La bible des louveteaux était *Le Livre de la Jungle* de Rudyard Kipling. Le chef et chacun de ses assistants avaient un surnom emprunté à cet ouvrage. Par principe, le chef (ou la cheftaine) était *Akéla*, le puissant loup qui dirigeait la meute. Les assistants pouvaient s'appeler *Baloo* (l'ours brun), *Bagheera* (la redoutable panthère) ou *Kaa* (le python rusé).

Les animaux jouaient un grand rôle dans le folklore scout. Chaque patrouille adoptait le nom d'un animal emblématique : les Chamois, les Aigles, les Tigres, etc., et composait un cri qu'elle hurlait à chaque rassemblement « Aigles… à tire d'ailes ! « Chamois… toujours plus haut ! ».

La réunion, chez les louveteaux, commençait par *le grand hurlement* : réunis en cercle autour d'Akéla, censé se trouver sur le *rocher du conseil*, nous nous accroupissions et criions de toutes nos forces A-Ké-la ! Puis, scandant à une cadence plus rapide les autres syllabes, nous aboyions la dernière : *A-Kè-la ! Nous ferons de notre mieux !* Et aussitôt, nous sautions en l'air sur place pour nous figer en faisant des deux mains le grand salut louveteau. Le Premier Sizainier criait alors : *De Votre mieux, Mieux, Mieux, Mieux*. Tous les louveteaux ramenaient le bras gauche le long du corps en gardant la main droite au salut ordinaire et répondaient énergiquement : *Oui-iii ! Mieux ! Mieux !* (Extrait du *Cérémonial des Scouts de France*).

Au cours de ces séances, nous pratiquions des activités variées : préparation des futures sorties, analyse du grand jeu précédent, apprentissage de diverses techniques comme celle des *nœuds* dont la pratique jouait un grand rôle à l'occasion des camps (quel ancien scout ne se souvient du fameux *nœud de chaise* appris avec des moyens mnémotechniques : « Le serpent entre dans le puits, fait le tour de l'arbre et ressort du puits » ?).

Un moment fort était l'exposé des *BA* (Bonnes Actions) que nous avions accomplies durant la semaine. La BA était le fondement même de l'esprit scout : rendre service à son prochain. Par exemple, aider un aveugle à traverser la rue, porter son cabas chargé à une vieille femme, rendre visite à un malade, etc. L'aumônier attribuait les satisfecits et sermonnait ceux qui n'avaient pas cumulé un nombre suffisant de BA (normalement, on devait effectuer une BA par jour).

Le chant jouait un rôle primordial dans le scoutisme. Le livre *Les Chansons des Scouts de France* de Jacques Sevin fournissait un répertoire capable de répondre à toutes les occasions : chants officiels, pour la veillée, pour Mowgli, cantiques, etc.

Le dimanche nous partions en *sortie*. Il y avait la *petite sortie* qui durait une demi-journée et la *grande sortie* qui occupait la journée entière. Par le train de banlieue, nous gagnions les bois de Meudon, de Verrières ou de Chaville.

Ces grandes sorties permettaient de mettre en œuvre la panoplie complète des rituels : messe chantée, grand rassemblement, lever des couleurs (chaque unité, outre le drapeau français, possédait son propre fanion), concours de cuisine, construction de bancs et de tables avec des branches et, surtout, *grand jeu*.

Élément central de l'éducation scout, le grand jeu donnait l'occasion d'appliquer les techniques apprises lors des réunions au local : observation de la nature, relevé d'empreintes d'animaux, pistage (on nous apprenait les célèbres « signes de piste » empruntés aux Indiens), pratique du morse (moyen de communication par traits et points à l'aide d'un sifflet, de fanions ou de lampes de poche utilisé dans la marine), etc.

Chaque grand jeu, dont le thème était généralement la découverte d'un trésor, la prise d'un fort ou l'attaque d'une diligence, se terminait de façon immuable par une *bataille de foulards*.

Ce jeu consistait, au cours de rixes implacables, à décrocher le foulard coincé dans le ceinturon, au dos de son adversaire.

Certains malveillants, pour rendre la prise plus difficile, mouillaient leur foulard et le tortillaient très serré afin de le rendre dur comme du bois. Cette pratique, nommée *garuche* était strictement prohibée dans un combat « à la loyale ». Celui qui était pris risquait de passer en *Cour d'Honneur* (voir plus loin).

La journée s'achevait par une prière et par le célèbre Chant des Adieux (« Ce n'est qu'un au-revoir, mes frères… » - cf. : annexe).

Nous reprenions le train, fourbus, crottés jusqu'aux cheveux mais ravis d'avoir passé une journée aussi exaltante.

Avec une certaine commisération, nous observions les garçons en « tenue des dimanches » (cela existait encore) que traînaient des parents maussades, pressés de rentrer chez eux après une journée sans joie qui leur avait semblé durer une éternité.

Les signes de la différence : l'uniforme et l'équipement

Pour les sorties et les différentes manifestations, nous revêtions l'uniforme.

Équiper un louveteau ou un scout représentait un effort non négligeable. Bien des parents, même à Saint-Thomas, devaient faire preuve d'ingéniosité pour fabriquer des tenues à peu près conformes au modèle officiel. Qu'on en juge d'après les prix du catalogue *Manufrance* de 1931 (pour la conversion, multiplier par 3).

La tenue de base, telle qu'elle est définie dans le bulletin « exceptionnel » du 25 août 1944 » Délivrance de Paris en la fête de Saint Louis » comportait :

Pour les louveteaux :
– Un béret bleu marine avec sa tête de loup et les étoiles : 5,80 F
– Un foulard aux couleurs du Groupe : 7,30 F
– Un chandail bleu marine : 32,00 F
– Une culotte bleu marine avec des bretelles croisées derrière pour la maintenir : 30,00 F
– Des chaussettes beige chiné : 25,00 F
– De solides chaussures : 76,00 F
– Différents insignes obligatoires tels que : bande de groupe, ,Armes de Province, tête de loup aux couleurs de la sizaine, étoiles d'ancienneté, galons de sizainier, insigne des Scouts de France
– Pour l'été, une chemise bleu clair à manches courtes, remplacera le chandail : 20,00 F

L'uniforme des scouts était pratiquement semblable à la différence que la chemise était kaki et que la culotte courte était maintenue par un ceinturon avec une boucle en forme de croix scoute. Le chapeau à larges bords orné d'une aigrette fut remplacé par le béret.

Lorsqu'on partait en grande sortie ou en camp, il fallait ajouter à cette tenue les accessoires indispensables :
– Un sac à dos : 23,00 F
– Une pèlerine : 100,00 F
– Une tenue de jeu légère, un foulard de jeu et des espadrilles : 7,30 F
– Un sac de couchage : 103,00 F
– Une gourde : 32,00 F
– Des gamelles et des couverts pliants : 13,75 F
– Un quart : 2,00 F
– Un bâton gradué « pique militaire, longueur 1M70 avec sa courroie en cuir fauve avec boucle de serrage » (destiné à de multiples usages dont celui de porter le fanion, le bâton scout disparut rapidement après la guerre) : 8,50 F

À ce harnachement, on pouvait ajouter divers accessoires qui se révélaient utiles lors des constructions ou des « explorations » :
– Un poignard dans sa gaine de cuir : 17,50 F
– Une hachette : 12,50 F
– Un sifflet : 4,80 F
– Une boussole : 9,50 F
– Un lasso « en chanvre tressé, longueur 12 mètres » : 19,00 F
– Un liseur pour carte d'état-major : 22,00 F
– Une lampe électrique : 18,00 F
– Une trousse de pharmacie : 40,00 F
– Un harmonica : 13,70 F

Les chefs, qui portaient le même uniforme que les garçons, arboraient, en signe de leur autorité, une corne d'appel (« en corne blonde, ronde, cintrée ») qui servait à sonner les rassemblements. Je possède toujours celle de mon père.

Il faut reconnaître que nous, les petits loups, étions mignons à croquer avec nos chemises et nos culottes aux plis impeccables, nos chaussures étincelantes, nos bas bien tirés et nos mines franches et épanouies.

Combien de chefs ou d'aumôniers n'ont pas résisté à croquer un de ces ravissants louveteaux immortalisés par les dessins de Pierre Joubert ? La pédophilie, dont on parle tant aujourd'hui, était un sujet tabou ou totalement ignoré. Durant les vingt-deux années que régna mon père sur le groupe Saint-Thomas, il n'y eut qu'un seul cas de pédophilie « active » nécessitant le renvoi d'un chef, si j'en juge d'après les lettres où la chose est évoquée à mots couverts.

Que certains aient éprouvé des tentations, comment le nier ? La plupart des meutes étaient dirigées par des cheftaines, ce qui limitait les risques. La 196ème faisait exception qui avait à sa tête un louvetier. Georges Dodin était un vieux garçon qui vivait avec sa mère à Vincennes où il s'occupait également des enfants de chœur.

Modeste employé de banque, il avait embrassé le scoutisme comme un véritable sacerdoce. Il était un peu ridicule – mais d'un ridicule touchant – lorsqu'il revêtait l'uniforme dont la culotte courte mettait en évidence son gros derrière (dans ma mémoire je suis incapable de le revoir habillé en civil).

Au camp, il avait un grand souci de l'hygiène. Lorsque nous étions enfouis dans nos sacs de couchage, tente après tente, il venait vérifier si nous avions bien retiré nos slips pour la nuit. Que penserait-on aujourd'hui de ce type d'investigation ? Mais je puis assurer qu'il ne se hasarda jamais dans les zones interdites.

Le camp

Dans la vie d'un scout, le camp de Pâques et le grand camp d'été étaient des moments forts préparés, espérés et accueillis avec allégresse.

Occasion de pratiquer de façon intense les techniques apprises au cours de l'année, ils permettaient également de régénérer l'esprit scout et de redonner un nouvel élan à la spiritualité des garçons.

Voici, retrouvé dans les archives, un texte envoyé par mon père aux chefs avant le camp de 1937 :

« Mon cher frère chef,

Avant le départ pour ce camp qui s'annonce si bien, je voudrais te faire part de quelques réflexions personnelles.

1° REFLEXION – Nous allons au camp D'ABORD pour nos garçons.

Ne pas perdre de vue que, moralement, nous sommes responsables de leurs âmes devant Dieu depuis le jour où nous avons accepté d'être leurs chefs.

2° REFLEXION – Il faut que ce camp soit pour nos garçons un bienfait physique et un bienfait moral.

1 – Nous allons au camp D'ABORD pour nos garçons.

Persuadés de cette vérité qui doit dominer et animer tout notre camp, nous devons pratiquer un oubli complet de nous-mêmes, nous devons faire une grande équipe très homogène unie par l'amitié, le chic esprit, la charité absolue des uns vis-à-vis des autres.

Résultat pratique : pour les garçons qui nous regardent et à qui rien n'échappe, spectacle des Chefs collaborant étroitement. Première condition indispensable à la réussite que nous désirons.

Avec cela, deux autres conditions me semblent indispensables pour que les garçons reviennent meilleurs du camp :

A – Créer un certain état d'esprit très élevé

B – Agir personnellement sur chacun de nos garçons

A – Du point de vue tenue (j'entends tenue extérieure et morale), politesse, éducation, loyauté, esprit scout, nous avons deux sortes de garçons :

– ceux qui possèdent ces qualités et qui doivent les conserver et les faire rayonner autour d'eux

– ceux à qui, dans une mesure plus ou moins grande, elles font défaut et que nous devons aider à les acquérir

Il faut donc jeter très loin des limites du camp tout ce qui est laid, vulgaire et de seconde zone.

Il faut que, pendant huit jour, nos garçons vivent dans une atmosphère que nous saurons imprégner de délicatesse, de gaieté, de politesse, de loyauté. En bref, l'esprit scout 100 pour 100, toutes choses qui nous seront faciles puisque c'est notre état habituel.

Il faut qu'à la messe du matin, à la prière du soir autour des feux – parce que nous aurons compris que nous devons participer au Saint Sacrifice pour l'âme de nos garçons

— nous devions prier pour nos garçons et qu'ils apprennent à mieux prier et à mieux comprendre.

B – agir personnellement sur chacun de nos garçons

Au cours de l'année nous avons peu de contacts étroits avec eux. Est-ce que nous avons le temps de leur parler en tête-à-tête sur leur vie scoute, sur ce que nous voudrions qu'ils deviennent, etc. ?

Souvent, ce temps nous fait défaut. Aussi notre action est, au point de vue moral, assez superficielle.

Pendant ces huit jours, il faudrait que par des moyens et des conversations très simples, chacun de nos garçons sente qu'il a en nous un grand frère qui l'aime, qui le connaît bien et avec qui il peut parler à cœur ouvert.

En fin de ce camp, mes frères chefs, il faudrait que nous puissions sentir vibrer autour de nous des Scouts dont nous aurons conquis la confiance totale et que nous pourrons considérer, en toute loyauté et toute humilité, comme étant les meilleurs.

Alors, et alors seulement, nous serons dignes de nous considérer comme de vrais Chefs.

L'Ancêtre

Comme on le voit, la barre était placée très haut…

Elle ne l'était pas moins pour les scouts dont la journée était chargée et ne leur laissait guère le loisir de batifoler. Qu'on en juge d'après un horaire type de cette même période :

6h	Lever
6h-6h20	Gymnastique, saut à la corde
6h20 – 7h	Toilette
7h	Prière, salut au fanion, départ pour l'église
7h30	Messe
8h30	Petit-déjeuner
9h19-9h30	Relevé topographique (applications pratique)
9h30-10h	Epreuve de pas scout, saut, grimper
10-10h15	Morse
10h15-10h45	Piste humaine

10h45-11h	Exercices pratiques d'orientation
11h-12h	Jeu de l'évadé
12h-13h15	Déjeuner
13h15-14h	Sieste
14h-15h	Sémaphore, applications pratiques
15h-15h30	Etude de la nature, arbres, traces d'animaux
15h30-16h	Induction, déduction (création de situations permettant d'appliquer ces facultés)
16h-16h20	Thé
16h20-18h	Activités de patrouilles
18h-19h	Préparation de la veillée
19h-20h	Dîner
20h-21h30	Veillée
21h30-21h45	Prière
21h45-22h	Critique de la journée
22h	Extinction des feux

Le scoutisme que j'ai connu dès l'âge de huit ans possédait encore cette discipline quasi militaire, mélange mystico-technique inculqué aux chefs d'après-guerre qui, dans l'ensemble, avaient été scouts sous la houlette de mon père.

La vie au camp exerçait nos muscles et notre ingéniosité : dès l'arrivée, il fallait monter les tentes, creuser les feuillées (fosses d'aisances) et réaliser des constructions qui nous permettraient de jouir d'un certain confort : table de salle à manger, bancs, système de douches, meubles de cuisine, etc. Pour toutes ces réalisations, qui étaient parfois spectaculaires, nous n'avions à notre disposition que les stricts moyens du bord : branches et troncs d'arbres reliés par des *brélages* (technique typiquement scoute consistant à contruire tables, chaises, etc. avec des assemblages réalisés à l'aide des fameux nœuds appris durant l'année).

Elle exerçait également notre créativité : chaque soir se déroulait le feu de camp prétexte à des chants et à de petits spectacles montés par les sizaines ou les patrouilles (on en trouvera un bon exemple dans *Le souffle au cœur* de Louis Malle).

Comme on l'a vu, la spiritualité, assurée par l'aumônier, occupait une large place : messe quotidienne, prières avant chaque repas (« Bénissez-nous, Seigneur, bénissez ce repas, ceux qui l'ont préparé et procurez du pain à ceux qui n'en ont pas ») et après la veillée. (voir en annexe le très beau chant « *Avant d'aller dormir sous les étoiles*).

À tour de rôle, nous assurions les corvées : coupe du pain, entretien des feuillées, ramassage du bois et préparation du feu, lavage de la vaisselle. Cette dernière corvée où il fallait récurer les *bonamaux* (grandes marmites) à l'aide de sable fin était particulièrement repoussante.

Après les louveteaux, pour des raisons que je ne parviens pas vraiment à élucider, je refusai de passer aux scouts. Peut-être étais-je saturé de scoutisme à voir mon père se démener entre les prêtres qui voulaient imposer leur loi et les nouveaux chefs qui se rebellaient contre son autorité sans partage.

Peut-être refusais-je inconsciemment une discipline que j'avais de plus en plus de mal à supporter.

J'étais trop jeune pour avoir une vision nette des remous qui agitaient le mouvement. Le monde était en train de changer et les anciens, comme mon père, s'obstinaient à maintenir une tradition qui ne correspondait plus aux attentes des jeunes.

Toute évolution posait des problèmes souvent grotesques. Un exemple parmi d'autres : ayant décidé d'organiser un camp avec chefs et cheftaines, mon père dut vivement s'opposer au curé de Saint-Thomas qui jugeait cette initiative « inconvenante ». Pour celui-ci, il était impensable que des jeunes gens et des jeunes filles pussent passer la nuit ensemble. En fin de compte, un compromis fut trouvé : les tentes des garçons et celles des filles seraient disposées de part et d'autre d'un no man's land où serait dressée la tente de mon père (qui n'a pas dû dormir de la nuit, guettant de furtives allées et venues).

Un tel comportement prête à sourire. Il est pourtant révélateur des débats constants qui agitèrent le scoutisme dès le milieu des années 50. On en trouvera une description minutieuse dans l'ouvrage déjà cité de Christian Guérin, *L'Utopie Scout de France* (Fayard – 1997).

Si j'ai refusé d'être scout, je n'ai pas complètement trahi mes origines en assurant à plusieurs reprises la fonction d'intendant (l'intendant était souvent un sympathisant choisi pour ses qualités de débrouillardise et de négociation) lors de camps scouts puis en entrant aux routiers (voir plus loin).

Dans un camp, l'intendant avait un rôle déterminant : c'est lui qui devait aller négocier avec les commerçants les prix les plus intéressants, calculer les approvisionnements nécessaires, faire chaque jour les courses, répartir les fournitures, superviser les repas et tenir la comptabilité. Comme on le voit, il ne chômait pas.

Lors d'un camp où j'assurais cette fonction, nous avions hérité d'un aumônier bizarre. Ce jésuite nous arrivait de Chine. Il y avait passé plusieurs années dans les prisons de Mao. Pour ne pas sombrer dans la folie, il composait chaque jour un alexandrin qu'il apprenait par cœur. Quand il fut relâché, il possédait un volume entier de poèmes que nous tirâmes sur la ronéo paternelle.

Si ce jésuite-poète était un virtuose dans l'art de manger avec des baguettes, il ignorait beaucoup de choses de la vie quotidienne actuelle.

Un scout ayant été pris de fièvre, nous lui confiâmes pour la journée en lui demandant de lui administrer régulièrement des suppositoires.

À notre retour, nous trouvâmes le père qui touillait obstinément un quart d'eau chaude avec une cuillère. Depuis le matin, il tentait vainement de dissoudre les suppositoires pour les faire boire au malade.

Les routiers

Ayant sauté l'étape des scouts, j'intégrai La Route (qui avait remplacé Le Clan). Théoriquement, devenir routier était le prolongement naturel d'une vie scoute, son aboutissement, en quelque sorte, avant d'entrer dans l'âge adulte.

L'hémorragie d'effectifs que subit le mouvement assouplit cette réglementation. C'est donc en qualité de « novice » que je rejoignis mes camarades qui n'avaient pas encore l'âge de partir en Algérie ou bénéficiaient, comme moi, d'un sursis (on notera qu'en 1956, La Route comptait près de 50 % d'étudiants et de lycéens).

En relisant les histoires du scoutisme déjà citées, je découvre que le mouvement routier, dans cette époque troublée, fut l'objet d'âpres polémiques. Où fallait-il le situer ? Comme il n'était plus question d'attirer des garçons de dix-sept, vingt ans avec les jeux d'aventures dont étaient encore friands les scouts de la vieille école, ni de leur faire miroiter « l'idéal chevalier » des *raiders* puis des *pionniers,* il fallait trouver un autre sens à la branche aînée du scoutisme.

Le « social », pour une partie de l'équipe dirigeante, devint le terme à la mode alors qu'une autre fraction, située à droite, défendait la tradition en arguant que, si La Route s'engageait dans cette voie, elle perdrait sa spécificité scoute et s'aventurerait dans la voie dangereuse du débat politique.

La *Lettre de Jean Muller*, ancien membre de l'équipe tué en Algérie, qui dénonçait dans *Témoignage Chrétien* la misère des Arabes, les abus du colonialisme et les excès de la répression, mit le feu aux poudres au sein du mouvement. Le Commissaire Général Rigal donna l'ordre à l'imprimeur de la revue *La Route* d'arracher la page qui conseillait de lire cette lettre. L'équipe de direction remit sa démission et la grande presse s'empara de l'affaire.

Comme le note Philippe Laneyrie dans *Les Scouts de France*, « L'écho donné par les médias de l'époque à la démission collective de l'équipe nationale Route n'est-il pas un élément de preuve de l'importance symbolique du mouvement S.D.F. sans commune mesure avec le poids social de quelques milliers de routiers et plus encore avec l'importance sociale ou politique réelle de quatre ou cinq de leurs chefs ? Le scoutisme S.D.F. avait-il encore à l'époque une dimension sacrale ? Etait-il quelque part perçu dans l'opinion publique comme un paradigme, dont l'envers serait précisément la dérision dont elle accablait volontiers le boy-scout ? ».

À Saint-Thomas d'Aquin, les échos de ces querelles et de ces débats « fondamentaux » nous parvenaient extrêmement assourdis. À vrai dire, je n'en garde aucun souvenir précis. Sans doute la personnalité du chef de Route (et Chef de groupe), François Fernique, nous évitait-elle de participer aux remous qui secouaient le mouvement.

François Fernique pourrait figurer dans *Le Livre Guiness des Records*. Entré aux louveteaux à l'âge de sept ans, quand mon père dirigeait la meute, il mena la vie scoute, sans interruption, jusqu'à sa retraite. Chez lui, comme chez Georges Dodin, le scoutisme était un véritable sacerdoce. Occupant un modeste emploi chez un grossiste en mercerie de la Place des Victoires, vivant seul avec sa mère, il a consacré tout son temps en réunions, animations, camps, préparations des fêtes de groupe, etc.

D'une gaieté et d'un enthousiasme constants, il aura marqué tous ceux qui ont eu la chance de l'avoir pour chef. Ils lui ont d'ailleurs prouvé leur affection lors de son départ à la retraite en lui faisant une fête qui fut un beau moment d'émotion.

Avec lui, la Route avait un côté bon enfant. Pendant que les Raiders, qui se prenaient très au sérieux, jouaient aux commandos (un de leurs chefs, imitant Bigeard, les réunissait à six heures du matin, en plein hiver, pour se doucher à l'eau glacée…) nous, nous formions un groupe de camarades qui avions plaisir à nous retrouver pour discuter et monter des « actions » dans la décontraction et la bonne humeur.

Outre nos réunions « de réflexion », sans doute assez oiseuses, sur des thèmes rebattus tels que « La faim dans le monde » et de « spiritualité » (nous avions hérité d'un dominicain exalté qui célébrait la messe avec une grandiloquence et une affectation dignes d'un mauvais film), nous nous livrions à quelques activités « sociales ».

Avec le recul, notre participation à l'amélioration de la détresse du monde m'apparaît bien dérisoire. En fait, il s'agissait de justifier, par quelques actions, notre prise de conscience, en direct, de la misère humaine. Si mes souvenirs sont bons, nous nous sommes contentés d'aller faire un tour dans le bidonville de Nanterre, d'aller rendre visite à quelque vieillards dans un hospice et un hôpital, de servir le réveillon de Noël à la paroisse et de repeindre, avec des couleurs de mauvaise qualité, le logement d'une famille « pauvre et méritante » que nous avait signalée les services sociaux de la paroisse.

Il faut le reconnaître, ce scoutisme-là ne nous incitait pas à pénétrer réellement dans un autre univers que celui où nous vivions. Comme les touristes qui, aujourd'hui, vont contempler les mendiants de Bombay ou les enfants perdus de Rio, nous passion à côté de la misère en nous félicitant, secrètement, de faire partie des privilégiés. Vous ne pouviez pénétrer cet univers.

Comment juger, avec le recul, l'opération de sauvetage d'un garçon sorti de maison de correction que nous avions entreprise, Jean-Bruno Duméril et moi ? Ce Bernard H. avait des côtés attachants, malgré sa violence. Il nous apprit beaucoup sur les différentes arnaques.

Il avait également des comportements imprévisibles. Pris par je ne sais quelle lubie, il nous demanda un jour de l'emmener à la cathédrale de Chartres. Persuadés de l'avoir ramené sur le bon chemin, nous le vîmes avec attendrissement se recueillir, acheter un cierge et l'allumer aux pieds d'une statue de la vierge. Les choses se gâtèrent quand, revenant sur ses pas, il découvrit la chaisière qui récupérait le cierge pour le remettre en vente.

Rendu furieux par cette malhonnêteté, Bernard sortit son couteau à cran d'arrêt et se précipita sur la vieille femme en la menaçant de l'égorger.

Malgré tous nos efforts et nos conseils, il retomba de la façon la plus sotte : en tentant de cambrioler en plein jour un fourreur dont l'appartement était situé juste en face de l'Elysée. Immédiatement arrêté, il écopa de quelques années de prison. Nos prétentions d'apostolat s'arrêtèrent là.

Beaucoup plus passionnante était notre activité théâtrale. Lors des veillées de Noël ou des célébrations pascales, nous nous rendions en province proche pour aider les curés de paroisses déshéritées à rameuter leurs paroissiens à l'aide de jeux scéniques que je composais à ces occasions.

Inspirés par l'expérience des Comédiens routiers de Jacques Chancerel, mêlant acteurs, cinéma, chants, ombres chinoises et interventions du chœur, ces spectacles préfiguraient le « théâtre total » qui connut par la suite une grande faveur.

La plus aboutie, intitulée *Un soir à Emmaüs,* nous demanda une longue préparation : enregistrement de la bande son (qu'il fallut refaire au dernier moment, le projecteur qui éclairait le magnétophone ayant rendu la bande inaudible en la gondolant), création des décors, apprentissage des rôles, etc.

Pour donner une idée de ces jeux scéniques, voici le début de celui que nous réalisâmes, avec beaucoup de succès, à Pâques 1958, en l'église de Champigny (Seine et Marne).

Je cite ce texte comme un document typique d'une époque où l'on se délectait encore de la poésie de Charles Péguy et des litanies interminables de Paul Claudel psalmodiées par Alain Cuny ou Jean-Louis Barrault.

PREMIERE PARTIE

Tout se passe sur un écran, car cette partie est filmée.
Nuit complète. On entend le bruit d'une moto qui approche. Peu à peu se dégagent de l'ombre les arbres qui défilent sous la lumière des phares.

Bruit fort, on voyage avec la moto.
Puis un autre plan : celui de la moto qui fonce dans la nuit. Au loin, sur le bord de la route, un homme. Il fait signe, le motocycliste s'arrête (crissement de freins, bruit du moteur au ralenti).

Le motocycliste : Où vas-tu ?
Le passant : A Emmaüs.
Le motocycliste : Tu as de la chance. Monte ! Fais attention à tes pieds, il manque un cale-pieds.

L'homme s'installe sur le siège arrière.
Le motocycliste : Tu es bien assis ?
Le passant : Ça va, tu peux démarrer.
La moto s'élance dans la nuit. Les arbres qui filent. La route balayée par les phares. Les lumières d'un village. Il se rapproche très vite. Les phares éclairent une pancarte : EMMAUS.
Le motocycliste (il crie pour surmonter le bruit de la moto) : Où est-ce que je te dépose ?
Le passant (même jeu) : Où tu veux. Tu connais une auberge ?
Ils s'engagent dans la rue principale et s'arrêtent face à une auberge dont les fenêtres sont éclairées. Au-dessus de la porte une enseigne « Aux deux pèlerins ». Les deux hommes descendent de la moto. Le conducteur coupe le contact, tout rendre dans l'ombre. »

Comme on le voit, l'influence de la Nouvelle Vague n'était pas absente dans cette mise en scène au goût du jour de l'Evangile.

La veillée de Noël que nous avons présentée en 1959 et en 1960 dans des paroisses de Seine et Oise avait un ton nettement plus populiste. J'y mêlais le désespoir des travailleurs, les horreurs de la guerre, les plaintes des sans logis et la solitude des vieillards à l'allégresse d'un chœur annonçant à tous ces malheureux la naissance du Christ.

« Le prologue est lu dans le noir, sur un fond musical :
Pour nous qui sommes ici ce soir, la Fête de Noël a un sens beaucoup plus profond que les futilités qui l'entourent.
Le chœur :
– Elle nous fait revivre la naissance sur terre du fils de Dieu
– Venu apporter aux hommes de bonne volonté l'Amour
– La Justice
– Le Bonheur
– Et la paix (chœur à l'unisson)
Un projecteur s'allume et éclaire le Travailleur
Le Travailleur : Noël ! Noël ! Qu'est-ce qu'ils veulent que j'en fasse de leur Noël ? Aujourd'hui, c'est pour moi un jour comme les autres, comme tous les autres jours de ma

vie qui se ressemblent toujours. Comme chaque soir, à neuf heures, je m'assiérai sur mon tabouret, au portillon de la station de métro, et je perforerai les tickets que me donneront les gens. Ah ! ils me font rire avec Noël. Pour moi, c'est toujours les métros qui passent, leur grondement qui s'éloigne sous les tunnels, les clochards qu'on fiche à la porte après le dernier métro, les poivrots du samedi soir et autres jours de fête, tous les poivrots pour qui Noël est une belle occasion de prendre une cuite de plus.

Et la neige, et les sapins et les cloches à minuit ! Parlons-en ! Pour moi c'est l'air sale des couloirs, l'odeur de sueur des hommes, les papiers gras que le vent soulève à chaque passage d'une rame. C'est les gens épuisés par leur travail qui rentrent et sentent mauvais. Voilà Noël, un jour comme tous les autres, plus triste encore, si c'est possible ».

Ce misérabilisme, fortement influencé par Carné, cherchait à tirer des larmes à l'assistance et y parvenait sans peine. J'ignore si ces œuvres « à message » ont fait rentrer quelques fidèles au bercail. Ce dont je suis à peu près sûr, c'est que nous avons évité le pire pour un curé désespéré de voir son église vide de paroissiens et vivant dans une solitude plus désespérante que celle du curé de campagne de Bernanos. Notre venue pour les fêtes pascales et la foule qu'attira dans son église notre spectacle sur Emmaüs, lui rendirent de son propre aveu, l'envie de continuer à vivre. Nous étions largement payés des nuits blanches passées à tenter de refaire la bande-son gondolée.

En dehors de ces productions à haut potentiel spirituel, nous aidions les louveteaux et les scouts à monter des spectacles pour les fêtes de groupe. Une de mes productions pour laquelle j'étais auteur, décorateur et metteur en scène causa un petit scandale.

M'inspirant de l'admirable musique concrète de Pierre Henry, *Le Voile d'Orphée*, j'avais conçu une sorte de ballet de science-fiction intitulé *Introduction à la vie sur Mars*.

Les parents qui s'attendaient à voir leurs rejetons déguisés en fleurs s'ébattre sur une musiquette allègre, durent subir pendant une bonne demi-heure, sous un déluge cacophonique (ce furent leurs termes), le spectacle de leurs chers petits déguisés en robots s'agiter dans un décor angoissant en proférant un texte incompréhensible.

Ce ne fut pas le charivari qui accompagna la naissance du Sacre du Printemps mais on frôla l'incident grave. Je me suis amusé comme un fou.

Dans un registre plus classique, nous avons monté une pièce de la troupe d'Oliviers Hussenot, *Séraphine*. Elle obtint un tel succès que nous dûmes la reprendre à plusieurs reprises à Paris et en province.

Outre les joies artistiques que nous procurait le théâtre, il nous donnait surtout l'occasion de collaborer avec les cheftaines de louveteaux et de guides.

À l'époque (cf. : Les jeunes filles et les dames) la mixité était encore pratiquement inconnue. Les jeunes filles demeuraient une race mystérieuse que nous ne fréquentions que lors de rencontres bien réglementées comme les surprises-parties.

En montant des spectacles, la barrière séparant les sexes s'abaissait.

La légende prétend que les guides sont toutes laides, mal fichues, mal attifées et pourvues de gros mollets. Le terme « guidouilles » dont on les a affublées exprime bien le mépris dans lequel on tenait cette corporation.

S'il est vrai que certains cheftaines de Saint-Thomas n'étaient pas des prix de beautés, d'autres étaient infiniment séduisantes (des « canons » disait-on à l'époque).

Avec mon ami Jean-Bruno nous tombâmes amoureux d'Odile T. dès que nous la vîmes. Pour séduire cette jeune grande bourgeoise venue de son seizième arrondissement, nous avons passé des journées à décorer la voûte de la cave qui servait de local à ses louveteaux. Dans l'humidité et la poussière, dégouttants de la peinture qui nous coulait du plafond et le dos cassé, nous attendions fébrilement sa venue – je devrais dire, comme Flaubert de Madame Arnoux, « son apparition ».

À en juger d'après mon journal de l'époque, je lui écrivais de ridicules lettres enflammées et de non moins ridicules billets de reproches face à son indifférence.

Quelle ne fut pas notre désillusion quand elle nous présenta, à l'occasion d'une fête de groupe, son fiancé.

Ce chef scout, de quatre ou cinq ans notre aîné, nous prit à part et, sur le ton du grand frère-qui-sermonne-gentiment-ses-cadets, nous conseilla de laisser tomber cette idylle qui n'avait aucune chance d'aboutir. Ce fut mon premier chagrin d'amour.

Chagrin qui ne dura guère. Quand je fis la connaissance de Danièle J., assistante de la troupe des guides, ce fut la passion (cf. : Les jeunes filles et les dames).

Bien sûr, nous partions camper. Ces camps ressemblaient plutôt à des parcours du combattant qu'aux paisibles camps scouts avec leurs installations sophistiquées. Durant des jours, le sac à dos bourré de notre nécessaire de survie, nous parcourions des dizaines de kilomètres sur des sentiers à peine tracés. Le soir, nous dormions à même le sol, nos sacs de couchage enroulés dans des *ponchos*, en principe isolants, achetés aux surplus américains.

Je garde un souvenir ému du camp des Causses et des Gorges du Tarn où nous avons erré durant des jours en essayant de nous repérer sur des cartes d'état-major que détrempait une pluie incessante et en nous alimentant de riz bouilli. De celui des Pyrénées où nous avons accompli des étapes que ne désavoueraient pas les commandos de marine. J'ai encore dans les jambes et dans le dos la dernière marche qui devait nous amener à Lourdes – une marche de quarante kilomètres avec des sacs de trente kilos. À dix kilomètres du but, nous nous écroulions tous les cent mètres. Au bord de l'épuisement nous avons trouvé refuge chez un équarrisseur compatissant. Malgré la puanteur des lieux, je crois n'avoir jamais mangé ma platée de riz d'aussi bon appétit.

Pour ce camp, j'avais décidé mon frère à s'extirper de ses livres pour tenter l'aventure. C'était un événement ! Pour la première fois de sa vie, il portait des culottes courtes. Sur la peau blanchâtre de ses cuisses, le soleil ne tarda pas à produire des cloques qui se transformèrent en purulences répugnantes malgré la graisse à traire les vaches dont il s'enduisait copieusement. On aurait cru un irradié sortant d'une centrale nucléaire.

Au moment de nous séparer, nous le déguisâmes en scout pour lui donner le maximum de chances d'être pris en auto-stop jusqu'en Haute-Provence où il devait rejoindre des amis.

Je regrette de ne pas avoir pu filmer le spectacle de mon frère qui, sur le bord de la route, tendait timidement le bras lorsqu'une voiture passait. Parfois, un conducteur charitable ralentissait. Mais, en découvrant les monstruosités de ses cuisses, il donnait un coup d'accélérateur (Mon frère finit pourtant par atteindre sa destination, sauvé par d'anciens scouts, sans doute…).

ANNEXES

Jamboree : grande manifestation qui réunissait des scouts venus du monde entier. Chaque troupe s'efforçait de réaliser des installations spectaculaires.

Chamarande : camp de formation des chefs scouts. Avoir suivi un « Cham » forçait le respect (pour les chefs routiers, c'était « un Breuil »)

PRIERE SCOUTE

– Seigneur Jésus
Apprenez-nous à être généreux
À vous servir comme vous le méritez
À donner sans compter
À combattre sans souci des blessures
À travailler sans chercher le repos
À nous dépenser
Sans attendre d'autre récompense
Que celle de savoir
Que nous faisons
Votre sainte volonté

PRIERE DU SOIR

Avant d'aller dormir sous les étoiles
Doux maître, humblement à genoux
Tes fils t'ouvrent leurs cœurs sans voiles
Si nous avons péché, pardonne-nous
Éloigne de ce camp le mal qui passe
Cherchant dans la nuit son butin
Seigneur, de toutes ces menaces
Protége-nous, berger divin
Protége aussi Seigneur ceux qui nous aiment
Partout garde-les du péril
Pitié pour les méchants eux-mêmes
Et paix à tous nos morts, ainsi soit-il

Bernard Demory

LA LEGENDE DU FEU (refrain)

Monte flamme légère
Feu de camp, si chaud, si bon
Dans la plaine ou la clairière
Monte encore et monde donc,
Monte encore et monte donc,
Feu de camp si chaud, si bon !

L'APPEL SCOUT

C'est l'appel que lance un scout en sifflant pour signaler sa présence ou demander du secours.

LE CHANT DE LA PROMESSE

Devant tous je m'engage sur mon honneur
Et je te fais hommage de moi ? Seigneur

Refrain :
Je veux t'aimer sans cesse, de plus en plus
Protége ma Promesse, Seigneur Jésus
Je jure d'être fier de notre foi
De vivre ta lumière tout près de toi
Fidèle à ma patrie, je le serai
Tous les jours de ma vie, je servirai
Je suis de tes apôtres et chaque jour
Je veux aimer les autres pour ton amour
Ta règle a sur nous-mêmes un choix sacré
Je suis faible, tu m'aimes, je maintiendrai

LA LITTERATURE

La lecture

Si la peinture – et, en particulier, la peinture contemporaine – était quasiment absente des intérieurs que je fréquentais, les livres, en revanche, y occupaient une place importante.

La bibliothèque de mes parents contenait surtout des livres d'histoire (les *Mémoires* du Général Weygand, avec une dédicace de l'auteur), des biographies (*Ariel ou la Vie de Shelley* d'André Maurois, la *Vie de Jésus*, best-seller de Daniel Rops), des essais religieux et philosophiques (*La pesanteur et la grâce* de Simone Weil), quelques romans d'auteurs contemporains « classiques » ou « bien pensants » (Mauriac, Montherlant, Maurois, Cesbron, Van der Meersh) et de nombreux ouvrages consacrés à la guerre et à la Résistance (*Mémoires* de Churchill et de de Gaulle, la série des œuvres du Colonel Rémy).

Au milieu de cette littérature austère et peu attirante pour un adolescent, les *Oeuvres Complètes* de Conan Doyle (le père de Sherlock Holmes) et de Jules Verne apportaient une note nettement plus excitante. J'en fis (et en fais toujours) mes délices.

Les ouvrages un peu osés (*Contes* de La Fontaine et de Boccace) ou traitant de la sexualité (*Ce que tout jeune homme devrait savoir, L'amour sain*) étaient cachés au fond d'une armoire. Lorsque je me trouvais seul dans l'appartement, je m'empressais d'aller les consulter (cf. : Les jeunes filles et les dames).

Jusqu'à l'apparition du Livre de Poche en 1953, on pouvait acquérir des ouvrages à prix réduits dans des collections dites « populaires » : la collection *Nelson*, de petit format, cartonnée et ornée d'une gravure en couleurs en page de garde, la *Collection Pourpre*, également cartonnée et revêtue d'une jaquette illustré, la *Bibliothèque Verte*, destinée aux adolescents, *Le Livre de Demain*, de grand format avec des bois gravés, etc.

Sans doute par manque de jouets (cf. : Les jeux et les jouets), le livre était le cadeau privilégié lors des fêtes. Le premier que j'ai reçu, je l'ai trouvé sous le sapin de Noël en 1945 (cf. : La vie au quotidien). On ne pouvait me faire plus magnifique présent. Ces *Contes des Cent Un Matins*, d'Ernest Pérochon, illustrés par Ray-Lambert (Librairie Delagrave), je les ai lus et relus jusqu'à satiété.

Grâce à ce « livre de lecture destiné au cours élémentaire et au cours moyen », je découvris l'univers magique de la lecture qui ne me déçut jamais.

Sans doute ma mère, lorsqu'elle nous posait des cataplasmes (cf. : La vie au quotidien) en nous lisant les histoires du *Chat et le Perroquet* ou de *Billy et son taureau*, nous avait-elle laissé pressentir quelles émotions et quelles félicités on pouvait éprouver avec ces pages imprimées. Mais, pour la première fois, je possédais à ma guise la source même de ce monde enchanté.

Comme un affamé, je me plongeai dans la lecture de *Le petit homme et le lapin à l'oreille cassée*, et de *La maladie des doigts écartés*. J'étais devenu si « accro » de la lecture qu'il m'arrivait souvent de me réveiller bien avant l'heure officielle pour savourer les aventures du *Modeste Amédée*.

Pour ma septième année, mes parents m'abonnèrent au journal *Bayard* qui venait de renaître de ses cendres.

Édité par *La Bonne Presse*, imprimé sur du mauvais papier, cet illustré destiné aux jeunes catholiques avait son pendant féminin, *Bernadette* (à laquelle ma sœur fut ensuite abonnée) et, pour les adultes, *Le Pèlerin*.

Bayard, d'une haute tenue morale et culturelle, proposait des bandes dessinées d'une qualité graphique affligeante relatant la vie des saints et des héros (Polyeucte, Roland, de Lattre de Tassigny, Don Bosco, le coureur automobile Jean-Pierre Wimille, etc.). Des romans édifiants proposaient à l'admiration des jeunes lecteurs les prouesses de garçons de leur âge (*Un drame au Sahara*) ou les fabuleuses aventures de missionnaires intrépides (*Fidji Tonga*).

Une large part était consacrée à l'édification spirituelle et religieuse. Voici, par exemple, comment Jacky, dans son billet hebdomadaire, explique à son copain Léon les ressorts de la psychologie :

« Notre âme est comme un merveilleux mécanisme où les pièces se commandent les unes aux autres, comme dans un délicat engrenage. Un livre te donne une idée : immédiatement cette idée déclenche une image qui, elle, fait démarrer un sentiment. Le tout ébranle ta volonté qui commande une action inspirée par la lecture… ».

Ou comment Le Père dans le même numéro (avril 1949) explique l'Evangile du dimanche de la Passion :

Je suis

« Avez-vous remarqué de qui est l'évangile aujourd'hui ? De Saint Jean. Avec lui vous pouvez vous attendre à une plongée en plein mystère ! Mais n'oublions pas que le mystère de Dieu ce n'est pas du TROP OBSCUR c'est du TROP LUMINEUX… ».

La technique n'était pas oubliée avec la description des derniers modèles de voitures, d'avions, de trains et de bateaux. Chacun de ces articles, du reste bien documentés, était prétexte à un vibrant « cocorico » à la gloire de « nos vaillants soldats » de « nos remarquables ingénieurs » et de « nos habiles techniciens ».

Bernard Demory

La chronique cinématographique, tenue par Saint Alban, aidait les jeunes lecteurs à choisir les « bons films », agréés par la Centrale Catholique du Cinéma (cf. : Le cinéma) qui exaltaient les qualités morales et délivraient « un message ».

Les bricoleurs y trouvaient également leur pâture : comment réaliser une lampe de chevet, un poste à galène (cf. : La musique), un tourne-disques ou une tente de camping.

De temps en temps, on avait droit, en prime, à une chanson accompagnée de conseils pour l'interpréter.

Je ne puis résister au plaisir de vous offrir le premier couplet de *La chanson de Pâques* :
« C'est le gai printemps !
Et les fleurs s'éveillent
Dans l'aube vermeille
Nos cœurs sont contents...
Coucou !... Coucou !
Tiriliri, Tiriliri, Voici le Printemps ! »

Il est intéressant de comparer Bayard aux journaux pour enfants lancés après la guerre dont les plus célèbres furent *Spirou* (1994) et *Tintin* (1946).

Autant le premier était poussiéreux et véhiculait un esprit moralisateur imprégné du catholicisme le plus réactionnaire (dans certaines écoles religieuses, les élèves étaient systématiquement abonnés au journal), autant les deux autres proposaient à leurs lecteurs de l'humour, de l'impertinence, des illustrations de qualité et d'étonnantes possibilités d'évasion grâce à des histoires comme le génial *Secret de l'Espadon* d'Edgar P. Jacobs qui inaugura le premier numéro de *Tintin*.

Pendant que je me repaissais des histoires plutôt bêtifiantes de Bayard, mon frère et ses camarades dévoraient *Vaillant* (d'obédience communiste) et *Coq Hardi* dont le terrifiant feuilleton de science-fiction, *Guerre à la terre*, inspirait leurs propres « héroïc fantaisies ».

Pour compléter ce panorama de nos lectures de journaux ou de livres illustrés, je dois citer *Bibi Fricotin, Zig et Puce, Les Pieds Nickelés, Félix le Chat* et *Bécassine*.

Au temps des cataplasmes

Vers 1955, Gauthier-Languereau, éditeur de *La Semaine de Suzette*, lança un journal pour jeune, *Jeudi Matin*. Cet hebdomadaire de grand format que je lisais chez mes amis de Fabrègues, connut un rapide déclin. Il est vrai que des enquêtes aussi passionnantes que « Préférez-vous la douche ou le bain ? » ne donnaient guère envie d'en poursuivre la lecture.

Les filles, elles, outre *Bernadette*, journal du même tonneau que *Bayard*, lisaient *La Semaine de Suzette* où l'on trouvait les histoires de Bécassine et les romans à l'eau de rose de Trilby illustrés par Manon Iessel et Edith Folliet (pseudonyme de la femme de Louis-Ferdinand Céline !). Ce journal donnait aux petites filles des conseils pour soigner et habiller leurs poupées *Bleuette* et *Bambino* (cf. : Les jeux et les jouets).

Mais, en fait, les illustrés occupaient une place réduite dans nos lectures : nos parents veillaient à notre véritable enrichissement intellectuel.

C'est ainsi qu'au fil des fêtes, Noël, anniversaires, etc., je commençai à me constituer une petite bibliothèque dont je recouvrais respectueusement les ouvrages à l'aide de papier cristal.

Si les albums de Tintin (avec quelle impatience avons-nous attendu la réédition du mythique *Les Cigares du Pharaon* !) et les aventures de *Blake et Mortimer* occupaient une place de choix dans mes lectures, mes préférences allaient aux véritables livres. Grâce à eux, je pouvais me fabriquer mon cinéma intérieur.

Toujours soucieux d'élever le niveau culturel de leurs enfants, mes parents et leurs amis nous offraient régulièrement les *Albums de France* (Librairie Gründ) qui racontaient la vie des personnages illustres depuis Vercingétorix jusqu'à Napoléon III. Rédigés par des historiens de renom comme Héron de Villefosse, agrémentés d'illustrations de qualité (J-J Pichard, Pierre Luc), ces livres, lus et relus jusqu'à satiété, sont aujourd'hui recherchés par les bibliophiles.

Parmi mes ouvrages-fétiches, je puis encore citer *Le livre des quatre saisons*, d'Ernest Pérochon, « livre de lecture à l'usage des cours moyens et supérieurs des Ecoles Primaires », *Au point du jour* et *A l'ombre des ailes*, de ce même auteur, injustement ignoré par les historiens de la littérature.

Le plus beau cadeau qu'on me fit à Noël fut, sans conteste, *Il était une fois*, recueil de contes de tous les temps et de tous les pays (Librairie Gründ).

C'est grâce à ce gros livre cartonné, enrichi d'illustrations de grande qualité (parmi les dessinateurs figurait Jacques Poirier devenu, aujourd'hui, un des maîtres de la peinture en trompe l'œil), que je fis mes premiers pas dans l'univers magique de la véritable littérature.

Choisis par René Poirier et Henri Poulaille (chef de file de l'école prolétarienne dont on trouvera un chaleureux portrait dans *Les écrivains du peuple* de Michel Ragon) ces textes avaient une ambition que Henri Poulaille précise dans sa préface : « *Nous désirerions que l'enfant puisse dire de cet ouvrage : Enfin, voilà mon livre, un livre pour moi ! Notre joie serait de savoir que l'enfant le pense, l'aime et fasse de lui son livre de chevet* ».

Plus que mon livre de chevet, *Il était une fois* devint mon premier « livre-culte ». Sans doute ne comprenais-je pas tous les textes d'Alphonse Allais, de Charles Dickens, de Marguerite Audoux, de Léon Frapié, de Lucien Jean ou d'Edouard Peisson que j'y découvrais. Mais qu'importe ! Leur musique me fascinait. Avec eux, j'avais la révélation que la lecture agit comme un philtre dont la secrète alchimie est capable de transformer la vie.

Lire, c'est s'évader. Mais c'est aussi se construire. Des textes comme *L'Enfant* de Lucien Jean (1870-1908) qui décrit, souligne Michel Ragon, « avec une puissance de vie hallucinante » m'ont à jamais marqué.

Pour assouvir sa fringale de lecture, encore faut-il posséder des livres. Ceux de la bibliothèque de mes parents, à part Conan Doyle et Jules Verne, ne me tentaient guère. Le livre de poche n'existait pas et les ouvrages neufs étaient inaccessibles à ma bourse.

Heureusement, il existait deux sources pour alimenter mes

appétits : les bibliothèques de prêt et les librairies d'occasion.

Au début, je fréquentai la bibliothèque de Saint-Thomas d'Aquin. Située au-dessus de la chapelle attenant à l'église, elle était tenue par des dames de la paroisse dont les choix littéraires ne correspondaient pas précisément aux goûts d'un jeune garçon.

Pendant quelque temps, j'y trouvai mon bonheur avec les mésaventures du *Soldat Chapuzot* de Jean Drault (sinistre personnage, collaborateur et antisémite, qui fut condamné à la Libération), les récits d'indiens et de cow-boys de Mayne-red et les trépidantes cavalcades de Paul d'Ivoi (*Les cent sous de Lavarède*).

Cette bibliothèque possédait également une collection de *Mon Journal* (illustré qui avait enchanté mon père durant son enfance) et les œuvres complètes de la Comtesse de Ségur.

Quand j'eus épuisé les ressources de « livres pour enfants », je m'attaquai, sans hésitation, à des ouvrages d'un autre niveau. C'est ainsi que, durant les vacances de Pâques 1951, j'avalai l'intégrale de *Gil Blas* (de Lesage). On voit à quel point mon appétit était inextinguible.

Parmi la médiocre littérature pour la jeunesse qui sévissait à l'époque, je ferai deux notables exceptions : les *Albums du Père Castor* (Flammarion) et la fameuse collection *Signe de Piste*.

Les premiers, destinés aux enfants, se distinguaient par des textes de qualité illustrés avec une grande fraîcheur. En relisant *Panache l'écureuil*, *Plouf le canard* ou *Bourru l'ours brun,* je retrouve, intact, le plaisir que ces albums m'ont fait éprouver durant mon enfance.

La collection *Signe de Piste*, créée en 1933 par Jean-Louis Foncine et Serge Dalens a marqué des générations d'adolescents. D'inspiration scoute (mais certains ouvrages, comme le remarquable *Tempête sur Nampilly*, ne font aucune référence au scoutisme) celle-ci proposait des ouvrages, souvent d'une haute tenue littéraire, magnifiquement illustrés par Pierre Joubert, exaltant l'honneur, la camaraderie, le sens de la débrouillardise, le goût du risque et la défense des nobles causes.

Exclusivement masculins (les filles n'y jouent que des rôles de figurantes), les « signes de piste » entraînaient le jeune lecteur dans un monde où la réalité était transcendée par l'appel de l'aventure.

Certes, la collection ne produisit pas que des chefs d'œuvres. Certains ouvrages sont même franchement déplaisants comme *Le mystère du lac de Laffrey* de Pierre Fuval qui raconte l'affrontement d'un groupe de scouts avec de jeunes communistes assimilés à de pâles voyous.

Mais à côté de quelques livres médiocres, combien d'éclatantes réussites signées Jean-Louis Foncine, Serge Dalens, Bruno Saint-Hill ou Jean-Claude Alain.

Des milliers d'adolescents ont tremblé, rêvé, se sont exaltés à la lecture de la série des Eric (le merveilleux *Bracelet de Vermeil*, la pathétique *Tache de vin*), de *La bande des Ayacks*, de *Tempête sur Nampilly* ou de ce petit chef d'œuvre qu'est *La maison au bord des sables* (quand la télévision, à qui un producteur a proposé l'adaptation que je comptais en faire, comprendra-t-elle qu'il y a là un magnifique sujet ?).

Des esprits chagrins ont cru déceler dans certains de ces ouvrages un relent de fascisme voire d'homosexualité. Il est vrai qu'on y exalte souvent le culte du chef, qu'on y fait l'apologie du héros et qu'on y trouve un goût marqué pour les adolescents élancés, aux cheveux blonds et aux yeux bleus comme affectionnait de les dessiner Pierre Joubert.

Certains ouvrages, tels que *Le foulard de sang* ou *Les forts et les purs* peuvent laisser planer un doute.

On a également reproché à cette collection son côté « élitiste ». Certes, les personnages de la série des *Eric* habitent dans le septième arrondissement plutôt que Porte des Lilas, se déplacent en Hotchkiss plutôt qu'en métro et possèdent chalet de montagne et domestiques.

Mais ce sont là des critiques faciles que réfute le fondateur de l'Association des Amis du Signe de Piste : « *Cette collection... a osé aborder sans mièvrerie des sujets audacieux, racisme, délinquance, guerre, amour et son courage lui a suscité dans les cinq parties du monde l'adhésion enthousiaste de plusieurs centaines de milliers de lecteurs* ».

Au temps des cataplasmes

Compte tenu de la profonde influence qu'ont exercé ces ouvrages sur de nombreuses générations, on peut s'étonner qu'aucune histoire de la littérature n'ait pris la peine de les citer. Certains d'entre eux ont une qualité émotionnelle et littéraire que pourraient leur envier nombre d'œuvres « reconnues ». Quel auteur d'un panorama littéraire du XXème siècle aura l'intelligence de réparer cet oubli ? »[20]

Avec l'adolescence, la bibliothèque de Saint-Thomas devint un champ de découvertes vraiment trop restreint. Je m'inscrivis donc aux bibliothèques municipales.

Généralement situées dans les mairies, elles permettaient d'emprunter gratuitement trois livres pour une durée de quinze jours (elles existent toujours). Grâce à ma carte et à celle de ma mère, je pouvais emporter six livres, reliés de toile rouge, de celle du septième, rue de Grenelle. En tant qu'élève de Henri IV, je disposais de trois livres supplémentaires à celle du cinquième. Quand je m'installai rue du Dragon, je m'inscrivis à la bibliothèque du sixième. C'est donc d'un total de douze ouvrages dont je pouvais disposer – provision qui, souvent, ne me suffisait pas pour la semaine.

Je pense que beaucoup de gens de ma génération revoient avec la même émotion ces salles où l'on chuchotait de crainte d'en troubler le recueillement.

Parmi ces milliers d'ouvrages alignés sur les rayonnages, lesquels choisir ? Où dénicher l'œuvre qui allait vous ouvrir une porte, qui risquait peut-être de changer votre vie ?

Lors de son premier cours, Jean-Louis Bory dictait à ses élèves une liste de deux-cent cinquante ouvrages « à lire d'urgence » en suivant l'ordre établi par lui. « À la fin de l'année, prétendait-il, vous serez trop vieux pour apprécier *Nils Holgersson* de Selma Lagerlof ».

Face à cette profusion, comment déceler la pierre rare ?

J'avais la chance de disposer de plusieurs « canaux » pour

---

20 Je serais injuste en ne citant pas la série des Nonni, petit garçon islandais dont les aventures exotiques firent longtemps mon bonheur.

guider mes choix de lecture. Tandis que mon frère me conseillait pour les lectures « philosophiques » (Alain, Sartre, Camus), ma mère m'incitait à lire des romans « à mettre dans toutes les mains » comme ceux de Cronin (*Les clés du royaume*), d'Elisabeth Goudge (*L'arche dans la tempête, La cité des cloches*) ou de Mary O'Hara (la série des *Flicka*).

Grâce à mon père, je découvris l'œuvre de Conan Doyle (certains matins, fou d'impatience de connaître la fin d'une aventure de Sherlock Holmes, je feignais d'être malade. Dès que j'entendais mon père refermer la porte palière, je me précipitais sur *Le ruban moucheté* ou *Le chien des Baskerville*).

L'aumônier du lycée (cf. : La religion) m'initia à l'œuvre de Gide avec *Les Nourritures terrestres*. Enflammé par cette lecture dont j'appris des passages par cœur, je m'attaquai aux autres ouvrages de cet auteur. *Les faux-monnayeurs* devinrent ainsi un de mes livres-cultes.

C'est un autre aumônier qui me prêta *Dieu parlera ce soir* de J-M de Buck (je ne le lui ai jamais rendu). Ce remarquable « journal » d'un adolescent qui découvre peu à peu la foi est encore une des œuvres aux qualités étonnantes qu'ignorent totalement les manuels.

Il serait injuste de ne pas parler de certains professeurs qui réussirent à nous passionner pour des auteurs « hors programme ». Je remercie Bernard Roussel qui, lors de son bref passage en seconde (cf. : Les études) m'incita à me plonger dans l'œuvre de Cocteau (autre livre-culte : *Les enfants terribles*).

Entre camarades, en marchant de long en large dans la cour du Méridien, nous échangions nos lectures comme on se communique aujourd'hui les adresses des bons restaurants. Auquel d'entre eux ai-je dû cette passion pour le théâtre d'Anouilh ? Qui tenta, mais en vain de me faire partager son amour pour l'œuvre de Proust ?

Comment se bâtit-on une culture ? Sans doute l'enseignement permet-il d'acquérir quelques bases, un certain nombre de points de repère. Mais cette approche de la littérature, dont le plus bel exemple est le fameux *Lagarde et*

Michard, est déjà structurée, « pré-digérée » et, en quelque sorte « aseptisée ». Je crois beaucoup plus aux coups de cœur, aux rencontres fortuites, aux découvertes du hasard.

Je pourrais citer un grand nombre d'exemples de ces conjonctions heureuses qui me permirent, comme à beaucoup d'autres, je l'espère, d'entrer par effraction dans des œuvres où je risquais de ne jamais pénétrer.

Lorsque j'étais en seconde, mon frère me fit lire un roman que venait de publier son professeur de khâgne, Maurice Savin. Enthousiasmé par ce volumineux volume, *Le Verseau* (Gallimard), j'envoyai à l'auteur une lettre dans laquelle je l'accablais de louanges. Très gentiment, Maurice Savin m'invita à le rencontrer sous les arcades de la cour d'honneur du lycée. Le contact s'établit vite avec cet ancien disciple d'Alain, petit bonhomme dont la laideur se faisait vite oublier grâce à une intelligence pétillante et un regard aussi chaleureux que malicieux.

Philosophe « hors norme » il vivait dans un atelier d'artiste, rue Antoine Bourdelle, au milieu d'un fouillis de livres, de chevalets et de toiles (il pratiquait également la peinture).

Je lui rendais régulièrement visite ; je lisais mes poèmes, qu'il avait l'indulgence de bien juger. Nous prenions le thé et, fasciné, je l'écoutais me parler de Strindberg, de Michel Leiris, de Raymond Roussel, tous ces inconnus qui, grâce à lui, me devenaient familiers.

En fouinant dans les bibliothèques municipales, je tombai, *par hasard*, sur un livre dont le titre me séduisit : *Les enfants tristes* de Roger Nimier. J'ignorais tout de cet auteur. La lecture de son livre me bouleversa.

Il y a des périodes où s'établissent de mystérieuses correspondances entre ses propres attentes et les œuvres qui les comblent. La rencontre avec l'ouvrage de Nimier fut un de ces déclencheurs. Avec, lui, je découvris « Les Hussards » (Blondin, Déon, Laurent, Franck, Nourissier) et ce fut un des grands bonheurs de mon adolescence.

Ces écrivains, qui nous changeaient heureusement des pesanteurs camusiennes et sartriennes, publiaient leurs articles dans *Arts*. Le mercredi matin, dès le réveil, je me précipitais chez le marchand de journaux pour acheter cet hebdomadaire artistique et littéraire (dirigé par Jacques Laurent puis par André Parinaud) où je retrouvais les aventures de tous les écrivains impertinents qui, pour beaucoup de lecteurs de ma génération, étaient devenus des sortes de héros.

On les imaginait, au volant de leurs voitures surbaissées (les fameuses « petites anglaises ») cavalcader d'une aventure à une passion. Entre deux whiskies, entre deux femmes, ils jetaient négligemment des mots sur le papier qui se transformaient en autant de chefs d'œuvres de désinvolture ou de méchanceté (je pense aux fameux éreintements cinématographiques de François Truffaut et aux délectables polémiques de Bernard Frank). À les lire dans *Arts* et dans *La Parisienne* (revue dirigée par Jacques Laurent et François Nourissier), la vie devenait une fête perpétuelle où seuls comptaient l'intelligence et le talent.

C'est par un autre hasard qu'un gros livre m'attira dans un rayon de la bibliothèque du sixième. Bien que le premier tome manquât, j'emportai le deuxième volume de *Les deux étendards* de Lucien Rebatet. Je le dévorai dans la nuit. Une nouvelle œuvre, jusqu'ici inconnue, était entrée dans le Panthéon de mes lectures.

Je pense que beaucoup de jeunes gens ont eu des « parcours en littérature » semblables au mien. La télévision, encore confidentielle, poussait à la lecture. Bien sûr, le milieu où je vivais constituait un terrain favorable, mais cela n'explique pas tout.

Je suis toujours étonné du nombre de diplômés, de cadres, de professions libérales que je rencontre dans mes séminaires ou dans mes cours, m'avouer qu'ils n'ont « pas le temps de lire ». Et quelle tristesse ai-je éprouvée d'entendre ce jeune ingénieur me dire qu'un professeur de lettres l'avait définitivement dégoûté de la lecture ! (j'espère l'avoir fait changer d'avis).

En ce sens, si nous avons manqué de toutes ces choses et de toutes ces facilités, sans lesquelles il semblerait aujourd'hui impossible de vivre, nous avons eu la chance d'être

Au temps des cataplasmes

contaminés par le virus de la lecture.

Si les bibliothèques municipales permettaient (et permettent toujours, grâce à Dieu !) de se ravitailler en livres, elles interdisaient cet inestimable plaisir : avoir des livres à soi, qu'on peut feuilleter quand l'envie vous en prend, qui introduisent, même dans une pauvre chambre de bonne, comme un climat de luxe.

Heureusement, à l'époque de mon adolescence, fleurissaient de nombreux libraires d'occasion.

Le Quartier Latin était parsemé de ces boutiques, échoppes obscures et crasseuses au fond desquelles se tenait un libraire d'abord bougon, éternellement plongé dans sa lecture, qui ne relevait même pas la tête quand vous pénétriez dans son antre.

Voici la description que fait Raymond Fuzellier d'une des plus célèbres librairies du quartier : « *L'incroyable boutique de bouquinistes Larcher, au bas de la rue Soufflot, à gauche : long dédale assez ténébreux, envahi de piles de livres qui semblaient soutenir les plafonds, sentant la colle et la poussière, où officiait un commis sans âge vêtu d'une blouse grise, capable d'aller trouver immédiatement tel titre qu'on lui indiquait : il avait tout le catalogue dans la tête avec une localisation précise* ».

Les galeries du théâtre de l'Odéon abritaient également une profusion de bouquinistes. C'était un plaisir de farfouiller dans leurs boîtes, le cœur battant, avec le fol espoir de trouver, enfin, l'ouvrage vainement recherché depuis des mois.

J'allais parfois bavarder avec Marcel Dommergues, père de mes amis (cf. : Le scoutisme) qui tenait une petite boutique rue des Ecoles. À voir cette canfouine où s'empilait des livres écornés et salis, qui aurait pu se douter qu'on se trouvait là chez uns des plus grands libraires parisiens ? Quand il était d'humeur loquace, il me racontait les ficelles du métier et me montrait quelques-uns de ses trésors : un incunable, une édition originale de Baudelaire, un superbe livre à gravures du XVIIIème siècle.

Vers les années 60, Jean-Loup Passek (cf. : Le cinéma) me fit découvrir une boutique magique, rue Durantin au pied du Sacré-Cœur (elle a maintenant disparu). André Bugnard, le libraire, était la quintessence du marchand de livres d'occasion.

Lorsqu'un client pénétrait dans sa boutique, il le jaugeait d'un regard torve. Si l'arrivant ne lui agréait pas, il lui déclarait froidement que rien n'était à vendre. Quand le client insistait et commençait à s'emparer d'un livre, il le lui arrachait des mains, le replaçait en rayon et le rembarrait sèchement : « Ici, il est interdit de toucher aux livres ! ».

J'eus l'heur de plaire à ce fantasque libraire, auteur de poèmes et d'apophtegmes surréalistants qui, les beaux jours venus, faisait d'interminables parties de jacquet avec un ami, la table de jeu tranquillement installée sur le trottoir étroit.

Chaque semaine, j'allais y faire ma moisson de livres rares à des prix incroyablement bas : première édition de *L'Europe buissonnière* d'Antoine Blondin, édition originale de *Les amitiés particulières* de Roger Peyrefitte, premiers livres introuvables de Michel Déon, ouvrages érotiques de chez Jean-Jacques Pauvert ou Eric Losfeld, etc.

Parfois, pris d'un élan de générosité, il m'offrait une édition originale de Drieu la Rochelle ou de Brasillach. Une de ses plus beaux cadeaux fut sans doute une rareté parue en 1900 « pour un petit nombre de bibliophiles, ne doit pas être exposé aux étalages des libraires » : *Curiosités et anecdotes sur la flagellation* de Jean de Villiot.

Acoquiné avec plusieurs critiques littéraires, les services de presse étaient sans cesse renouvelés dans ses bacs. C'est en achetant de nombreux ouvrages dédicacés à " Mon cher ami N. En souvenir de notre profonde amitié » que les dédicataires avaient aussitôt revendus sans même ôter la page de garde que j'ai pris conscience de la bassesse de certains personnages « illustres ».

Aujourd'hui, la plupart de ces boutiques où il était si bon de fureter, de faire des découvertes, de nouer des amitiés, ont disparu, remplacées par des marchands de vêtements et de chaussures de médiocre qualité.

Le livre de Poche, les FNAC, la pratique du pilonnage

des livres invendus, les ont fait progressivement périr. Sans inutile nostalgie, je les regrette car elles permettaient à des écrivains oubliés depuis longtemps ou qui n'avaient pas connu le succès, de vivre une seconde chance grâce à un lecteur qui, dans un de ces lieux d'exploration était tombé, par hasard, sur une de leurs œuvres et en avait éprouvé une nouvelle émotion.

L'écriture

Une publicité fameuse de L'Ecole ABC prétendait que « Si vous savez écrire vous savez dessiner ». En transposant ce slogan, on pourrait dire que « si vous savez écrire, vous pouvez devenir écrivain ».

Jouer d'un instrument, peindre une toile, réaliser une céramique exigent, de toute évidence, que l'on possède une technique. Mais écrire semble à l'apprenti d'une facilité extrême. Au fond, il suffit d'aligner des mots pour fabriquer des phrases. Quand il y en a suffisamment, cela fait un roman ou un recueil de poésie.

Cette illusion que cultivent des milliers de naïfs dont les manuscrits encombrent les armoires des éditeurs fut la mienne lorsque j'atteignis mes seize ans.

Il faut dire à la décharge de tous les adolescents qui, comme moi, se prirent pour des écrivains, que la parution de *Bonjour Tristesse*, en 1954, nous conforta dans notre conception naïve de la création littéraire : une jeune fille de dix-huit ans rédigeait, en trois mois, un roman aussitôt accepté par un éditeur et vendu à des centaines de milliers d'exemplaires.

Si Françoise Sagan avait réussi ce petit prodige, pourquoi pas moi ?

Dans l'ambiance littéraire où je vivais, il m'apparut que la seule vocation possible était celle d'écrivain.

Dans le journal intime que je tenais à l'époque, je retrouve des déclarations grandiloquentes telles que « Etre écrivain ou mourir ! ».

Il y avait Sagan et ses épigones (Françoise Mallet-Joris, Claire France, etc.) mais aussi toute la génération des « hussards » qui nous donnait une vision flamboyante de la profession : voitures de sport, femmes à profusion, voyages éclairs dans les palaces de Rome ou les îles grecques, etc.

Comme tout un chacun j'écrivais des poèmes. Avec mon ami Pierre P., nous échangions nos œuvres entre la Bretagne et Paris en les accompagnant d'enveloppes peintes. Dans une admiration mutuelle nous nous prenions, lui, pour Baudelaire, moi pour Cocteau.

Quand je jugeai avoir accumulé une matière suffisante, je fis une sélection de mes « œuvres » et envoyait le tout à Pierre Seghers (éditeur de la célèbre collection *Poètes d'Aujourd'hui* et poète lui-même). Dans la foulée, j'adressai quelques poèmes à Jean Cocteau. En voici un en forme d'acrostiche qui permettra de juger sur pièce :

COUP DE FILET
Je vous aime, je vous hais
En essuyant le sang qui coule de nos lèvres
Acrobate du ciel au jugement dernier
Nul ne parlera. Et le feu magicien
Cachera nos fruits secrets
On pourrait les voler
Car je vous aime, je vous hais
Tous les ruisseaux sont des enfants couchés
Essayez-vous vos forces sur des remparts usés ?
Au cœur de chaque mur
Une cachette de petit poisson doré
Que j'aime, que je hais

Je déposai également quelques-uns de mes chefs d'œuvres à *L'Etoile scellée*, librairie surréaliste que tenait André Breton, rue du Pré au Clerc.

Pierre Seghers me répondit par une lettre louangeuse (« Vous avez ce talent incontestable d'écrire vos poèmes à pas de loup, d'y être naturel... ») en me renvoyant mon manuscrit. Il me conseillait un éditeur à compte d'auteur chez qui quelques amis s'étaient fait piéger en payant fort cher la fierté de figurer dans un recueil que ne vendrait jamais la moindre librairie. Jean Cocteau m'envoya un beau dessin accompagné d'un « signe amical ». Je ne reçus aucune réponse d'André Breton.

J'aurais pu tenter des revues comme *Les Cahier des Saisons* que venait de fonder Jacques Brenner (il y avait publié quelques poèmes de Jean-Loup Passek). Mais soit par orgueil (on ne reconnaissait pas mon talent) soit par manque de persévérance, j'en restai là. Peut-être ai-je pris conscience que ma voie n'était pas vraiment la poésie.

Je rangeai mes poèmes dans un carton : j'avais décidé d'être romancier.

Avant de me lancer dans le « grand œuvre » je m'entraînai en rédigeant quelques nouvelles. Avec l'exaltation du débutant, je relisais à haute voix les phrases que j'avais composées et qui sonnaient à mon oreille comme du Mozart.

Une seule revue me paraissait digne de les publier : la NRF.

J'envoyai donc deux textes – *Les petits chevaux* et *Les Kerveno* à Jean Paulhan[21]. Le 23 janvier 1956, il m'adressa une petite lettre : « Eh ! bien, c'est très émouvant ces deux petits écrits. Mais puis-je dire (sans vous fâcher) que c'est encore très jeune. Envoyez-moi de nouveaux manuscrits dans 5 ou 6 ans. De toute façon, vous êtes un écrivain ».

En lisant et relisant cette lettre, je buvais du petit lait. J'ignorais encore l'art qu'ont les éditeurs de flatter les auteurs tout en leur signifiant que leur manuscrit ne vaut pas tripette.

J'allai retirer mon manuscrit rue Sébastien Bottin. C'était un moment important : pour la première fois je pénétrai dans un de ces lieux mystérieux où se déciderait mon sort (je me souviens d'un vieux monsieur qui descendait péniblement les escaliers : il s'appelait Louis Guilloux).

Je repartis le cœur en fête, impatient de commencer la rédaction d'un véritable roman.

---

21 Je les ai retrouvés. C'est atterrant. Du mauvais « Signe de Piste » mâtiné de Harlequin : une femme énigmatique, des passions dévorantes, le tout dans une Bretagne noyée sous la brume.

Dans les années 50, si Gallimard tenait toujours le haut du pavé avec ses auteurs illustres (Sartre, Camus, Céline, Nimier), l'éditeur qui attirait les jeunes écrivains était René Julliard, découvreur de Françoise Sagan et de Françoise Mallet-Joris, éditeur de François Nourissier, de Jean d'Ormesson, de Jean-François Revel, etc.

Les « petits romans » qu'il publiait avaient des points communs : style sec, langue classique, sentiments retenus, impertinence – bref, tout ce qui me paraissait, à l'époque, comme le nec plus ultra de la littérature.

Toute cette production, que quelques auteurs ont aujourd'hui reniée (François Nourissier a même fait disparaître de sa bibliographie un de ses premiers romans, *La vie parfaite*) avait une réelle fraîcheur et, pourrait-on dire, une certaine *innocence*.

Face aux troupes de choc menées à la baguette par Jean-Paul Sartre et sa revue *Les Temps Modernes*, ces écrivains qu'on a injustement qualifiés « de droite » apportaient un air nouveau. Ils caracolaient joyeusement dans un monde parallèle où n'existaient ni guerre d'Indochine, ni guerre froide, ni nations pauvres. Leur univers, comme celui de la plupart des cinéastes de la Nouvelle Vague se limitait à leurs « élans du cœur » pour reprendre le beau titre de Félicien Marceau.

Imprégné de cette littérature, j'écrivis dans la fièvre un roman, *L'âge de Pierre*, que j'envoyai à Julliard. Le miracle ne s'accomplit pas. Après des mois de vaine attente, je me rendis rue de l'Université reprendre mon manuscrit.

Comme beaucoup de jeunes gens qui avaient un moment rêvé, je subis l'humiliation de voir une secrétaire extirper mon dossier d'une grande armoire bourrée de sous-Sagan et de sous-Nimier, l'enfer des « refusés ».

Mon manuscrit alla rejoindre dans le carton le recueil de poèmes[22].

---

22 En tentant de le relire aujourd'hui, je suis confondu. C'était nul. « François regardait la nuit se refermer derrière les phares, l'ombre des arbres s'étaler puis s'enfuir, grands chiens un instant couchés et rappelés au sommeil ».

Après une période de découragement, je suivis le conseil de Jean Paulhan et me remis au travail.

Un des problèmes de l'écrivain, c'est la solitude. La page qu'il a écrite est-elle sublime ou bonne à jeter à la corbeille ? Pour conjurer cette « malédiction » et confronter mon travail au jugement d'autres passionnés, j'instituai *Les Samedis Littéraires*.

Ce nom pompeux, je l'avais donné à une réunion qui se tenait chaque samedi après-midi dans mon studio de la rue du Dragon (la mode des week-ends à la campagne débutait à peine).

Chacun pouvait y venir avec son « manger » littéraire et artistique. L'un lisait ses poèmes, l'autre interprétait ses chansons (avec l'inévitable guitare). Les dessinateurs et les peintres apportaient leurs œuvres. Les apprentis comédiens du Cours Simon ou du Conservatoire de la rue Blanche y répétaient leurs scènes. Une amie, danseuse à *La Nouvelle Eve* amenait ses camarades qui n'avaient pas besoin de capacités créatrices pour justifier leur présence, laquelle suffisait à électriser les garçons…

Naïvement, j'imaginais que nous nous retrouverions, dix ans plus tard, écrivains reconnus, chanteurs fêtés, comédiens célèbres, peintres cotés, journalistes talentueux.

« Que sont donc mes amis devenus ? ». À part Nickita Mandryka (auteur du délirant *Concombre Masqué*) et André Beaurepaire (remarquable peintre fantastique) tous ceux qui laissaient une trace de leur passage dans le « livre d'or » ont abandonné leurs ambitions premières pour se laisser séduire par les sirènes de la banque, de la publicité ou de l'administration.

Abusé par les éloges que mes amis me prodiguaient lorsque je leur lisais mes textes, je m'attaquai à une œuvre plus ambitieuse. Sur ma *CORONA,* antique machine à écrire qui demandait de la poigne (pour obtenir des doubles à l'aide de *papier-carbone* il fallait taper sur les touches avec beaucoup d'énergie. Pour corriger les erreurs de frappe on se servait de *CORRECTOR*, mélange d'un liquide incolore et d'un liquide rouge qui rongeait l'encre… quand il ne perçait pas le papier) je mis au propre une longue nouvelle intitulée *Un adieu*.

Je l'ai retrouvée dans une malle à souvenirs, en partie rongée par les souris. Nettement plus élaborée que mes travaux précédents, cette histoire hésite entre l'écriture « glacée » à la Nourissier et le romantisme adolescent mais ne manque pas de qualités.

À cette époque Jean Cayrol avait eu une initiative heureuse : faire paraître régulièrement au Seuil un recueil de textes de débutants prometteurs. C'est dans *Écrire* que commencèrent leurs carrières Jean-François Josselin, Philippe Sollers et Geneviève Dorman.

Je crus le grand moment venu quand je reçus un « pneumatique » de Jean Cayrol me priant de passer le voir.

Le petit monsieur affable qui me reçut dans son minuscule bureau auquel on accédait par une échelle de meunier me parla avec chaleur de mon texte en me laissant espérer une prochaine publication. Il s'intéressa à mes projets, me demanda de lui communiquer les scénarios d'émissions radiophoniques que m'avait demandés le Centre d'Essai, j'étais aux anges.

Fiévreusement, je me hâtai de terminer une œuvre encore plus ambitieuse et que je jugeais d'une originalité extrême : m'inspirant de la méthode de l'entomologiste Jean-Henri Fabre, lu et admiré durant ma période de passion pour les insectes (cf. : Les loisirs) je dressai la typologie d'une race que je croyais bien connaître (quelle naïveté !) : les jeunes filles.

Triomphalement je portai au Seuil mon nouveau manuscrit : *Vie et mœurs de certains insectes curieux – LES JEUNES FILLES*.

Mais de pneumatiques en visites, les choses n'avançaient guère. Je sentais Jean Cayrol de plus en plus fuyant. Certe j'avais mes entrées dans la maison où je croisais des jeunes gens qui, se prenant déjà pour de grands écrivains, toisaient le débutant inconnu que j'étais avec arrogance. Jean-René Huguenin, Jean-Edern Hallier et leur tête pensante, Philippe Sollers, venaient de créer la revue *Tel Quel*.

Dans ce club fermé, je commençais à subodorer que le talent (en avais-je ?) ne suffit pas pour devenir écrivain. Encore faut-il posséder certaines clés, élaborer des stratégies, se faire des complices, s'insérer dans des réseaux.

Je découvris également que beaucoup d'auteurs qui se plaignent que les éditeurs sont incapables de reconnaître leur génie, se bercent d'illusions. Pour me le prouver, Jean Cayrol me confia une pile de manuscrits refusés afin que j'en juge moi-même.

Bernard Grasset avait raison qui prétendait qu'on peut jauger un manuscrit en lisant les deux premières pages. Tous les textes qu'on m'avait soumis étaient définitivement consternants : vocabulaire approximatif, syntaxe déficiente, phrases ampoulées. Et surtout, suintant sous chaque ligne, un contentement de soi que l'auteur étalait sans vergogne.

Pour finir, avec des circonlocutions habiles, Jean Cayrol me rendit mes manuscrits. Pas totalement découragé, je commis un dernier roman (*Les Cinéphiles*) platement imité des *Rats* de Bernard Frank. Je dus alors admettre que je n'avais pas la fibre romanesque. Mes manuscrits regagnèrent le carton aux refusés et je passai à autre chose.

Que tirer d'un échec tel que celui que je subis alors ? Ou bien s'enfermer dans l'amertume et dans l'aigreur et rejoindre la cohorte des ratés qui proclament, à qui veut encore les entendre, que le monde ne les a pas compris. Ou bien faire preuve de lucidité, regarder les choses en face et tenter d'en dégager des éléments constructifs.

Si je manquais des qualités essentielles pour faire une carrière d'écrivain, la courte fréquentation du monde de l'édition, en revanche, avait fait naître en moi un appétit.

Découvrir des auteurs, assurer leur promotion, participer à leur réussite était une autre forme de création qui méritait qu'on lui consacrât son énergie. C'était dit : je serai éditeur ! (cf. : Le journalisme et l'édition).

Boire et déboires d'un écrivain

Des années plus tard, je vécus par procuration la vie d'un écrivain telle que je l'avais rêvée.

Quand je fis la connaissance d'André Couteaux, il était

au sommet de sa gloire. Son premier livre, *Un monsieur de compagnie* (Grasset) avait rencontré un joli succès (Prix Courteline, adaptation cinématographique par Philippe de Broca). Celui qui venait de paraître, *Un enfant à femmes* (Julliard), faisait un triomphe (Grand prix de l'humour, nombreux droits de traduction et de cinéma).

Mon propos n'est pas ici de raconter l'histoire d'une amitié qui jamais ne se démentit mais de tenter d'analyser comment un écrivain de grand talent peut se fourvoyer et gâcher une carrière qui s'annonçait prometteuse.

Pour un artiste, le succès est à la fois enivrant et redoutable (Jean-Louis Bory disait qu'il faut dix ans pour se remettre d'un Goncourt). Dans ses premiers ouvrages André Couteaux avait creusé un filon qui faisait cruellement défaut à la littérature morose de l'époque : l'humour « à l'anglaise ».

En rédigeant un éloge de la paresse puis en créant le personnage d'un petit garçon qui drague des dames pour trouver une compagne à son père célibataire, il avait produit deux ouvrages étincelants tant par leur style que par leur irrésistible drôlerie.

Paris lui faisait fête. Quand je l'accompagnais chez *Castel* (célèbre club de l'époque) ou à la *Coupole*, notre table accueillait des écrivains, des acteurs et des cinéastes connus. La Gaumont lui commanda l'adaptation de *Mon oncle Benjamin*. La presse lui consacrait des articles dithyrambiques.

Pour une raison restée obscure – peut-être le désir de prouver qu'il était capable d'écrire des livres « profonds », il fit paraître un roman « saganesque » : *Un homme aujourd'hui* (Julliard). De très élogieuse, la critique devint mitigée : « Une petite glissade à côté et il voisinerait avec René de Obaldia ; un pas en arrière et le voilà courant après les lectrices de Guy des Cars… » De plus de 100 000 exemplaires, les ventes chutèrent à 15 000.

Malgré les objurgations de son éditeur et de ses amis qui le pressaient de retrouver sa verve des débuts, il s'obstina et publia un roman à prétention mystique, *Don Juan est mort* qui passa totalement inaperçu.

Un recueil de nouvelles de la même veine que ses œuvres du début, *Le Zigzagli*, ne parvint pas à redresser la barre. Le public lui avait tourné le dos.

Un nouvel éditeur, Jean Dullis, qui pensait faire un malheur en demandant à des écrivains qu'il jugeait « grand public » de lui fournir des textes lui commanda, contre une substantielle avance, un roman. Je préfère ne pas parler de ce livre, *La Guibre*, vendu à une vingtaine d'exemplaires, qui fut son chant du cygne.

Si j'ai raconté cette histoire qui m'a beaucoup affecté (assister à l'éclipse d'un ami très cher dont j'admirais le talent, n'a rien de bien réjouissant) c'est que je la juge représentative d'un certain nombre d'écrivains qui, partis pour la célébrité, se sont brûlé les ailes aux feux de la gloire.

À la désaffection des lecteurs s'ajoutent les problèmes financiers. Un livre à succès rapporte beaucoup d'argent (environ 10 % du prix de vente). Face à ce pactole, l'auteur chanceux est souvent pris de griserie. Il dépense sans compter en oubliant que le fisc, l'année suivante, va ponctionner la moitié de ses gains. Commence alors la spirale infernale : appel à l'éditeur pour lui verser des avances sur droits importantes sur son prochain ouvrage, demande d'avances à d'autres éditeurs pour des projets de livres qui ne verront jamais le jour (j'ai assisté, lors d'un dîner chez moi, à un brillant numéro d'André Couteaux qui réussit à vendre à Jean-Jacques Nathan, pour une somme rondelette, un *Eloge du gratuit* dont il n'avait pas la moindre idée en montant l'escalier).

Dès que les ventes commencent à baisser, l'éditeur chaleureux qui ouvrait facilement son carnet de chèques, devient plus réticent puis franchement inquiet. On commence à parler de comptes. Lorsque la chute se confirme, il devient résolument désagréable et se met à exiger le remboursement de ses prêts. L'auteur, bien sûr, est incapable de payer.

Le fisc se fait pressant. Les éditeurs à qui l'auteur avait promis un manuscrit s'impatientent (Bernard Frank avoue cyniquement le nombre d'ouvrages « virtuels » qu'il a ainsi vendus). En final, les créanciers bloquent les droits d'auteurs pour tenter de récupérer, sans trop d'espoir, les avances consenties.

C'est ce chemin de croix que j'ai parcouru avec André Couteaux. Peut-être est-ce une des raisons qui ont causé le cancer dont il est mort ?

Quel enseignement peut-on tirer de ce parcours raté ? Une vie d'écrivain se gère comme n'importe quelle carrière. Outre un bon sens des affaires, celle-ci exige une habilité certaine (le mot « rouerie » allait m'échapper).

S'il est nécessaire de se créer des alliances, des amitiés, des réseaux. Elle demande également une propension certaine à faire sa propre publicité et à assurer « sa promotion commerciale ». À son honneur, je dois reconnaître qu'André Couteaux fut incapable de se livrer à toutes les contorsions propres à asseoir sa renommée.

Aux jeunes gens qui veulent embrasser la carrière des lettres et s'y installer je préconiserai plutôt de suivre l'exemple de François Nourissier, de Michel Tournier, d'Alain Robbe-Grillet et de Philippe Sollers qui, eux, ont parfaitement géré leur incontestable talent.

LE THEATRE

Si les jeunes gens d'aujourd'hui rêvent de devenir chanteurs, ainsi que le prouve le nombre de candidatures à des émissions comme *Star Academy*, ceux de ma génération et de mon entourage brûlaient de « monter sur les planches ».

Je n'échappai point à cette fascination. Du reste, je possédais une certaine hérédité en ce domaine : avant de s'engager dans le scoutisme, mon père avait créé une troupe théâtrale au sein de *L'Amicale des Anciens de Saint-Thomas d'Aquin*.

Les programmes étaient impressionnants qui n'hésitaient pas à proposer deux grandes pièces et quelques intermèdes lors de la même soirée.

Si *Knock* est passé à la postérité (mon père exhibait avec fierté une lettre de Louis Jouvet l'autorisant à interpréter le rôle), d'autres pièces, qui firent le bonheur des troupes d'amateurs n'ont pas laissé de souvenirs impérissable : *Gardien de Phare, La jalousie du Barbouillé, Le luthier de Crémone*, etc.

Ces œuvres étaient réparties en deux catégories : les spectacles pour jeunes gens et les spectacles pour jeunes filles. Sous la haute surveillance du clergé, il n'était pas question de mêler les sexes sur scène et, surtout, dans les coulisses.

Mon père eut alors l'idée, combien cocasse, d'adapter des pièces comportant des rôles féminins à l'usage exclusif des jeunes gens.

J'ai sous les yeux un exemplaire de *Brouillés depuis Wagram*, comédie-vaudeville de E. Grange et Lambert-Thiboust, remanié par ses soins.

Cette œuvrette comporte quatre acteurs : deux invalides de soixante-cinq ans, Isidore neveu de l'un et Mariette Evrard, filleule de l'autre.

Après réécriture, Mariette se transforme en Jules et la pièce devient complètement surréaliste. Pour vous faire une idée, imaginez *Le Cid* dans lequel Chimène s'appellerait Antonio.

Pour rendre le texte crédible, mon père devait réaliser de véritables tours de force et modifier totalement l'intrigue (qu'en pensaient les auteurs ?). De plus, lui qui haïssait l'homosexualité, ne se rendait pas compte qu'en opérant ces mutations il conférait à la pièce un relent douteux que sa naïveté ne lui permettait pas de soupçonner.

Pour les jeunes de ma génération, le théâtre avait un nom – Jean Vilar – et un lieu magique – *Le Théâtre National Populaire* du Palais de Chaillot.

Qui ne se souvient avec une émotion intacte de la descente des escaliers monumentaux, des sonneries de trompettes annonçant le début du spectacle, de cette scène immense noyée dans l'ombre, du frémissement des spectateurs quand les projecteurs s'allumaient et faisaient sortir de l'ombre les sorcières de Macbeth, le fantôme de Hamlet ou le bondissant Gérard Philipe ?

C'était autre chose que la poussiéreuse Comédie Française où l'on se rendait, par devoir, subir du Racine ou du Molière. Ici, on éprouvait un moment de bonheur total. On vibrait avec les personnages, leurs peines, leurs émois, leurs fureurs devenaient nôtres.

Je me souviendrai toujours d'une représentation de *Marie Tudor* (de Victor Hugo). À un moment de la pièce, l'incertitude règne : est-ce le bon ou le méchant qui a été exécuté ? Du fond de la scène un personnage s'avance dans l'ombre. Toute la salle est debout pour tenter d'en discerner les traits. Parvenu en pleine lumière, un immense soupir de soulagement et un tonnerre d'applaudissement accueillent le héros enfin sauvé.

Après ces moments intenses, comment ne pas être atteint par le virus théâtral et ne pas rêver de se trouver, à son tour, dans le feu des projecteurs ?

Je fis mes premiers pas d'auteur-interprète à dix-sept ans durant des vacances que nous passions dans un collège breton transformé, durant l'été, en pension de familles (cf. : Les vacances).

Il y avait une famille nombreuse, venue de Landerneau, qui possédait une large gamme de talents : chant, musique, peinture, poésie, etc. En alliant nos compétences, nous montâmes un grand spectacle pour lequel j'écrivis un drame d'inspiration bretonne : *La Légende de Conomor*. Celui-ci obtint un vif succès auprès des pensionnaires (malheureusement pour la postérité, j'ai perdu ce texte capital).

J'ai parlé ailleurs (cf. : Le scoutisme) des jeux scéniques que j'écrivais et mettais en scène dans les paroisses de campagne à Pâques et à Noël.

En classe de philo, pris d'une envie de mettre en scène une pièce de François Mauriac, *Asmodée*, je réunis une troupe hétéroclite à qui je tentai d'insuffler mon enthousiasme. Après quelques répétitions décevantes, je compris que la bonne volonté ne suffisait pas et qu'il me faudrait, si je voulais persévérer dans cette voie, véritablement apprendre le métier. Nous en restâmes là.

Au début de la Propédeutique, je fréquentai quelque temps le Centre Richelieu (cf. : Les études et La religion). J'y rencontrai une rousse flamboyante qui cherchait des participants pour monter une troupe. Voyant dans ce projet l'occasion de connaître des jeunes filles intéressantes, je lui affirmai que faire du théâtre était mon plus cher désir.

Le recrutement ne déçut pas mes espérances. Sortie d'un pensionnat huppé de Chatou, Claude attirait dans mon studio de jolies jeunes filles qui, toute, se sentaient une irrésistible vocation d'actrices.

Cette manne providentielle me fournit plusieurs petites amies (dont l'une devint ma première femme – cf. : Le mariage) et me permit de débuter avec Claude une amitié exceptionnelle qui dure toujours (cf. : Les jeunes filles et les dames).

Quant au théâtre, il était plutôt un prétexte à se retrouver et à se divertir qu'une volonté sérieuse de monter un spectacle.

Je garde de cette période un souvenir honteux. Nous avions rencontré à la Sorbonne une jeune fille qui avait les mêmes prétentions que nous. Elle nous invita un après-midi chez elle pour discuter de nos projets. J'ignorais que son père était un célèbre producteur de cinéma (en particulier des films de Philippe de Broca). Sans doute rebuté par son aspect un peu hommasse, je me montrai hautain, prétentieux et quelque peu mufle. Nos rapports s'arrêtèrent là.

Elle, avec sa volonté indomptable, poursuivit son ambition et connut le succès que l'on sait : Ariane Mnouchkine et son *Théâtre du soleil* ont acquis une renommée internationale ; *Molière*, le film qu'elle réalisa, fait partie des grandes œuvres du cinéma.

Après quelques tentatives balbutiantes, nous étions sur le point d'abandonner nos expériences théâtrales quand nous fîmes la connaissance de Georges Salet, plus connu sous le pseudonyme de Gilles Sandier. Il cherchait de jeunes comédiens pour monter à la Sorbonne *Altanima*, une pièce d'Audiberti.

Je vais sans doute me montrer injuste avec Gilles Sandier. Mais la façon dont nos relations se détériorèrent et s'achevèrent me laisse un souvenir amer qui explique ce parti-pris.

Un peu replet, de courte taille, la fesse rebondie dans son pantalon de flanelle grise, toujours sanglé dans un blazer bleu croisé, Sandier, avec son teint rose et son visage de poupin, faisait irrésistiblement penser à un petit cochon.

Comme Jean-Louis Bory (dans son *Journal*, Matthieu Galey raconte une soirée chez Maire-Laure de Noailles au cours de laquelle « Bory danse la java avec Sandier » – j'aurais aimé assister à ce navrant spectacle), Sandier devait souffrir de son physique ingrat et de ses origines provinciales :

il venait de Saint Amand Montrond. Son rêve aurait été de ressembler à un personnage du XVIIIème siècle, à la taille bien prise, pétri d'élégance et de raffinement naturels.

Comme Bory, comme Savin, il transposa son désir d'être un autre dans l'unique roman qu'il publia, *L'an n'aura plus d'hiver*, échange de lettres entre deux garçons écrit dans le style précieux des *Liaisons Dangereuses*.

Soyons honnête : on oubliait vite son physique ingrat en l'écoutant parler. Sa vivacité, sa verve intarissable, son sens de la repartie et de l'image frappante qui firent de lui un des critiques-vedettes de l'émission *Le Masque et la Plume* (à l'égal d'un Bory pour le cinéma), sa culture (il était professeur de lettres), exerçaient un charme certain sur la cour de garçons qui l'entourait.

Altanima était une pièce à grand spectacle qui se déroulait à Ferrare durant la Renaissance. Elle exigeait de nombreux acteurs et une figuration importante.

Pour juger de nos dons, Sandier organisa des auditions qui avaient lieu le soir à la Maison des Etudiants, rue Férou, derrière Saint-Sulpice.

Cherchant un peu à le provoquer, j'avais présenté *Le Menteur*, monologue écrit par Jean Cocteau pour Jean Marais (« Je suis un mensonge qui dit toujours la vérité »).

J'ignore si je fus bon, mais en entendant réciter mon texte, le visage de Sandier s'illumina « Demory, s'émerveilla-t-il, vous possédez un charme lunaire ! ».

Hélas ! mon charme lunaire ne dura guère quand il se rendit compte que les garçons me laissaient froid et que toute mon attention se portait sur les jeunes filles. Je dus me contenter d'un modeste emploi de « hallebardier ».

Le rôle principal était tenu par Pierre Santini, seul parmi nous possédant de véritable qualités professionnelles. Solide, réservé (les « acteurs » ignoraient les figurants) il campait un duc de belle allure. À le voir jouer, on ne doutait pas qu'il ferait une carrière au théâtre et à la télévision (il fut un temps l'Inspecteur Bourrel).

Je serais incapable de dire qui tenait les autres rôles principaux : la postérité ne les a pas reconnus.

La quatrième vedette était Pierre Clémenti. Quand je compare la vision que nous avons eue de lui avec le portrait qu'en trace Matthieu Galey dans son *Journal*, je mesure l'abîme qui peut séparer nos deux points de vue.

Voici ce qu'en dit Matthieu Galey : « Clementi, nouveau protégé prodige de la même Marie-Laure. Un tsigane diaphane et gracile, très chat, avec des yeux noirs, durs et doux, de personnage de Dostoïevski. Assez fascinant dans sa désinvolture, son débraillé, cette espèce d'indifférence animale, méprisante. Il se laisse adorer, royalement avachi sur le canapé, exposant la majesté cruelle de sa jeunesse. Quelque chose de Jean-Louis Barrault de dix-huit ans, celui de *Drôle de Drame*... ».

Très vite, qu'il s'agît des garçons ou des filles, l'unanimité s'était faite contre lui. Pour nous, Clémenti était une espèce de petite gouape prétentieuse qui « se la jouait », comme on dit maintenant. Il se prenait pour un jeune génie alors qu'il était incapable de prononcer correctement une phrase (par la suite, il ne s'est guère amélioré. Dans les films de Buñuel, il joue toujours « comme un cochon »).

Avec ses airs de diva, il était très entouré par la bande d'homosexuels qui gravitaient autour de la troupe. Chacun prétendait l'aider à apprendre son rôle.

« Viens mon petit Pierre, lui disait un admirateur en le prenant tendrement par le cou, je vais te faire répéter... Dis après moi *Ferrare, cette cité de diamant...*

« *Verrare, chette chité de diamant...* » chuintait péniblement Clementi.

« C'est presque ça, exultait le répétiteur en resserrant son étreinte, tu vas y arriver... ».

L'hiver au cours duquel nous répétions était particulièrement rude. La place Saint-Sulpice, transformée en patinoire, permettait des parties de glissades. Des stalactites pendaient aux fontaines.

Gilles Sandier exigeait que chacun fût présent à toutes les répétitions, « hallebardiers » compris. Cela m'arrangeait car Régine (cf. : Le mariage), venue de son lointain Vésinet, était dans l'impossibilité de rentrer chez elle et avait un bon prétexte pour rester dormir chez moi.

Par le froid glacial, les figurantes étaient présentes. Mais, visiblement elles n'intéressaient pas notre metteur en scène qui ne leur adressait qu'à peine la parole durant les répétitions alors que le « petit Pierre », dont la nullité faisait notre joie, avait droit à tous ses égards.

La première eu lieu au grand amphithéâtre de la Sorbonne. Le décorateur, André Acquart, avec des moyens très limités, avait conçu un décor somptueux : une sorte d'arche monumentale sur laquelle évoluaient les personnages, comme en apesanteur. Pour nos cuirasses, il avait eu l'idée ingénieuse de les réaliser en paille de fer. Vues de la salle elles brillaient comme de l'acier poli.

Nous donnâmes la seconde représentation au théâtre de la Cité Universitaire. Si le travail du décorateur et le choix des musiques furent appréciés des quelques journalistes qui publièrent des critiques, les acteurs et le metteur en scène, en revanche, furent tirés à boulets rouges. « Gilles Sandier lâche sur scène sa meute de jeunes chiens fous » ironisait le critique de *Combat*.

Le dernier acte eut lieu au mois de juin dans les jardins du Centre Américain, boulevard Raspail (depuis, ce lieu charmant a été remplacé par un sous-Beaubourg).

Gilles Sandier nous avait réunis pour mettre au point les derniers préparatifs d'un projet qui lui tenait profondément à cœur : jouer *Altanima* dans sa ville natale, Saint Amand Montrond.

Nous devions donner le spectacle durant le week-end et les examens de droit débutaient le lundi. Il n'était donc pas question que je passe ces précieux jours de révisions de dernière heure à aller faire le hallebardier dans ce trou du Cher pour la simple gloriole de notre metteur en scène.

Quand je lui annonçai ma décision irrévocable, Gilles Sandier devint cramoisi. Il éructait. « Demory, il y en a qui mettent la morale au niveau du cul. Vous, je ne sais même pas où vous la placez ! ».

Sur cette phrase définitive, j'abandonnai la troupe qui, du reste, se dispersa peu après.

Nous nous sommes revus quelques années plus tard, en mai 68. Une dame « dans le vent » organisait des réceptions dans son appartement de la rue des Ecoles, juste en face de la Sorbonne. J'y allais faire de la figuration « inintelligente » avec Jean-Loup Passek, intimidé par ces intellectuels de gauche qui péroraient, un verre de champagne à la main, en contemplant du balcon les charges de CRS et les voitures incendiées.

Bernard Dort (grand spécialiste de Brecht), Sandier et les autres refaisaient le monde. J'assistais là à une autre forme de comédie.

Sans rancune, nous nous serrâmes la main et évoquâmes les bons souvenirs d'*Altanima*. On oublie vite à Paris.

LE CINEMA ET LA PHOTO

On parle aujourd'hui des « enfants de la télé » qui sont nés devant le petit écran. Ceux de ma génération, qui n'ont pas eu cette chance, pourraient être appelés « enfants du cinéma ».

Je le fus d'autant plus qu'un des « hobbies » de mon père était le cinéma d'amateur ce qui nous valait régulièrement des séances de projection familiales.

Dans les années 30, il avait fait l'acquisition d'une *MOTOCAMÉRA PATHÉ*. Cet engin rustique, muni d'un minuscule viseur, fonctionnait à l'aide d'un ressort qu'on remontait comme un réveil.

L'objectif était à focale fixe (les zooms n'apparaîtraient que beaucoup plus tard) et peu lumineux (ouverture à 3,5). Quant à la pellicule de faible sensibilité, elle exigeait d'opérer en pleine lumière si l'on espérait obtenir une image visible. Malheureusement mon père oubliait souvent cette contrainte. A la projection, nous avions droit à de longues séquences où l'on ne distinguait que de vagues formes s'agitant dans la pénombre.

Pour être précis, j'ajouterai que la pellicule utilisée était du 9,5m/m, à perforation centrale, format exclusivement français qui fut supplanté par le 8 m/m américain, détrôné ensuite par le super 8 (le 16m/m étant réservé aux usages professionnels).

Celle-ci était vendue en galettes contenues dans des boîtes rondes qu'il fallait ensuite introduire dans des *chargeurs*.

Opération délicate qui exigeait le noir absolu sous peine de voiler le film.

Pour remplir ses chargeurs, mon père s'enfermait dans la salle de bains en exigeant que toutes les lumières de l'appartement fussent éteintes. Dans le noir, retenant notre souffle, nous l'entendions maugréer et jurer. Enfin, il sortait en brandissant triomphalement ses chargeurs prêts à l'emploi. La vie pouvait reprendre…

Quand les films développés revenaient du laboratoire, nous avions droit, en première exclusivité, à la séance de projection.

En général, celle-ci se passait mal. Une fois l'écran déroulé sur le mur de la salle à manger, le film chargé dans le projecteur (un *DITMAR* autrichien) et toute la famille sagement assise, mon père éteignait la lumière et faisait démarrer l'engin. Mais ce projecteur était capricieux. Les courroies des bobines débitrices et réceptrices (des sortes de longs ressorts qu'on vissait aux extrémités) étaient soit trop lâches soit trop tendues. Elles sautaient ou se coinçaient. Des mètres de film se répandaient sur le plancher qu'il fallait patiemment rembobiner à la main.

Ou bien le mécanisme calait. On voyait, sur l'écran, l'image se liquéfier sous la chaleur de la lampe. On rallumait la lumière. Mon père, en pestant, entreprenait de réparer le malheur à l'aide d'une *colleuse*. Autre opération délicate : couper l'image endommagée, gratter la gélatine, appliquer une colle spéciale à l'acétone, presser les deux extrémités du film et attendre que la soudure opère, demandait un certain doigté. Comme, en général, l'incident se reproduisait à plusieurs reprises, les séances étaient longues et la tension montait.

Elle montait d'autant plus que nous osions émettre des critiques sur la qualité et l'intérêt des images projetées.

La plupart étaient floues, mal cadrées, sur ou sous-exposées. Quand elles étaient à peu près correctes, elles ne suscitaient guère notre enthousiasme. En effet, plutôt que de filmer, sur le vif, la famille en action ou des scènes de la vie quotidienne (qui seraient aujourd'hui de précieux documents), mon père avait l'obsession des monuments.

Aucune corniche, aucun clocheton, aucun chapiteau ne nous était épargné par une caméra prise d'une sorte de frénésie de balayages horizontaux et verticaux tremblotants qui finissaient par nous donner le mal de mer.

Heureusement, de temps en temps, mon père consentait à filmer la famille. Le scénario ne variait guère : les personnages, en rang frontal, clignant des yeux à cause du soleil en pleine face, s'avancent vers la caméra en agitant la main. La séquence s'achève par un involontaire fondu au flou.

De temps en temps, pour célébrer une fête, mon père louait un « grand film ». Nous conviions nos amis pour vibrer aux aventure du chien Rintintin, nous tordre aux pitreries de Charlot, de Laurel et Hardy ou de Buster Keaton.

Malgré le tremblotement de l'image et l'absence de son, la magie de l'écran opérait. Quand le mot FIN apparaissait et que la lumière revenait, nous restions un moment silencieux et les yeux écarquillés, encore sous l'emprise de cette fascination de l'image animée qui, dans mon cas, ne me quitterait jamais.

Ce cinéma d'antan peut prêter à sourire. Il avait au moins un avantage non négligeable : les chargeurs ne duraient guère plus que deux minutes.

J'imagine avec horreur ce qu'auraient été les séances de projection si mon père avait possédé un caméscope contemporain : deux heures de monuments, de panoramiques saccadés, de balayages incohérents, le tout assorti de commentaires « spirituels ».

Plus tard, nous avons connu les redoutables « soirées-diapos » de l'après-vacances. Désormais il va falloir affronter les soirées-torture du cinéma chez soi…

Bernard Demory

LES CINEMAS

Ma première rencontre avec le vrai cinéma remonte à 1945. C'était au Berlitz où l'on projetait *La Bataille du Rail* de René Clément.

Quand je pénétrai dans la salle, ce fut un éblouissement : l'écran géant, les fauteuils profonds, la musique tonitruante, l'ouvreuse en uniforme qui nous guidait avec sa lampe de poche, tout cela, d'un coup, m'ouvrait la porte d'un monde merveilleux.

Il fallut faire appel à l'ouvreuse pour m'extirper de mon fauteuil auquel je m'accrochais désespérément pour assister à une troisième séance. En une soirée, j'étais atteint par le virus du cinéma.

Dans les années 50, les cinémas se répartissaient en plusieurs catégories.

Les cinémas des grands boulevards étaient spécialisés dans les exclusivités et fréquentés par un public passionné qui n'hésitait pas à faire de longues queues pour assouvir sa faim d'images.

Nous nous y rendions exceptionnellement quand sortait un nouveau Walt Disney : *Bambi, Dumbo, Fantasia,* etc.

Les cinémas de quartier qui, outre les soirées, proposaient des séances le jeudi et le dimanche après-midi, étaient fréquentés par une clientèle de proximité. On s'y rendait en famille pour y voir des films destinés à tous les publics, dans lesquels la morale n'était pas bafouée et qui ne proposaient pas d'images « osées ».

Pour s'en assurer, mes parents, comme ceux de mes camarades, consultaient la cote de la *Centrale Catholique du Cinéma.*

Cet organisme, composé de personnalités d'une haute tenue morale, attribuait à chaque film une note allant de « visible par tous » à « à éviter absolument », en passant par « pour adultes », « pour adultes avertis » (mais quest-ce qu'un adulte averti ?) et « à déconseiller ».

Abonnés à *Radio-Cinéma* où ces indications étaient symbolisées par un petit personnage conçu par Omer Boucquet, mes parents pouvaient s'assurer, chaque semaine, que les films projetés dans notre cinéma habituel, *Le Récamier*, étaient susceptibles d'être vus sans crainte par leurs enfants.

Pour faire notre choix, nous consultions également les critiques de la *Vie Catholique* et de *Bayard*, auquel j'étais abonné.

Ces saines publications insistaient sur le caractère éducatif et moral des films, fussent-ils de purs navets. Un sommet a été atteint, je crois, par le *Le Défroqué* de Léo Joannnon. On y voit un grotesque Pierre Fresnay, toujours lié par son sacerdoce, qui, pour éviter le sacrilège, avale un plein seau de champagne consacré par un autre défroqué lors d'une soirée agitée.

Le Récamier, où nous nous rendions fréquemment, proposait des films visibles par les familles en toute sérénité (le jour où il eut le malheur de passer la bande annonce de *Dédée d'Anvers*, des mères outrées firent le siège du bureau du directeur pour clamer leur indignation). Je m'y suis indiscutablement enrichi dans les domaines les plus divers : l'histoire de l'aviation avec *Au Grand Balcon*, la naissance de l'entomologie grâce à *Monsieur Fabre*, la création de la Croix Rouge avec *D'homme à Hommes*, les vertus de la charité avec *Monsieur Vincent* et *Dieu a besoin des hommes*, la rude vie de nos vaillants méharistes avec *Les hommes en blanc*, l'éclosion du génie musical avec *Prélude à la gloire*, etc.

Plus rarement, nous allions au *Raspail*, dont la salle présentait la bizarre particularité d'être parsemée de colonnes qui obligeaient une partie des spectateurs à se contorsionner pour apercevoir un morceau d'écran. Tours de reins et torticolis garantis…

Parfois nous nous aventurions, au-delà du Bon Marché, jusqu'au *Sèvres Palace* dont la salle, richement décorée de palmiers et de mimosas, s'efforçait de créer une atmosphère « provençale ».

En général, ces cinémas, comme les théâtres, comportaient un orchestre, un balcon et des loges. Je ne compris pas l'intérêt de celles-ci jusqu'au jour où j'ai commencé à inviter des jeunes filles à m'accompagner au cinéma.

Les fauteuils étaient recouverts de velours rouge, ce qui me paraissait le comble du luxe. En se rabattant, ils produisaient un claquement spécifique qui est encore dans l'oreille de ceux qui ont connu cette période et résonne comme un air de nostalgie.

Dans certains cinémas, comme les *Cinéacs*, où l'on ne cessait d'entrer et de sortir, le claquement des fauteuils devenait un accompagnement permanent de la projection et rendait inaudible une partie des dialogues.

Les CINEACS

Situés auprès des gares, ces salles proposaient un programme permanent de films variés : actualités, documentaires, films comiques et dessins animés. Le spectacle durait environ une heure et permettait au voyageur en attente d'un train de passer agréablement le temps.

Outre le claquement des fauteuils, le son du film était souvent couvert par les ronflements d'un spectateur qui venait se mettre au chaud dans la salle pour terminer sa nuit ou cuver de trop copieuses libations.

Mais les ouvreuses, personnages-clés des cinémas de l'époque, veillaient au grain et venaient secouer le dormeur trop bruyant (à ma grande honte, c'est ce qui arriva à mon père que j'avais traîné voir *Un de la légion* et qui s'endormit dès les premières images) ou éjecter le spectateur qui s'incrustait au-delà des limites du raisonnable.

Le Cinéac Montparnasse a disparu avec la construction de la nouvelle gare. *Le Cinéac Saint-Lazare* a tenté de résister en se spécialisant dans les films X. L'essor de la vidéo a entraîné sa mort.

Les cinémas spécialisés

Un certain nombre de cinémas étaient spécialisés dans un genre particulier. Situé à l'angle de l'avenue de l'Opéra et de la rue Saint Roch, le Studio Universel proposait exclusivement des programmes de dessins animés. Comme moi, mon père raffolait de ce type de films. A chaque changement de programme, nous dînions à toute vitesse, au désespoir de ma mère, et trottions jusqu'à la salle nous délecter de Bugs Bunny, de Tom et Jerry, de Daffy Duck et des chefs d'œuvres délirants de Tex Avery. Pendant longtemps je me suis interrogé sur le sens de cette phrase énigmatique *That's all, folk !* qui concluait ces purs moments de bonheur.

Il y avait également les cinémas hors normes où nous nous aventurions quand nous pûmes prétendre voir les films « interdits au moins de seize ans » (l'interdiction au moins de douze ans et de dix-huit ans eut lieu en 1961). Celui du boulevard Saint Michel, jouxtant Joseph Gibert, alternait les péplums et les films d'horreur.

Pour attirer les spectateurs, le propriétaire installait sur la façade un décor de contreplaqué géant qui représentait une scène capitale du *Monstre du Lagon Noir* ou de *Hercule à la Conquête de l'Atlantide*.

Je crois qu'il abandonna cette pratique lorsque des amis firent le pari – et le réussirent – de subtiliser au cours de la nuit une de ces fresque d'épouvante.

Comme plusieurs autres, ce cinéma finit misérablement dans le pornographique avant de disparaître.

Je pourrais encore citer le *Midi Minuit*, où nous nous rendions avec de troubles sentiments pour y subir interminablement les ânonnements pseudo-philosophiques d'un Bénazéraf avant d'apercevoir un fugitif sein nu qui nous jetait dans d'indescriptibles extases.

Inutile de parler du *Champollion* qui a résisté vaillamment aux magasins de frusques qui défigurent le quartier. C'est là, malgré une projection défectueuse (compte tenu de l'exiguïté de la salle, l'image était projetée sur un miroir qui renvoyait celle-ci sur l'écran) que nous avons acquis une grande partie de notre culture classique.

Bernard Demory

Une séance de cinéma

Pour se rendre au *Récamier*, archétype des cinémas de quartier des années 50, il fallait accomplir une bonne marche entre la rue de Verneuil et Sèvres Babylone. La séance commençait à 21 heures. Dans un état d'excitation croissante, je houspillais mon père qui n'en finissait pas de prendre son dîner. Il n'y aurait plus de place ; nous allions rater le début de la séance... Le pauvre, qui rentrait de son travail, aurait sans doute préféré rester au calme plutôt que de s'infliger *Jody et le Faon* ou *La vallée des Castors*...

Quand il avait enfin terminé, après une marche forcée, nous arrivions enfin au cinéma. Pendant qu'il prenait les billets, je pouvais contempler dans le hall les photos, signées *Studio Harcourt*, des vedettes que j'admirais.

Enfin, nous pénétrions dans la salle. L'ouvreuse nous installait dans les fameux fauteuils de velours rouge. La béatitude pouvait commencer.

Evidemment, nous étions en avance. Nous avions alors tout le loisir de contempler le rideau de scène constellé de réclames pour les commerçants du quartier.

La lumière baissait. Le rideau publicitaire remontait dans les cintres. Le rideau rouge s'écartait. Moment suprême ! La porte ouverte sur le rêve, sur le rire, sur l'émotion était là, devant mes yeux émerveillés.

La séance débutait par « les réclames » annoncées par le petit bonhomme à la pioche de « *Jean Mineur Publicité, 35 avenue Marceau – Balzac 00 01* ».

A l'époque, la majorité des publicités vantait les produits de nettoyage (les français commençaient à découvrir la propreté) ; *SPONTEX* (« Une maisonnette ne faisait pas maison nette. Voici *SPONTEX* ! Et voilà le sourire »). *SOLIVAISSELLE* (« avec *SOLIVAISSELLE*, la vaisselle étincelle »). *MONSAVON*, *DOP* (« *DOP, DOP, DOP* »), etc.

D'autres publicité nous révélaient des univers inconnus : des personnages au sourire éblouissant évoluaient parmi les réfrigérateurs, écoutaient, extasiés, des

Au temps des cataplasmes

postes de radio perfectionnés et montaient dans des voitures « américaines ». Pour nous qui ne possédions qu'un garde-manger, un vieux poste crachotant et pas de voiture, nous avions le sentiment qu'il existait, en parallèle avec la nôtre, une planète différente à laquelle nous n'aurions jamais accès.

Après la publicité, venaient les actualités. Un présentateur à la voix grandiloquente commentait des inaugurations de concours hippiques, des défilés de mode, des changements de gouvernement (ils étaient fréquents sous la Quatrième). La guerre d'Indochine suscitait des commentaires beaucoup plus discrets dans lesquels nos vaillants soldats étaient toujours sur le point de remporter la bataille décisive.

Pour ceux qui n'ont pas connu cette période, je rappelle que la télévision était encore confidentielle et que notre seule ouverture sur le monde était confiée aux *Actualités Françaises* et à *Pathé Cinéma*, annoncé par un coq triomphant.

Les actualités étaient suivies par un documentaire. Pour se faire une idée des documentaires qui nous étaient infligés, il suffit de regarder certaines émissions diffusées par *Arte*.

La culture du riz en Camargue, la fabrication des sabots dans le Jura, la remontée des saumons ou la vie des aborigènes australiens n'avaient plus de secrets pour nous.

A la fin de cette première partie, nous avions droit à la bande-annonce du film de la semaine suivante. J'ai parlé plus haut du scandale causé, à la séance du jeudi, par celle de *Dédée d'Anvers* devant une assistance de familles venue voir *Le Père tranquille*.

La lumière revenait : place aux attractions. En général, celles-ci présentaient des chanteurs à la voix de fausset, des prestidigitateurs malhabiles, des comiques pas très drôles ou des acrobates arthritiques. Ces prestations m'ont laissé un souvenir un peu pénible : on éprouvait quelque pitié pour ces artistes de vingt-cinquième catégorie qui se trémoussaient sur la scène pendant que l'ouvreuse, son panier de confiseries sur le ventre, passait dans les rangs en psalmodiant « Bonbon, caramels, esquimaux, chocolats ».

Certains se souviennent d'un chanteur qui fit ses débuts dans les salles de cinéma et qui devait quitter la scène sous les huées du public à cause de son manque de voix. Depuis, il a fait son chemin : il s'agissait de Charles Aznavour !

Enfin, la lumière s'éteignait et le grand film commençait.

Vers minuit, nous repartions chez nous, les yeux encore pleins de ces merveilles, déjà impatients à l'idée du film que nous verrions la semaine suivante.

LES CINE-CLUBS

Depuis la fin de la guerre jusqu'au début des années 60, la mode des ciné-clubs connut un extraordinaire essor.

Dans son film, *Travelling avant*, Jean-Charles Tachella décrit avec une grande exactitude l'ambiance qui régnait alors dans le petit monde des cinéphiles.

Sevrés de films américains dont les « anciens » nous parlaient avec des trémolos dans la voix, nous éprouvions une incroyable avidité pour découvrir ces chefs d'œuvre mythiques.

Beaucoup ont raconté les tribulations du *Nickel Odéon* où Truffaut, Godard, Chabrol, Rohmer et bien d'autres firent leurs classes. Les « Mac Mahoniens » qui lancèrent la mode Hitchcoko-hawksienne et contribuèrent à la création des *Cahiers du Cinéma*, les enragés de la Cinémathèque de la rue d'Ulm, de l'avenue de Messine et de Chaillot ont abondamment décrit les mémorables séances qui eurent lieu dans ces temples du cinéma.

Mais, curieusement, dans les histoires du cinéma et les livres de souvenirs, le *Studio Parnasse* est passé sous silence ou à peine évoqué. Je tenterai, plus loin, de lui rendre la justice qu'il mérite (cf. en annexe les rares textes rendant hommages à ce haut lieu de la cinéphilie).

Le premier ciné-club qui me permit de découvrir d'autres films que les édifiantes productions des cinémas de quartier, tenait ses assises au Lycée Montaigne.

Au temps des cataplasmes

Durant la guerre, les Allemands y avaient installé une véritable salle de cinéma destinée au délassement des permissionnaires.

Un professeur du Lycée Henri IV, Monsieur Georgin, avait pris l'heureuse initiative d'y organiser un ciné-club.

La séance commençait le mardi, peu après seize heures trente, heure à laquelle se terminait notre cours de français (nous étions en cinquième). Par malheur, notre professeur, Monsieur Battut (cf. : Les études) se lançait dans d'interminables péroraisons que rien ne semblait devoir interrompre.

S'apercevait-il que la moitié de la classe rampait sous les tables pour se rapprocher de la sortie ?

Dès que la sonnerie retentissait, nous nous élancions comme pour le départ d'une course. Nous dévalions la rue Soufflot, traversions le Luxembourg et arrivions, haletants et en nage, dans la salle où le présentateur du jour avait commencé son exposé.

Le principe de ciné-clubs était invariable : un présentateur, critique de cinéma ou spécialiste du sujet, expliquait l'intérêt du film, en décrivait la genèse, insistait sur les subtilités du montage et la qualité de la photo, nous signalait les thèmes dont nous devrions débattre après la séance. Cette approche, très didactique, était facilitée grâce aux fiches établies par L'Union Française des Ciné-Clubs.

On en trouvera un remarquable exemple, consacré à *Le Jour se lève*, dans le recueil d'articles d'André Bazin édité par *Les Cahiers du Cinéma*.

Certains professeurs, comme Etienne Fuzellier (dont je devins plus tard l'assistant au Groupe de Recherches de l'ORTF) nous passionnaient. D'autres, pédants et ennuyeux, déclenchaient des chahuts que tentait de juguler un Monsieur Georgin, rouge de fureur et la longue barbe en bataille.

Après le film, se déroulait le débat. L'animateur lançait des « pistes de réflexion » en priant le ciel que quelqu'un eût le courage d'y répondre. Comment avez-vous apprécié le film ? Qu'avez-vous remarqué dans le montage, les éclairages, les angles de prise de vue, le rythme, la musique etc. ?

Cette façon un peu scolaire d'aborder une œuvre cinématographique avait au moins le mérite de nous transformer de spectateurs passifs (« j'ai aimé... j'ai pas aimé du tout ») en spectateurs plus intelligemment critiques.

Aujourd'hui encore, je conserve de la gratitude aux animateurs de ce ciné-club. Tout jeunes, ils nous ont appris ce qu'est véritablement *la lecture* d'un film au lieu de considérer celui-ci comme une simple suite d'images racontant une histoire.

La Cinémathèque, que je fréquentais au début des années 60, n'était pas, à proprement parler, un ciné-club mais plutôt le lieu de rencontre des cinéphiles.

Après les projections, nous nous réunissions dans les cafés environnants pour comparer, interminablement, les plans, les champs-contre-champs et débattre de la « thématique » du film, mot alors à la mode sur lequel personne ne s'entendait.

Des clans s'affrontaient. Les plus virulents étaient les tenants des ésotériques *Cahiers du Cinéma* et ceux de *Positif*, aux opinions politiques tranchées. Les fervents de *Cinéma* (59, 60, 61, etc.) étaient plus calmes et plus éclectiques.

Mais ce qui nous réunissait tous, c'était une boulimie d'images, jamais satisfaite. Nous n'hésitions pas à absorber plusieurs films à la suite et à subir un Jean Gabin doublé en indonésien dont les sous-titres hollandais, anglais et allemands, dévoraient une partie de l'image.

Je me souviendrai toujours d'une séance mémorable consacrée à trois films japonais non sous-titrés. A cette occasion, le directeur, Henri Langlois, avait fait appel à un traducteur.

Malheureusement, ce brave japonais était soit incompétent en français soit doté d'une capacité exceptionnelle à synthétiser des situations complexes.

Après un quart d'heure de projection de ce qu'on pouvait supposer être un sombre drame familial, durant lequel il gardait le silence, il commentait d'une voix nasillarde : « Ils sont en colère ». Nouveau mutisme du traducteur pendant que les personnages s'agitaient sur l'écran. Au bout d'un nouveau quart d'heure, « Ils se réconcilient », nous faisait-il savoir.

Il fallait avoir un courage à toute épreuve pour endurer, cinq heures de suite, ces films totalement incompréhensibles. Et pourtant, personne ne quitta la salle. Mieux encore, à la sortie des groupes se formèrent pour commenter gravement la thématique de ces œuvres et s'efforcer d'en situer les auteurs par rapport à Mizogushi ou Kurosawa… C'était cela, les cinéphiles purs et durs des années 60.

Je passerai sur les nombreux ciné-clubs éphémères organisés par les lycées, les paroisses ou les groupements de jeunesse. La présence bruyante de l'imposant projecteur *DEBRIE* 16m/m dont il fallait changer les bobines deux ou trois fois au cours de la projection, la rusticité de la salle qu'on avait rendue obscure en occultant les fenêtres avec du papier noir et la qualité approximative de l'écran ôtaient une grande partie de sa magie au cinéma. Mais qu'importe ! Le but était de lancer des discussions « constructives » à partir de films « à thèmes » capables de faire réfléchir les spectateurs sur des problèmes de société. *Ouragan sur le Caine* (la prétention et la lâcheté) ou *Douze hommes en colère* (la fragilité des témoignages, l'honnêteté morale d'un individu face à un groupe) étaient les films de prédilection de ces ciné-clubs porteurs d'un « message ».

Si je les fréquentais de temps à autre, c'était dans l'espoir d'y rencontrer des jeunes filles avec qui poursuivre, en d'autres lieux et sous d'autres formes, le débat entamé là (cf. : Les jeunes filles et les dames).

On imagine mal, aujourd'hui, l'âpreté des débats entre cinéphiles. Ces affrontements avaient souvent la violence des joutes parlementaires de la IIIème République. On s'y injuriait copieusement au nom d'un nouveau totalitarisme baptisé *politique des auteurs.*

Cette forme de critique, lancée par les *Cahiers du Cinéma* consistait à prétendre que le seul auteur d'un film en était le réalisateur, à l'instar de l'écrivain ou du peintre. Les acteurs, les scénaristes, le directeur de la photo, n'étaient que des quantités négligeables au seul service de la volonté créatrice du cinéaste.

Conséquences de cette position intransigeante, tout ce

qui émanait d'un réalisateur admis dans le Panthéon était forcément génial. Un Hitchcock, un Howard Hawks, même dans leurs films les plus médiocres, véhiculaient une *thématique* qui rendaient ceux-ci infiniment plus intéressants que les œuvres majeures des cinéastes qui n'étaient pas admis dans le cénacle. Quant aux réalisateurs français, hormis ceux de la Nouvelle Vague, leur seule évocation vous attirait les foudres des thuriféraires des monstres sacrés américains.

Au cours d'une soirée au Studio Parnasse, j'ai pu découvrir un Claude Chabrol éructant qui couvrait d'injures une malheureuse femme qui osait prétendre qu'un film d'Hitchcock, de fait assez médiocre, l'avait profondément ennuyée. Effrayée par les sarcasmes qui lui pleuvait dessus, elle quitta précipitamment la salle en se demandant, sans doute, dans quelle assemblée de fous elle s'était égarée.

Le STUDIO PARNASSE

Un mardi soir de 1959, Jean-Loup Passek[23] m'entraîna dans cette salle à l'ancienne, tapie dans une petite rue retirée derrière Montparnasse (rue Jules Chapelain). Je ne me doutais pas que je venais d'entrer dans le temple des cinéphiles.

Comme je l'ai déjà noté, un curieux silence occulte ce haut lieu du cinéma. C'est la que se formèrent les Chabrol, les Godard, les Truffaut et nombre de cinéastes de la Nouvelle Vague.

Plus, tard, une nouvelle génération de futurs cinéastes vint y faire ses classes : Yves Boisset, Paul Vecchiali, Luc Moullet, Jean-Claude Giguet, etc.

On dirait qu'ils veulent faire oublier ce que leur a apporté Jean-Louis Chéray, l'animateur de cette salle. Un psychanalyste parlerait sans doute du rejet du père...

---

23 Responsable du célèbre Dictionnaire Larousse du Cinéma, fondateur du Festival de la Rochelle et directeur de la programmation à Beaubourg.

Au temps des cataplasmes

A l'instar des salles d'avant-guerre, le Studio Parnasse proposait deux grands films en version originale. Mais, l'originalité de ce cinéma, on la découvrait le mardi soir, jour où se retrouvait la fine fleur de la cinéphilie parisienne.

Cette soirée du mardi n'était pas une soirée ordinaire, mais un rituel avec ses étapes d'intronisation : la réunion d'une secte avec ses usages et ses tabous.

Dans le hall vieillot aux murs tapissés de portraits des maîtres du septième art, Jean-Louis Chéray accueillait les aficionados immédiatement repérables au fait qu'ils disposaient d'entrées gratuites gagnées au jeu d'après-film (voir plus loin).

Sa femme, qui remplissait la double fonction de caissière et d'ouvreuse, contemplait avec bienveillance ce petit monde qui échangeait ses impressions sur les films vus durant la semaine.

Deux personnalités se détachaient du lot : Jean-Loup Passek, toujours propret avec sa raie bien droite, son costume gris et sa cravate, Paul Vecchiali, toujours hirsute avec sa grosse moustache et son éternel chandail en laines des Pyrénées. Le premier avait depuis l'enfance un dictionnaire de cinéma dans la tête. Il suffisait de lui citer un nom ou un titre pour qu'il vous récite une filmographie complète. Le second, avec sa faconde méridionale, était l'homme des opinions tranchées et des exclusions véhémentes.

Chacun avait son clan. Pour bien marquer leurs distances, les passékiens (dont j'étais) s'installaient dans la rangée du fond alors que les vecchialiens occupaient les fauteuils du premier rang.

Cette disposition n'était pas neutre. Elle affirmait déjà ce qu'on pourrait appeler une « éthique » différente de la perception cinématographique. Pour les uns, il s'agissait de se fondre dans l'image pour ressentir, de façon quasiment viscérale, les mouvements d'appareil. Pour les autres, de prendre suffisamment de recul pour juger le film en toute impartialité. D'un côté les « impressionnistes », de l'autre, les « abstraits ».

Après le premier film, l'entracte permettait à chacun d'aiguiser ses arguments pour le futur débat. On tâtait l'ambiance. Œuvre géniale ? Epouvantable navet ? Au sein de chaque clan, les opinions pouvaient diverger. On tentait alors de définir une ligne stratégique commune avec des négociations byzantines qui évoquaient furieusement les inter-séances de l'Assemblée Nationale.

Quels films projetait-on au Studio Parnasse ? Les choix de Jean-Louis Chéray étaient des plus éclectiques. Lors d'une même séance, nous pouvions voir un Jerry Lewis (admirable *Artistes et Modèles*) suivi d'un austère Bergman.

C'est au cours de ces soirées du mardi que je découvris nombre de ces films-culte, jamais revus depuis la guerre, dont les anciens nous parlaient avec gourmandise. Parfois nous avions la surprise de films « mineurs » qui se révélaient être de véritables bijoux : *Le Masque du Démon*, de Mario Bava ou *Hercule à la conquête de l'Atlantide* de Vittorio Cottafavi.

Une fois les lumières rallumées, Jean-Louis Chéray montait sur scène pour le fameux *Jeu des questions.* Confrontés à d'aussi redoutables spécialistes que Jean-Loup Passek ou Bertrand Tavernier, il fallait avoir des réflexes rapides pour espérer obtenir une entrée gratuite ou une photo des films que nous venions de voir.

Avec un rythme de mitrailleuse les réponses fusaient, hurlées par dix personnes à la fois en brandissant la main.

« Quel est le nom du chef opérateur de *Rio Bravo* ? Dans quel film y a-t-il un fusil célèbre ? Quels acteurs interprètent les *Sept Mercenaires* ? Quel est le scénariste de *L'homme au chapeau rond* ?

J'avoue ne pas avoir été peu fier quand je fus le seul à pouvoir lancer le cri de Betty Boop (célèbre personnage de dessin animé d'avant-guerre) :

– *Boop a dopp a dopp*
– *Boop boop a dopp*
– *Boop boop a dopp girl*
– *Betty Boop !*

Après cette séance d'échauffement, Jean-Louis Chéray lançait le débat. Celui-ci commençait par un vote à main levée qui permettait à chacun de prendre position. Les cotations allaient de « excellent » à « très mauvais ».

Dans la plupart des ciné-clubs que j'ai fréquentés, le démarrage du débat était la hantise des animateurs. Beaucoup de spectateurs, effrayés à l'idée de devoir prendre la parole, s'esquivaient avant le mot FIN. Ceux qui n'avaient pas réussi à fuir, s'enfonçaient dans leurs fauteuils en espérant que l'animateur n'irait pas les prendre à parti.

Rien de tel au Studio Parnasse. La discussion démarrait en fanfare. Pendant longtemps, intimidé par le bagout et l'incroyable culture de certains participants, je n'ai pas osé m'immiscer dans ces joutes oratoires. Je me contentais d'observer et de compter les points ; je faisais mes classes.

Quand j'ai senti que j'étais adopté par le clan, je me suis lancé dans la mêlée.

J'utilise ce mot à dessein. Le plus souvent, le débat ressemblait davantage à un match de rugby qu'à un courtois échange de vues. La mauvaise foi, les propos outranciers, les affirmations catégoriques et les exécutions sommaires y étaient monnaie courante.

Soutenus par leurs équipes, Jean-Loup Passek (qui bénéficiait de l'appui inconditionnel de son égérie) et Paul Vecchiali s'affrontaient dans des combats dont la subtile dialectique laissait parfois pantois.

Un exemple parmi cent autres : à propos de je ne sais plus quel film, la dissension éclata au sujet de cette question fondamentale : un metteur en scène, filmant dans un lieu clos, a-t-il le droit de placer sa caméra dans ce qui serait censé être un placard alors que celui-ci n'existe pas ? Il ne s'agissait pas d'un simple problème technique mais, comme l'affirmaient certains, d'une position éthique indéfendable.

Les quelques spectateurs non-initiés qui assistaient à un tel débat, digne des querelles sur le sexe des anges, devaient se demander dans quelle assemblée de dangereux maniaques ils s'étaient égarés.

Les soirs où l'on ne parvenait pas à un consensus, la discussion pouvait se prolonger tard dans la nuit et se poursuivre devant la porte du cinéma, jusqu'à ce que des voisins excédés par le bruit nous forcent à réintégrer nos pénates.

Souvent, mort de fatigue, soûlé de mots, la tête tourbillonnant d'images, j'ai regagné mon studio aux premières lueurs du petit matin.

Pendant plusieurs années, ces mardis parnassiens ont été pour moi le phare qui illuminait ma semaine. Je m'y rendais, le cœur en fête, comme à une cérémonie maçonnique dont je ressortirais les yeux dessillés et l'esprit revivifié.

Et puis le malheur est arrivé. Le propriétaire de la salle – qui possédait plusieurs cinémas dans le Quartier Latin – jugeant que la rentabilité du Parnasse était trop faible, décida de le transformer en deux petites salles.

Ayant réalisé « l'union sacrée » entre les clans, nous avons fait des pétitions, supplié ce monsieur d'épargner notre lieu tellurique.

Le combat était perdu d'avance. La « dernière séance » que chante Eddy Mitchell eut tristement lieu. Ce furent les derniers jeux, l'ultime débat. Une époque bénie prenait fin…

Un autre cinéma, le Studio Bertrand (en face de l'hôpital Necker) reprit quelque temps le flambeau. Mais l'ambiance n'y était plus. Nous avions le sentiment de participer à des réunions d'anciens combattants. Peu à peu les fidèles se firent rares et le cinéma ferma.

Le contexte avait changé. Les films rares projetés au Studio Parnasse passaient maintenant à la télévision. Les jeunes, qui auraient pu donner un nouvel élan à ces clubs, ne voyaient plus la nécessité de discuter passionnément sur les films. Un à un les ciné-clubs devinrent exsangues et disparurent. Nous avions fait notre temps…

Pour donner une idée de l'activité d'un cinéphile au début des années 60, voici les chiffres que j'ai retrouvés dans les carnets où je notais les films vus chaque mois au cinéma (je négligeais les rares films regardés à la télévision) : janvier, 20 films, novembre, 26, décembre, 22. Soit, au total, 163 films durant l'année. Et encore étais-je un cinéphile « moyen », qui consacrait quand même quelque temps à ses études (Droit et Sciences-Po). D'autres, plus disponibles, devaient doubler ou tripler ce score.

Pour que la mémoire demeure, je citerai quelques curiosités qui eurent la vie brève.

Le **KINOPANORAMA** ouvrit une immense salle, avenue La Motte Picquet. Ce procédé russe consistait à filmer avec trois caméras et à projeter le film sur un écran géant à l'aide de trois appareils.

Malheureusement, la mise en phase de ces projecteurs exigeait une extrême précision pour reconstituer une image cohérente. Le moindre défaut de synchronisation – et c'était fréquent – transformait le brise-glace géant, orgueil de la flotte soviétique, en un bateau quelque peu surréaliste dont les trois parties montaient et descendaient selon leur fantaisie, laissant présager que l'empire russe lui-même était proche de la dislocation…

Le **CINERAMA** qui n'exigeait qu'une pellicule de 70m/m entraîna la mort du procédé.

Les américains, de leur côté, tentèrent de lancer la mode du **DRIVE IN**. La première séance, si ma mémoire est bonne, eut lieu à Rungis.

Les promoteurs avaient simplement oublié que le principal avantage de cette projection où l'on demeure dans sa voiture, est de permettre aux couples de se livrer à de tendres ébats. Dans une Buick ou une Chevrolet, les sièges spacieux et rabattables sont tout à fait adaptés à ce genre d'exercice. Dans une 2 Chevaux ou une Dauphine, cela relève de l'exploit acrobatique.

Il y eut également quelques tentatives de cinéma en relief. Hitchcok lui-même réalisa un film selon ce procédé. Pour profiter de ces nouvelles sensations, il fallait chausser des lunettes en plastique (pauvres porteurs de lunettes de vue !). On voyait alors les personnages quitter la surface de l'écran et partir à la rencontre du spectateur. En fait, les acteurs ressemblaient à des êtres passés sous un rouleau compresseur, comme dans les dessins animés, quittant pour un moment leur décor de contreplaqué. On en resta là.

Bernard Demory

TENTATIVES DE REALISATION

Une telle passion pour le cinéma, une telle boulimie d'images, avaient des origines précoces. Dès l'enfance, je voulus, moi aussi « faire mon cinéma ».

Je ne sais plus qui m'avait offert une chambre noire de dessinateur. Cet objet malheureusement disparu, se présentait comme une boîte munie d'un objectif. Celui-ci envoyait l'image sur un miroir incliné qui la reflétait sur un verre dépoli horizontal (c'est le principe du *reflex*). Il suffisait de poser un papier calque sur le verre pour reproduire sans peine la scène ou le paysage. Pour se protéger de la lumière ambiante, on se couvrait la tête d'un drap noir de photographe.

Détournant la chambre noire de sa fonction première, grâce aux pouvoirs de l'imagination, je la transformai en caméra. Nous l'emportions aux Tuileries où nous « tournions des films ». l'opérateur, caché sous son voile, voyait se dérouler les scènes qu'interprétaient ses camarades.

Chez moi, à l'aide de ma sœur qui manipulait ses poupées *Bleuette* et *Bambino*, je « filmais » des pièces classiques. Elle leur faisait interpréter *Esther* pendant je m'imaginais manipuler une caméra *Panavision*...

Vers la même époque – je devais avoir neuf ans — je construisis un appareil de projection. Il s'agissait d'une lanterne magique rudimentaire inspirée de celle qu'utilisait l'aumônier pour nous projeter les films de Tintin lorsque nous avions été sage (cf. : La religion). Constituée d'une grosse boîte en bois de thé *LIPTON* (mon père, gros consommateur, achetait le thé au kilo), d'une ampoule et d'une loupe qui servait d'objectif, je réussissais à projeter des bandes dessinées décalquées et coloriées à partir du journal *Bayard* (cf. : La lecture).

Bien sûr, la netteté et la luminosité laissaient à désirer. Mais la magie était là et je conviais mes camarades à ces « séances de projection ».

J'ai parlé du *Studio Universel* et de la passion que nous éprouvions, mon père et moi, pour le dessin animé.

J'en avais compris très tôt le principe en dessinant les mouvements décomposés de bonshommes dans les marges de mes cahiers. Lorsqu'on les feuilletait rapidement, ces personnages rudimentaires prenaient vie. Mais il y avait loin de ces jeux d'enfant aux films qui me faisaient pleurer de rire. Où trouverais-je la clé capable de me faire entrer dans ce monde fantastique ?

Ce fut dans une petite boutique de photographe, place du Panthéon, que je découvris mon sésame. Parmi les quelques livres exposés, l'un d'eux me fit tomber en arrêt : *Le Dessin Animé* de Lo Duca (Editions Prisma)

A chaque sortie du lycée, je m'arrêtais devant la vitrine, hypnotisé par cet ouvrage qui me livrerait – j'en étais sûr – la clé de tous les mystères auxquels je me heurtais.

Un jour, prenant mon courage à deux mains, je poussai la porte du photographe. L'objet de tous mes désirs coûtait, en monnaie actuelle, plus de trente euros – somme que j'étais loin de posséder. Pourtant, je m'entendis prier le commerçant de me mettre ce livre de côté.

En sortant de la boutique, je fus pris de panique. Dans mon raisonnement d'enfant, je venais de commettre là un acte grave. Si je ne tenais pas mon engagement, le photographe alerterait mes parents, le directeur du lycée, que sais-je encore ?

Il me fallait trouver une solution.

C'est en collant de nouveaux timbres sur mes albums que je poussai mon « Euréka ».

Avec soin, je disposai dans un carnet les doubles que je possédais, en indiquai les cotes à l'aide du catalogue *Thiaude* et je me rendis, le jeudi après-midi, au Marché aux Timbres, Carré Marigny, pour négocier mes trésors.

La fréquentation de ce lieu, pour des raisons qui me restaient obscures, nous était formellement interdite par nos parents (j'ai compris plus tard, en voyant l'allure de certains messieurs qui rôdaient là, que philatélie et pédophilie font bon ménage...)

Dès que j'eus la somme nécessaire, je courus place du Panthéon. Enfin, je le possédais mon livres miraculeux ! je l'ai dévoré, relu, appris par cœur. Certaines phrases me demeuraient énigmatiques et, par là même, d'autant plus fascinantes. Je complétais mon information avec des articles, découpés dans des journaux, que je collais sur des feuilles baptisées « appendices ».

J'ai retrouvé l'appendice n°2 consacré au merveilleux film de Paul Grimault *La Bergère et le Ramoneur*. Jean-Jacques Gautier, à qui Popeye et Donald le canard lui font « *plus de bien aux nerfs* » que le robot qui détruit la cité, conclut sa critique imbécile par « *J'aurais aimé plus d'innocence et moins d'intentions. En deux mots comme en cent, les variations socio-intellectuelles de La Bergère et le Ramoneur me paraissent manquer de véritable fraîcheur d'âme...* ».

En voyant *Jacquot de Nantes*, le film qu'Agnès Varda a réalisé sur la jeunesse de son mari, Jacques Demy, j'ai retrouvé avec attendrissement la même démarche que je fis, dix ans après lui : réaliser, avec de pauvres moyens, mon propre film d'animation.

Durant l'été 1951, mes parents louèrent une villa près de Vichy où ses obligations professionnelles appelaient mon père. Là, pendant deux mois, je m'évertuais à fabriquer un dessin animé.

Dans le livre de Lo Duca, le héros du premier dessin animé américain, *Gertie, a trained dinosaur,* réalisé en 1911 par Mac CAY, m'avait séduit. Je décidai donc d'animer un dinosaure.

J'avais également acheté *Comment faire un dessin animé* de Halas et Privett (Editions Tiranty) qui devint ma deuxième bible.

Patiemment, obstinément, maladroitement, je décomposai, image par image (16 images pour une seconde de film) la marche de ma bestiole.

Quand j'eus réalisé trois ou quatre cents dessins, je construisis un châssis en Meccano sur lequel je fixai la nouvelle caméra de mon père, une *PATHÉ WEBO* qui permettait la prise de vues image par image.

Le système, on s'en doute, était primitif et fort éloigné des systèmes complexes de chez Disney. Les feuilles se superposaient mal. Mais qu'importe ! Lorsque je reçus le film du laboratoire et le projetai devant la famille en séance solennelle, j'éprouvai la même fierté que le petit Jacques Demy en voyant ma créature se mouvoir lentement.

Inlassablement, je repassai ces vingt secondes d'émotion pure. J'étais devenu un créateur !

En 1959, ce fut l'apparition de la Nouvelle Vague. Beaucoup de jeunes gens de mon âge, fascinés par Godard, Truffaut et autres Rivette éprouvèrent, comme moi, l'irrésistible envie de réaliser leur propre film.

En lisant les articles sur les tournages de ces nouveaux venus, on avait l'illusion qu'il était possible de faire des films avec des moyens de fortune (les fameux travellings dans un fauteuil roulant) et des sommes dérisoires.

Le père d'un garçon rencontré aux sports d'hiver possédait une caméra 16m/m professionnelle, le pied adéquat et des facilités dans les laboratoires.

Pour l'équipe technique (le terme lui-même me grisait) je convainquis deux garçons de l'Ecole de Vaugirard (aujourd'hui, Louis Lumière. C'est là que Jacques Demy commença sa carrière) et une étudiante de l'IDHEC (actuellement FEMIS) de participer à l'aventure. Guy Gourlay et Jacques Teremetsz dit « Mingus » assuraient la photo et la lumière. Christiane Lack serait script-girl et monteuse.

Si cette équipe était compétente (les trois sont devenus professionnels), le « casting » malheureusement, n'était pas du même niveau. Pleins de bonne volonté et d'enthousiasme, mes acteurs n'avaient aucune expérience.

Quant au scénario… Qu'on en juge !

J'étais très fier du titre : *Tu dialogues, Platon ?* que j'estimais à la fois intellectuel (influence de Pierre Kast et de Jacques Donio-Valcroze) et énigmatique (influence du film noir américain du genre *En quatrième vitesse*).

Pour imiter Jean-Pierre Melville, j'avais placé en exergue des phrases de Platon qui, à mon sens, fournissaient les clés du film :

« *A mon jugement, nous sommes, nous autres humains, une espèce apprivoisée d'animal et il existe, selon moi, une chasse aux hommes* »

Le Sophiste
« *C'est que je ne rougis pas de chercher à apprendre mais, au contraire, je m'informe, j'interroge et j'ai, à ceux qui me répondent, une extrême gratitude* »
Socrate à Hippias

Le ton était donné. De quoi s'agissait-il ? D'une sombre histoire intellectuello-policière avec un tueur sadique (Platon), un détective privé (Simon Lubitsch), des femmes fatales (Dominique Cottafavi, Florence Mizogushi), un médecin énigmatique (Docteur Kast), une grande bourgeoise chef de gang (Béatrice de Saint Agil), etc.

Pour le rythme, je répétais à l'envi une formule « Il faut que le film ressemble aux bandes-annonces des films policiers. Aucun temps mort ! ».

L'atmosphère se voulait glauque et angoissante, le style de photo expressionniste (hommage à Fritz Lang).

Nourris de ces bonnes intentions, nous commençâmes le tournage. Puisque nous nous estimions des professionnels, nous avions décidé d'utiliser de la pellicule négative, ce qui permettait ensuite de tirer le nombre de copies souhaitable.

Nous ne doutions de rien. Nous avions simplement oublié que ce choix doublait les frais de laboratoire. Il nous manquait simplement un producteur et son carnet de chèques…

Comme les gens de la Nouvelle Vague, nous tournions chez les uns et chez les autres. Les parents de ma future première femme (cf. : Le mariage) possédaient une magnifique propriété au Vésinet. Nous l'envahissions pendant le week-end pour installer les rails de travelling dans le salon et faire sauter les plombs avec nos projecteurs.

Je m'y croyais vraiment. Lorsque je disais « moteur » j'éprouvais avec jubilation le sentiment d'être un metteur en scène.

Après avoir tourné un certain nombre de séquences (l'électrocution de Florence Mizogushi dans sa baignoire par l'infâme Platon est un morceau d'anthologie) nous dûmes nous rendre à l'évidence : l'argent faisait défaut. Un peu tristement nous projetâmes les « rushes » et le film s'arrêta là. Ma vocation de metteur en scène également.

En voyant l'inénarrable navet de Bernard-Henri Levy, *Le Jour et la Nuit*, je me disais qu'avec ses moyens financiers et son lot d'acteurs aussi mauvais les uns que les autres, nous serions sans doute arrivés à un résultat comparable…

LA PHOTOGRAPHIE

Dans le catalogue MANUFRANCE de 1930, on peut lire cette apologie de la photographie : « *Son succès se justifie parfaitement car elle est l'image fidèle et vivante de la vie de tous les instants, qu'ils soient gais, solennels ou tristes. Au surplus, elle a ce caractère merveilleux, que tout le monde peut en faire avec plaisir et intérêt* ».

Bien sûr, mon père pratiquait également la photo et possédait des appareils à plaques puis à pellicules.

Il m'apprit l'art délicat du développement qui consistait, à la lumière d'une lampe rouge, de faire apparaître l'image dans un bain de révélateur puis d'en arrêter l'évolution grâce à un fixatif. On obtenait ainsi un négatif qu'il fallait transformer en positif en le plaçant dans un châssis-presse avec une feuille de papier sensible. On plaçait cette boîte sous une lumière vive pendant une durée qu'il fallait évaluer avec précision. Si le temps d'insolation était trop court, la photo était pâle, trop long, elle virait au noir.

En lumière rouge, on reprenait le processus : développement, fixation, rinçage et séchage.

La première fois que j'assistai mon père dans ce délicat travail, j'eus le sentiment d'assister aux manipulations d'un alchimiste dont j'aurais été, comme l'apprenti sorcier de *Fantasia*, le modeste et respectueux assistant.

En général, on recevait son premier appareil de photo à l'occasion de sa communion solennelle (cf. : La religion). Il s'agissait, le plus souvent, d'un engin rudimentaire appelé « Box ».

Comme le nom l'indique, c'était une boîte munie d'un objectif et d'un viseur intégré qui nécessitait, pour la prise de vue, de placer l'appareil au niveau de l'estomac.

Mon premier appareil était plus perfectionné. Cet *ULTRA FEX* utilisait des pellicules 6x9cm, comportait deux vitesses, un diaphragme à deux positions et un viseur permettant de prendre les photos à hauteur de l'œil.

Dès que j'avais pris huit photos, je les portais à développer chez un droguiste de la rue Jacob. Il avait réussi à me vendre un système pour transformer les épreuves en noir et blanc en « photographies en couleurs ». C'était un carnet dont on humectait les pages avec un pinceau d'aquarelliste pour obtenir les couleurs désirées. Minutieusement je badigeonnais mes photos comme on le faisait au temps de Méliés, image par image, afin de réaliser les premiers films en couleurs « naturelles ».

L'*ULTRA FEX* avait des possibilités limitées. Une fois que j'eus pris la famille et les amis sous tous les angles, j'éprouvai le besoin d'élargir mes possibilités créatives.

La technique évoluait. On passait du 6x9 au 24x36. Les premiers appareils réflex faisaient leur apparition.

En économisant laborieusement, je réunis la somme nécessaire pour m'acheter l'appareil de mes rêves : un *SAVOYFLEX 3 E AUTOMATIC*.

Ma bible de l'époque, le catalogue *Photoplait* (haut lieu de la photo et du cinéma, rue Lafayette, avec *Grenier et Natkin*, rue du Cherche Midi) en vantait « la cellule photo-électrique couplée (Westinghouse) qui règle automatiquement le diaphragme sans réglage ni calcul ».

Je pouvais abandonner le posemètre artisanal que j'avais confectionné à l'aide de cercles de cartons concentriques qui permettaient, théoriquement, de déterminer la bonne vitesse et l'ouverture en fonction du sujet et de la luminosité.

Aujourd'hui, cet appareil qui me paraissait être une merveille technique, prêterait à sourire. Selon la sensibilité du film utilisé, on glissait sur la face avant des plaquettes perforées destinées à régler la fameuse cellule. En appuyant (fortement) sur le déclencheur, un claquement sec se faisait entendre (le système était mécanique).

Outre un choix de vitesses relativement important et la visée « réflex » il était possible d'y adjoindre des optiques additionnelles permettant de transformer l'objectif de base (50m/m) en grand angle et en télé-objectif.

Bref, je passais de la préhistoire à la modernité…

Mais, une fois la première euphorie passée, je me sentis quelque peu frustré de devoir me contenter d'aller chercher les épreuves chez le photographe.

Plusieurs de mes camarades s'étaient installés des « labos photo » où ils agrandissaient leurs clichés. Chez un des nombreux marchands de matériels d'occasion installés dans le quartier Saint Lazare, je me suis procuré un agrandisseur avec les indispensables accessoires (cuvette, glaceuse, etc.).

Dans le cabinet de toilette de mon studio, j'installai à mon tour un « laboratoire ». J'y ai passé une partie de mes nuits à agrandir, modifier les cadrages, réaliser des surimpressions, émerveillé et excité lorsqu'apparaissait, au fond des cuvettes, comme lors d'une seconde naissance, la photo que j'avais prise.

J'avais une véritable boulimie d'images, photographiant les vieux murs, les troncs d'arbres, les déchets dans les décharges, au milieu des fumées pestilentielles et des rats outrecuidants.

Je ne me contentais pas de saisir les natures mortes. Les jeunes filles de mon entourage se prêtaient volontiers à des séances de pose. Grâce à la photo, je garde d'elles un souvenir intact. En feuilletant mes albums, je les retrouve dans la fragilité de leurs vingt ans. C'était hier…

CE QUE NOUS APPORTE LE CINEMA

Si j'ai aussi longuement parlé du cinéma, c'est que celui-ci, au même titre que la littérature, a, durant ces « années d'apprentissage » de ma génération, largement contribué à nous faire découvrir une *culture parallèle.*

En effet, à cette époque, le cinéma était superbement ignoré de nos professeurs et considéré par eux comme un simple divertissement, tout juste capable (ou coupable) de nous détourner de la véritable culture contenue dans les livres.

Seul le merveilleux pédagogue qu'était Jean-Louis Bory réussissait à faire comprendre à ses élèves qu'il s'agissait d'un art à part entière. Avec lui, réaliser le découpage cinématographique du Cid ou de Britannicus permettait de beaucoup mieux saisir les beautés de ces textes que d'en ânonner quelques extraits comme nous l'infligeaient les autres professeurs.

Grâce au cinéma, nous avons découvert la capacité d'émerveillement. Lorsque l'écran cinémascope du Studio Parnasse se déployait, c'était, à chaque fois, le choc émotionnel. Pendant une heure trente, nous allions vivre une autre vie, découvrir un autre monde, rire, pleurer, frémir.

Chaque film était une découverte : *Les Enfants du Paradis* au Ranelagh, *Le Septième sceau* à La Pagode, *Les Contes de la lune vague* au Panthéon, *Drôle de drame* au Champollion, *A bout de souffle* au Dragon, *Le beau Serge* lors d'une grande première au Publicis, *Sait-on jamais* au Cinévog Saint-Lazare.

Je pourrais en citer une centaine qui devinrent pour moi des « films-culte ». Je les connais par cœur et ils ont jalonné ma vie de jeune cinéphile.

Inlassablement, grâce aux émissions télévisées du *Cinéma de Minuit* et de *La Dernière Séance* puis aux cassettes vidéo, et maintenant, aux DVD, je les savoure à nouveau en visionnant une scène, comme on feuillette un livre aux pages écornées à force d'avoir été si souvent consulté.

Si les discussions violentes et byzantines du Studio Parnasse peuvent, aujourd'hui paraître parfois puériles, eles ont apporté à ceux qui y participaient la capacité à quitter la condition de simples « consommateurs d'images » pour atteindre le niveau de « spectateurs intelligents », capables de se forger un véritable sens critique.

En participant à ces débats, en les enrichissant par la lecture de revues et de livres, en discutant âprement avec d'autres cinéphiles passionnés, nous nous forgions une *culture*.

C'est-à-dire que nous acquérions progressivement l'aptitude à analyser, à mettre en relations, à comparer, à distinguer la qualité du toc et, finalement, à porter un jugement qui ne se limite pas à l'impression première (« C'est super ! » « C'est nul ! »).

De mes travaux de photographie, de mes expériences, plus ou moins avortées, de réalisation de films ou de dessins animés, je tire un autre enseignement : *le refus de la passivité...*

Que ce soit au cinéma, en littérature ou en peinture (cf. : La littérature et La peinture) j'ai toujours voulu savoir « comment ça marchait » et découvrir, pour reprendre l'expression de Jean Cocteau « le secret professionnel ». Et quel meilleur moyen que de mettre la main à la pâte ?

Actuellement, je retrouve, non sans tendresse, la même obstination chez les jeunes gens qui passent des jours et des nuits à tenter de percer les arcanes de leurs ordinateurs et saisir les subtilités de l'Internet.

Ce qu'ils m'expliquent demeure de l'hébreu. Mais j'admire leur persévérance et leur volonté de ne pas rester les passifs utilisateurs de systèmes incompréhensibles.

Je suis persuadé que, dans trente ans, ils évoqueront avec nostalgie les « bidouillages » qu'ils bricolaient avec des ordinateurs qui paraîtront alors aussi démodés que mon projecteur *Heurtier*, ma caméra *Pathéo Webo* et mon cliquetant *Savoyflex*.

NOTES

A l'occultation du rôle que joua le Studio Parnasse, il existe deux exceptions : l'excellent ouvrage d'Antoine de Baecque consacré à l'histoire des *Cahiers du Cinéma* aux éditions éponymes. Il y évoque les soirées du mardi et les fameux jeux des questions. Une photographie montre la salle, vers 1956, où trônent Jacques Rivette, Jean Domarchi, Jean-Luc Godard et Luc Moullet.

Dans son *Journal d'un cinéphile* (Filipacchi), Claude-Jean Philippe se souvient : « *J'ai pensé aussitôt au Studio Parnasse de mes jeunes années, où tout ce que Paris comptait de cinéphiles fanatiques, de jeunes critiques intolérants et de futurs auteurs de films se retrouvait le mardi soir pour assister à la projection d'un film « de répertoire », programmé cette semaine là, et pour en discuter furieusement ensuite. Je me revois avec précision, regardant* L'inconnu du Nord-Express *non loin de Chabrol qui n'avait pas encore tourné un mètre de pellicule mais qui semblait tout savoir d'Hitchcock et des « murder stories » démonologiques anglaises, écrites et filmées depuis les origines. Il y avait aussi un critique des* Cahier du Cinéma, *professeur de droit par ailleurs à la faculté de Dijon, et qui était un spectacle à lui tout seul. Il fallait le voir éructer littéralement de plaisir à chaque changement de plan, sans se soucier de la consternation de ses voisins, empêchés de voir le film autrement que par ses yeux. Il s'appelait Jean Domarchi. Il est mort depuis quelques années ».*

LA MUSIQUE

Durant mes jeunes années, l'unique source de musique dont nous disposâmes à la maison se limitait à un antique poste de radio juché sur la bonnetière de la salle à manger.

C'était un volumineux objet en bakélite noire dont la face avant était recouverte d'un tissus beige dans laquelle s'incrustait la poussière. L'antenne était constituée d'une sorte de long ressort tendu entre deux murs. Il fallait faire preuve d'une bonne capacité d'abstraction pour isoler la musique des grésillements et des chuintements qui s'y mêlaient.

Le dimanche, rituellement, était consacré à la « grande musique ». Le matin, en encaustiquant les meubles, mon père écoutait une émission « didactique » présentée par Roland Manuel et Nadia Tagrine. L'après-midi, à l'heure du thé, c'était la retransmission « en direct » du Théâtre du Châtelet des Concerts Colonne.

Le jeudi après-midi, mon frère s'emparait du poste et s'enfermait dans le bureau de mon père pour écouter religieusement l'émission consacrée à l'orgue par Norbert Dufourcq.

Non sans sadisme, je créais des parasites en tripatouillant une prise électrique. Furieux, il surgissait de la pièce, une règle de fer à la main. Un jour, n'ayant réussi à m'échapper à temps, je subis le châtiment avec une telle violence que la règle se tordit. Les proverbes mentent parfois et la musique n'adoucit pas toujours les mœurs...

Si mon père et mon frère appréciaient cet art, ma mère y demeurait totalement imperméable. Les soirs où la radio (on disait alors *La TSF*) transmettait un opéra de Wagner elle s'endormait doucement sur son tricot tandis que mon père vibrait aux accents de *Tristan* ou de *Parsifal*.

A moi qui demeurais insensible aux plaisirs musicaux, les cours du lycée auraient pu ouvrir les oreilles. Ils faisaient tout pour les boucher encore davantage.

Deux professeurs sévissaient à Henri IV : MM Henrion et Desmetre. Le premier, nous donnait chaque semaine l'occasion d'une heure de chahut libérateur. Le second, toujours tiré à quatre épingles, était un maniaque du solfège.

A l'aide d'un guide-chants, sorte de modèle réduit d'harmonium dont on actionnait le soufflet d'une main à l'aide d'une levier tandis qu'on jouait de l'autre, il tentait de nous initier aux dièses, aux bémols, aux accords et aux tonalités. Pour la plupart des élèves ce langage demeurait du chinois.

En exercices d'application, nous chantions des airs célèbres dans des traductions affligeantes qui me polluent encore l'oreille. Voici ce que donnait un des grands airs des *Maîtres Chanteurs* revu par un obscur plumitif :

« *Bois ombreux, vertes plaines*
Le voyageur, à son retour
Célèbre en chantant
La douceur d'un beau jour »

Régulièrement, M. Desmetre procédait à des interrogations sous forme de dictées musicales. C'était le supplice !

Il jouait un air sur son guide-chants et nous devions en retranscrire les notes sur des portées musicales. Les ignares, comme moi, avaient conçu un système « d'anti-sèches » qui consistait à inscrire les notes sur nos ongles à l'aide d'une fine plume. Cela marcha un certain temps jusqu'à ce que le professeur découvrît le subterfuge et procédât, avant la dictée, à l'examen des ongles.

Je dois pourtant à ce pédagogue qui œuvrait pour nous dégoûter définitivement de la musique (au cours de mes études je n'ai jamais vu un instrument ni un tourne-disques pénétrer dans la classe) une grande reconnaissance.

M. Desmetre, en dehors de son activité professorale, était violoniste au Concert Colonne. Il nous incita à nous inscrire aux *Jeunesses Musicales de France* qui donnaient, le dimanche matin, des concerts d'initiation à la musique.

Ravis de cette initiative, mes parents, malgré mon manque d'enthousiasme, me poussèrent à m'abonner. Chaque quinzaine, avec mon grand ami Olivier d'Azémar de Fabrègues, nous nous rendîmes plusieurs années de suite aux matinées du Châtelet.

Contrairement à mes craintes, ces concerts se révélèrent passionnants. Tony Aubin, un chef d'orchestre qui était un remarquable pédagogue, nous fit découvrir que les instruments étaient des êtres vivants faits pour s'accorder, se répondre et créer un dialogue qui engendrait des émotions sublimes.

Au sein de l'orchestre, M. Desmetre (avant de jouer il tirait de sa poche un large mouchoir blanc qu'il étalait précautionneusement sur son épaule avant d'y caler son violon) devenait un autre homme. Ce n'était plus le tortionnaire des dictées musicales mais une des voix qui se mêlait aux flûtes, aux cors et aux timbales pour créer, sous la baguette du chef d'orchestre, ces mélodies magiques qui souvent m'arrachaient des larmes.

En sortant de la salle de concert, sans doute pour ne pas rompre l'harmonie que nous venions de vivre, nous grimpions rituellement au sommet des tours de Notre-Dame. L'envol des pigeons, la Seine qui scintillait au soleil, l'ordonnance des toits et des monuments, Paris qui vivait là-bas, en dessous de nous, formaient un superbe contrepoint à la symphonie qui sonnait encore à nos oreilles.

Ayant découvert les beautés de la musique, j'empruntai un phonographe (on ne parlait pas encore de tourne-disques) à un ami.

Je m'empressai d'aller acheter dans une boutique de la

rue de l'Odéon un disque 78 tours d'occasion : des extraits du *Messie* de Haendel. Inlassablement, je repassai le disque jusqu'au jour où j'eus le malheur de m'asseoir dessus. Je recollai les deux parties avec de la *Seccotine* et repris mes écoutes. Ce qui donnait Adeste/ toc /Fideles : toc...

L'apparition des microsillons fut une véritable révolution. Enfin on pouvait écouter une symphonie sans changer de disque toutes les cinq minutes et avec une pureté de son qui nous paraissait alors proprement miraculeuse.

Les microsillons comprenaient deux standards, 33 et 45 tours (après une brève apparition les 16 tours disparurent du marché). Les 33 tours avaient deux diamètres : 30 et 25 centimètres alors que les 45 tours, au large trou central, mesuraient 17 centimètres.

Quelques amis possédaient l'engin qui permettait d'écouter ces nouvelles merveilles de la technique. Nous vous réunissions chez eux pour nous recueillir autour d'une symphonie de Beethoven ou des premières chansons de Georges Brassens.

Sous la pression familiale, mon père fit l'achat d'un nouveau poste de radio muni d'un tourne-disques.

Ce poste comportait une innovation majeure : *l'œil magique*. Il s'agissait d'un voyant vert lumineux qui s'ouvrait et se fermait comme une paupière et permettait par ces ajustements d'obtenir un réglage précis de la station captée. Avant l'apparition de la FM (modulation de fréquence) on devait se contenter des Grandes, Moyennes et Petites ondes.

Certains tourne-disques, comme le Pathé Marconi, possédaient *un changeur de 45 tours*. Sur un axe fixé au centre du plateau on enfilait une pile de disques que l'appareil se chargeait de faire tomber successivement sous la tête de lecture. Ce système était particulièrement utile pour les surprises-parties.

Un constructeur (Philips) poussa même le raffinement technologique jusqu'à proposer un changeur de 30cms. Grâce à cet appareil qui était une véritable « usine à gaz » on disposait de plusieurs heures de musique ininterrompue. J'en fis l'acquisition lorsque je fus installé dans un studio, rue du Dragon. L'ennui, avec ce système, c'est qu'il imposait de n'écouter que les deux premiers mouvements d'une symphonie, la suite se trouvant sur l'autre face du disque. Ainsi *La marche funèbre* de la troisième symphonie de Beethoven s'enchaînait directement avec premier mouvement de la *Symphonie du Nouveau Monde* de Dvorak.

La seconde révolution technique fut l'apparition du transistor. Aux lourdes machines à lampes succédaient de petits appareils faciles à transporter. La musique pouvait vous accompagner d'une pièce à l'autre. Toute une génération fut marquée par ces électrophones qui devinrent l'élément indispensable des surprises-parties. La marque *TEPPAZ* fut si célèbre qu'elle devint un nom commun à l'instar du *FRIGIDAIRE*.

En même temps que le matériel se transformait une troisième révolution avait lieu avec l'apparition des *Clubs de Disques*.

Le plus célèbre fut *La Guilde Internationale du Disque* bientôt suivie par *Le Club Français du Disque, Le Club des Discophiles*, etc.

Pour le lancement, la Guilde édita un disque témoin qui fut une révélation pour les gens de ma génération. Il comportait des morceaux fameux comme la *Toccata en ré, Les Ruines d'Athènes* et *La Symphonie inachevée*.

Le principe de fonctionnement était simple : chaque mois était proposée une nouvelle parution qui, sauf avis contraire, était adressée par la poste (la même formule existait pour les livres avec le *Club Français du Livre*. Elle continue de nos jours avec les cassettes vidéo, les compact disques et les DVD).

Le succès fut considérable. Non seulement il n'était plus nécessaire de se rendre chez ces disquaires qui toisaient le pauvre béotien que j'étais et se contentaient de répondre du bout des lèvres à mes questions naïves, mais, surtout, il y avait ce plaisir régulier de découvrir un paquet dans sa boîte à lettres. C'était Noël douze fois par an.

Il est intéressant, aujourd'hui, de comparer les interprétations des années 50 avec celles d'aujourd'hui. La musique aussi a bien changé. En écoutant, par exemple, *Les quatre saisons* ou *Les concertos brandebourgeois* interprétés par Paul Kuentz ou par Karl Ristenpart et les mêmes œuvres revivifiées par Fabio Biondi, on a l'impression d'entendre des musiques différentes. A une espèce de guimauve sans souffle et sans relief a succédé un éblouissement et une pétulance à vous couper le souffle.

Les clubs de disques élargirent leur champ et publièrent des disques de jazz.

J'avais découvert cette musique grâce à une émission quotidienne de début de soirée présentée par Sim Copans : *La voix de l'Amérique*. Tous les jours je devais lutter et m'accrocher au poste pour attraper quelques airs de Louis Armstrong ou de Duke Ellington au milieu des vociférations de mon père qui m'intimait l'ordre d'arrêter cette « musique de nègres ».

Vers ma vingtième année, passionné par cette autre musique, je fréquentais les quelques clubs de jazz qui subsistaient dans Paris. Pour le jazz New Orleans, on se pressait au *Caveau de la Huchette* où opérait Maxime Saury et ses invités des grands soirs comme Mezz Mezzrow ou Rex Stewart. Au *Trois Maillets* officiait Marc Lafférière. Quand mes ressources me le permettaient, j'invitais une jeune fille au *Club du Vieux Colombier* écouter Claude Luter.

Pour découvrir du jazz moderne on allait au *Caméléon*, rue Saint André des Arts. Le bar du rez-de-chaussée diffusait les disques de Bill Evans ou de Miles Davis. Dans la cave minuscule se produisaient de petits ensembles ou des pianistes dont certains sont devenus célèbres.

La dernière révolution, durant mon adolescence, fut l'apparition de la stéréophonie.

Nous avions découvert cette nouvelle technique grâce à une diffusion (Paris Inter ?, Poste Parisien ?), restée fameuse, de *Déserts* d'Edgar Varèse. Pour profiter de cette merveille, il fallait disposer de deux postes de radio qui transmettaient les voies de gauche et de droite. Je n'eus pas le loisir d'apprécier longtemps l'efficacité du procédé. A l'audition de ces grincements, de ces miaulements, de ces borborygmes, mon père entra dans une véritable fureur et coupa le son. Après la « musique de nègres », je lui infligeais la « musique de fous ».

L'arrivée de la stéréophonie déclencha chez moi, ainsi que chez quelques amis, le virus de la construction d'appareils.

Déjà, dans mon enfance, le journal *Bayard* (cf. : La lecture) publiait une rubrique, rédigée par Jean des Ondes, qui fournissait les explications et les plans pour réaliser des appareils de radio et des amplificateurs.

Je me lançai dans la construction d'un *poste à galène*. Dans l'espoir d'acquérir les connaissances nécessaires, je lus et relus le livre de Georges Giniaux *Les Postes à Galène*. Si je ne compris pas grand-chose aux explications techniques, je fantasmai sur les nombreuses vertus que l'auteur prêtait à ce modeste appareil :

« *Il ne coûte guère à construire !*
Il ne coûte rien à entretenir
Il est source de joies discrètes
– Le papa qui l'aura construit pour la joie de son fils – ou pour lui-même
– L'ami délicat qui l'aura construit pour l'offrir à une personne dont l'âge ou la santé appellent cette distraction
– Le militaire, le collégien, le scout qui l'auront construit pour leur joie
– Celui qui l'aura construit pour faire ses premiers pas dans le monde enchanté de la Radio…
Tous seront heureux. »

J'avoue que mes premiers pas dans cette merveilleuse science « radio-électrique » présentée avec tant de lyrisme, ne donnèrent pas de résultats probants. J'avais beau gratouiller la galène (sorte de petite pierre) avec le « chercheur » (pointe montée sur un ressort) et triturer le « condensateur » je n'obtenais dans l'écouteur que des crachouillis au milieu desquels, parfois, je croyais entendre une voix lointaine et évanescente.

La réalisation de postes et d'amplificateurs à lampes exigeait des compétences plus poussées. Après m'être sérieusement documenté dans des ouvrages spécialisés comme *Construction Radio* de L. Pericone, je me mis à fréquenter les hauts-lieux des constructeurs amateurs : *Magnetic France, Ondenia, Teral, Cibot*, etc.

Là, on pouvait se procurer des plans et des pièces détachées et profiter des conseils éclairés des vendeurs.

Après des essais de soudure, j'entrepris la construction d'un « récepteur pour modulation de fréquence et modulation d'amplitude et un amplificateur BF ultra-linéaire ».

Mes efforts, entrecoupés de crises de rage et de périodes d'abattement, ne furent pas à la hauteur de mes espérances. Si, effectivement, l'appareil produisait un son, celui-ci était couvert par le grésillement des parasites. Mon poste sous le bras, j'allais harceler les vendeurs qui ne dissimulaient pas leur ironie devant mes montages « abracadabrantesques » et mes soudures « collées ».

Obstiné, je me rabattis sur la construction d'enceintes (ou « baffles »). La menuiserie me réussit mieux que l'électronique. Après des modèles simples (« bass reflex ») je me lançai dans la réalisation complexe d'enceintes à labyrinthe et à multiples hauts-parleurs. Elles pesaient une tonne mais fournissaient un son des plus honorables qui éblouissait ma mère.

Les premiers appareils stéréophoniques portables qui firent leur apparition sur le marché étaient des machines plutôt rustiques (je possède toujours l'*EDEN* acquis par mon père) qui transformaient l'écoute d'une symphonie en une partie de tennis où la gauche de l'orchestre répondait à la partie droite avec un grand vide au milieu.

Sagement assis les uns derrière les autres, entre les deux enceintes, nous ressemblions aux spectateurs de Roland Garros en train de suivre les mouvements de la balle.

C'est vers cette époque (fin des années 50) que les magnétophones amateurs commencèrent à se répandre. Pour préparer une fête de groupe (cf. : Le scoutisme) on m'en prêta un durant vingt-quatre heures afin pour enregistrer les musiques de scène. Il s'agissait d'un *magnétophone à fil* (avant la bande, ces engins, inventés par les allemands, utilisaient un fil d'acier). Fasciné par cet appareil miraculeux, je passai la nuit à enregistrer ma voix, de la musique et des bruits. Plus tard, j'eus les moyens de m'acheter un magnétophone plus perfectionnés puis un portable stéréophonique *UHER* qui me servit à sonoriser les films que je tournais (cf. : Le cinéma).

Si j'ai beaucoup parlé de musique classique et de jazz, c'est que les variétés et la chanson ont joué un bien moindre rôle dans mon éducation musicale. Chez nous, le seul chanteur qui avait droit de cité à la TSF était Charles Trenet. Mon père écoutait avec ferveur ses récitals. Pour lui *Papa pique et maman coud*, *La mer* ou *Le voyage au Canada* étaient des chefs d'œuvre qui n'avaient aucune commune mesure avec les « meuglements » que diffusait Europe N°1 avec le célèbre *Salut les Copains*.

Influencé par ses goûts, je traitais par le mépris ces « yé yé » tout juste bons à animer nos surprises-parties (cf. : Les loisirs). En revanche, la première fois que j'entendis Georges Brassens chanter le *Gorille* et *La chasse aux papillons*, je m'empressai d'acheter le disque (ce fut, je crois, le début de ma discothèque). De même pour Léo Ferré. Mes goûts, en ce domaine, n'ont guère varié.

Je parle dans le chapitre consacré aux loisirs des Platters dont le très célèbre *Only you* repassait vingt fois dans les soirées car il permettait de longs enlacements et du non moins célèbre *Rock around the clock* qui nous initia aux danses plus musclées.

Dans le domaine de la chanson, je dois faire une mention spéciale à la mode qui dura quelque temps : *la chanson religieuse* (donc appréciée par les parents). Des ecclésiastiques, pris par je ne sais quel démon, se lancèrent avec succès dans le « show business » : le Père Duval (« *J'ai joué de la flûte sur la place du marché / Et personne avec moi n'a voulu danser* » « *Le Seigneur reviendra ! Le Seigneur reviendra ! Tiens ta lampe allumée...* »), son concurrent, le Père Cocagnac et l'inénarrable Sœur Sourire qui chantait en toute ingénuité « *Dominique, nique, nique* ».

Exceptionnellement, nous nous rendions au concert. Je me souviens avec émotion des soirées de l'église Saint

Séverin où les membres de l'orchestre Paul Kuentz, déguisés en musiciens du XVIIIème siècle, éclairés par des candélabres, nous faisaient découvrir les œuvres de Bach et de Vivaldi.

Aujourd'hui, il suffit d'appuyer sur une touche pour obtenir un son d'une telle qualité qu'on a l'impression de se retrouver dans une salle de concert. Grâce aux « baladeurs » il est possible d'emporter avec soi une symphonie de Sibélius ou un récital de Francis Cabrel. Désormais le son s'allie à l'image avec la magie du DVD. Des magasins spécialisés comme la FNAC ou Virgin offrent au mélomane des milliers de disques et permettent de comparer des dizaines d'interprétations.

Ceux qui sont nés dans ce monde de profusion et d'excellence technique ont du mal à imaginer les efforts qu'il fallait accomplir et l'obstination dont il fallait faire preuve pour pénétrer dans le monde de la musique.

Je loue mes parents de m'avoir imposé les fastidieux concerts du dimanche après-midi et les retransmissions des opéras de Wagner. Comme je les remercie d'avoir essayé de me dégoûter du jazz : leurs sarcasmes me poussèrent à en écouter davantage, d'abord par esprit de contradiction puis par réel plaisir.

Ce qui est devenu un produit de consommation comme les autres était alors une récompense et, d'une certaine façon, un privilège.

De même que la peinture ou la littérature, la musique exigeait un apprentissage, une initiation. En ouvrant la boîte aux souvenirs, je me rends comptes de la chance que j'ai eue de vivre dans une famille qui m'aida à emprunter cette voie qui, durant toute ma vie, me procura les plus intenses plaisirs.

LA PEINTURE

Dans le milieu où j'ai grandi, la peinture ne jouait qu'un rôle très secondaire et, pourrait-on dire, anecdotique. Quand à l'art contemporain, il était totalement ignoré. Si, par hasard, on l'évoquait, c'était pour s'en gausser avec des formules aussi stupides que « Ça ne veut rien dire ! », « Picasso se moque du monde ! » « Tant mieux s'ils trouvent des gogos pour acheter ça ! », etc.

Même chez des amis dont les parents se targuaient de culture et disposaient de moyens financiers confortables, jamais je n'ai vu une toile de peintre contemporain. Sur les murs du salon et de la salle à manger étaient accrochés des tableaux d'un autre âge, sombres et ennuyeux, venus là grâce à des héritages. « C'est un tableau de famille » commentaient leurs propriétaires en vous priant d'admirer le portrait d'une ancêtre renfrognée ou d'un barbu solennel et ventripotent.

Chez nous, la décoration se limitait à quelques gravures *anglaises* représentant des scènes de chasse au renard ou des assemblées de personnages rubiconds levant leur verre à la fin d'un repas qui avait du être particulièrement copieux.

Si le virus de la littérature et du cinéma m'atteignit très tôt, la peinture, en revanche, n'éveilla en moi aucun intérêt particulier jusqu'à l'adolescence.

Dans la bibliothèque paternelle, les livres d'art étaient totalement absents. Il faut dire que, dans les années 50, ceux-ci étaient encore rares et, pour la plupart, avec des reproductions de mauvaise qualité en noir et blanc. L'apparition de la couleur en quadrichromie, ne se fit que progressivement avec des éditeurs tels que *Skira* et des fabricants de reproductions comme *Braun*.

Le seul contact que je pouvais avec la peinture se limitait aux pages hors texte du *Petit Larousse Illustré*, scènes « de genre » ou « historiques » dues à des artistes aussi célèbres que Paul Delaroche, Joseph-Léon Bonnat, Rosa Bonheur ou Jean-Paul Laurens. Avec leurs personnages grandiloquents et figés, leurs nudités « savonneuses » ces pompiers avaient de quoi vous dégoûter à jamais de la peinture.

Il y avait également les musées. Parfois, les dimanches de pluie, lorsqu'il nous voyait désœuvrés (enfin, selon sa conception du désœuvrement…), mon père prononçait la phrase fatidique : « Allez ! Je vous emmène au Louvre… ».

En traînant la jambe, nous le suivions dans ces lugubres salles en enfilades qui nous semblaient ne jamais devoir finir. Elles étaient bourrées de toiles qui ne me disaient rien. J'ai longtemps gardé des musées (qui ont heureusement fait de grands progrès en matière de présentation) un profond sentiment d'ennui. Seuls les parquets cirés m'inspiraient le désir de m'y lancer en patins à roulettes.

L'école et le lycée, s'ils avaient joué leur rôle, auraient pu susciter notre appétit pour l'art. Malheureusement, à quelques exceptions près, c'est l'inverse qui se produisait. Les cours de dessin (une heure par semaine) étaient des moments fastidieux et de véritables pensums. Sous la houlette de professeurs dénués de toute pédagogie, nous recopiions d'affreux bustes de Voltaire ou de Montesquieu en plâtre gris de poussière.

En quatrième, nous eûmes même droit à un professeur à moitié fou. Lorsque tous les élèves étaient assis, il prome-

Au temps des cataplasmes

nait sur la classe un regard noir et s'exclamait « Tas de glaviots ! Je vous dégueule ! ».

On conçoit qu'avec une telle entrée en matière, les vocations avaient du mal à s'épanouir…

Comme la majorité de mes camarades, je serais resté imperméable à la peinture et, surtout, à l'art contemporain, si, guidé par je ne sais quel hasard providentiel, je n'avais poussé un jour la porte du Musée National d'Art Moderne.

J'avais quatorze ans et j'ignorais que ce geste allait influencer ma vie entière.

Ce bâtiment imposant, situé avenue du Président Wilson, entre l'Alma et le Trocadéro, date de l'Exposition Universelle de 1937.

Construit par des architectes dont la postérité n'a pas retenu le nom, il s'efforce de donner une impression de grandeur alors qu'il n'est que grandiloquent. De plus, à l'époque où je le découvris, il prenait l'eau de toute part.

Les architectes avaient vu grand. La succession de salles aux vastes proportions, les escaliers monumentaux, l'atmosphère glaçante qui régnait dans ces lieux, inspiraient plus la panique que le respect au néophyte qui osait s'y aventurer.

Aujourd'hui, Beaubourg fourmille de visiteurs alors que le Musée d'Art Moderne était quasi désert. Un après-midi de juin – j'avais séché le cours de physique-chimie pour parfaire ma culture artistique – je me suis retrouvé le seul visiteur du musée.

Abrutis par la chaleur, les gardiens somnolaient sur leurs chaises. A mon passage, l'un d'eux ouvrit l'œil et m'apostropha « Mais, mon gars, qu'est-ce que tu fous là à regarder ces horreurs ? Avec un temps comme ça, tu ferais mieux d'aller à la pêche à la ligne ! ».

Au début des années 50, les conservateurs ne faisaient guère preuve d'audace et la peinture figurative « traditionnelle » occupait la presque totalité des salles. Seul Bernard Dorival, auteur de *Les étapes de la peinture française contemporaine* (livre chipé dans la bibliothèque du père de mon ami Jean-Bruno et cent fois relu) avait timidement tenté d'introduire un autre type de peinture dont le superbe tableau de Nicolas de Staël, *Les toits*.

Face à cette profusion d'œuvres, comment m'orienter, comment distinguer le médiocre du sublime ? A côté des Rouault, des Dufy, des Bonnard, des Braque ou des Matisse, des salles entières étaient consacrées à des artistes de seconde zone dont les noms sont aujourd'hui passés aux oubliettes. Qui se souvient encore de Charles Walsh, d'Edouard Goerg, d'Amédée de la Patellière, de Desnoyer ? Qui pense encore que Marcel Gromaire à la « stylisation maniériste », que Waroquier tenant d'une « mise en scène déclamatoire » (Michel Ragon) ou André Lhote avec ses théories aussi rigides que sa peinture était privée de chaleur, peuvent être mis sur le même pied que Braque et Matisse ? Et pourtant, des salles entières leur étaient réservées.

Dans mon ignorance des valeurs, j'étais confronté à un problème qui n'est pas simple à résoudre : quels sont les critères qui permettent de juger si une toile est une œuvre forte et vivante ou si l'on est en présence d'un « produit » sans réelles qualités ?

Les séances de ciné-clubs (cf. : Le cinéma) m'avaient fourni un certain nombre de clés permettant de décrypter un film pour s'en faire une opinion fondée sur des arguments solides. De même, les cours de français, malgré leurs insuffisances, nous entraînaient à saisir les beautés d'une œuvre littéraire et à affiner notre jugement.

En art, c'était le néant. Après avoir parcouru, durant des heures, les salles du musée, je me rendis compte que ma seule intuition ne suffirait pas pour me faire pénétrer dans le mystérieux univers de la peinture.

Certes, je commençais à sentir des différences de taille entre les mièvreries pseudo-expressionniste d'un Goerg et les puissantes constructions d'un Braque (l'admirable *Billard*). Les toiles éblouissantes de lumière d'un Jacques Villon me causaient un choc chaque fois que je les voyais. Les aquarelles de Dunoyer de Segonzac ne me laissaient pas indifférent, loin de là.

La petite salle réservée aux surréalistes – Dali, Pierre Roy, Yves Tanguy – exerçait sur moi une sorte de fascination. Longuement, je faisais halte devant une toile énigmatique dont je n'ai pas réussi à retrouver l'auteur : *La bataille des pommes de terre*.

Mais les clés permettant de comprendre pourquoi j'aimais certaines œuvres, pourquoi d'autres me laissaient indifférent, pourquoi je n'arrivais pas à pénétrer dans les peintures cubistes, me faisaient de plus en plus défaut.

Pour parfaire ma culture déficiente, je me mis à fouiner chez les libraires d'occasions (les seuls que m'autorisait mon maigre budget) à la recherche d'ouvrages qui me permettraient de me procurer les fameuses clés.

Deux ouvrages d'André Lhote, *Traité de la figure* et *Traité du paysage*, commencèrent à m'ouvrir les yeux. Même si je ne comprenais qu'une partie de ses subtiles démonstrations sur le nombre d'or, les couleurs chaudes et les couleurs froides, je découvrais qu'un tableau, au-delà de son apparence finale, répond à un certain nombre d'impératifs de composition et d'harmonie colorée qui, eux, sont intangibles.

Je faisais mes classes. J'élargis mon champ de vision en fréquentant l'Orangerie et le Musée du Jeu de Paume (dont les toiles se trouvent actuellement au Musée d'Orsay). Les impressionnistes et les post-impressionnistes me firent prendre conscience qu'il existait une continuité entre ces artistes et ceux que j'admirais dans l'autre musée. J'y découvris également que la nouveauté, en art, s'opère à travers des *ruptures* qui ne sont pas des rejets mais de nouvelles façons de voir la réalité extérieure ou intérieure.

Pour tenter d'en savoir plus, je m'immisçais dans des groupes de visiteurs menés par des guides qui, pensais-je naïvement, me permettraient de progresser. En général, les commentaires de ces « spécialistes » étaient affligeants. Soit ils racontaient des anecdotes sur la vie des artistes, soit ils décrivaient platement le tableau qu'on avait sous les yeux. Les pires étaient ceux qui prétendaient reconstituer la démarche du peintre. Je me souviendrai toujours de cette femme qui expliquait sérieusement devant *L'église d'Auvers*, de Van Gogh, que celui-ci était fou. Comme preuve, elle démontrait que l'artiste, à mesure qu'il avançait dans la confection de sa toile, ne contrôlait plus ses pulsions. Quand il terminait par le ciel, ses coups de pinceau devenaient frénétiques…

Et si Van Vogh, avais-je envie de lui hurler, avait commencé par peindre le ciel, comment pourriez-vous dire des âneries pareilles ?

À force d'entendre de telles banalités et de telles sottises, je me posai une question essentielle : comment un tableau se fabrique-t-il ? De même que j'avais réalisé un dessin animé « pour voir comment ça marche », je décidai de mettre la main à la pâte.

J'ai raconté ailleurs (cf. : Les vacances), mes premières expériences de peintre, d'abord assez maladroites puis, grâce aux conseils de professionnels, un peu plus satisfaisantes.

A mesure que j'avançais dans cette pratique, je prenais conscience de mes insuffisances techniques. Pour tenter de les combler, j'achetai des ouvrages spécialisés tels que *Traité de la peinture à l'huile*, *L'art de faire un tableau* (Editions Henri Laurens). Je ne sais à quelle époque ils ont été écrits, mais ils sont le reflet du plus strict académisme tel qu'on devait l'enseigner à l'Ecole des Beaux-Art. L'auteur (Karl Robert) truffait ses conseils pratiques d'exemples empruntés aux pires pompiers ; Un de ses dieux était « l'immortel Meissonier » : *la popularité du peintre de « 1815 », sa grande valeur, proviennent de ce qu'il a traité dans des cadres restreints des sujets d'histoire d'une telle grandeur, composés avec tant de science et d'art et d'une telle préciosité d'exécution qu'il dépasse les maîtres les plus fins de la Hollande, et cela derrière une élévation d'esprit et de pensée qu'ils n'ont jamais su atteindre ».

Il était clair qu'avec de telles références, je n'irais pas loin.

Au lycée, en troisième, j'eus la chance de tomber sur un professeur de dessin qui nous changeait de l'énergumène que nous avions subi l'année précédente. Ce M. Saintoux, lui-même aquarelliste de talent, voyant que je n'éprouvais aucun intérêt à recopier les bustes poussiéreux, m'installa au fond de la salle pour réaliser des copies de tableaux. Non sans peine, je m'attaquais à la reproduction d'un Chardin et d'un Cézanne.

Avec beaucoup de patience, il redressait mes erreurs, m'enseignait les mélanges de couleurs, m'expliquait comment l'artiste, en jouant avec les complémentaires, faisait vibrer les teintes, exaltait les lumières et donnait vie à sa composition.

Je crois qu'il n'y a pas de meilleure façon d'apprendre son métier de peintre que de se livrer, avec modestie, à de tels exercices de copie. En même temps que la technique, on y apprend la rigueur. Et, au-delà, on pénètre peu à peu dans l'âme de l'artiste en s'efforçant de retrouver sa démarche et de lui voler ses secrets.

Comme je n'avais pas les moyens de me payer les livres d'art en couleurs qui commençaient d'apparaître sur le marché, j'achetais dans les musées des cartes postales que je collais sur un album. En le feuilletant, on voit que mes choix reflètent fidèlement les goûts dominants de l'époque : Carzou, Buffet, Oudot, Derain, Vlaminck, de La Fresnaye, Dunoyer de Segonzac, les Picasso des époques roses et bleues, etc. Un Magnelli, curieusement, s'est égaré dans cette galerie des plus traditionnelles.

Les vedettes de ma vingtième année, ces artistes que la presse encensait à longueur de colonnes et qui avaient droit à de fastueuses expositions, étaient les « deux Bernard » : Buffet et Lorjou. Carzou, avec ses peintures anguleuses et « profondément poétiques » avait également les faveurs d'un large public grâce aux reproductions de ses œuvres qui inondaient les boutiques spécialisées. Lui aussi était considéré comme un maître.

Comment aurais-je pu me douter qu'il existait une autre peinture ? A la Galerie Charpentier, alors en plein gloire, se tenait chaque année une imposante manifestation où se retrouvaient tous les tenants de la peinture figurative. A partir d'un thème imposé (Le bonheur, Le travail, etc.) ces *Peintres témoins de leur temps* laissaient supposer que le véritable art vivant se trouvait là. Des critiques influents, comme Raymond Charmet qui les encensait, ne manquaient pas une occasion de dénoncer l'art abstrait « intellectuel et stérile » et d'annoncer sa fin imminente.

Au début de ma quête, je me fiai à leur jugement et proférai les mêmes stupidités. Je me souviens, la honte au front, de la réaction que j'eus en allant voir, sur les conseils d'un étudiant allemand rencontré au pèlerinage de Chartres, une exposition de Paul Klee dans une galerie de la rue de Seine : des barbouillages d'enfant de dix ans !

Sans doute, au Musée d'Art Moderne, avais-je vu quelques œuvres de ces peintres vilipendés par la critique en place : Bazaine, Manessier, de Staël. Mais, comme disent encore beaucoup de gens, « je n'y comprenais rien ». Pourtant, je sentais qu'il se dissimulait derrière ces œuvres sans formes identifiables, un monde différent qui pouvait receler des plaisirs et des émotions infiniment plus intenses que la plate représentation de la réalité. Mais comment pouvait-on y pénétrer ?

En parcourant le quartier des Beaux-Arts, je voyais bien, dans certaines vitrines, des toiles non figuratives. Mais, pousser la porte d'une de ces galeries et m'y retrouver seul pour subir le regard inquisiteur de la personne assise, au fond, derrière son bureau, me terrorisait d'avance.

Un jour, je pris mon courage à deux mains et entrai à la Galerie Arnaud, alors rue du Four. Comme personne ne s'étonnait de ma présence et ne me posait de questions, je descendis au sous-sol où se tenait une exposition de James Guitet. Ces toiles, aux reliefs puissants structurés comme des coupes géologiques, me causèrent un choc difficilement exprimable.

Ces peintures ne représentaient rien de reconnaissable et, pourtant, elles parlaient un langage qui m'allait droit au cœur. En quittant la galerie, j'étais comme sonné par cette évidence : l'art d'aujourd'hui, celui qui véhiculait la vie, n'était pas le fait des peintres que j'avais admirés jusqu'ici mais bien la création de ces explorateurs d'un monde nouveau.

Un livre de Michel Ragon, paru en 1959, *La peinture actuelle*, me conforta dans ma conviction.

« *L'art abstrait, écrivait-il, n'est pas à la mode dans le public qui ne l'aime pas. La mode est aujourd'hui à un art figuratif expressionniste du type Bernard Buffet. Aucun des grands artistes non-figuratifs de la seconde génération, qui ont aujourd'hui autour de la cinquantaine, n'a un prestige aux yeux des foules qui puisse se comparer à celui dont jouit Bernard Buffet. L'art abstrait demeure un art d'initiés, même si personne n'ignore plus son existence. Et c'est beaucoup mieux ainsi. Déjà, dans les galeries et les musées les plus publics, les « livres d'or » sont maculés d'injures. »*.

Et, ajoutait-il : « *Il faudrait, me semble-t-il, retirer au contraire, les œuvres d'art contemporaines du contact des non initiés. L'œuvre d'art y regagnerait en ambiguïté, en magie, en précieuseté. Le spectateur qui entrerait dans ce cénacle fermé, n'aurait plus l'air d'être mené de force chez le percepteur. Il ne se sentirait ni lésé, ni trahi. Il arriverait enfin devant le totem d'une franc-maçonnerie où il lui aurait fallu conquérir lentement ses grades* ».

Ce texte, très représentatif d'une époque où la défense de l'art abstrait était un véritable combat, ne serait-il pas encore valable aujourd'hui ? C'est la question que je me posais récemment au cours d'un dîner « parisien » en écoutant les inepties que proféraient des personnes, pourtant cultivées, à propos de cette forme d'art.

En tout cas, de tels propos me donnèrent du baume au cœur. En éprouvant une émotion, jusqu'ici inconnue, face à ces œuvres « incompréhensibles », je ne faisais pas preuve d'un goût malsain mais, au contraire, accomplissais les premiers pas pour entrer dans ce cercle d'initiés dont parlait Michel Ragon.

Je tentai d'entraîner quelques camarades avec moi. Après plusieurs tentatives malheureuses, je compris qu'il me faudrait accomplir seul le cheminement initiatique.

Les galeries qui exposaient de la peinture non figurative étaient plus nombreuses que je ne le craignais. Je les explorais les unes après les autres : Galerie Stadler, rue de la Seine, où je découvris Tapiès, Bryen, Saura, Paul Jenkins. Un peu plus loin, Galerie Pierre qui réunissait Riopelle, Zao Wou-Ki, Mathieu, Galerie Paul Facchetti, rue de Lille, avec les premiers abstraits américains exposés en France, Galerie Berggruen, rue de l'Université, alternant abstraits et surréalistes, Galerie La Roue, spécialisée dans les petits formats et, bien sûr, la Galerie Arnaud présentent tous les poulains de Michel Ragon : Guitet, Koenig, Feito, Schneider.

Dans les beaux quartiers, la Galerie de France et la Galerie Maeght exposaient les vedettes de « l'Ecole de Paris » : Manessier, Tal Coat, Bazaine, Pignon, Soulages, Poliakoff, etc.

Pour parfaire ma culture, je raflais le maximum de catalogues. Souvent, le langage des présentateurs était surprenant et difficile à pénétrer. L'un d'eux, qui joua un grand rôle dans la promotion de l'art abstrait, Michel Tapié, était particulièrement déroutant. En voici un échantillon (catalogue de l'exposition Paul Jenkins à la Galerie Stadler) : *Je rappelle qu'Informel, contrairement à **Informe**, ne propose aucun sens négatif ou restrictif. C'est un terme extrêmement général qui désigne une matière première disponible, elle-même aussi généralisée que possible dans l'actuelle aventure des **Notions** : ce qui inclut tout le signifié et l'insignifiable, sans s'occuper, a priori, du problème de la signifiance* ».

La découverte de l'art abstrait n'était pas sans embûches. A plusieurs reprises, tandis que j'étais en contemplation devant une œuvre qui, désormais, « me parlait », je me suis fait agresser par un spectateur, furieux de ne rien comprendre à cette « peinture de fou ».

Un dimanche matin, dans la rue de Seine déserte, alors que je me tenais en arrêt devant une superbe toile de Zao Wou-Ki, je crus ma vie en danger. Un énergumène m'aborda en me sommant de lui expliquer ce que je voyais dans cette peinture. Il me secouait le bras en me répétant obstinément qu'il y distinguait une « ceinture de femme ». Je tentai de lui faire comprendre la différence entre art figuratif et art abstrait, rien n'y faisait. Comme il devenait de plus en plus violent, je pris peur. Je réussis à lui faire lâcher prise et m'enfuis, le laissant sur le trottoir hurler sa haine et son mépris devant cette toile qui l'agressait.

Si je fréquentais assidûment les galeries, ma timidité m'empêchait de m'adresser aux peintres que j'admirais. Je le regrette d'autant plus que je sais, par expérience, qu'un artiste accueille toujours avec joie un jeune qui vient lui dire son admiration pour son œuvre. La seule fois où je me suis aventuré chez un artiste de grand talent, ce fut lorsqu'un ami japonais m'entraîna dans l'atelier de Key Sato. Ce petit homme effacé, avec une patience très zen, créait d'admirables toiles aux matières précieuses évoquant la rugosité de la pierre ou de l'écorce des arbres. Je sortis de chez lui ébloui et presque désespéré : arriverais-un jour, avec ma propre peinture, à réaliser de tels miracles ?

Toutes ces découvertes, l'apprentissage de ce nouveau langage, me firent abandonner la peinture figurative pour tenter l'aventure du non-figuratif.

Influencé par les « peintres de la matière » que prônait Michel Ragon, je tentai des expériences – souvent malheureuses – en faisant fondre des bouteilles et des emballages plastiques ramassés dans les décharges publiques afin d'obtenir une pâte que j'étalais sur la toile. Le plus souvent, le mélange carbonisait ou s'enflammait en répandant une épaisse fumée noire. Plus tard, un chimiste me fit connaître les résines synthétiques faciles à mélanger à des charges et à des pigments. Grâce à ce nouveau matériau, j'ai enfin pu trouver mon style.

De cette époque d'apprentissage, je puis tirer (au moins) deux leçons : la peinture, comme toute création, demande une grande exigence technique (on n'a jamais fini d'apprendre son métier de peintre). Elle réclame, tout autant, une terrible exigence vis-à-vis de soi-même. Comme l'écrit Edouard Pignon : « *La différence entre un amateur et un artiste, c'est que le premier peint pour se faire plaisir et que le second se pose des problèmes d'esthétique* ».

LE JOURNALISME ET L'EDITION

Le journalisme

Témoignage émouvant : j'ai sous les yeux, mal imprimé sur un mauvais papier, le premier numéro de *Clovis 53*, journal de la 3ème A du Lycée Henri IV. Ce document devrait intéresser un historien car il reflète fidèlement les centres d'intérêt des adolescents de l'époque : à la une, un article sur le dessin animé (le Proviseur, à qui j'allai offrir le premier numéro, me fit remarquer qu'il débutait par une faute de français. On ne dit pas « son invention » quand il s'agit d'un objet…), puis, dans les pages suivantes, une nouvelle, un article sur Léonard de Vinci, une étude sur « La plus mystérieuse cité de l'Empire Byzantin », un roman de ma plume « La révélation du Men-Breiz », des jeux et un « grand concours ».

On peut constater, à la lecture de ce sommaire, que nos préoccupations étaient totalement déconnectées du monde agité où nous vivions alors. Ni les grandes grèves de 1953, ni la chute de Dien Bien Phu, ni la fin de la guerre de Corée n'inspiraient les rédacteurs en herbe que nous étions.

Comme je l'ai déjà noté (cf. : Les études) nous vivions dans une bulle miraculeusement protégée des fracas extérieurs.

Aucune provocation dans nos textes : on est à cent lieues du journal paru en 2000 dans le même lycée où un groupe d'élèves entièrement nus était photographié...

Pour imprimer les numéros du Clovis 53-54 (il y eut quand même six numéros) nous ne disposions pas de matériel sophistiqué (IBM lança le premier ordinateur en 1952) mais d'une vieille machine à écrire et de la *RONÉO* dont se servait mon père pour tirer les rapports d'assemblée, les tracts du MRP et les instructions aux scouts. Durant la guerre, cet appareil désuet joua un rôle important dans la Résistance pour diffuser les tracts, les poèmes et textes interdits.

La *RONÉO* était un « appareil duplicateur rotatif à main » composé d'un gros rouleau encreur sur lequel on fixait un *stencil*, feuille de papier mince enduit d'une sorte de cire que transperçaient les caractères de la machine à écrire. On pouvait également y reproduire des dessins à l'aide d'un stylet spécial.

En cas d'erreur, il fallait déposer un *vernis correcteur*, attendre qu'il sèche et retaper sur la surface rénovée. Quand tout fonctionnait bien, que le stencil ne se déchirait pas et que l'encre ne bavait pas on pouvait, selon le fabricant « obtenir à l'heure 500 à 800 épreuves d'une netteté absolue ».

Entre la première livraison où nous prions le lecteur d'excuser la mauvaise qualité de l'impression et la dernière, les progrès techniques sont indéniables. Nous étions devenus des pros de la Ronéo et du stencil.

Après cette courte expérience journalistique, une longue période s'écoula. Un proverbe dit que « Les voies du Seigneur sont impénétrables ». Celles qui me conduisirent au journalisme puis à l'édition vérifient le bien-fondé de celui-ci.

Le service militaire

Ayant terminé mes études, je dus effectuer mon service militaire. Pour éviter de me retrouver à balayer une cour de caserne ou à conduire la voiture d'un colonel j'avais joué de mes connaissances, et arguant de mes compétence économiques, j'avais réussi à être affecté en tant que « chercheur » au sein d'un service spécialisé dans l'économie des pays de l'Est.

Cette petite unité avait été créée par un officier remarquable (Hé ! oui, cela existe), le Commandant Dupouey. En liaison directe avec le Premier Ministre et l'OTAN, nous étions chargés de faire des synthèses, d'élaborer des études statistiques et de rédiger des études sur des sujets d'actualité.

Confortablement installés dans un vaste bureau dont les fenêtres donnaient sur une cour intérieure des Invalides, plantée d'arbres et parsemée de canons napoléoniens, nous étions trois appelés, vêtus en civil et dotés d'un statut qui nous épargnait la plupart des corvées stupides dont l'armée a le secret.

Au SGDN (Secrétariat Général de la Défense Nationale), hormis notre petite cellule qui, sous l'impulsion du commandant produisait un travail considérable (j'ai rarement autant travaillé avec une telle passion) je retrouvai l'atmosphère de la Phonothèque de la Radio (cf. : La littérature). Les officiers, la plupart de marine, qui se trouvaient là étaient d'une incompétence économique affligeante. Quand je passais dans leurs bureaux ramasser les papiers « confidentiels défense » pour aller les incinérer, rendu invisible par l'uniforme que je devais revêtir pour cette occasion, je les entendais se disputer sur des sujets qu'un étudiant de première année aurait eu honte d'ignorer. J'eus une fois le malheur d'intervenir dans une discussion où des colonels prétendaient qu'il y avait une différence essentielle entre l'OCDE et l'OECE. Quand je leur dis qu'il s'agissait de la même organisation qui avait changé de nom, eux qui venaient quémander des explication alors que nous étions vêtus en civil, me prièrent sèchement de m'occuper des corbeilles à papier. Comment un simple deuxième classe pouvait-il prétendre en savoir plus que de si hautes personnalités ?

Ces brillants officiers étaient atteints du « syndrome de l'espionite ». Avec le plus grand sérieux, ils élaboraient des stratégies à partir des dépêches expédiées des pays de l'Est par des « taupes » et que traduisait M. Barbedette, charmant célibataire aux manières précieuses et à la culture encyclopédique.

Notre commandant nous avait appris qu'une des premières règles du journaliste est de vérifier soigneusement la validité de ses sources. Visiblement, les officiers avaient oublié ce principe élémentaire. Le jour où un espion commença d'envoyer des informations de plus en plus alarmante concernant des trains entiers de fusées qu'il voyait passer au loin, les fins stratèges entrèrent en effervescence.

Avec un peu de jugeote, il était facile de comprendre que « l'honorable correspondant » était un obsédé des fusées ou qu'il souffrait d'une sérieuse myopie.

Sans chercher un instant à vérifier le bien fondé de cette soudaine et incroyable prolifération de fusées, l'état-major, réuni en « cellule de crise » commença d'échafauder des scénarios-catastrophes à partir de la nouvelle donne des forces en présence.

Les élucubrations de ces messieurs cessèrent quand un informateur plus perspicace alla regarder de près les fameuses fusées et découvrit, comme nous nous en étions doutés, qu'il s'agissait d'éléments d'un pipe-line en construction.

Nous avions évité de peu un nouveau Cuba !

En poussant les portes des bureaux, je découvris une économie parallèle. Un adjudant que je voyais toujours penché sur ses fichiers était en réalité un spécialiste des champs de courses qui préparait les paris pour les membres du SGDN. Un autre avait transformé son bureau en atelier de réparation de postes de radio et de télévision.

Théoriquement, le ramassage des corbeilles à papiers

devait se limiter aux documents « confidentiels ». En fait, les officiers mélangeaient notes, journaux, enveloppes, etc. Indigné par ce manquement aux règles, j'allai demander au général de faire cesser cette confusion. Il publia donc une note de service donnant l'ordre de disposer deux corbeilles à papiers dont une seule serait prise par le service de ramassage. C'était une petite victoire des sans-grades sur les chefs. Arrivant avec mon sac dans le bureau d'un colonel, je trouvai des numéros du Monde dans la corbeille réservée aux papiers confidentiels. Comme je lui rappelais poliment les instructions du général, il eut cette réponse qui me laissa pantois « Je les ai jetés dans cette corbeille parce que je considère que ce journal fournit beaucoup trop d'informations qui devraient rester cachées au public. C'est donc un document confidentiel ». Puisse le ciel faire que nous n'ayons jamais de guerre !

Mes débuts de rédacteur furent humiliants. Chargé par le commandant d'une étude sur « La marine marchande soviétique », qui semblait-il, construisait des paquebots pour touristes, je me démenai comme un beau diable pour obtenir des informations que personne ne possédait. Au Comité des Armateurs, on m'accueillit aimablement en m'assurant qu'une telle étude, si j'arrivais à la mener, intéresserait au plus haut point les membres du Comité. Bref, les portes s'ouvraient mais, derrière, il n'y avait pratiquement rien. Avec la maigre moisson obtenue je rédigeai un mémoire que je jugeai « brillant ». Quand le commandant m'appela pour parler de cette étude, j'entrai fièrement dans son bureau, persuadé de recevoir une brassée de fleurs.

Je dus vite déchanter. Mon texte entier était barré de rouge et, la rage au cœur, je fus obligé de le refaire avec lui, phrase par phrase. Sur le moment je l'aurais tué. Puis, la colère retombée, j'ai compris qu'il venait de me donner là une inappréciable leçon de journalisme dont je pense avoir tiré les fruits.

Parallèlement à son service, le commandant Dupouey avait fondé une revue, *Le Courrier des Pays de l'Est*. Il me proposa d'y publier mes études, une fois réécrites dans un style plus journalistique. Ces travaux, très correctement payés, me permirent d'arrondir une solde plutôt misérable. Ils me donnèrent surtout l'envie de devenir journaliste.

Quand je me présentai au service de placement de Sciences-Po, on me fit nettement comprendre que je nageais en pleine illusion. « Entrez donc dans la banque, comme la plupart de vos camarades qui s'y font de belles situations » me recommanda celui qui me recevait.

Après avoir passé quelques entretiens, je compris que mon avenir n'était pas dans la banque. J'y perdrais mon âme et mon incorrigible insouciance. Mais comment devenir journaliste et forcer les portes de cette infranchissable citadelle.

Il faut croire aux miracles. Quelques jours après un dernier entretien au Crédit Lyonnais je reçus un télégramme. Un Monsieur Lesourd, directeur de *La Revue du Pétrole* recherchait un journaliste sortant de Sciences-Po. Je l'aurais embrassé ce télégramme !

A l'issue d'un entretien assez décousu, je fus engagé (on dirait aujourd'hui en CDI) pour rédiger les articles « de fond ». Mon premier salaire s'élevait à 1 500 F par mois.

J'éclatais de bonheur. Je ne savais pas que j'entrais chez les fous.

Les Editions Lesourd étaient situées au sommet de la salle Pleyel dans un vaste appartement transformé en bureaux. On m'installa une table et une chaise à la croisée de deux couloirs sous une verrière où tapait le soleil une partie de la journée. En ce mois de juillet, la chaleur était si forte qu'une bonne âme venait régulièrement arroser la verrière pour éviter que je ne m'évanouisse.

Mon premier papier – je m'en souviendrais toujours – était consacré aux *Vannes et joints à l'heure du Marché Commun*. Ce sujet passionnant dont j'ignorais le premier mot me laissa quelque peu perplexe. Mais, après tout, n'avais-je pas rédigé de brillantes études sur *La fixation des prix dans le Comecon* avec aussi peu de connaissances préalables ?

C'est en prenant des rendez-vous avec les fabricants de ces produits inconnus que je découvris le pot aux roses. En fait, si l'on m'avait engagé c'est que l'on menaçait la revue de lui retirer sa *commission paritaire* (régime favorable, toujours en vigueur, permettant, entre autres, de bénéficier de tarifs postaux avantageux). Pour jouir de celle-ci, un journal doit comporter une certaine proportion de véritables articles. Or, *La Revue du Pétrole* était composée en majeure partie de publicité rédactionnelle destinée à appâter les clients pour qu'ils souscrivent des pages de l'*Annuaire du Pétrole* qui était la vache à lait de la maison.

Je compris le système lorsque j'appelai un chef d'entreprise pour obtenir un rendez-vous. Il ne mâcha pas ses mots : « Je connais votre combine. Vous faites semblant de m'interviewer pour me vendre des pages de votre foutu annuaire ».

J'usai de toute ma persuasion pour l'assurer que j'étais un vrai journaliste et non un représentant de commerce. « D'accord, finit-il par dire, j'accepte de vous recevoir. Mais si au bout de cinq minutes, montre en main, je découvre que vous ne connaissez rien au sujet et que vous essayez de me fourguer votre camelote, je vous fous dehors avec mon pied au cul ! ».

Comme début dans le journalisme, c'était prometteur ! Après avoir sérieusement étudié le sujet et préparé soigneusement mes questions, je me rendis chez ce redoutable personnage. Son usine se trouvait dans une lugubre banlieue à la Carné et le patron était tel que j'avais pu l'imaginer : un grand costaud au teint rougeaud et aux avant-bras velus.

Il sortit une montre de son gousset et la posa sur la table « Vous vous souvenez ce que je vous ai promis. Si vous n'êtes pas un vrai journaliste, vous avez droit à mon pied dans le cul au bout de cinq minutes ! ».

Je n'en menais pas large. Les mains moites, le cœur battant la chamade, la bouche sèche, je commençai l'interview. Les cinq minutes fatidiques écoulées, son ton se radoucit et l'entretien se termina presque cordialement.

Après ce baptême du feu, j'étais prêt à affronter toutes les situations. Mais je ne me doutais pas que le pire viendrait de l'intérieur de la maison et m'amènerait à craquer en quelques mois.

Comme ambiance générale, imaginez une entreprise en pleine crise vers six heures du soir. Pour nous, cette tension commençait dès le début de la journée et ne faisait que monter au fil des heures.

Notre patron, qui devait friser la soixantaine, avait une passion dévorante : les petites scandinaves blondes qu'il allait draguer autour de la place de l'Etoile.

Pour se maintenir en forme, il se bourrait de stimulants divers qui le mettaient dans un état d'excitation permanent. Afin de lui plaire, il fallait se mettre à l'unisson et donner l'image d'une agitation fébrile. Quand il me voyait assis à mon bureau en train de travailler sur un article, il se ruait sur moi « Qu'est-ce que vous faites là ? » « Vous voyez, patron, j'écris un papier sur la raffinerie de Port Jérôme ». « Mais non, ce n'est pas comme ça que doit travailler un journaliste. Il faut bouger, il faut bouger ! ».

Je prenais alors un dossier et me mettais à courir d'un bureau à l'autre comme le seul individu mâle de la maison que j'ai toujours vu, un dossier sous le bras, l'air affairé, cavaler à travers les couloirs sans qu'il me fût possible de savoir ce qui sortait de cette agitation permanente. Olivier Lesourd me le donnait en exemple : « Vous voyez, lui, au moins, il s'active… ».

Le reste du personnel était exclusivement féminin. A mon arrivée, chacune de ces dames vint faire la connaissance du petit nouveau en lui proposant de déjeuner avec elle et en le mettant en garde contre leurs collègues : « Je vous ai vu parler avec Mme X. Faites attention à elle. C'est une dévoreuse. L'autre jour elle s'est envoyée le facteur dans la réserve aux revues. » J'étais loin de l'ambiance feutrée et policée du SGDN…

Régulièrement des hurlements sortaient du bureau directorial d'où l'on voyait surgir une de ces dames en pleurs. Le sommet fut atteint quand, mis en rage par les fautes de frappe d'une secrétaire, Lesourd l'agrippa par son corsage qui se déchira de haut en bas. La malheureuse s'enfuit en hurlant, les seins à l'air. On craignit le pire quand on vit arriver son mari écumant « Où est ce salaud, que je lui casse la gueule ? ».

Pour échapper au forcené que nous tentions de calmer, notre frénétique patron du s'enfuir par l'escalier de service.

Bien au chaud sous ma verrière-sauna, je jouissais d'un excellent poste d'observation pour surveiller les ébats de cette faune pittoresque.

Je découvrais le journalisme sous un angle que je n'avais pas soupçonné. Pour la vérité historique, je dois préciser que l'ambiance qui régnait dans cette revue était exceptionnelle. En interrogeant mes confrères des autres journaux, je découvris qu'ils menaient une vie bien différente de la mienne avec des gens normaux ayant des relations d'êtres civilisés.

Entre le patron en perpétuel état de crise et ses collaboratrices s'était instaurée une relation sado-masochiste. Plus il les houspillait et les maltraitait, plus elles l'admiraient et, comme j'en ai le soupçon, lui portaient un sentiment quasiment amoureux.

Comment expliquer, sinon, qu'elles aient supporté les incessantes humiliations qu'il leur infligeait ? Parfois, il était pris de folie comme ce jour où, devant nous rendre à un important cocktail de presse, il arracha le sac à mains de la rédactrice en chef et lui subtilisa ses clés de voiture afin que nous ne partions pas sans lui…

Parmi le cheptel lesourdien, une énorme bonne femme chargée de rédiger une « lettre confidentielle » (en fait, un montage de coupures de presse) jouissait d'un statut particulier. Je pense que notre patron craignait sa langue de vipère. Tout le monde la haïssait et personne n'était à l'abri de ses ragots. Pour des raisons que je ne m'explique pas, elle me prit sous son aile et m'introduisit dans le petit clan des journalistes pétroliers.

Nous étions peu nombreux à exercer cette spécialité. Choyés par les groupes pétroliers, nous allions de cocktails en inaugurations, transportés en hélicoptère et rentrant chargés de cadeaux (j'entendis même un de mes confrères se plaindre qu'on ne lui offre qu'une simple bouteille d'excellent cognac alors qu'un concurrent lui avait fait présent d'un magnum…).

En lui-même, le travail n'était pas écrasant. Un article par mois n'épuise pas son homme ! Dans un climat serein, je me serais bien accommodé de cette vie d'enfant gâté. Au bout de quelques mois, j'étais considéré comme un « spécialiste ». Mais l'atmosphère constamment tendue, les criailleries, les scènes, la pagaille qui régnaient au journal eurent raison de mes nerfs. Je commençais à craquer.

Je m'en ouvris à un confrère sympathique qui me conseilla d'aller proposer mes services à la revue concurrente qui faisait partie d'un important groupe de presse, *La Revue Pétrolière.*

Accueilli avec chaleur, je me retrouvai avec deux vieux journalistes, blanchis sous le harnois, dont la tâche consistait à découper des articles et à les coller. Ils me virent arriver avec un soulagement évident : je leur enlevais la corvée de rédiger le « fameux article de fond ».

Les quelques mois que je passai avec eux furent très instructifs. Ils déroulaient pour moi l'histoire d'un autre temps que je découvrais avec ravissement. J'eus droit, par exemple, au récit vécu de la dernière exécution publique à Paris.

Chaque mois, alors que nous n'avions aucune nécessité d'y être présents, nous nous rendions dans une antique imprimerie des Halles pour surveiller le tirage de la revue. Pendant trois jours, dans le bistro d'à côté, nous faisions d'interminables parties de 421 en buvant des pastis. A Noël nous eûmes l'honneur d'être conviés à la « fête des protes », ancienne coutume des imprimeurs où chacun exprime son talent avec des poèmes et des chansons aussi cruels que drôles.

J'aurais pu continuer de mener cette vie paisible et peu harassante si l'on ne m'avait proposé de monter une maison d'édition.

L'édition

Cette proposition avait de lointaines racines. Lorsque j'étais étudiant (cf. : Les études) je donnais des leçons de français à des candidats aux grandes écoles. Les résultats obtenus par mes « élèves » avaient impressionné un de mes amis d'alors dont les parents étaient liés à Jean-Jacques Nathan, directeur des éditions éponymes.

Celui-ci désirait créer une maison d'édition parallèle publiant des livres d'économie et de gestion destinés à un large public. Pour cette création, il cherchait un jeune homme, économiste de formation et possédant des compétences journalistiques, capable de monter l'affaire. En un déjeuner et une après-midi de négociation salariale (je passais de 1 500 à 4 000 francs) j'étais promu éditeur…

Avec le recul, je suis étonné d'avoir accueilli comme des évidences la suite de chances qui m'échéaient. Des personnes sages et compétentes m'avaient pourtant assuré qu'il ne fallait pas rêver et que je devais ranger mes espoirs de devenir journaliste ou éditeur dans la boîte aux désirs chimériques. Or, à vingt-six ans, après un passage par le journalisme, je devenais, comme l'écrivit Bernard Pivot dans *Le Figaro* lors du premier festival du livre de Nice « le plus jeune éditeur de France ».

Dans les années 60, des maisons d'éditions comme Fernand Nathan, Armand Colin, Hatier ou Dunod, ne ressemblaient guère aux maisons d'aujourd'hui. On y parlait peu de marketing, de plannings et de management par objectifs. Les énarques et les polytechniciens fanatisés par les gains en productivité et les cours de la Bourse n'avaient pas encore envahi ce secteur qui, au fond, demeurait très artisanal. Les familles y tenaient fermement le pouvoir. Les choses n'avaient guère changé depuis l'époque où Henry Muller racontait, dans *Trois pas en arrière* (qui vient d'être réédité) les tribulations des éditions Grasset.

Créée à la fin du dix-neuvième siècle par Fernand Nathan, la maison où j'entrais avait connu une rapide fortune grâce aux manuels scolaires. Ceux-ci constituaient encore avec les jeux éducatifs, développés par Jean-Jacques Nathan, l'activité majeure de l'éditeur.

Restée sous forme de SARL, Nathan comptait quatre associés égalitaires : Monsieur Pierre (le père), Monsieur Jean-Jacques (qui assurait la direction générale), Monsieur Claude, son frère, que son comportement bizarre (c'est le moins qu'on puisse dire) reléguait dans des activités subalternes et un cousin de la branche Basch.

Si Pierre, l'ancêtre, n'exerçait plus aucune fonction officielle, il était néanmoins constamment présent. La porte de son bureau, jouxtant celui de Jean-Jacques, était ouverte en permanence afin d'être tenu au courant de toutes les négociations avec les auteurs, les libraires et les banquiers. Je n'ai eu que peu de contacts avec lui car il jugeait malheureuse l'initiative de son fils de monter une maison annexe et surtout d'en confier la direction à un godelureau comme moi.

Rendu aveugle par cette promotion inespérée, je mis un certain temps à m'apercevoir que les membres de la maison, derrière leurs sourires et leurs paroles aimables, dissimulaient une franche hostilité à mon égard. Inconscient, je ne voyais pas les tombereaux de « peaux de bananes » qu'on déversait sous mes pieds. En fait, à part Jean-Jacques Nathan et Jean-Claude Poulain, mon ami et secrétaire général, personne n'admettait qu'un novice comme moi pût accéder à un tel poste et jouir des faveurs d'un patron que j'appelais par son prénom.

Ce que j'ignorais également, c'était l'historique de la maison. Avant la prise du pouvoir par les Nathan, celui-ci était assuré par un de leurs cousins qui les tenait pour parties négligeables. Plusieurs clans s'étaient formés parmi les collaborateurs : les inconditionnels du pouvoir en place qui faisaient sentir aux Nathan qu'ils n'étaient que la cinquième roue du carrosse, les plus rusés qui subodoraient que la direction pouvait changer de mains et ménageaient la chèvre et le chou et les « partisans » qui soutenaient le père et le fils.

Quand le pouvoir, à la suite d'une crise cardiaque du cousin, revint aux Nathan, ceux qui avaient joué le mauvais cheval durent passer des nuits blanches. Mais les nouveaux maîtres se montrèrent grands seigneurs et il n'y eut pas la « charrette » que certains redoutaient. Les cadres félons restèrent en place. Simplement – et je mis un certains temps à m'en apercevoir – ceux qui avaient été dans le mauvais camp perdirent tout pouvoir réel alors que les fidèles, sans titre officiel, prirent les véritables rênes.

Dans cette ambiance florentine, l'innocent que j'étais, avait quelque peine à s'y retrouver. Par exemple, lorsque j'avais établi avec le directeur commercial officiel, le plan de lancement d'un livre ou d'une collection, je trouvais à la sortie de son bureau un des *missi dominici*, doté d'un vague titre de « conseiller pédagogique » qui m'entraînait dans son antre pour me faire rapporter ce qui s'était décidé. « Oubliez tout ça, m'ordonnait-il, voici ce que nous allons faire en réalité ! ».

Plus tard, j'ai retrouvé dans d'autres entreprises ce système du double organigramme. Si l'on ne possède pas les clés pour décrypter le souterrain de l'officiel dans lequel la secrétaire a souvent plus d'importance que son patron, on s'expose à d'amères déconvenues. Ce qui fut mon cas.

Pour être honnête, je dois reconnaître que je ne faisais guère d'efforts pour m'allier les sympathies de nombre de gens à qui je ne parvenais pas à dissimuler, gonflé par ma nouvelle importance et ma situation privilégiée vis-à-vis du grand patron, la piètre estime dans laquelle je les tenais. J'avais vingt-sept ans et me prenais pour un phénix...

Les relations avec Jean-Jacques Nathan furent à la fois chaleureuses, pittoresques (combien de fois lui ai-je fait signer des contrats à deux heures du matin sur le capot d'une voiture !), chaotiques puis franchement désagréables.

Extrêmement intelligent, l'esprit vif, doué d'un charme indéniable, capable de grands enthousiasmes comme d'incompréhensibles dépressions, Jean-Jacques Nathan était le type même du nerveux cyclothymique. A plusieurs reprises, au cours de dîners importants, je le vis s'endormir dans son assiette dès le plat de hors d'œuvre.

Nos rapports étaient curieux. Un psychanalyste dirait

que nous avions une relation père/fils qui nous faisait passer de l'affection à l'hostilité. Habitué à être entouré d'une foule de courtisans, il acceptait mal mes rebellions ou, tout simplement, mes velléités d'indépendance. Bien qu'ayant voulu la création de cette nouvelle maison d'édition (*Cercle du Livre Economique* simplifié en Editions *CLE*) et ayant lutté contre sa famille et ses collaborateurs pour qu'elle vît le jour, il concevait une curieuse jalousie en constatant le succès grandissant de celle-ci. Les articles que me consacrait la presse, loin de le réjouir, lui apparaissaient comme une sorte de trahison.

Sans doute était-je maladroit en me mettant en valeur plutôt que de rester dans son ombre et de lui attribuer les lauriers que certains me décernaient. Comme on dit dans le sport, « je jouais personnel ». Et cela, on ne me le pardonnait pas.

Créer une maison d'édition, c'est d'abord définir une ligne éditoriale puis recruter des auteurs capables de s'adapter à celle-ci, transformer leurs manuscrits en ouvrages, les distribuer aux libraires, et bien sûr, tout mettre en œuvre pour en vendre un maximum d'exemplaires.

On le voit, l'éditeur doit être capable d'exercer plusieurs métiers : inventeur, diplomate, technicien, homme de marketing et vendeur.

Si je possédais quelques-uns de ces talents, j'ignorais tout de la profession dans laquelle je me lançais. On m'avait assuré que la puissance commerciale et la compétence technique de la maison-mère seraient pour moi une aide précieuse. Il me fallut vite déchanter.

A part le responsable de fabrication qui était un remarquable professionnel et le maquettiste, Dominique Halévy, un garçon calme, la tête dans les nuages mais doté d'un sens de la mise en page et de l'expression graphique sans failles, tous les autres collaborateurs de la maison, soit par incompétence soit par mauvaise volonté, ne faisaient rien pour me faciliter la tâche (j'allais oublier le chef de la comptabilité qui fut toujours avec moi d'une affabilité rassurante).

Pour lancer *CLE*, j'avais fait un pari qui pouvait sembler déraisonnable : sortir treize livres d'un coup.

Or, à part quelques journalistes, je ne connaissais aucun auteur susceptible d'écrire les ouvrages que je désirais éditer. Grâce à Dominique Halévy, je rencontrai mon premier auteur. Martin Ramanoelina, malgache pondéré et d'humeur toujours égale, était le spécialiste de la vulgarisation économique que je souhaitais. Il avait le don de rendre simples les notions compliquées et de rédiger dans une langue aussi imagée que limpide. De plus, il était bien introduit dans les milieux économiques et fréquentait des personnalités telles qu'Alfred Sauvy, André Boulloche, Louis Armand, etc., qui nous furent précieuses pour rédiger les préfaces des premiers ouvrages.

A l'époque (1966) un seul éditeur, *Les Editions Ouvrières*, publiait des ouvrages d'initiation économique dont les best-sellers de Jean-Marie Albertini. Pour me démarquer de ce confrère, j'avais eu l'idée d'un nouveau concept : faire illustrer chaque ouvrage par un dessinateur « humoristique ». Grâce à Dominique Halévy, je constituai une équipe d'artistes de talent : Desclozeaux, Kerleroux, Puig-Rosado, Avoine, etc.

L'autre originalité consistait à répartir les ouvrages en collections de niveaux différents. *La clé de vos problèmes* proposait des guides pratiques tels que *Comment gérer votre budget*. *Les Clés de l'économie* comprenait des ouvrages d'initiation comme *L'argent et ses secrets* ou *Mais que font-ils aux Finances ?* la série *Découverte du monde moderne* abordait des problèmes scientifiques – *Direction : l'an 2000*, *La drogue miracle du Professeur Kashinawa* et la collection *Actualité* des sujets de société : *Faut-il avoir peur des technocrates ? Le Manégement ou les 5 secrets du développement*.

Par effet de réseau et de bouche à oreille, une équipe d'auteurs passionnés par cette nouvelle forme de présentation de l'économie se constitua : des journalistes, de jeunes hauts fonctionnaires, des universitaires, un professeur de l'enseignement technique (admirable Roger Abraham qui me soutint dans les moments difficiles et dont l'ouvrage,

Lire un bilan, c'est facile devint un best-seller).

Consterné par la médiocrité des couvertures qu'on me proposait, je convainquis Jean-Jacques Nathan de recourir à un cabinet extérieur. *Londsdale Design* eut l'**idée** : la couverture de chaque ouvrage représentait la partie d'une clé à laquelle l'illustrateur intérieur ajoutait sa touche fantaisiste. Alignés sur un présentoir l'ensemble d'une collection reconstituait une clé qui produisait un effet vraiment surprenant.

Il restait à élaborer la « stratégie marketing » pour lancer la nouvelle maison. Ici encore les « spécialistes » de Nathan se révélèrent d'un manque d'imagination consternant.

À force de harcèlement, Jean-Jacques Nathan consentit à ce que je fisse appel à un véritable professionnel. C'est ainsi que je m'assurai le précieux concours de Michel Rady.

La maison-mère, rue Méchain, constituée à partir de rachats successifs d'immeubles, était un dédale de couloirs, d'escaliers, de recoins et de soupentes. Il me fallut un certain temps pour me repérer dans ce sympathique fouillis qui jurait à côté des hôtels solennels qui abritaient Armand Colin ou Dunod.

Par manque de place, on m'installa dans un grand bureau du boulevard Arago où se tenait le service des livres et jeux pour enfants. Après les fous de la *La Revue du Pétrole*, je pénétrais ici dans l'antre des « bizarres ».

Le responsable du département, un monsieur assez épais et toujours bien mis, traînait un lourd passé. A la fin de la guerre il s'était engagé dans Légion Charlemagne pour aller combattre sur le front russe. Après les hostilités, on lui avait donné le choix entre le poteau d'exécution et un engagement en Indochine. Par quels obscurs détours avait-il abouti chez Nathan pour produire de charmants livres d'enfants ?

Par contraste, un de ses adjoints était un ancien déporté de Buchenwald. Il m'a beaucoup appris sur les horreurs qui se produisaient dans ces camps et que la mémoire a soigneusement occultées.

Un Roumain élégant et taciturne était chargé de la mise

en page. Je regrette de ne pas avoir fait les efforts nécessaires pour le sortir de sa réserve car c'était un spécialiste de la sculpture moderne à qui l'on doit de magnifiques livres sur Lardera ou Chillida.

La création des livres et des jeux pour les touts petits était assurée par une femme d'origine russe. Elle avait vécu une enfance tourmentée qu'elle raconte dans un de ses ouvrages *Une fille de traître*. Son pittoresque et son humour me plurent aussitôt. Au début, j'étais un peu surpris de la voir entrer dans mon bureau en soulevant son chandail et de me demander, en roulant les « r » : « Berrrnard, est-ce que tu aimes mes seins ? ».

J'étais un peu plus inquiet quand elle me racontait, le plus sérieusement du monde, qu'elle voyait les objets voler autour d'elle et qu'elle entretenait un dialogue permanent avec la Sainte Vierge qui lui dictait des messages pour intercéder auprès des grands de ce monde afin de rétablir la paix. A cause de mon esprit rationnel, je n'ai jamais pris très au sérieux les fantaisies mystiques de Nina. Peut-être ai-je eu tort ?

Le bureau voisin du mien était occupé par Anne, une grande jeune fille, également d'origine russe, toujours vêtue de noir, l'allure un peu sorcière avec ses ongles peints d'une longueur impressionnante. Nous devîmes – et sommes toujours – les meilleurs amis du monde.

Je recevais de temps à autre la visite du frère de Jean-Jacques. Il me tenait de longs et incohérents discours en marchant de long en large, le front perlé de sueur.

Dans ses moments de crise, il était pris d'une lubie : couper les couilles aux gens. Armé d'une paire de ciseaux, je l'ai vu poursuivre le responsables des livres d'enfants qui ne parvint à sauver sa virilité qu'en s'enfermant dans les toilettes.

Chargé d'une collection de livres destinés aux tout petits lors de la remise des prix de fin d'année, il recevait des manuscrits. En réponse, il dictait à sa jeune secrétaire dont les débuts furent difficiles, des lettres de ce type :

Monsieur,
Je viens de lire votre manuscrit « Perlinpinpin et les petits

lapins ». *C'est une merde ! Comment osez-vous écrire des ordures de ce genre ? Etc.*

Invariablement, la missive se terminait par : « *Et je vous coupe les couilles* ».

Impassible, la secrétaire tapait la lettre qui était modifiée en des termes beaucoup plus classiques.

Une fois, par un hasard inexplicable, le texte original parvint à un brave inspecteur d'académie à la retraite.

On le vit arriver rue Méchain, palmes académiques à la boutonnière, proche de l'apoplexie. Il brandissait la lettre d'injure en bafouillant « On m'insulte, on me traîne plus bas que terre et, en plus, on veut me couper je n'ose dire quoi… ».

Il fallut des trésors de diplomatie pour éviter un énorme scandale.

Tant bien que mal, dans l'agitation que suscitait Mai 68, les Editions CLE, prenaient corps. Sur le tas, j'avais appris mon nouveau métier. Les relations avec la plupart des auteurs et des dessinateurs ne présentaient en général que peu de problèmes, avec d'autres elles se révélaient plus complexes. J'appris à parlementer, à flatter, à me montrer diplomate mais ferme. Quand nous étions parvenus à un accord, je les emmenais déjeuner dans un excellent restaurant du boulevard Arago, *Le Traiteur*, dont la cuisine, pas précisément légère, me fit prendre plusieurs kilos. Le métier d'éditeur a aussi ses servitudes.

Il fallait également se faire des alliés avec les journalistes pour préparer le lancement de la future maison. J'appris que la meilleure stratégie était de les amener à parler d'eux plutôt que d'essayer de leur vendre à tout prix ma « marchandise ».

Ce fut un moment d'intense émotion quand je me rendis à l'imprimerie voir sortir des énormes presses de la machine *CAMERON* les premiers exemplaires de mes premiers livres.

Heureusement, du reste, que je m'étais déplacé pour assister à cet accouchement. Je fus pris d'une sueur froide quand je vis les pages de garde des deux premiers livres :

malgré d'innombrables relectures, la préface d'Alfred Sauvy n'était pas imprimée sur le livre auquel elle était destinée. On arrêta précipitamment les machines. Je n'aurais pas eu la bonne idée de me trouver là, il fallait mettre au pilon plus de dix mille exemplaires…

Les livres imprimés, encore fallait-il lancer la nouvelle maison d'édition. Le directeur commercial de Nathan me proposa d'envoyer une lettre aux libraires (que ceux-ci mettraient au panier sans l'ouvrir) et de donner un petit cocktail pour la presse (auquel ne se rendraient que ceux qui nous connaissaient déjà).

Dans une séance de « brainstorming » avec Michel Rady, nous nous efforçâmes de mettre au point une stratégie plus originale.

Pour faire connaître les éditions aux libraires, nous imaginâmes un jeu : l'envoi de petites boîtes contenant des cartes sur chacune desquelles était imprimée une lettre. En assemblant des cartes on obtenait *Cercle du Livre Economique*. Les dix premiers libraires qui enverraient la réponse recevraient un louis d'or (évidemment le jeu était truqué et les gagnants désignés à l'avance : cinq gros libraires parisiens et provinciaux les plus importants).

Quand je présentais l'idée à Nathan, ce fut un tollé. Jamais les libraires, gens éminemment sérieux, ne se prêteraient à un jeu aussi puéril tout juste bon pour les acheteurs de lessive ou de *CARAMBAR*.

A force d'obstination et comme l'opération ne coûtait pas cher, on finit par me donner le feu vert. Ce fut un raz-de-marée : lettres, coups de téléphones, télégrammes. En quelques jours tous les libraires de France connaissaient le nouvel éditeur.

Pour le cocktail de lancement, nous ne disposions que d'un budget ridicule : juste de quoi louer une salle sans prestige et organiser un maigre buffet pour deux-cents personnes.

Nous organisâmes une nouvelle séance de recherche d'idées. Les livres CLE étaient destinés à un large public. On pouvait donc les considérer comme des produits de consommation. Or quel objet symbolise mieux la grande consommation que la boîte de conserves ?

L'idée était trouvée : lors du cocktail nous offririons aux invités des boîtes de conserves contenant nos ouvrages et entourées, en guise d'étiquette, de la jaquette du livre qu'elles contenaient.

Poursuivant cette idée, nous en arrivâmes à l'ouvre-boîte. Sur les faire-part très élégants que nous envoyâmes aux journalistes et aux personnalités du monde économique était fixé un ouvre-boîte plat accompagné de cette recommandation « Prenez-le avec vous, il vous sera très utile le jour de l'inauguration des Editions CLE ».

Intrigués par ce carton d'invitation insolite, les journalistes commencèrent à téléphoner pour avoir la clé du mystère. Nous avions réussi à créer le « suspens ».

Ayant acquis un lot de grandes boîtes de conserves capables de contenir les livres, nous les fîmes sceller et décorer avec les jaquettes.

Pour un prix raisonnable, nous avions trouvé une salle en sous-sol, boulevard Raspail. Avec des morceaux de bois et des plaques de carton, un maquettiste réalisa des stands destinés à exposer les œuvres des illustrateurs.

En bas de l'escalier descendant à la salle, les boîtes de conserve étaient empilées en un monticule du plus bel effet.

Tout allait pour le mieux quand le ciel nous tomba sur la tête. Des amis journalistes commencèrent à téléphoner pour se décommander. Le jour que nous avions choisi pour l'inauguration (en novembre 68) était un jour maudit : celui de l'élection du Président américain qui allait attirer tous nos invités aux grandes soirées d'Europe N°1 et de Radio Luxembourg. Pour couronner le désastre, Hachette organisait un raout ce même jour. C'était la Bérésina...

Je me souviendrai toujours de ma désespérance quand, après une journée qui n'en finissait pas, je me rendis sur les lieux du désastre. Michel Rady, Martin Ramanoelina et moi contemplions, la mort dans l'âme, nos boîtes de conserve, les stands illuminés, le buffet avec ses serveurs en vestes blanches comme les témoins d'un irrémédiable échec. Si je ne m'étais pas fait violence, j'aurais éclaté en sanglots.

Quelques invités arrivèrent – parents, membres du personnel de Nathan, amis des auteurs et des dessinateurs. Nous les accueillions avec la mine défaite des membres d'une famille qui vient de perdre un être cher. Quelques journalistes amis firent une rapide apparition en s'excusant de devoir aller rejoindre les grandes soirées. Au moment de leur départ, nous leur remettions une boîte de conserve avec l'impression de leur confier une urne funéraire.

Et puis, peu à peu, la salle devint moins vide. Comme dans un rêve je voyais des gens de plus en plus nombreux descendre l'escalier, prendre une boîte de conserve et se diriger vers le buffet. Rapidement la foule devint cohue et le buffet inaccessible. D'ailleurs, il était dévasté depuis longtemps.

À quel divin protecteur devions-nous ce miracle ? Les rares journalistes qui étaient venus nous rendre visite en début de soirée étaient repartis vers les grandes soirées avec une boîte de conserve sous le bras. A ceux qui les interrogeaient sur cet objet insolite, ils conseillaient d'aller faire un tour à notre cocktail pour s'en procurer une. Grâce à notre petite idée, Waterloo se transformait en Austerlitz.

Ce fut un triomphe : le service d'ordre qu'il avait fallu installer aux portes de la salle eut le plus grand mal à canaliser les quelque six cents invités qui, ce soir-là, découvrirent les livres CLE.

La presse, les jours suivants, nous gratifia d'articles que, dans nos plus folles spéculations, nous n'avions osé imaginer.

Avec des moyens dérisoires et beaucoup d'imagination, les Éditions CLE étaient lancées.

Dans un autre livre, peut-être, en écrirai-je les heurs et les malheurs. Mais comme cet ouvrage s'arrête en 1968, il vous faudra patienter.

1 – LA FAMILLE ....p 9
2 – LA MAISON ....p 31
3 – LE QUARTIER...p 51
4 – LA VIE AU QUOTIDIEN ....p 65
5 – JEUX ET LES JOUETS.........................p 105
6 – LES LOISIRS ET LES VOYAGES......................p 117
7 – LES VOITURES ....p 137
8 – LA CAMPAGNE ....p 149
9 – LES VACANCES ....p 167
10 – LES ETUDES ....p 183
11 – LES JEUNES FILLES ET LES DAMES ....p 239
12 – LE MARIAGE......................................p 263
13 – LA RELIGION ....p 277
14 – LE SCOUTISME...................................p 311
15 – LA LITTERATURE................................p 341
16 – LE THEATRE......................................p 365
17 – LE CINEMA ET LA PHOTO......................p 373
18 – LA MUSIQUE......................................p 403
19 – LA PEINTURE.....................................p 413
20 – LE JOURNALISME ET L'EDITION ....p 425

Achevé d'imprimer en octobre 2003
sur les presses de la Nouvelle Imprimerie Laballery
58500 Clamecy
Dépôt légal : octobre 2003
Numéro d'impression : 309234

Imprimé en France